Über dieses Buch:

Dem Thema „Psychotherapie" wird heute allgemein großes Interesse entgegengebracht. Das gilt auch für die akademische Fachliteratur, sofern sie sich den wichtigen Fragen der aktuellen Diskussion stellt. Der vorliegende Band geht diesen Weg mit dem Versuch, psychotherapeutisches Denken und Handeln in einen Rahmen zu stellen, der reflektierte und differenzierte therapeutische Einzelentscheidungen ermöglicht.
Die Übersichtsartikel sprechen zentrale Probleme psychotherapeutischen Handelns an. Den Trendarbeiten liegt die Auseinandersetzung mit dem „Psychoboom" zugrunde. Insgesamt bietet das Buch vor dem Hintergrund der aktuellen Diskussion um Psychotherapien und Psychotherapeutengesetz notwendige grundsätzliche Informationen sowie eine Fülle von Material zu Einzelaspekten.

Über die Reihe „Brennpunkte der Klinischen Psychologie"

Die Klinische Psychologie ist in geradezu stürmischer Entwicklung begriffen. Ständig wächst die Zahl derer, die sich rasch und in ausreichender Breite über den neuesten Stand und über bereits erkennbare Trends informieren müssen. Mit dieser Reihe wird eine Publikationsform geschaffen, die dieser Situation gerecht wird.
Zu sechs „Brennpunkten" sind Themenbände vorgesehen: 1. Psychotherapie, 2. Prävention, 3. Psychologie und Medizin, 4. Rehabilitation, 5. Diagnostik, 6. Forschungskonzepte der Klinischen Psychologie. Jeder Band enthält Übersichtsartikel zu zentralen Themen, Trendarbeiten, empirische und forschungskritische Beiträge. Jedem Beitrag ist ein Literaturverzeichnis beigegeben, jedem Band ein detailliertes Register. Auf verständliche Darstellung und auf Bezug zu Ausbildung und Praxis wurde Wert gelegt.

D1735142

Brennpunkte der Klinischen Psychologie

herausgegeben von
Wolf-Rüdiger Minsel und Reinhold Scheller

Wissenschaftlicher Beirat: Pieter B. Bierkens, Nijmegen /
Helmut Enke, Stuttgart / Helmuth P. Huber, Graz /
Reimer Kornmann, Heidelberg / Meinrad Perrez, Fribourg /
Erwin Roth, Salzburg

Band I

Psychotherapie

Kösel-Verlag München

CIP-Kurztitelaufnahme der Deutschen Bibliothek

Brennpunkte der klinischen Psychologie/hrsg. von Wolf-Rüdiger
Minsel u. Reinhold Scheller. [Wissenschaftl. Beirat:
Pieter B. Bierkens . . :]. – München: Kösel

NE: Minsel, Wolf-Rüdiger [Hrsg.]

Bd. 1. Psychotherapie. – 1981.
    ISBN 3-466-35136-7

ISBN 3-466-35136-7

© 1981 by Kösel-Verlag GmbH & Co., München.
Printed in Germany. Alle Rechte vorbehalten.
Satz: R. & J. Blank, Composer- & Fotosatzstudio GmbH, München.
Druck und Bindung: fotokop, Wilhelm Weihert KG, Darmstadt
Umschlag: Günther Oberhauser, München.

Vorwort

Zur Reihe „Brennpunkte der Klinischen Psychologie"

Die Klinische Psychologie ist eine Disziplin, deren Entwicklung ohne Übertreibung als rasant apostrophiert werden kann. Bereits bei oberflächlicher Betrachtung fällt auf, daß etwa die *heute* als bedeutsam erachteten diagnostischen und psychotherapeutischen Problemstellungen kaum mehr mit jenen vergleichbar sind, die noch vor einigen Jahren im Mittelpunkt der Diskussion standen. Zusätzlich muß die wachsende Relevanz der Klinischen Psychologie für benachbarte Wissenschaftsgebiete beachtet werden. Erwähnt sei hier nur die in den letzten Jahren besonders evident gewordene Bedeutung klinisch-psychologischer Erkenntnisse für die Bereiche Rehabilitation und Medizin.

Klinisch-psychologische Befunde werden häufig in inhaltlich stark divergierenden Monographien, über deren Qualität sich vielfach streiten läßt, veröffentlicht. Daneben stehen als wichtige Publikationsorgane üblicherweise Handbücher und Fachzeitschriften zur Verfügung. Diese berücksichtigen meist nur spezifische Thematiken, die in der Regel aus Platzgründen sehr komprimiert abgehandelt werden müssen. Hinzu kommt, daß eine immer wieder zu beobachtende längere Verzögerung des Erscheinungszeitpunktes von Handbüchern zu Lasten der Aktualität ihrer Beiträge geht. Darüber hinaus finden sich vereinzelt Organe, in denen u.a. auch Forschungsergebnisse aus verschiedenen Teilbereichen der Klinischen Psychologie referiert werden. Die dort veröffentlichten Zusammenfassungen dienen jedoch eher den Interessen der in der Forschung tätigen Klinischen Psychologen. Außerdem behandeln die Autoren überwiegend Themen, die bereits „erprobt" sind; sich abzeichnende neuere Entwicklungen werden selten aufgegriffen und diskutiert.

Mit der Publikation einer sechsbändigen Reihe versuchen nun die Herausgeber folgenden Zielsetzungen gerecht zu werden: (1) Die Bände sollen der raschen Entwicklung der Klinischen Psychologie und der zunehmenden Relevanz klinisch-psychologischer Erkenntnisse für andere Wissenschaftsbereiche Rechnung tragen. (2) Ohne größere zeitliche Verzögerung soll die aktuelle Diskussion durch die Berücksichtigung von Themen, die noch wenig „erprobt" sind, bereichert werden.

Die einzelnen Bände tragen die Untertitel „Psychotherapie", „Prävention", „Rehabilitation", „Psychologie und Medizin", „Diagnostik" und „Forschungskonzepte der Klinischen Psychologie". Jeder Band ist in vier Abschnitte unterteilt. Im ersten werden aktuelle, zentrale Problemstellungen im Überblick abgehandelt (Übersichtsarbeiten), im zweiten folgt die Diskussion neuerer Entwicklungen auf klinisch-psychologischem Sektor (Trendarbeiten), im dritten werden empirische Forschungsergebnisse in ihrer Bedeutung für die Klinische Psychologie vorgestellt und diskutiert (empirische Arbeiten) und im vierten kommen forschungskritische Aspekte zu Wort (forschungskritische Arbeiten).

Um einen möglichst großen Interessentenkreis anzusprechen, wurde Wert auf eine verständliche Abfassung der einzelnen Beiträge gelegt. Die Reihe richtet sich sowohl an Studierende der Psychologie, Medizin, Pädagogik und Soziologie als auch an die in Praxis und Forschung stehenden Psychologen, Mediziner, Pädagogen, Soziologen und Sozialarbeiter.

Zu diesem Band

Heute der Öffentlichkeit ein Buch mit dem Titel „Psychotherapie" vorzulegen, ist problemlos und risikoreich zugleich. Problemlos deshalb, weil psychotherapeutischen Fragestellungen ganz allgemein großes Interesse entgegengebracht wird und die außergewöhnlich schnell verlaufende Entwicklung auf diesem Sektor ein kontinuierliches Publizieren der vielfältigen Neuerungen erfordert. Ein Risiko stellt die Herausgabe eines solchen Bandes dar, wenn Psychotherapie nicht in herkömmlicher Weise behandelt, sondern aus ungewohnter Perspektive betrachtet wird. Der vorliegende Band trägt dem letztgenannten Aspekt Rechnung.

In den ersten drei Arbeiten werden zentrale Probleme psychotherapeutischen Handelns angesprochen. Allein schon aus den Titeln „Möglichkeiten und Grenzen psychotherapeutischen Handelns", „Die Auswirkungen von Sprache auf viszeral-emotionale Vorgänge" und „Psychotherapie als Problemlöseprozeß" läßt sich der übergreifende Charakter dieser Arbeiten ablesen. – Eine handlungstheoretische Betrachtungsweise von Psychotherapie dient zur Absteckung der Möglichkeiten und Grenzen psychotherapeutischen Handelns. Psychoanalytische Konzepte werden auf diese Weise aus relativ ungewohntem Blickwinkel diskutiert und mit therapeutisch genutzten Tagtraumtechniken in Verbindung gebracht. Da dieser Artikel von den drei Übersichtsarbeiten der grundsätzlichste ist, wird er den beiden anderen vorangestellt. – Es erscheint gleichermaßen wichtig, sowohl den Auswirkungen sprachlicher Äußerungen auf viszeral-emotionale Reaktionen als auch den kognitiven Problemlösestrategien im therapeutischen Prozeß nachzugehen. Diese Themenbereiche sind Gegenstand der beiden verbleibenden Übersichtsartikel. Es handelt sich primär um verhaltenstherapeutisch orientierte Denkmodelle, die im Rahmen dieser Arbeiten diskutiert werden.

Den Trendarbeiten „Psychotherapieschwemme – zufällig oder zwangsläufig?" und „Neuere psychotherapeutische Verfahren und ihre Indikation" liegt die Auseinandersetzung mit dem „Psychoboom" zugrunde. Während im ersten Artikel nach einer heuristischen Struktur des weiten Therapiefeldes gesucht und aus unterschiedlichen Sichtweisen die Zwangsläufigkeit und prospektive Entwicklung dieses „Booms" abgeleitet wird, geht es im zweiten insbesondere um die Darstellung verschiedenster neuerer Techniken, die sich in letzter Zeit immer größerer Beliebtheit erfreuen und um den Versuch einer Einbettung dieser Techniken in einen theoretischen Gesamtrahmen.

Vor allem in der zuletzt genannten Trendarbeit werden theoretische Positionen vertreten, die kaum mit den Prinzipien empirischer Forschung in Einklang zu bringen sind. Um ein entsprechendes Gegengewicht zu schaffen, erscheint es sinnvoll, zwei Arbeiten in den Band aufzunehmen, die die Relevanz empirisch ermittelter Befunde für die Theorienbildung und die praktisch-therapeutische Arbeit veranschaulichen. Im ersten Beitrag über „Vergleichende Psychotherapieforschung" wird verdeutlicht, daß die Applikation verschiedener Psychotherapiemethoden qualitativ unterschiedliche Klientenveränderungen hervorruft. Auf diesem Hintergrund stellt sich deshalb u.a. auch die Frage nach einer adäquaten Auswertung von vergleichenden Psychotherapiestudien. Der zweite Beitrag „Klassifikation und Indikation in der Gesprächspsychotherapie" liefert einen Beleg dafür, daß saubere empirische Forschung differenzierte Handlungsableitungen ermöglicht.

Psychotherapeutisches Handeln ist von gesellschaftlicher Relevanz. So kommt etwa in der Psychiatrie-Enquête zum Ausdruck, daß der Bevölkerung ein Anspruch auf psychosoziale Versorgung zugestanden werden sollte. Es liegt daher nahe, in einen Band „Psychotherapie" auch die Thematik „Modelle psychosozialer Versorgung" zu berücksichtigen. In dieser forschungskritischen Arbeit werden sowohl Realität als auch Realisierungsmöglichkeiten psychosozialer Versorgungskonzepte vorgestellt und diskutiert.

Der Leser dieses Bandes sieht sich zweifellos einem bisweilen sogar mit Widersprüchen behafteten Spannungsfeld gegenübergestellt: Benutzten Denkansätzen liegen unterschiedlichste wissenschaftstheoretische Positionen zugrunde, präferiertes psychotherapeutisches Handeln orientiert sich sowohl an einer Interventionstechnik als auch an methodenübergreifenden Therapiemodellen, neue Vorschläge für eine veränderte Praxis werden wohlbegründet vertreten oder verworfen, usw. Dieses Zustandsbild entspricht ganz der augenblicklichen Forschungs- und Praxisrealität. Durch die Explikation einiger zentraler Probleme dürften jedoch auch brauchbare Erkenntnisse für notwendige Korrekturen erarbeitet worden sein, die schon deshalb vorzunehmen sind, weil sich insbesondere das Verhältnis von Grundlagenforschung, angewandter Forschung und eigentlicher Anwendung im Bereich der Psychotherapie als verbesserungswürdig erweist.

Auch wenn der vorliegende Band nicht den herkömmlichen Vorstellungen entsprechen mag, erscheint es in der augenblicklichen Situation dennoch angebracht, den aufgeworfenen grundsätzlichen Fragen nachzugehen. Es bleibt zu hoffen, daß dieser Band dazu beiträgt, psychotherapeutisches Denken und Handeln in einen Rahmen zu stellen, der es ermöglicht, nicht nur psychotherapeutische Einzelentscheidungen reflektiert und differenziert zu treffen, sondern auch die Aufmerksamkeit des Lesers auf Probleme zu richten, die bislang keineswegs hinreichend Beachtung fanden.

Allen, die zum Gelingen dieses Bandes beigetragen haben, danken die Herausgeber herzlich: den Fachkollegen für ihre Mitwirkung als Autoren, dem Beiratsmitglied Herrn Dr. Pieter B. Bierkens für die Begutachtung des Bandes, dem Verlag Kösel für die gezeigte Kooperationsbereitschaft, den Sekretärinnen Frau Dorothea Gores und Frau Rita Minarski für ihre technische Unterstützung bei der Fertigstellung des Gesamtmanuskripts und den wissenschaftlichen Hilfskräften Frau Jutta Karsunky, Frau Wilma Keller, Frau Charlotte Schlotheuber und Frau Hildegard Schuth sowie Herrn Bernd Baltes für verschiedene Korrekturarbeiten.

Trier, im Januar 1981 *Wolf-Rüdiger Minsel* *Reinhold Scheller*

Inhalt

Übersichtsarbeiten

Möglichkeiten und Grenzen psychotherapeutischen Handelns

ERNST E. BOESCH

1 Vorbemerkung

Ich beabsichtige nicht, hier einen Bericht über Indikationen und Erfolgsaussichten verschiedener Therapiemethoden vorzulegen. Vielmehr möchte ich Psychotherapie als eine bestimmte Art des Handelns darzustellen versuchen, woraus sich dann auch grundsätzliche Aussagen zu Möglichkeiten und Grenzen der Psychotherapie herleiten lassen. Ich halte mich dabei an den handlungstheoretischen Rahmen, den ich insbesondere in den drei Büchern „Zwischen Angst und Triumph" (1975) „Psychopathologie des Alltags" (1976b) und „Kultur und Handlung" (1980) umrissen habe; dort schon erläuterte Begriffe sollen hier somit nicht mehr neu erklärt werden. Obwohl ich glaube, daß das hier darzustellende Konzept sich auf psychotherapeutisches Handeln durchgängig anwenden läßt, werde ich mich doch vorwiegend auf meinen eigenen Erfahrungsbereich — Psychoanalyse und Tagtraumtechniken — beziehen. Ich werde allerdings nicht eine klassische psychoanalytische Position darstellen; vielmehr wage ich den vielleicht ketzerischen Versuch, das, was in einer analytischen Therapie geschieht, handlungstheoretisch umzudeuten und dadurch, hoffe ich, Mechanismen aufzuzeigen, die das psychotherapeutische Wirken allgemein, also nicht nur im psychoanalytischen Vorgehen, verstehen lassen.

2 Der Therapie-Entschluß

Wann entscheidet man sich, muß als erstes gefragt werden, zu einer Psychotherapie? Es braucht dazu ja wohl zweierlei: ein Leiden und eine

Hoffnung. Das ist eine recht allgemeine Formulierung, die noch nichts darüber enthält, was für ein Leiden oder was für Hoffnungen sich motivierend auswirken. Stellen wir gleich fest, daß das Leiden nicht mit Symptomen gleichgesetzt werden kann; in der Tat, vieles, was ein Therapeut als Symptom bewertet, verbindet der Patient keineswegs mit Leiden. Da etwa werden Zwänge als Tugenden der Sauberkeit oder Gewissenhaftigkeit erlebt, dort erscheinen jemandem seine paranoischen Befürchtungen als auf Erfahrung begründete Vorsicht und Umsicht; ein anderer betrachtet seine emotionale Bindungsschwäche als fortschrittlichen Lebensstil, während wieder jemand seine aggressiven Impulse ideologisch als politische Verantwortlichkeit drapiert; seine hysterische Emotionalität nimmt mancher nur allzugern als Sensibilität und warmherzige Empathie wahr – kurz, man kann offensichtlich mit Symptomen zurechtkommen, sie nicht als Leiden, sondern sogar als positive Qualitäten betrachten. Häufig wird psychisches Leiden aber auch in organisches umgesetzt, somatisiert; auch das führt normalerweise nicht zum Entschluß, sich in Psychotherapie zu begeben. Das Leiden, das zur Psychotherapie motiviert, muß also von spezifischer Art sein.

Ein somatisches (oder so wahrgenommenes) Leiden spielt sich in einem Bereich ab, von dem wir wissen, daß er nur teilweise in unserer Kontrolle steht; der Körper ist ebenso oft Ich wie eine Begrenzung des Ich. Ein körperliches Leidenssymptom wird somit zwar als eine Ich-Einschränkung erlebt, meist jedoch kaum als eine Ich-Niederlage. Jedermann kann krank werden, und normalerweise erscheint Krankheit nur als ein vorübergehendes Übel. Das gilt allerdings nicht für den, der Krankheit als Schuld betrachtet, als Sühne oder Strafe für Verfehlung. In solchen Fällen verwischt sich auch leicht die Grenze zwischen Psycho- und Somatotherapie.

Das psychische Leiden dagegen erscheint uns als eine grundsätzliche Ich-Schwäche. Das wahrgenommene Symptom – die Angst, der Zwang, die Depression etwa – erlebt man nicht als eine von außen kommende Bedrohung, als ein Geschehen, das wir selbst nicht zu verantworten haben. Die Angst oder der Zwang entspringen vielmehr uns selbst, wir sehen sogar ein, wie unbegründet sie sachlich sind, aber wir vermögen nicht, sie einzudämmen, aufzuheben oder ihnen wenigstens auszuweichen. Versuche zur Umdeutung der Symptome in eine Tugend, Versuche, sie durch Medikamente, Meditation, Zerstreuung, Sport oder Alkohol zu bekämpfen, sind unergiebig geblieben: Wir stoßen dauernd an die Begrenztheit unserer Fähigkeit zur Selbst-Steuerung. An irgendeinem Punkt wird man auf die Autonomie-Ansprüche verzichten, man „gibt auf" und entscheidet sich zur Therapie, eine meist mühsame Entscheidung, die nur allzuoft als das Eingestehen einer Niederlage erlebt wird.

Das bedeutet allerdings nicht notwendigerweise einen vollständigen Autonomie-Verzicht. Es reicht, wenn wir in einem für uns wesentlichen Handlungsbereich einen Mangel an Steuerungsfähigkeit wahrnehmen. Daran zu denken, ist deshalb wichtig, weil Umstrukturierungen der Selbstwahrnehmung im Laufe einer Therapie durchaus dazu führen können, die Möglichkeiten und Defizite der Selbst-Bestimmung neu zu gewichten und die Therapiemotivation wieder zu mindern. Das heißt, etwas umformuliert, daß ein Patient sowohl mit Ressourcen, wie mit Defiziten in die Therapie eintritt und deren Bedeutung immer wieder neu bestimmt.

Wenn dem so ist, daß der Patient sein Selbststeuerungsvermögen als nicht mehr ausreichend wahrnimmt, so muß dem auch der Eindruck unkontrollierbarer Ich-Anteile entsprechen. In der Tat, irgendetwas, worüber man nichts vermag, muß ja die Symptomatik bedingen, an der man leidet — wenn jemand zu panischer Spinnenangst neigt, obwohl er weiß, daß Spinnen harmlose Tiere sind, so wird er sich beunruhigt fragen, was denn diese Angst hervorrufe: etwas außerhalb seiner rationalen Kontrolle. In diesem Erleben vergrößert sich für ihn die Summe des Unbekannten, des Nicht-Einzuordnenden in seiner Welt; der Therapie-Entschluß beinhaltet deshalb auch den Wunsch, die Übersichtlichkeit des Selbst- und Weltbildes zu verbessern. Das kann natürlich durch Beseitigung von Symptomen geschehen: Wenn das sichtbare Zeichen des Leidens verschwindet, wird zugleich die Kontrollfähigkeit wieder hergestellt — bis auf den Rest, den Steuerungsmangel *erlebt* zu haben und somit um eine mögliche, latente Bedrohtheit zu wissen. Es mag aber auch sein, daß die Symptomheilung entweder nicht möglich ist oder für sich allein nicht ausreicht: der Therapiewunsch kann durchaus die weiter reichende Hoffnung enthalten, sein Verhältnis zu sich und der Umwelt grundsätzlich neu zu ordnen.

Die Hoffnungen, die sich mit dem Therapie-Entschluß verbinden, können in der Tat sowohl vielfältig wie vielschichtig sein. Von Symptombefreiung bis zu vertiefter Selbsterkenntnis, von Geborgenheit im Therapierahmen bis zu sozialem Prestigegewinn, von Schuldvergebung bis zu narzißtischem Selbstgenuß etwa streuen die Erwartungen. Dabei mag man das eine bewußt, das andere nur uneingestanden anstreben, doch ist es im allgemeinen wohl so, daß die Therapiemotivation „überdeterminiert" ist, man sich also verschiedenes erhofft. Die „Zielbündelung" kann sich natürlich im Laufe der Therapie verändern.

Sicherlich geht der Patient mit so etwas wie einer antizipierten Relation von Kosten und Gewinn in die Therapie, verbunden auch mit Vorstellungen über den zeitlichen Therapieverlauf. Das heißt, daß der Patient mehr oder weniger explizit Annahmen bildet über die Relation zwischen dem materiellen, zeitlichen und psychischen Aufwand für die Therapie einerseits und den Befriedigungen andererseits, die er sich daraus verspricht; er wird überdies, in einer bestimmten Zeitperspektive, eine progressive Verminderung seiner Defizite und eine gegenläufige Steigerung seiner Ressourcen erwarten. Diese „Verlaufs- und Zielantizipationen" sind von nicht geringer Bedeutung für die Art, wie er auf die konkreten Therapie-Erfahrungen reagiert.

3 Die Modi des therapeutischen Handelns

3.1 Das imaginierende Handeln in der Therapie

Natürlich erfordert jede Psychotherapie „praxische" Vollzüge: Man muß sich zu bestimmten Zeiten an den Therapieort begeben und dort das vorgeschriebene Ritual erfüllen, wie etwa Begrüßen, Hinlegen, Berichten; man befindet sich dabei in bestimmter Umgebung, die sowohl Informationen vermittelt, wie Anpassungen fordert. Das alles mag seine Wirkungen ausüben, doch werden normalerweise schon nach kurzer Zeit das materielle „setting" ebenso wie die darin zu vollziehenden praktischen Handlungen gewohnt und nebensächlich. Das eigentliche therapeutische Geschehen spielt sich in Vorstellungen ab. Therapie ist *vorwiegend imaginierendes Handeln.*

Dabei geht es natürlich um Imaginationen recht unterschiedlicher Art. Da sind einmal die evozierenden Vorstellungen beim Berichten des Patienten: Beschreibungen dessen, was zu Hause oder am Arbeitsplatz sich ereignet hat, Erinnerungen aus früheren Zeiten, all diese Inhalte also, die im wesentlichen darin bestehen, daß man ein real Geschehenes sprachlich wiedergibt. Natürlich beschränken sich solche Berichte nicht nur auf äußere Vorgänge: auch Gedanken, Ängste, Freuden, die man erlebte, werden evozierend dem Therapeuten mitgeteilt. Deshalb bewegen sich evozierende Imaginationen nicht nur in der Vergangenheit: auch Zukunftshoffnungen oder -ängste, Pläne die man schmiedet, Erwartungen die man hegt, können auf diese Weise zu Inhalten werden.

Neben diesen „Real-Imaginationen", die also vorwiegend einfach berichten, was man erlebt oder gedacht hat, wären die anderen Imaginationen, die neu erfinden, wie etwa in Träumen oder Wachfantasien, in künstlerischen Produkten; nennen wir sie „kreative" Imaginationen, denen ich aber auch die Bildung von Hypothesen über Wirklichkeits-Inhalte zurechnen würde. So etwa kann die Ausstattung des Therapieraumes den Patienten zu Rückschlüssen auf die Person des Therapeuten veranlassen; das sind kreative Ergänzungen einer als unvollständig erlebten Wirklichkeit.

In den Vorstellungen werden indessen nicht nur Inhalte evoziert oder gebildet, sondern auch beurteilt; man bezieht Stellung, fragt, zweifelt, interpretiert, bewertet. Nennen wir das „reflexive" Imaginationen – reflexiv, weil dabei immer das Subjekt zu eigenen Erfahrungen Stellung bezieht; die Reflexion strukturiert Ich-Umwelt-Relationen.

Das ist eine schlichte und sicher willkürliche Klassifikation von Vorstellungsinhalten recht unterschiedlicher Art. Zu erzählen, daß man gestern im Warenhaus Socken gekauft habe, ist sicher etwas anderes als von einer geträumten Besteigung eines Gipfels im Himalaya zu berichten. Dennoch verbindet all diese Vorstellungen die Gemeinsamkeit der gedanklichen Qualität. Das bedeutet erstens, daß sie sich nicht, wie Außenereignisse, aufdrängen, sondern daß Möglichkeiten der Wahl bestehen; es bedeutet, zweitens, daß sie keinerlei faktische Veränderungen in der Umwelt bewirken, wodurch sie reversibel, umkehrbar, ja aufhebbar bleiben; es bedeutet aber auch, drittens, daß die Imaginationen nicht durch wirkliches Geschehen kontrolliert werden, und somit die sich daraus ergebenen Korrekturen, die die Realitätsanpassung verbessern könnten, ausbleiben. Handlungstheoretisch dienen Imaginationen also dem Probehandeln, der tentativen Vorstrukturierung der Wirklichkeit, aber auch der Verfestigung vorhandener Strukturen.

Daraus folgt wohl ziemlich direkt, daß Imaginationen sich um die „current concerns" wie *Klinger* (1971) sie nannte, herumgruppieren, also um die Anliegen, die im Rahmen gegenwärtiger Handlungsverläufe besonders gewichtig erscheinen. Es läßt sich leicht demonstrieren, daß selbst Erinnerungen, diese anscheinend „objektivsten" aller Imaginationen, in Abhängigkeit von aktuellen Handlungsanliegen evoziert werden. Damit ist natürlich nicht allein die gerade verlaufende Handlung gemeint, sondern weiter gefaßt die Gruppe von Handlungen, die der Erinnernde im Moment als relevant erlebt. Erinnerungen sind gleichsam das Erfahrungsreservoir, aus dem wir Muster für weiteres Handeln oder Problemlösen beziehen. Wie ein Patient in der Therapie über was berichtet, hat deshalb mehr als nur retrospektive Bedeutung.

Diese handlungsbezogene Dynamik von Imaginationen wird relevant, wenn wir uns überlegen, welches die Handlungssituation des Patienten sei. Im Rahmen der Therapie sucht der Patient dauernd zwei Handlungsrichtungen zu koordinieren: einmal über sich selbst und seine Schwierigkeiten genügend Klarheit zu gewinnen, um sie zu schildern oder beurteilen zu können; zweitens, dem Therapeuten so zu berichten, daß dieser ihm gewogen bleibt oder wird und sich somit auch voll um ihn bemüht. Diese beiden Handlungsrichtungen bleiben jedoch notwendigerweise verknüpft mit den außertherapeutischen Handlungsbereichen, ja, im Sinne von Übertragungen bahnen sich sogar recht differenzierte Vernetzungen der Therapie mit der übrigen Welt des Patienten an. Es sind diese verzweigten Zielsetzungen, von denen überdies bald diese, bald jene überwiegt, die das Verständnis dessen, was ein Patient berichtet, fantasiert oder interpretiert, oft sehr erschweren.

3.2 Das sprachliche Handeln in der Therapie

Es mag überflüssig erscheinen, noch anzufügen, daß das imaginierende Handeln in der Therapie sich der Sprache bedienen muß. Zuweilen indessen lohnt sich der Blick auf Selbstverständliches, und wäre es etwa nur, um daran zu erinnern, daß eine Aussage weder vollständig noch wahr zu sein braucht. Erlebtes kann verschwiegen oder aufgebauscht werden, die sprachliche Wiedergabe kann es ausschmücken, verändern, verschönern, entwerten; sie kann aber auch Ereignisse vortäuschen, die nie geschehen sind. Manche dieser sprachlichen Manipulationen vollziehen sich unbewußt, andere dagegen gewollt. Häufiger als die eigentliche Lüge ist in der Therapie wohl das Auslassen, Verharmlosen, Rechtfertigen, aber auch das anklagende Übertreiben; wie dem auch immer sei, der Therapeut bleibt fortwährend mit der Aufgabe konfrontiert, Gesprochenes richtig zu deuten. Dieses Manipulieren der Wirklichkeit durch Sprache wird selbstverständlich, wenn man sich daran erinnert, daß das sprachliche Mitteilen ja ein Handeln ist, das seine eigenen Ziele verfolgt. Grundsätzlich sind diese wohl zweifacher Art, nämlich einerseits die Beeinflussung des Partners, andererseits die Selbstreflexion. Auch der Patient will auf den Therapeuten einwirken, ihn sich günstig stimmen, seine Aufmerksamkeit in eine gewünschte Richtung lenken, ihn für mangelnde Zuwendung bestrafen und ähnliches mehr; zugleich aber spiegelt der Patient sich selbst in seinen Äußerungen, oder, genauer gesagt, er übersetzt seine Innenerfahrungen in ein System sozial anerkannter Kategorien; dadurch „objektiviert" er sich in einer als konsonant oder dissonant erlebten Weise. Seine Selbsterfahrung sprachlich in einer als adäquat erscheinenden Weise umzusetzen, zugleich aber so, daß der Partner wunschgemäß beeindruckt wird, ist eine komplexe Aufgabe, die nicht selten als mühsam, ja angsterregend erlebt wird.

Denn vergessen wir nicht, daß die Sprache ein soziales Konsenssystem ist. Die Begriffe und Begriffsverbindungen, die sie zur Verfügung stellt, entsprechen sozialer Übereinkunft über denotative Bedeutungen – ohne das könnte man weder Wörterbücher verfassen, noch überhaupt sich ausreichend verständigen. Die Sprache kann diese Funktion indessen nur dadurch erfüllen, daß sie private Bedeutungen weitgehend aus ihren Begriffen hinausfiltert. Deshalb gehen vielerlei subjektive Konnotationen bei der sprachlichen Mitteilung verloren oder müssen in oft mühsamen Umschreibungen angedeutet werden; das ist umso mehr der Fall, je sachlicher, wissenschaftlicher die Sprache ist, deren sich jemand befleißigt.

Das wird verstärkt dadurch, daß die sprachlichen Begriffe überwiegend eine kategoriale, nicht individuelle Bedeutung besitzen. Wenn ich sage, „das ist ein Tisch, ein Buch, ein Vogel", so bezeichne ich damit immer nur eine Kategorie, der ein Ding zuzuordnen ist, und wenn ich dieses Ding in seiner Individualität kennzeichnen will, kann ich das meist nur, indem ich verschiedene kategoriale Zugehörigkeiten kombiniere – etwa „das ist ein rechteckiger Biedermeier-Tisch aus massivem Kirschbaumholz"; das Individuum wird so auf ungelenke Art definiert durch den Überlappungsbereich der Kategorien, denen man es als zugehörig betrachtet. Anders gesagt, die Sprache operiert auf einem relativ hohen Niveau der Abstraktion und kann Einzelereignisse oft nur durch umständliche Ergänzungen in Annäherung erfassen.

Es ist somit nicht der manipulative Gebrauch der Sprache allein, der die Interpretation eines Berichtes erschwert, sondern ebenso sehr auch das Überwiegen denotativer und kategorialer Bedeutungen. Das kann sowohl zur Geschwätzigkeit führen – zu Versuchen also, durch Redundanz das sprachliche Darstellungsvermögen aufzubessern –, wie auch zu mißtrauischem Forschen nach möglicherweise „weggefilterten" Bedeutungen einer Botschaft.

Diese genannten strukturellen Besonderheiten der Sprache und ihre instrumentellen Verwendungsmöglichkeiten decken jedoch noch nicht die Gesamtheit der Probleme ab, denen die therapeutische Kommunikation begegnet. Das Verfügen über Sprache hat ja seine soziale Lerngeschichte, die sich keineswegs mit dem technischen Spracherwerb erschöpft. Sprechen zu können, sich so auszudrücken, daß andere in gewünschter Weise auf einen reagieren, stellt ein funktionales Potential, ein positiv erlebtes Handlungsvermögen dar; wo immer es vermag, das Verhalten von Partnern angemessen zu beeinflussen, wirkt es zugleich als Ich-Verstärkung zurück. Dieses Sprechenkönnen ist indessen mehr als nur die Fähigkeit, über Worte und Satzbildungen zu verfügen; es bedeutet überdies, die Regeln zu beherrschen, mit denen das sprachliche Handeln verbunden wird: nicht zu laut oder zu leise zu reden, Höflichkeitsformeln zu verwenden, „häßliche" Ausdrücke zu vermeiden, „nur die Wahrheit zu sagen" und mancherlei anderes gehört etwa ebenso dazu, wie die abwertenden Reaktionen die man allmählich gegenüber jenen sich aneignet, die „ungepflegt" oder „unkorrekt" sprechen. Nicht nur der Inhalt, auch die Form des Sprechens haben ihre ich-bestätigenden Aspekte; beide manifestieren sie aber auch soziale Zugehörigkeit. Die Neigung, das Gesprochene sozialen Erwünschtheiten anzugleichen, wirkt sich sowohl in der Selektion von Inhalten wie in der Form aus.

Beachten wir auch, daß die erwähnten strukturellen Unbestimmtheiten der Sprache die adäquate Wiedergabe von Erlebnissen zwar erschweren, zugleich aber das Gefühl fördern können, sich richtig ausgedrückt zu haben. Ohne uns dessen gewahr zu sein, ergänzen wir unsere sprachlichen Berichte fortwährend mit implizierten Selbstverständlichkeiten: Wir verwenden Begriffe, von denen wir annehmen, daß sie dem Partner in gleicher Weise vertraut seien wie uns, spielen auf Ereignisse oder Erlebnisse an, deren Bekanntheit wir voraussetzen, verlassen uns auf ähnliche Bewertungen, und in dem Maße, in dem wir auf solche Gemeinsamkeiten bauen, erscheint uns auch die unscharfe verbale Formulierung schon adäquat. Die sprachliche Unschärfe wird dem Sprecher somit nicht notwendigerweise auch bewußt.

Das Phänomen des Selbstgesprächs belegt, daß imaginierendes Handeln nicht frei ist von verbalen Komponenten; imaginierendes und sprachliches Handeln also einander im Sinne von Signifikat und Signifikans entgegenzustellen, wäre nur teilweise richtig. Sprache übermittelt nicht nur, sondern sie objektiviert, transformiert und manipuliert möglicherweise sogar die Vorstellungsinhalte – nicht einfach im Sinne unvollständiger oder fehlerhafter Mitteilung, sondern im Sinne eines zielgerichteten Handelns. Deshalb ist Sprache im therapeutischen Rahmen ein Mittler sowohl von intendierten wie nicht-intendierten Botschaften, ein Offenbarer wie ein Verfälscher. Die sprachliche Kommunikation in der Therapie auf ihre möglichen Bedeutungen zu durchleuchten, ist ebenso wichtig, wie all- mählich einen unverfälschten Diskurs aufzubauen, die Kommunikation ihrer Selbst- und Fremdtäuschungen zu entledigen.

3.3 Die Mehrdeutigkeit des Handelns

Sprachliche Äußerungen, so hatten wir eben gesehen, können mehrfach determiniert sein — etwa, eine Botschaft zu vermitteln, sie zugleich aber dazu zu benutzen, den Partner zu ärgern. Diese „Polyvalenz" von Hand- lungsformen und Handlungszielen muß indessen im Rahmen der Psycho- therapie durchgängig beachtet werden. In der Tat, jede Handlung hat ne- ben ihrer *sachlich-instrumentalen* auch eine *subjektiv-funktionale* Bedeu- tung: man tut etwas um des sachlichen Zieles willen, zugleich aber tut man es mit Lust oder Unlust, mit Eifer oder Widerwillen; so etwa nutzt jemand sein Auto instrumental, um bestimmte Ziele zu erreichen, emp- findet dabei aber auch lustvoll seine Fähigkeit, über die Kraft des Motors zu verfügen, genießt Rasanz, Geschwindigkeit, kurz, sein funktionales Potential. Diese „sachliche" und „subjektale" Bedeutung (wie man auch etwas einfacher sagen kann) haftet grundsätzlich jedem Handeln an. Dar- über hinaus aber gibt es zusätzliche Mehrdeutigkeiten. Kleidung etwa schützt vor Kälte oder Hitze, aber sie soll auch schmük- ken; sie betont oder verhüllt den Körper als Sexualobjekt, sie deutet eine soziale Zugehörigkeit ebenso an, wie eine angestrebte individuelle Origi- nalität; sie unterstützt narzißtische Träumereien, drückt Abenteuerlust, Fernesehnsucht ebenso aus wie anderswo „Bodenständigkeit". Dadurch daß sie einem Zweck dient, ist sie sachlich-instrumental, durch die ver- spielte Lust, die man an ihr empfindet, subjektiv-funktional, durch die Inhalte kultureller oder indvdueller Art erhält sie eine symbolische Be- deutung. Selbst Einzelaspekte können derart „überdeterminiert" sein: Eine junge Analysandin hatte sich für ihre Schwangerschaft rote Um- standskleider anfertigen lassen — und prompt durch eine Reihe von Träu- men die verschiedenen Konnotationen der Farbe verraten. Diese Polyvalenz von Handlungen und Objekten rechtfertigt die These, daß Berichte in der Therapie durchgängig sowohl nach ihrer sachlichen wie nach ihrer symbolischen Bedeutung betrachtet werden müssen. An- ders gesagt, sie nötigen den Therapeuten zur sorgfältigen Abklärung der Konnotationen, in die ein Ding eingebettet erscheint; erst die mehrfache Valenz eines Zieles macht verständlich, wieso man es anstrebt. Schon in seinen frühen Studien zur Hysterie hat *Freud* (1952) darauf hin- gewiesen, wie sehr die Einsicht darin, jemanden zu lieben und zugleich seinen Tod zu wünschen, schockieren kann. Indessen gilt wohl allgemei- ner, daß wir uns der mehrfachen Determiniertheit unseres Handelns meist nicht bewußt sind. Das Bewußtsein konzentriert sich normalerweise auf sachliche, sozial akzeptierbare und ich-kongruente Handlungsziele. Das ist leicht verständlich: Handeln verfolgt Sachziele einerseits, soll aber andererseits auch die soziale Integration und das Selbstbild positiv verstärken. Die Widersprüchlichkeit von Komponenten eines Zieles erschwert solche Bestätigungswirkungen; sie wiegt umso schwerer, je stärker sich die Ambivalenz an zeitübergreifende Ziele heftet: Wer geliebt werden will, zugleich aber Sexualität abwertet, wer Status erringen will, zugleich aber Leistung scheut, wer Geborgenheit wünscht, zugleich aber der Enge einer persönlichen Bindung zu entrinnen sucht, verfolgt solch übergreifende, also sich immer wieder neu konkretisierende, ambivalente Ziele. Ich hatte derartige übergreifende Zielsysteme, die so etwas wie Grundmuster der Ich-Umwelt-Beziehung bilden, *Fantasmen* genannt; sie zu erfassen erfordert die sorgfältige Berücksichtigung der Polivalenz von Handlungen.

3.4 Die therapeutischen Funktionen der Handlungsmodi

Handeln in der Vorstellung, so sahen wir, zeitigt keine materiellen Konsequenzen, was ihm sowohl Flexibilität, wie unter Umständen aber auch Rigidität verleiht. Die Imagination als solche wirkt also nicht notwendigerweise schon therapeutisch; das scheint zusätzliche Bedingungen zu erfordern. Betrachten wir hier vorerst, welche funktionalen Besonderheiten des imaginierenden Handelns therapeutisch genutzt werden können.

Da wären als erste *Gewöhnung* und *Lernen*, Gewöhnung im Sinne einer progressiven Minderung emotionaler Reaktionen auf Vorstellungen, Lernen im Sinne aktiven Aufbauens von Handlungsvermögen – wobei sich beide in Wirklichkeit kaum so leicht trennen lassen wie in der sprachlichen Definition. Die Desensibilisierungsprozesse der Verhaltenstherapie haben gezeigt, daß eine systematische Konfrontation mit Imaginationen Effekte zeitigt, die sich auch im konkreten Handeln außerhalb der Therapie auswirken (vgl. z.B. *Wolpe* 1958; *Bergold* & *Selg* 1970; *Kessler* 1978). Das kann im echten Gewöhnungssinne „Ent-Sensibilisierung" sein, kann aber auch darauf beruhen, daß imaginierend die Situation immer differenzierter strukturiert wird – sowohl sachlich, wie auch in bezug auf das eigene Handeln. Pianisten wissen, daß sie in Gedanken Fingersätze üben können; Lerneffekte durch Vorstellungstraining sind auch experimentell nachgewiesen worden. Natürlich ersetzen solche Prozesse das praxische Üben nicht, sie erleichtern es aber.

Selbst die beim konkreten Lernen sich einstellenden Verstärkungseffekte brauchen beim Vorstellungstraining nicht auszubleiben. Zwar bleibt beim imaginierenden Üben von Geschicklichkeit – die Fingersätze des Pianisten, die Gewichtsverlagerung beim Skifahrer etwa – immer eine Un-

sicherheit bestehen, ermangelt man doch der Rückmeldung darüber, ob
das vorgestellte Handeln auch die gewünschten konkreten Ergebnisse be-
wirke. In all den Fällen dagegen, wo das Lernen sich mit Problemlösen
verbindet, tritt auch beim Imaginieren das belohnende „Aha-Erlebnis"
auf; nicht nur, daß dabei Sachstrukturen gebildet werden, die einem
sinnvoll erscheinen, sondern ebenso sehr auch, daß man imaginierend
Möglichkeiten entdeckt, etwas zu tun, wovor man sich bisher scheute.
Solche positiven Effekte erhöhen die Einschätzung des funktionalen
Potentials, stärken das Selbstgefühl.

Natürlich können solche Prozesse sowohl Erwünschtes wie Unerwünsch-
tes bewirken; man kann sich in Gedanken an Grausamkeit gewöhnen,
kann aggressive Bedürfnisse stärken, kann sich von der Durchführbarkeit
von Handlungen überzeugen, die dann in Wirklichkeit anders als vorgesehen ausgehen. Dennoch, das Zurechtlegen von Strategien, das Aufhel-
len von Unklarheiten, die wunschgerechte Gestaltung von Situationen,
all diese Möglichkeiten der Imagination bleiben nicht ohne Auswirkungen auf das Selbstgefühl. Zuweilen allerdings in einem ambivalenten Sinn:
man feiert gedankliche Triumphe, scheut aber vor der Bewährung im
wirklichen Handeln zurück, um so die angenehmen Selbstverstärkungen
nicht zu gefährden. Die therapeutische Nutzung solcher Prozesse wird
deshalb die außertherapeutische Kontrolle von Handlungseffekten mit-
einschließen.

Das hier mit Gewöhnung und Lernen Gemeinte bezieht sich auf relativ
klar definierbare Problemsituationen. Viel umgreifender sind die Prozesse des *Integrierens* und *Ordnens* durch imaginierendes Handeln. Ihrer besonderen Bedeutung wegen sollen sie anschließend in einem besonderen
Abschnitt behandelt werden. Vorerst wollen wir indessen noch funktionale Aspekte des sprachlichen Handelns betrachten.

Grundsätzlich *sozialisiert* die sprachliche Wiedergabe die inneren Vorgänge, und dies in einem dreifachen Sinne: erstens, durch das Medium der
Sprache selbst, die ja, wie wir sahen, den denotativen Konsens voraus-
setzt; zweitens, durch die Beschreibung innerer Vorgänge in sozial an-
nehmbarer Weise – durch die gewählte Formulierung, durch Auswahl,
Darstellungsart und Rechtfertigung von Inhalten; drittens trägt die Antwort des Partners ihrerseits zur Sozialisierung bei – billigend, tadelnd,
Freude oder Enttäuschung ausdrückend etwa.

Dadurch *objektiviert* die sprachliche Mitteilung zugleich ihre Inhalte: Die
Reaktion des Partners erlaubt, abzuschätzen, inwieweit er das Berichtete
selber kennt, die Erfahrung mit dem Berichtenden teilt, wieweit es ver-
stehbar ist und wie es bewertet wird. Damit hebt es allerdings die Flexibilität oder Reversibilität der Imagination teilweise auf: das sprachlich Mitgeteilte wird zu einem Äußeren, bestimmt die Reaktion eines Partners
und kann ohne Gesichtsverlust nicht einfach als nichtig erklärt werden.
Das gilt natürlich besonders für die Sprechakte, die die Linguisten „per-
formativ" nennen, Aussagen also, die nicht nur Mitteilungen sind, son-

dern einen kontraktuellen Charakter haben, wie ein Eheversprechen oder eine Kaufabmachung (vgl. z.b. *Austin* 1962; *Tambiah* 1978). Indessen gilt ähnliches, in je nachdem variierenden Ausmaß, für jede sprachliche Aussage gegenüber einem Partner. So etwa gehört zum Berichten die implizierte Zusicherung der Wahrheit, zum Versprechen diejenige der Ehrlichkeit, zum Fragen diejenige des echten Wissen-Wollens. Lügen oder Prahlerei etwa wären Aussagen, die solche sozial üblichen stillen Kontrakte nicht einhalten – dabei ertappt zu werden, bedeutet Mißbilligung, Beschämung, also Ich-Einbuße: Aussagen schaffen und verändern die Beziehung des Aussagenden zur Umwelt. Die sprachlichen Mitteilungen im Rahmen der Therapie sind deshalb mehr als nur Vermittler von Informationen: sie dienen zugleich Prozessen der Strukturierung des Welt- und Ich-Bildes.

3.5 Integration und Ordnung

„Integration und Ordnung" erscheinen mir als die wichtigsten Effekte imaginierenden Handelns im therapeutischen Rahmen. Beachten wir als erstes, daß jede Imagination etwas *konkretisiert*. Ein Traum etwa übersetzt vage Anmutungen, Befürchtungen oder Hoffnungen in Bilder mit – wenigstens teilweise – benennbaren Inhalten; eine diffuse dysphorische Gestimmtheit, die man als nicht faßbare Bedrücktheit spürte, verdichtet sich plötzlich zu Antizipationen konkreter Art; irgendwelche Unzufriedenheiten wecken auf einmal Bilder ferner Palmenstrände und machen sich so als Ferienwünsche bemerkbar. Solche imaginativen Konkretisierungen, Verdinglichungen, erlauben das, was die anfänglich undifferenzierten Stimmungen und Anmutungen nicht zuließen: man kann sie benennen, sich mit ihnen konfrontieren lassen, sie erscheinen als Handlungsentwürfe, Handlungsneigungen und lassen sich mit anderen Möglichkeiten des Handelns vergleichen. Durch solche Konkretisierungen präzisiert die Imagination unseren Wirklichkeitsbezug.
Solche Konkretisierungen bedingen indessen zugleich auch eine erste Stufe des *Ordnens* von Wirklichkeit. Jeder Vorstellungsinhalt hebt einen Aspekt der Erlebniswirklichkeit heraus, auf Kosten anderer, alternativer Inhalte; jeder Vorstellungsinhalt läßt sich lokalisieren, sei es nach Zeit, Raum, materiellen oder sozialen Bezügen; jeder Inhalt deutet ein kognitives Strukturgerüst der Wirklichkeit ebenso an, wie ein Netz subjektiver Erfahrungskonnotationen. Die Vorstellung der Ferien am Palmenstrand verweist etwa auf die Gegensatzpaare Ferien – Arbeitszeit, Meer – Gebirge, heißes – kühles Klima; sie impliziert Tätigkeitsarten entspannender oder erregender Art im Gegensatz zum normalen Alltag, verbindet sich mit den Erlebnisqualitäten vergangener oder erhoffter Erfahrung. Kurz, Imaginationen erstellen Ordnungen, sie präzisieren – wenn auch vielleicht erst andeutend – eine persönliche Sicht der Umwelt und ihrer Beziehungen zur eigenen Person. Natürlich können Imaginationen nicht nur er-

fahrene und geschaffene Strukturen wiedergeben, sondern auch versuchen, Ordnungen zu verändern, aufzuheben oder neu zu bilden. Rein schon die Wahl einer Aussage ist eine Entscheidung gegen eine andere Art der Aussage, und wenn auch das gewählte Bild keine äußeren Effekte hinterläßt, so können doch innere Effekte die aktuelle Vorstellung überdauern.

Indessen sind das recht allgemeine Feststellungen, die ergänzt werden müssen durch die Frage, welcher Art denn diese so angedeuteten Ordnungen seien. Betrachten wir ein Beispiel, das das bisher Gesagte zu illustrieren und die Frage ein Stück weit zu beantworten vermag. Ein jüngerer Akademiker äußert verschiedentlich den Wunsch, nach Peru oder Bolivien zu fahren. Was es ist, das ihn dort anzieht, vermag er allerdings nicht genau zu sagen; er stellt sich nur vor, daß in Peru eher fröhliche, in Bolivien eher depressive Menschen wohnen. In einem Tagtraum zum Thema Südamerika imaginiert er dann eine behäbige, freundliche Marktfrau vor einem Laden mit vielen kleinen Gegenständen, Schmuckstücken, Amuletten, Totemfiguren, mitten in einem geschäftigen Markt. Einige Monate später, wiederum von Peru sprechend, erwähnt er Ruinen der Inkas und schildert in einer Art spontaner Tagtraumfantasie große Paläste mit viel Goldschmuck, darin Männer gemessen schreiten, um einem König Geschenke oder einer heiligen Stätte Opfer darzubringen. Frauen kann er sich im Palast nicht vorstellen, dafür aber den König, der wie ein weiser alter Philosoph mit anderen Männern Fragen des Lebens und des Todes diskutiert und die Jüngeren belehrt, die ehrerbietig zuhören.

Das Beispiel verdeutlich die *konkretisierende* Funktion von Imaginationen: der anfänglich unbegründbare Reisewunsch verdichtet sich zu Bildern mit spezifischen Inhalten. Sicher stellen diese nicht die Gesamtheit der Konnotationen des Reisewunsches dar; zu zwei verschiedenen Zeiten haben sich unterschiedliche Vorstellungen gebildet, und bei anderen Gelegenheiten dürften wir wohl noch neue Fantasien erwarten. Wie dem auch sei: die konkretisierenden Imaginationen erfüllen eine nützliche Funktion: sie spezifizieren die Antizipationen und steuern so die Richtung des Planens.

Auch die *ordnende* Funktion von Imaginationen demonstriert uns dieses Beispiel. Vordergründig erscheinen natürlich jene Ordnungen, die sich an übliche denotative Bedeutungen anlehnen, sich etwa äußernd in den Antinomien fröhlich-depressiv, Frau-Mann, Markt-Palast, außen-innen und ähnlichen mehr. Das sind zwar Gliederungen anhand rationaler, kultureigener Ordnungssysteme, aber sie drücken zugleich auch subjektive Hervorhebungen aus: Südamerika besteht nicht allein aus Peru und Bolivien, und zum Vergleich dieser beiden Länder könnten andere Kriterien ebenso gut dienen wie die hier gewählten – anstatt einer weisen Männerwelt könnte man den Palast etwa einer ausbeuterischen Kriegerkaste zuordnen; die Marktfrau brauchte weder fröhlich und behäbig zu sein, noch Schmuck und Kleinfiguren zu verkaufen – sie ließe sich ebenso leicht als mißmutig keifend hinter einem Stand von Gemüse und Früchten vorstellen. Kurz, im Rahmen der denotativen Strukturierung äußern sich zugleich Entscheidungen anhand von Valenzen, sei es durch die Wahl, sei es durch Ausgestaltung der Inhalte.

Die subjektiven Ordnungsweisen bedienen sich indessen nicht nur rationaler Dimensionen, sondern anderer sozial tradierter Ordnungsvorstellungen, die wir mit dem Begriff des „Mythos" in einem weitgefaßten Wortsinn bezeichnen wollen, als ein in der kulturellen Gemeinschaft übliches Erklärungs- und Wertungssystem. Daß etwa der König ein weiser Führer sei, ist ein „Mythologem", ein Bestandteil also einer verbreiteten Idealvorstellung sozialer Gliederungen. Daß die Geschäftigkeit des Marktes den Frauen, die Besinnlichkeit des Palastes den Männern vorbehalten sein solle, gehört ebenfalls zu solchen in einer Kultur verbreiteten Ordnungssystemen. Damit wird ein sozial integrativer Aspekt von Imaginationen sichtbar: Sie richten sich nicht nur nach rationalen Kategorien und subjektiven Valenzen, sondern auch nach kulturell geprägten Strukturierungen der Wirklichkeit.

Ich möchte hier jedoch den Anschein vermeiden, als wäre die individuelle Imagination an kulturelle Vorgaben gebunden und fände einzig in der Verteilung von Valenzen noch ihre Freiheitsgrade. Psychotherapie besteht, wie wir sehen werden, in wesentlichem Maße gerade im Erarbeiten eines ausgewogenen Gleichgewichtes zwischen kultureller und individueller Bestimmung des Handelns; auch hier, an diesem Beispiel, bleibt zu beachten, daß die rationalen und mythologischen Elemente sich zu einer unverkennbar individuellen Fantasie zusammenfügen — wer etwa mit größeren Personenzahlen Tagtraumübungen über gleiche vorgegebene Themen durchführt, stellt bald fest, wie weit der Raum individueller Gestaltung sich spannt (vgl. z.B. *Leuner* 1970; *Singer* 1974; *Boesch* 1977). Die kulturellen Denkmuster sind zahlreich: Der König kann der Weise, der schützende Held, der Tyrann, der Usurpator oder etwa der fortschrittliche Neuerer sein, die Frau kann Mütterlichkeit, sexuelle Verführung, eifersüchtiges Horten, romantische Sehnsucht und anderes mehr darstellen. Die Vielzahl denkbarer Inhalte lassen dem Einzelnen die Freiheit persönlicher Wahl und Kombination. Die Imagination entscheidet sich für gewisse unter all den möglichen Sichtweisen und verbindet sie mit den Konnotationen eigener Erfahrung und Bewertung. Wie unser Beispiel belegt, nutzt sie zusätzlich die Reversibilität, die der Imagination dadurch eignet, daß sie keine äußeren Effekte bewirkt, so daß die konkretisierende Vorstellung des einen Momentes sich von einer früheren stark unterscheiden kann.

Solche Variationen, können wir annehmen, hängen zusammen mit den Besonderheiten der aktuellen Handlungssituation, von der dadurch bedingten Sicht der Ich-Umwelt-Beziehung. Der analytische Kontext war bei unserem Beispiel zur Zeit des Markt-Bildes vorwiegend mutterbezogen, zur Zeit der Palastfantasie stärker vaterzentriert; in beiden Fällen werden kulturell vorgegebene Mythologeme genutzt, um eine Art von Sollvorstellung der Ich-Partnerbeziehungen zu zeichnen — Imaginationen konkretisieren, wie wir sahen, auch individuelle Fantasmen; genauer: das individuell Fantasmische verbindet sich mit dem kulturell Mythischen in einer oft nur schwer zu entwirrenden Weise.

Das Beispiel — eine nur unvollständig dargestellte Konnotationsanalyse eines Reisewunsches — macht die Funktion des imaginierenden Handelns wohl deutlicher: seine konkretisierenden ebenso wie die integrierenden Aspekte. Nun hat die Konkretisierung ja die unmittelbare Wirkung, den Imaginierenden mit seinen Vorstellungen zu konfrontieren, also sowohl mit den Sichtweisen der Wirklichkeit, die er auswählt, wie auch mit seinen Antizipationen weiteren Handelns; Imaginationen erlauben oder fördern die reflexive Stellungnahme. „Reflexion" sei hier spezifisch verstanden als bewußtes Erfassen und Verarbeiten von Ich-Umwelt-Beziehungen — wobei „bewußt" auch die bildlichen Stufen des Bewußtseins nicht ausschließt; ja Fantasien können, anders als die sprachlichen Reflexionen mit ihrer denotativen Sachlichkeit, durch überraschende Qualitäten, durch die Faszination, die sie oft ausüben, die reflexive Verarbeitung noch intensiver anregen.

Zu sagen, daß das vorstellende Handeln Ordnungen konkretisiere, besagt noch nichts über die Qualität solcher Ordnungen. Jeder Therapeut weiß, wie widersprüchlich, inkonsistent oder lückenhaft seine Klienten oft berichten. Wir sahen bisher auch schon eine Reihe von Gründen für derartige Inkohärenzen: Die komplexen Zielsetzungen des Patienten in der Therapie, deren Verflechtungen mit außer-therapeutischen Zielen, das „Bewußtseinsprimat" denotativer Kategorien gegenüber subjektiven Erlebniskonnotationen, was alles ein durchgehend integrierendes Ordnen zu einer nicht leichten Aufgabe macht. Dazu gesellt sich die Einengung des Bewußtseins durch momentane Handlungsbelange, die „current concerns", die ich in „Kultur und Handlung" eingehend erläutert habe. Auf eine Erschwerung weiterer Art sei hier noch hingewiesen: *Freud* (1942a) selbst hat betont, daß gerade die bildliche Konkretheit von Fantasien oder Träumen die Reflexion erschwere. Diese Bildlichkeit impliziert ja einen Mangel an „syntaktischer" Präzision, eine Unklarheit über den Gültigkeitsbereich der Aussage, und sie verringert endlich die Möglichkeit alternativer Interpretationen. So etwa träumt jemand, Präsident Carter sei gestorben. Der Traum bleibt syntaktisch unspezifiziert, läßt er doch offen, ob eine Hoffnung, eine Angst oder ein reales Geschehen wiedergegeben werde; der Gültigkeitsbereich wiederum ist unklar, könnte das Bild doch den Tod Carters als Person, den einer anderen, durch ihn angedeuteten Autoritätsfigur oder etwa eine Verneinung jeder politischen Autorität bedeuten; alternative Interpretationen werden erschwert: Der Traum kann ja wörtlich den Tod meinen, im übertragenen Sinn dagegen Überwindung oder Trennung; er kann den äußeren Gegner darstellen, vielleicht aber auch, auf der „Subjekt-Ebene", innere Auseinandersetzungen, gleichsam den „Carter in uns selbst". Dem Träumer ist einzig ein Bild gegenwärtig; es kann zwar einen Anstoß und Anfang zur reflexiven Bearbeitung bilden, kann Ordnungstendenzen andeuten, erschwert diese Prozesse aber zugleich: Das Bild verführt durch seine Prägnanz, es „wörtlich" zu nehmen und die – mögliche – symbolische Vieldeutigkeit zu übersehen.

All diese Schwierigkeiten belegen, daß die Ordnungen, die der Patient darbietet oder bildet, Versuche sind; in der Therapie wird es gerade darum gehen, die Inkohärenz und Zwiespältigkeit vorhandener Ordnungen aufzuheben oder zu mildern, die Reichweite möglicher Integrationen auszudehnen; denn das, womit der Patient in die Therapie kommt, sind Ordnungsdefizite. Darauf müssen wir nun eingehen, doch sei vorerst noch betont, daß hier mit Ordnung eine Konsistenz innerer wie äußerer Koordinationen gemeint ist. In der Therapie geht es nicht – oder zum mindesten nicht vorwiegend – um die Bildung rationaler Strukturen, sondern darum, die Ich-Umwelt-Bezüge – die fantasmischen Systeme – des Patienten einer verbesserten Kongruenz mit den Gegebenheiten der kulturellen Umwelt zuzuführen. Daß damit nicht ein Aufgeben von Individualität gemeint ist, wird sich erweisen; hier liegt mir im Moment nur daran, Ordnung existentiell – also praxisch sowohl wie ideatorisch, rational sowohl wie symbolisch – zu definieren. Anders gesagt, die gemeinten Ordnungen sind solche des Handelns in einer Umwelt; was das bedeutet, wird noch zu zeigen sein.

4 Der neurotische Zielkonflikt

Komplexe, zum Teil divergierende, ja entgegengesetzte Zielsetzungen bedingen, zusammen mit strukturellen Besonderheiten der imaginierenden und der sprachlichen Handlung, die Inkonsistenz von Berichten eines Patienten. Man fühlt sich versucht, darin eine Spiegelung seiner Gesamtsituation zu erkennen: Unter all den Definitionen neurotischer Störungen scheinen mir die am angemessensten, die sie als einen Zielkonflikt verstehen – in der klassischsten Form wohl von *Paulus* stammend, der bekennt, nicht das Gute zu tun, das er wolle, sondern vielmehr das Böse, das er nicht wolle; was ausdrückt, daß Ziele, die in sich selbst schon ambivalent sind, einander widerstreiten.

In der Tat, Zielkonflikte sind an sich noch keineswegs neurotisch, selbst dann nicht notwendigerweise, wenn sie die aktuelle Handlungssituation überdauern. Manche Eltern lieben ihre Kinder und erleben sie trotzdem zugleich – oder oft – als eine Belastung. Das mag sich in wechselhaften Zuwendungen äußern, bald zärtlich, bald abweisend; das mag ambivalente Strategien bedingen, wie Vernachlässigung unter dem Deckmantel freiheitlicher Erziehung, oder einengendes Reglementieren unter dem

Vorwand von Zucht und Willensbildung. Wie wenig einem solcherlei auch gefallen mag, es ist nicht stärker neurotisch als all unsere anderen Versuche, Kompromisse zu finden, die uns erlauben, fremde Forderungen und eigene Interessen zu vereinen. Der Konflikt zwischen äußeren Zwängen und subjektiven Zielsetzungen mag zwar zu Streß und entsprechenden Abwehrreaktionen führen, repräsentiert aber nicht eigentlich den neurotischen Zielkonflikt. Dennoch bleibt er für uns nicht unwichtig: er wird erlebt als ein Antagonismus zwischen Ich und äußerer Situation, und er erlaubt somit, Beeinträchtigungen, die man verspürt, nicht sich selbst, sondern dem Außen anzulasten. Das ist eine ich-schonende Form des Konfliktes; neurotischen Zwiespalt auf diese Innen-Außen-Form zu reduzieren, erweist sich denn auch als eine häufige Form der Abwehr.

Dem neurotischen Konflikt scheinen somit Handlungstendenzen zu entsprechen, die, trotz ihrer anscheinenden Diskrepanz, sowohl als personeigen, wie auch als unabdingbar für eine positive Selbstbewertung erlebt werden. Ein häufiges Beispiel ist etwa die Frau, die ihre Geschlechtsrolle ablehnt, zugleich aber geliebt werden will. Da sie das eine nicht erreichen kann, ohne das andere zu lassen, wird sowohl jede Liebesversagung zur Frustration, wie auch jedes Liebeserlebnis zur Enttäuschung führen müssen. Oder der Mann, der seinem Vater zu entrinnen sucht, sich zugleich aber mit ihm identifiziert: Er kann seiner Autoritäts-Revolten ebensowenig froh werden, wie seiner Versuche, Vatermodellen Gefolgschaft zu leisten. Der Konflikt spielt zwischen Zielen, die sich gegenseitig aufheben, ohne selber aufhebbar zu sein.

Ja, möglicherweise besteht zwischen den Zielen sogar eine untergründige Komplizität. Die Identifizierung mit dem Vater etwa impliziert zugleich dessen Ablehnung, denn der Vater imponiert dem Kinde ja durch Kraft und Eigenständigkeit – Abhängigkeit oder Nachahmung können also nicht zu diesem Bilde gehören. Die Komplizität mag noch verschlungenere Wege gehen: nicht sein zu wollen wie die Mutter – und deshalb die Frauenrolle abzulehnen –, mag zugleich gerade dazu auffordern, verführerisch zu sein, wie die Mutter es *nicht* war; oder die aggressive Verweigerung gegenüber der Mutter mag, durch die Schuldgefühle, die sie hervorruft, als Reaktion die Neigung erzwingen, nun doch wie die Mutter zu sein. Jeder Therapeut weiß, wie vielfältig die Strategien sind, mit denen Patienten versuchen, ihre Zielkonflikte sowohl zu lösen – wie auch beizubehalten.

Natürlich sind biographische Herleitungen von Zielkonflikten meist viel komplexer als das hier an einfachen Beispielen Geschilderte. Die Komplexität darf jedoch nicht darüber wegtäuschen, daß diese Rekonstruktionen die biographische Wirklichkeit weder so darstellen, wie sie war, noch so, wie sie damals erlebt wurde; aus der Vielzahl von Erlebnissen gibt uns ein Patient jene wieder, die er nach dem jetzigen Stand seines Erlebens und Wollens als relevant betrachtet: er hat seine Geschichte konstruiert und konstruiert sie dauernd weiter. Gewiß nutzt er dazu das Material seiner Erfahrungen, doch, schaut man genauer hin, besteht das Dargestellte oft aus einer erstaunlichen Mischung von Fakten und Fantasien. Eine der wichtigsten Entdeckungen *Freuds* (1942b) war die Einsicht, daß viele der ihm berichteten sexuellen Traumen der Kindheit reinen Fantasien entsprangen; das bedeutet nicht, daß sie unwichtig waren.

Denn wir sind alle oft gezwungen, auszuwählen und zu imaginieren, um jenes eigentlich Relevante darzustellen, das sich unserem semantisierbaren Erinnern entzieht. Was uns vielfach wesentlich prägte, sind „peak-experiences", Schlüssel-Erlebnisse von zuweilen nur schwer benennbarer Art: eine streichelnde Hand, wenn man fieberte, die warme Stimme in einer duftenden Sommernacht, ein Blick, vor dem wir innerlich erstarrten, wilde Fantasien über den Vater im Krieg. Situationen, die intensiv beeindrucken, tun dies oft durch Unwägbarkeiten, ein eng verwobenes Zusammenspiel von Ereignis, Atmosphäre und Stimmung; eine plötzliche Sehnsucht, ein brennendes Schuldgefühl, eine beklemmende Angst geben manchem Geschehnis ein Gewicht, das ihm nur aus einer Symbolqualität, nicht aber aus seiner Wirklichkeit zukommt. Wie soll unsere grobmaschige Erinnerung derartige Anmutungen objektiv wiedergeben? Oft sind sie nur noch unsichtbare Kerne, um die sich Fantasien kristallisierten; oft sind sie als kaum herausdestillierbare Bestandteile in Konnotationen anscheinend belangloser Situationen eingegangen. Deshalb hat vieles in unseren Rekonstruktionen der Vergangenheit nicht unmittelbare, sondern symbolische Bedeutung: Es wird ausgewählt, um solche Schlüsselqualitäten des Erlebens zu repräsentieren. Genau deshalb sind berichtete Fantasien ebenso bedeutend wie Fakten; beide zusammen ergeben erst die Vergangenheitsdimension unseres aktuellen Selbstbildes.

Denn dazu dienen ja unsere biographischen Rekonstruktionen; zur Reflexion eines Selbstbildes. Das bedeutet, genauer, zur Evaluation des Handlungspotentials, das man anstrebt. Unsere Vergangenheit soll ein Handlungsvermögen bestätigen, soll Zielbildungen rechtfertigen; sie soll auch Schwächen begründen, was bedeutet, sie nicht als innen-, sondern als außen-bedingt zu belegen. Erinnerung hat eine prospektive Funktion. Damit ist nicht gemeint, daß unsere Antizipationen das Vergangene einfach nach vorne extrapolieren; vielmehr bedingen Antizipieren und Erinnern sich gegenseitig; genauer: die gegenwärtige Ich-Umwelt-Relation steuert beide ebenso, wie andererseits beide die Wahrnehmung der aktuellen Situation beeinflussen.

Die Zielkonflikte des Patienten entspringen somit Konstrukten, in die Erlebtes wie Fantasiertes, Vergangenes wie Erhofftes eingeht, also Mustern, nach denen er sich und seine Beziehung zur Umwelt definiert – sie entsprechen Fantasmen. Wie wir wissen, bündeln Fantasmen gleichsam die Sollwerte unseres Handlungsvermögens – im Sinne sowohl der hoffenden Zuwendung, wie der bewahrenden Abwehr. So gesehen, entstammen die Konflikte nicht unbedingt einer intrinsischen Widersprünglichkeit der Zielsetzungen selbst: ist es etwa an sich widersprüchlich, Sollwerte der eigenen Person zu bilden, die versuchen, Liebe losgelöst von den negativen Erlebnissen des Frauseins zu verwirklichen? Das sind Konstruktionen, wie wir sie alle bilden, und in denen uns die Märchen der Kindheit bekräftigen. Die Widersprüchlichkeit ergibt sich erst aus den Divergenzen zwischen fantasmischen Ansprüchen und wirklicher Erfahrung.

Hier muß ergänzend angefügt werden, daß natürlich in die individuelle Geschichte auch kulturelle Mythen eingehen. Diese bilden konkurrierende Sollwertsysteme, die zwar teilweise mit den fantasmischen konvergieren, ihnen zuweilen aber auch entgegenstehen. Das tun sie nicht selten selbst da, wo man glaubt, sich mit ihnen zu identifizieren: man mag etwa einer ideologischen Forderung nach persönlicher Unabhängigkeit zustimmen und, ihr anscheinend nachkommend, sie unvermerkt unter fantasmischem Druck in neue Abhängigkeiten verwandeln; das bedeutet, daß die Ideologie als Sollwert mit Fantasmen – möglicherweise ganz anderer Art – koordiniert wird, ihnen als Realsituation dagegen widerspricht.

Ähnliches gilt nun auch für Fantasmen. Sie antizipieren Ziele, denen wir unser Handlungspotential gewachsen glauben, und wenn die wirkliche Erfahrung dies bestätigt, beziehen wir daraus unsere Ich-Verstärkungen. Wo das reale Liebeserlebnis aber dem fantasierten widerspricht, wo seine Konsequenzen einer Frau genau das wieder aufzwingen, was sie daraus zu entfernen suchte, bedeutet dies eine Ich-Schwächung: unser Handlungspotential vermag nicht, die Antizipationen zu verwirklichen. Ziele, die auf der fantasmischen Ebene miteinander vereinbar erscheinen, widersprechen sich in der konkreten Verwirklichung, und wenn nun solche Erfahrungen nicht den Zielbildungen selbst, sondern entweder dem eigenen Handlungsvermögen oder einer Ungunst der Umstände angelastet werden, so kann auch keine Korrektur der Ziele erfolgen. Nicht schon die Widersprüchlichkeit der Ziele allein begründet somit den neurotischen Konflikt, sondern die Unvereinbarkeit von fantasmischen Erwartungen mit realen Erfahrungen einerseits, irrige „Kausal-Attribuierungen" andererseits (vgl. auch *Boesch* 1976a).

Damit können wir, in sehr vereinfachender Weise, unser Ordnungsproblem neu formulieren: die Verarbeitungen vergangenen Erlebens haben zur Konstruktion fantasmischer Zielbildungen geführt, die das reale Handlungsvermögen nicht zu erfüllen vermag; die Reflexion daraus erwachsender Enttäuschungen folgt vorzugsweise den bewußtseinsfähigeren Inhalten der Erfahrung, wozu Fantasmen gerade weniger gehören, als konkrete Ereignisse oder Vorstellungen denotativer Art. Das begünstigt als erstes solche Ordnungen des Geschehens, die ich-schonend sind, die also das Versagen nicht eigenem Ungenügen, sondern äußeren Umständen zuschreiben; reicht das nicht aus, wird das eigene Handlungs*geschick* eher angeklagt als jene Sollwerte, auf denen das Ich-Konzept ruht – unrealistische Ordnungen von innerer und äußerer Wirklichkeit werden so leicht verstärkt.

5 Der therapeutische Prozeß

Zweierlei dürften die bisherigen Überlegungen deutlich gemacht haben: erstens, daß der Patient sein Handeln nach situationsübergreifenden Mustern steuert, in denen die Divergenz zwischen Handlungszielen und Handlungseffekten gleichsam schon vorprogrammiert ist. Die dissonanten Effekte schwächen zwar das Selbst-Gefühl (also die Einschätzung des funktionalen Potentials), ohne aber zugleich die vorhandenen Steuerungssysteme zu verändern, da Mißerfolge nicht ihnen, sondern, sei es äußeren Umständen, sei es einem instrumentellen Versagen des Handelnden zugeschrieben werden. Ja, sekundäre Rationalisierungen vermögen sogar noch, die fantasmischen Zielbildungen zu verstärken. Wenn diese Überlegungen zutreffen, müßte das psychotherapeutische Handeln folgerichtig Umstrukturierungen anstreben.

Das zweite was sich ergab, ist die Einsicht, daß ein Umstrukturieren nicht eine „richtige" Ordnung herzustellen, die „wahren" Zusammenhänge aufzudecken vermag. Erleben und Erfahrung des Patienten sind so vielfältig, daß sie weder gesamthaft und unverfälscht in die Therapie eingebracht, noch eindeutig strukturiert werden können. Was die Therapie jedoch anstreben wird, ist, die Integrationsbereiche auszuweiten, also vielfältigere Daten in den Ordnungsprozeß einzubeziehen; sie wird weiter versuchen, die Differenziertheit von Ordnungen zu steigern, also die Wahrnehmung von Ereignissen zu verfeinern und verschlungenere Bedeutungsbündel aufzuknoten; sie wird endlich auch die Objektivität von Ordnungen, also deren Konsensfähigkeit zwischen sozialen Partnern, erhöhen wollen. Wie aber kann die Therapie diese drei Zielsetzungen – Ausweitung, Vertiefung und Objektivierung von Ordnungen – erreichen?

5.1 Berichten und Assoziieren

Ich neige dazu, den Kanon psychotherapeutischen Handelns mit vier Begriffen zu umreißen: Berichten, Assoziieren, Spiegeln und Deuten. Betrachten wir hier die ersten beiden, stärker dem Patienten obliegenden Aktivitäten.

Die Lückenhaftigkeit und mangelnde Konsistenz von Patientenäußerungen legen nahe, das Berichtete durch Erinnerungen oder andere Imaginationen zu ergänzen zu suchen. Das mag, je nach Therapieform, durch systematische Exploration, in freier Assoziation oder gar durch Tagträume geschehen. Man wird den Patienten anregen, Vorstellungen zu äußern, die er als selbstverständlich oder unwichtig unerwähnt gelassen hat, wie auch solche, die er mitzuteilen sich scheut. Man reichert also das Material an, das Strukturieren oder neues Ordnen erheischt – nicht mißachtend, natürlich, daß dieses ergänzende Berichten selbst schon Ordnungen ausdrückt oder anregt.

Berichten und Assoziieren seien hier unterschieden, wenn sich auch scharfe Grenzen kaum ziehen lassen. Das Berichten neigt eher dazu, rationalen Suchprozessen zu folgen, Unvollständiges zu ergänzen, Fragen zu beantworten, Hypothesen nachzugehen. Es dient, könnte man sagen, stärker der faktischen, denotativen Strukturierung anhand kulturgegebener Kategorien und Kriterien. Daß dabei auch subjektive Erlebnisqualitäten durchbrechen, haben wir schon gesehen, doch bleibt trotzdem das Anliegen des Berichtens vordringlich, sich rational verständlich zu machen, sozialen Konsens zu ermöglichen.

Zwar erstellen auch „freie" Assoziationen Beziehungen, bilden auch sie Strukturen, doch folgen sie dabei — idealiter — vorwiegend phänomenalen Anmutungsqualitäten, subjektiven Erlebnisinhalten, privaten Beziehungsbildungen: die freie Assoziation dient der Konnotationsanalyse.

Das gelingt ihr allerdings keineswegs so mühelos, wie das Adjektiv „frei" fälschlicherweise vermuten läßt. Denn die freie Assoziation befindet sich, als Ideationsart, irgendwo zwischen dem logisch konsequenten Denken einerseits und der faselnden Gedankenflucht andererseits. Man darf sie somit weder mit dem „gebundenen" Assoziieren verwechseln, das einer kategorialen Systematik folgt (etwa „Stuhl—Tisch—Schrank—Zimmer"), noch mit dem „gedankenflüchtigen", das in wirren Sprüngen vom Wunsch, Erdbeeren zu essen, zu den Börsenkursen von Daimler-Benz führt. Die freie Assoziation will Konnotationsgeflechte sichtbar machen und bleicht deshalb thematisch gebunden, ohne doch den denotativen Kategorien zu folgen. Dazu muß sie einen steten Wechsel zwischen Zentrierung und Lockerung anstreben, zwischen Einstellung auf ein Thema und entspannten Schweifenlassen der Ideation. Die Schwierigkeiten, die dies in der Praxis aufwirft, sind nicht gering, doch sollten sie hier nicht weiter dargestellt werden.

Konnotationsanalysen bleiben immer unvollendet, sowohl weil, wie wir sahen, das Assoziieren ja von aktuellen Belangen her mitgesteuert wird, wie auch deshalb, weil jedes Konnotationsnetz eines Themas mit solchen anderer Vorstellungen überlappt und jede Begrenzung somit willkürlich ist. Wir werden, nach all dem bisher Gesagten, auch kaum mehr dazu neigen, „wahre" Konnotationsstrukturen zu erwarten, sondern wir wissen, daß die Ergebnisse des Assoziierens ebenso sehr aktuelle Strukturbildungen wie Qualitäten des vergangenen Erlebens ausdrücken. Doch kommt es auf die „Wahrheit" wohl auch nur teilweise an; das Archäologie-Gleichnis *Freuds* (1950b) ist irreführend: Es geht in der Therapie nicht vordringlich darum, Schicht um Schicht verschüttete Strukturen aufzudecken, um so zur heilenden Wahrheit zu gelangen; es gilt vielmehr, die subjektiven Daten des (natürlich auch vergangenen) Erlebens so neu zu ordnen, daß tragfähigere Antizipations-Strukturen entstehen.

Allerdings, solche neuen Ordnungen werden die Aktivitäten des Berichtens und Assoziierens für sich allein nur unausreichend bewirken können. Zwar wird der Patient dabei, den Störungen und Anfechtungen des normalen Alltags entzogen, in stärkerem Maße reflexiv zu sein vermögen, sich mit seinen Denk- und Vorstellungsweisen intensiver konfrontiert sehen. Dennoch werden ihm die *Inhalte* seines Imaginierens stärker bewußt werden, als die Art, in der er sie auswählt (oder andere verwirft) und ordnet; auch für ihn gilt *Piagets* Feststellung, daß nicht die Schemata unseres Handelns, sondern dessen Ergebnisse bewußt würden (vgl. *Piaget & Beth* 1961; *Piaget* 1974). Ja mehr noch: jene fantasmischen Grundstrukturen, nach denen wir nicht nur unsere Handlungen ausrichten, sondern auch unser Ich bewerten, können wir der zweifelnden Reflexion nur um den Preis von ängstigenden Selbst-Erschütterungen aussetzen. Das Berichten und Assoziieren wird deshalb dazu neigen, diese Bereiche auszuklammern, ja sie durch die Auswahl des Dargebotenen eher noch zu bestätigen, zu verteidigen, zu rechtfertigen. Reine Selbstanalysen drehen sich deshalb nur allzu gern im Kreise – der therapeutische Effekt benötigt zusätzlich noch die therapeutische Konfrontation.

5.2 Spiegeln und Deuten

Beim Berichten und Assoziieren besteht die Aktivität des Therapeuten – von gelegentlichen Fragen und Ermunterungen abgesehen – vorwiegend in dem, was man oft „freischwebende Aufmerksamkeit" nennt: eine rezeptive Haltung, die versucht, hinter den vordergründigen Denotationen die konnotativen Qualitäten und Verknüpfungen der Inhalte herauszuhören. Dabei wird der Therapeut Verläufe beachten, tentative Beziehungen erstellen und oft auch wieder verwerfen, wird sich auf thematische Analogien besinnen – kurz, er strukturiert das Gehörte aufgrund seiner Erfahrung und seiner therapeutischen Überzeugung. Aus diesem eigenen Ordnen schöpft er das, was ihm zur Mitteilung an den Patienten angemessen erscheint.

Die eine Art dieses Mitteilens besteht in dem, was hier „Spiegeln" genannt sei, ein in der Gesprächstherapie geläufiger, hier allerdings etwas anders verwendeter Ausdruck. Die Sequenz von Themen, über die der Patient spricht, die Art, wie er sie darstellt und gewichtet, die Affektbesetzungen und anderes mehr, weisen sicher auf ihm eigene Verarbeitungsweisen hin, doch wird der Patient selbst ihrer kaum je in ausreichender Weise gewahr werden. Dadurch, daß der Therapeut diese Verläufe nachzeichnet, mögliche Beziehungen darin andeutet, sieht sich der Patient direkt sowohl mit seiner ihm eigenen Art des Ordnens, wie auch mit der sozialen Rezeption des privaten Berichtes konfrontiert. Das Spiegeln wird so zum Anstoß nach erweiterter und differenzierterer Reflexion.

Nur im Vorbeigehen sei hier darauf verwiesen, daß zu getreues und vollständiges Spiegeln – etwa mit Hilfe von Tonbandaufnahmen – therapeutisch belastend wirken und somit Abwehrprozesse verstärken kann; welche Ausschnitte man wie genau und wie insistierend spiegeln will, wird

man anhand der aktuellen Situation des Patienten entscheiden müssen.
Wir können dieser Frage hier jedoch nicht weiter nachgehen.

Bei den deutenden Mitteilungen nun wird der Patient nicht mit seiner eigenen Art des Ordnens, sondern der des Therapeuten konfrontiert. Das
Spiegeln erzwingt, durchaus ähnlich dem materiellen Spiegel, die kritische Begegnung mit einem Selbstbild in ungewohnter Sicht, und gleichermaßen begünstigt es wohl auch die Versuchungen des Frisierens und
Schminkens. Das Deuten nun erhöht noch den Auseinandersetzungs-
druck; die Konfrontation mit der „Metaperspektive" stellt stärker in
Frage, bietet aber zugleich auch Hilfen zur Korrektur, Ergänzung oder
Umwandlung der eigenen Ordnungsweisen. Nicht etwa, daß nun die
Sicht des Therapeuten unbedingt „richtiger" wäre: auch er wird auswäh-
len, gewichten und Beziehungen herstellen, was alles durch seine theore-
tische Sicht und seine persönlichen Neigungen geprägt, ja möglicherwei-
se gar verfälscht sein kann. Die „gute" Deutung hat vielmehr andere
Eigenschaften als die der Richtigkeit: erstens muß sie Elemente der
Überraschung enthalten; diese ergeben sich dann, wenn die Deutung die
Möglichkeit ungeahnter Beziehungen aufdeckt, wenn bisher mißachtete
Elemente sich als möglicherweise relevant darstellen, kurz, wenn die
Deutung breitere und differenziertere Konsistenzbildungen anbietet.
Zweitens soll die Deutung „zweifelnde Zuwendung" bewirken: weder
begeisterte Zustimmung noch befremdete Ablehnung sind erwünschte
Reaktionen. Denn dem Deuten kommt ja in erster Linie eine katalytische Funktion zu; es sucht den Patienten zu einer Auseinandersetzung
mit angebotenen Hypothesen und Sichtweisen anzuregen, die ihn letztlich selbst dazu führen soll, seine Ordnungen auszuweiten und zu differenzieren. Wann, was und wieviel deutend mitgeteilt wird, entscheidet
weitgehend über diese katalytische Adäquatheit von Deutungen, und dies
angemessen abzuwägen, erfordert nicht geringe Einsicht des Therapeuten in die Prozesse, die sich im Patienten vollziehen.

Wenn die „Wahrheit" von Deutungen weniger wichtig ist, als deren
aktivierende, katalytische Funktion, so wird auch verständlich, daß tie-
fenpsychologische Schulen sich zwar nach Theorien, kaum aber wesentlich nach Heilungsraten unterscheiden. Dennoch ist das theoretische System des Therapeuten nicht unwichtig, denn es stellt ja für den Patienten
den „Mythos" dar, an dem er die Konsensfähigkeit seiner Fantasmen zu
messen hat. Je eher der Patient glaubt, sich in Deutungen des Therapeuten wiederzufinden, je stärker sie Ordnungsweisen auszudrücken scheinen, die es ihm erleichtern, Zwiespältigkeiten der Selbst- und Weltsicht
zu vermindern, adäquatere Relationen zwischen Erwartungen und Wirklichkeit zu erstellen, als um so „richtiger", zustimmungsfähiger wird er
die Aussagen des Therapeuten wahrnehmen. Dem wird ein kluger Therapeut zwar Rechnung tragen, wird versuchen, die Distanz zwischen Selbsterleben des Patienten und Deutungen nicht zu groß werden zu lassen;
durch die Art indessen, wie er Daten auswählt, Beziehungen stiftet, Ge-

wichte verteilt, verrät er einem hellhörigen Patienten mehr von seinen
theoretischen Überzeugungen und persönlichen Einstellungen, als er zuweilen intendiert — die Auseinandersetzung zwischen Fantasmen des
einen und Mythos des anderen bildet recht bald einen wichtigen Aspekt
des therapeutischen Geschehens. Genau dabei wird aber auch, wie wir
schon gesehen haben, der Prozeß der Objektivierung gefördert, die Steigerung gegenseitiger Konsensmöglichkeiten — nicht umsonst werden
manche Patienten allmählich zu „Schülern" des Therapeuten und zu Mit-
gliedern jener ideologischen Gruppe, der er selber angehört.

6 Die therapeutischen Effekte

Es leuchtet wohl ein, daß die beschriebenen Prozesse einem Patienten
ermöglichen, seine Selbst- und Weltsicht zu verändern; sicher werden die
therapeutischen Konfrontationen dazu beitragen, solch neue Sichtweisen
weniger egozentrisch, sozial konsensfähiger und somit objektiver zu gestalten; das kontinuierliche Hin und Her zwischen normalem Alltag und
therapeutischer Reflexion endlich wird die neuen Einstellungen auf ihre
Tragfähigkeit zu kontrollieren und wo nötig auch zu korrigieren erlauben. In dem Maße, wie neurotisches Leiden wirklich spontan nicht auf-
lösbaren Zielambivalenzen entspringt, die entweder somatisierend oder
konfliktschaffend das Handlungsvermögen beschränken, darf man wohl
auch positive Therapieeffekte erwarten.

Zu sagen, daß das Schaffen von Ordnungen therapeutisch wirke, wirft
grundsätzliche Fragen auf; insbesondere diejenige, welche denn die Beziehung zwischen kognitiven Strukturen und Handlungsdynamik sei.
Daß theoretische Erklärungen keinerlei therapeutischen Nutzen er-
bringen, ist uns sattsam bekannt; deshalb sei vorerst nochmals das schon
früher Gesagte betont, daß das Dargestellte nirgends allein nur das Schaffen kognitiver Ordnungen meint; vielmehr geht es darum, die Steuerungs-
muster des Handelns so zu verändern, daß Diskrepanzen zwischen Antizipationen und Handlungseffekten verringert werden. Dies nicht einfach
mit dem Gedanken, Frustrationen zu vermeiden, sondern vielmehr, um
das zu stärken, was ich das „grundsätzliche Handlungspotential" nannte;
jene Selbsteinschätzung also, die auf ein Handlungsvermögen nicht allein
spezifischer, sondern allgemeiner Art vertraut.

Man kann die Relation zwischen Zielen und Effekten resignierend verbessern: man senkt Aspirationen; das mag therapeutisch nötig und sinnvoll sein. Anspruchsvoller ist jenes therapeutische Ziel, das die Psychoanalyse als „Sieg des Realitätsprinzips" bezeichnet. Das schließt zwar
sicherlich eine „realistischere" Sicht der eigenen Handlungsmöglichkeiten
ein und mag somit resignierender Aspekte nicht entbehren; wichtiger ist
dabei indessen die Entdeckung neuer Möglichkeiten der Ich-Verstärkung

und damit die Bildung neuer Ziele. Das scheint mir vorwiegend auf zweierlei aufzubauen: einmal der Erfahrung dessen, was man ein neues „Sinngebungs-Potential" nennen könnte; und zweitens auf dem doppelten Prozeß der Akkommodation von Fantasmen und Assimilation von Mythen, also der Bildung konsensfähiger Ordnungen.

In zuweilen eher lästiger Weise begegnen einem die Auswirkungen des „Sinngebungs-Potentials" in der Interpretiersucht psychoanalytischer „Lehrlinge"; sie belegt allerdings zugleich auch die sichernde, angstmindernde Wirkung des Deuten-Könnens. Zusammenhänge überraschender Art einzusehen, Getrenntes zu verbinden, die Vielschichtigkeit von Bedeutungen der Wirklichkeit zu verstehen, Kontinuitäten zwischen Vergangenem und Heutigem zu entdecken, das alles wird subjektiv als ein Strukturierungsvermögen erlebt, eine neue Fähigkeit des inneren Handelns, die ich-bestätigend wirkt. Soweit sie die Summe des unbekannt Erscheinenden vermindert, befreit sie auch von ängstlichen Unsicherheiten. Dabei meine ich, daß vor allem zwei Effekte von besonderem Gewicht seien: einmal die Differenzierung des Selbstbildes, was den Eindruck verbesserter Innen-Kontrolle erweckt; und zweitens das Gefühl klarerer, effekt-konformer Handlungsantizipationen, was zugleich als eine Erhöhung des äußeren Kontrollvermögens erlebt wird. Die progressive Reflexion und Korrektur unzureichender Antizipationen, die das therapeutische Vorgehen leistet, lassen Mißerfolge als vermeidbar, antizipierendes Handeln als präzisierbar erscheinen; die einzelne Diskrepanz zwischen Antizipation und Effekt verliert somit ihre destruktive Bedeutung.

Das alles impliziert natürlich, daß die neu gestalteten Ordnungen der Ich-Umwelt-Bezüge nicht spintisierender Art seien. In der Tat, auch der „ideologische Rausch" bewirkt ja, wie sich oft erweist, so etwas wie eine Sinngebungs-Euphorie, und nicht anders als mancher psychoanalytisch (oder verhaltenstherapeutisch) Bekehrte, wird auch der Jünger einer Ideologie in allem Erlebten Bestätigungen seiner Theorie zu entdecken glauben. Das sind jedoch rigide Ordnungen, die zwar im schützenden Rahmen einer Abwehrgemeinschaft ebenfalls angstmindernd wirken, denen aber die Flexibilität zu weiterreichenden Konsensbildungen fehlt: sie schaffen „Konservativismen" im Sinne *Adornos* (1973), reduzieren nicht die Angstbereitschaft selbst, sondern sperren einzig angstschaffende Situationen aus. Das „grundsätzliche Handlungspotential" dagegen definiert sich gerade durch die Verringerung von Abhängigkeiten, durch die Möglichkeit, auch in neuen Situationen gegenseitigen Konsens zu erstellen; die „Reziprozität" *Piagets* (1932) gehört ebenso dazu wie die allmählich sich steigernde Fähigkeit, selber die Konsens-Chancen neu gebildeter Wirklichkeitskategorien abzuschätzen.

Dieses Vermögen kann nicht durch die schlichte Übernahme von Doktrinen, welcher Art auch immer, geschaffen werden; es erfordert vielmehr ein kontinuierliches Hin und Her zwischen dem Entdecken oder Schaffen von Ordnungen und deren kritischer Betrachtung – ein Prozeß, der genau die therapeutische Konfrontation kennzeichnet. Man beachte, daß „Konfrontation" hier nicht Konflikt bedeutet; der Therapeut hat Konfrontationen elastisch zu gestalten, als Anreize zum Vergleichen und Abwägen, zum Prüfen von Hypothesen, zugleich aber auch als Aufforderung zur Auseinandersetzung und, wo nötig, zum Widerspruch. Konfrontation impliziert Interaktionen zwischen Selbst-Reflexion, therapeutischer Sicht und Außenerfahrungen, darin Selbst- wie Fremdverstehen gefördert, Ich-Umwelt-Beziehungen verfeinert und beweglicher gestaltet werden.

Das ist mit dem gemeint, was ich vorhin „Akkomodation von Fantasmen und Assimilation von Mythen" nannte: die therapeutische Konfrontation soll fantasmische Steuerungs- und Zielmuster bewußt machen, soll die darin angelegten Widersprüche erfassen helfen und so die progressive Transformation der ursprünglichen Fantasmen einleiten. Will diese Transformation die Forderung erfüllen, die Divergenz zwischen Antizipation und Handlungseffekten zu verringern, so muß sie notwendigerweise die Wirklichkeitssicht der kulturellen Gruppe mit einbeziehen. Das geschieht nicht passiv anpassend, sondern in aktiver Auswahl und möglicherweise transformierender Auseinandersetzung: man bildet jene Gleichgewichte, in denen Fantasmen sich den kulturellen Mythen ebenso angleichen, wie diese fantasmisch uminterpretiert und durchdrungen werden. Wo dies gelingt, kann ein autonomes und dennoch dem kulturellen Rahmen angemessenes Handlungspotential erlebt werden; eine Therapie ist in dem Maße erfolgreich, als sie vermag, den Patienten diesem Idealziel anzunähern.

Daß sie dies häufig nur unvollständig vermag, weiß jeder Therapeut. Zweierlei würde ich, allgemein formuliert, als therapeutische Mißerfolge betrachten: einmal die unkritische Übernahme einer Therapeuten-Ideologie, also eines fremden Ordnungsgerüstes, zweitens die Abwehr der Ordnungen, die die therapeutische Interaktion anbietet und, daraus folgend, die reaktive Verstärkung der konfliktträchtigen Fantasmen. Die erste Art des Mißerfolges mag äußerlich gar nicht als solcher erscheinen; wie jede ideologische Gefolgschaft mag sie zu angepaßtem Handeln und relativer Konflikt-Freiheit führen, doch bleibt dieser Effekt an das Stützgerüst eines kongenialen sozialen Rahmens gebunden. Wie bei Dauermedikamentationen lassen sich auch da Gewöhnungen, ja zuweilen gar Süchtigkeit nicht immer vermeiden.

Die zweite Art von Mißerfolg läßt sich auf die seit Anna *Freud* (1936) bekannte Aktivierung von Abwehrprozessen zurückführen (vgl. auch *Freud* 1950a). Die Neubildung von Ordnungen lehnt der Patient dann ab, wenn sie ihm nicht erlauben, ausreichende Handlungsgewinne zu antizipieren, oder wenn sie ihm gar bedrohlicher erscheinen als sein gegenwärtiges Leiden – das ja auch, im Schutz der therapeutischen Situation, nicht selten an Schärfe verliert. Der verminderte Leidensdruck mag bisherige Handlungsziele wieder anziehender, die Opfer einer Umstellung dagegen als beschwerlicher erscheinen lassen; dem gesellt sich zuweilen der therapeutische Lustgewinn verstärkend hinzu: Man gefällt sich in der Selbst-Reflexion, genießt narzißtisch die Zuwendung des Therapeuten, befürchtet Verluste an Originalität, Kreativität oder an Krankheitsgewinnen durch den Erfolg der Therapie, und so werden einem die therapeutischen Konfrontationen um so bedrohlicher.

Die Abwehr kann aber auch durch den Therapeuten selbst angestachelt werden. Zwar mag er, in Phasen negativer Übertragung, nur einen Vorwand für Widerstände liefern; doch nicht selten liegen Gründe auch bei ihm selbst: seine „Mythologie" etwa erscheint dem Patienten fremd, nicht nachvollziehbar; er wird sie dann zu intellektuell, zu mechanistisch, zu romantisch, zu revolutionär oder was auch immer schelten. Die Taktik des Therapeuten mag zu rigide sein, seine Deutungen zu hart oder zu mitfühlend; theoretische Stereotype mögen ihn blind machen für besondere Erlebnisweisen des Patienten. *Freud* (1950a) selber warnte vor Abwehrreaktionen, die manche Analytiker dem Patienten gegenüber entwickeln. Kurz, auch wenn des Sängers Höflichkeit darüber zu schweigen neigt: Psychotherapie bleibt ein menschliches Wagnis, und der gute Therapeut ist sich dessen, glaube ich, immer schmerzlich bewußt.

Jede Ordnung ist besser als keine Ordnung, meint *Lévi-Strauss* (1962). Im traditionellen Thailand achtete der Bauer darauf, seinen Pflug nicht gegenläufig zu den Schuppen des kosmischen Drachen zu führen; sein Haus baute er zur glückbringenden Jahreszeit, mit dem Eingang nach Osten; die Schlafstätte dagegen legte er in der Nord-Süd-Richtung. Die Küche, als der Bereich der Frau, mußte in manchen Gegenden auf der linken, der „yin"-Seite des Hauses liegen, und das Buddhabild stand so in einer bestimmten Ecke, daß kein Liegender mit den Füßen darauf zeigte. All das und vielerlei mehr machte das traditionelle Ordnungssystem aus, dessen Gültigkeit niemand bezweifelte. Im Beherrschen dieser Regeln und den damit verbundenen Riten erfuhren der Bauer und seine Familie sowohl ein individuelles Handlungspotential, wie auch die Sicherheit kultureller Einbettung; die harmonische Koordination von Fantasmen und Mythen ergab sich problemlos aus dem überschaubar gegliederten Handlungsfeld. Kein Zweifel, daß diese traditionellen Ordnungen Angst verminderten, die Selbstverständlichkeit des Handelns erhöhten und somit Kräfte frei ließen für den Umgang mit auch so noch nicht wenigen Bedrohlichkeiten.

Die Gleichgewichte unserer modernen Welt sind schwerer zu bilden; sie müssen individuell entdeckt und gestaltet werden. Die Psychotherapie bietet dazu Hilfestellungen an, die weder leicht handhabbar, noch immer erfolgreich sind. Ich habe hier häufig gesagt, daß es zwar darauf ankomme, Ordnungen zu konstituieren, daß es aber keine eindeutige „wahre" Ordnung gebe; es gibt indessen „richtige" Ordnungen im Sinne der optimalen Kongruenz zwischen individuellen Aspirationen und kulturellen Strukturen. An ihrer Findung therapeutisch mitzuwirken, läßt, das sei hier noch betont, keinen Raum für theoretische Beliebigkeit: was der Therapeut mehr als anderes benötigt, sind differenzierte Einblicke in die Dynamik von Ich-Umwelt-Beziehungen. Damit meine ich nicht jene üblichen Theorien über die „gesellschaftliche Bedingtheit" des Menschen, sondern vielmehr ein Verständnis gerade dessen, wie der einzelne Mensch es vermag, in einem unvermeidlichen sozialen Rahmen dennoch Autonomien zu bewahren, unumgehbare Konflikte kreativ zu lösen. Kurz: Therapie hat für jeden Patienten jenen schmalen und dennoch begehbaren Grat zu entdecken, der es erlaubt, zu sinnvollen Zielen zu finden, ohne in die Abgründe egozentrischen Selbstaufblähens oder kollektivistischer Selbstaufgabe zu stürzen. Auch so gesehen, meine ich, bleibt Psychotherapie ein faszinierendes Wagnis.

Literatur

Adorno, T. W. 1973. Studien zum autoritären Charakter. Frankfurt a.M.: Suhrkamp. − *Austin*, J.L. 1962. How to do things with words. Oxford: Oxford University Press. − *Bergold*, J. & *Selg*, H. 1970². Verhaltenstherapie. In: *Schraml*, W.J. (Ed.) Klinische Psychologie. Bern: Huber. p. 270−309. − *Boesch*, E.E. 1975. Zwischen Angst und Triumph. Über das Ich und seine Bestätigungen. Bern: Huber. − *Boesch*, E.E. 1976 (a). Fantasmes et réalité. Psychologica Belgica 16, 171−184. − *Boesch*, E.E. 1976 (b). Psychopathologie des Alltags. Zur Ökopsychologie des Handelns und seiner Störungen. Bern: Huber. − *Boesch*, E.E. 1977. Konnotationsanalyse − Zur Verwendung der freien Ideen-Assoziation in Diagnostik und Therapie. Materialien zur Psychoanalyse und Psychoanalytisch Orientierten Psychotherapie 3, 4. Lieferung, Sektion B: Schriften zur Technik, Heft 4. − *Boesch*, E.E. 1980. Kultur und Handlung. Einführung in die Kulturpsychologie. Bern: Huber. − *Freud*, A. 1936. Das Ich und die Abwehrmechanismen. Wien: Internationaler Psychoanalytischer Verlag. − *Freud*, S. 1942 (a). Die Traumdeutung. In: *Freud*, A., *Bibring*, E., *Hoffer*, W., *Kris*, E. & *Isakower*, O. (Ed.) Sigm. Freud. Gesammelte Werke, chronologisch geordnet. Bd. 2/3. Frankfurt a.M.: Fischer. p. 1−642. − *Freud*, S. 1942 (b). Meine Ansichten über die Rolle der Sexualität in der Ätiologie der Neurosen. In: *Freud*, A., *Bibring*, E., *Hoffer*, W., *Kris*, E. & *Isakower*, O. (Ed.) Sigm. Freud. Gesammelte Werke, chronologisch geordnet. Bd. 5. Frankfurt a.M.: Fischer. p. 149−159. − *Freud*, S. 1950 (a). Die endliche und die unendliche Analyse. In: *Freud*, A., *Bibring*, E., *Hoffer*, W., *Kris*, E. & *Isakower*, O. (Ed.) Sigm. Freud. Gesammelte Werke, chronologisch geordnet. Bd. 16. Frankfurt a.M.: Fischer. p. 59−99. − *Freud*, S. 1950 (b). Konstruktionen in der Analyse. In: *Freud*, A., *Bibring*, E., *Hoffer*, W., *Kris*, E. & *Isakower*, O. (Ed.) Sigm. Freud. Gesammelte Werke, chronologisch geordnet. Bd. 16. Frankfurt a.M.: Fischer. p. 43−56. − *Freud*, S. 1952. Studien über Hysterie. Krankengeschichten: Fräulein Elisabeth v. R. ... In: *Freud*, A., *Bibring*, E., *Hoffer*, W., *Kris*, E. & *Isakower*, O. (Ed.) Sigm. Freud. Gesammelte Werke, chronologisch geordnet. Bd. 1. Frankfurt a.M.: Fischer. p. 196−251. − *Kessler*, B.H. 1978. Verhaltenstherapie. In: *Schmidt*, L.R. (Ed.) Lehrbuch der Klinischen Psychologie. Stuttgart: Enke. p. 379−418. − *Klinger*, E. 1971. Structure and functions of fantasy. New York: Wiley. — *Leuner*, H. 1970. Kata-thymes Bilderleben. Stuttgart: Thieme. — *Lévi-Strauss*, C. 1962. La pensée sauvage. Paris: Plon. — *Piaget*, J. 1932. Le jugement moral chez l'enfant. Paris: Alcan. — *Piaget*, J. 1974. La prise de conscience. Paris: Presses Universitaires de France. — *Piaget*, J. & *Beth*, E.W. 1961. Episté-mologie mathématique et psychologie. Essai sur les relations entre la logique formelle et la pensée réelle. Paris: Presses Universitaires de France. — *Singer*, J.L. 1974. Imagery and daydream methods in psycho-therapy and behavior modification. New York: Academic Press. — *Tambiah*, S.J. 1978. Form und Bedeutung magischer Akte. Ein Stand-punkt. In: *Kippenberg*, H.G. & *Luchesi*, B. (Ed.) Magie. Die sozialwissen-schaftliche Kontroverse über das Verstehen fremden Denkens. Frankfurt a.M.: Suhrkamp. p. 259—300. — *Wolpe*, J. 1958. Psychotherapy by recip-rocal inhibition. Stanford: Stanford University Press.

Die Auswirkungen von Sprache auf viszeral-emotionale Vorgänge (VEV)

HEINZ BERBALK/GARY BENTE

1 Einleitung

Worte stellen ein zentrales Medium intra- und interpersonaler Kommunikationsprozesse dar. Sie sind gewichtige Bausteine sowohl alltäglicher als auch psychotherapeutischer Interaktionsprozesse. In der menschlichen Ontogenese können sie als zunächst allein durch interpersonalen Anreiz und Bestätigung ausgebildete Effektorreaktionen (verbal operants) aufgefaßt werden. Erziehungspersonen wenden sich einem Kleinkind zu, wenn es Laute von sich gibt und produzieren selbst Laute, um das Kind zur Imitation zu bewegen. Worte (sprachliches Verhalten) werden dann vom Kind mit neurokognitiven Ereignissen wie Erfassen von Merkmalen seiner Umgebung (Gegenstände, Personen) und seines eigenen Körpers (Empfindungen, Gefühle, Wahrnehmungen, Vorstellungen, Gedanken) assoziiert. Verbales Verhalten eines „Senders" wird dann im Verlauf der Sprachentwicklung zu einem beträchtlichen Teil ein selbsterzeugtes, d.h. von äußerem Anreiz und äußerer Bestätigung unabhängiges, neurokognitiv reguliertes Verhalten; die Aufnahme verbaler Stimuli durch einen „Empfänger" ermöglicht dann nicht nur die Regulation seines äußeren Verhaltens, sondern führt außerdem zu den mit diesen verbalen Stimuli assoziierten kognitiven Prozessen und viszeral-emotionalen Vorgängen.

Im Mittelpunkt unserer Überlegungen stehen die Auswirkungen des Wortes auf viszeral-emotionale Vorgänge. Unter dieser Perspektive sollen jedoch auch die Auswirkungen auf andere psychische Funktionsbereiche, wie etwa Konzipieren, Perzipieren und Verhalten als mögliche vermittelnde Prozesse betrachtet und in ihrer Bedeutung für die psychotherapeutische Situation diskutiert werden. Die von uns vorgenommene Gewichtung gründet sich auf den Tatbestand, daß gerade viszeral-emotionale Vorgänge im Mittelpunkt vieler klinisch-psychologischer Störungsmodelle und Therapietheorien stehen.

Im folgenden (Abschnitt 2) soll zunächst die Einordnung verbaler Beeinflussung in die von *Kanfer* (1977) vorgeschlagenen, Verhalten determinierenden Variablenbereiche erfolgen.

Anschließend (Abschnitt 3) werden viszerale und emotionale Vorgänge (VEV) mit anderen Reaktionsformen (Verhalten, sensorische Reaktionen, Perzipieren, Konzipieren) in Zusammenhang gebracht. Die unterschiedlichen Wege der verbalen Regulation von Eingeweidereaktionen

und Gefühlen (direkte konditionierte Auslösung; Auslösung über die Veränderung von Verhalten oder über die Vermittlung selbsterzeugter ver-
deckter Prozesse) werden im letzten Abschnitt (4) behandelt.

2 Die Einordnung verbaler Stimuli
in Verhalten determinierende Variablenbereiche

Nach *Kanfer* (1977) hängt Verhalten von situativen (alpha), selbsterzeugten (beta) und biologischen (gamma) Variablen ab. Ätiologische
Modelle von Störungen und unterschiedliche Therapiemethoden implizie-
ren die spezifische Gewichtung solcher Variablen. So betonen nach *Kanfer* (1977) z.b. operante Therapiemethoden alpha-Variablen (Manipulation von auslösenden/hinweisenden und konsequenten Reizen) und
selbstregulative Therapien beta-Variablen (z.b. Selbstüberwachung, Selbstbewertung, Selbstanalyse, Selbsttherapie). In einer Vielzahl von Störungs-
modellen bestimmen gamma-Variablen (z.b. Wut, Angst, Lust, vegetative
Labilität, Herzklopfen) die Ausprägung desorganisierten oder unangepaßten Verhaltens.
Verbale Stimuli fallen in den Bereich der alpha-Variablen, wenn sie von
anderen Personen oder Medien (z.b. schriftliche Übermittlung) ausgehen
und in den Bereich der beta-Variablen, wenn Sender und Empfänger etwa
im Falle von Selbstinstruktionen identisch sind.
Modelle der Verhaltensregulation führen nach *Kanfer* (1977) zu einer
verzerrten Analyse, wenn nicht alle genannten Variablenbereiche angemessen berücksichtigt sind. Das gilt auch dann wenn die wechselseitige
Abhängigkeit von Variablen unterschiedlicher Bereiche übersehen wird.
Dies läßt sich für den Bereich verbal induzierter Verhaltensänderungen an
folgendem Beispiel verdeutlichen:

Beobachten wir einen Kraftfahrer, der auf wiederholte Aufforderungen
seines Beifahrers hin, einen Anhalter mitzunehmen, manchmal anhält
und manchmal weiterfährt. Wir werden in der Vorhersage und Interpretation seines Verhaltens erhebliche Unsicherheiten selbst bei Berücksichtigung beobachteter Verschiedenheiten von ,Anhaltersituationen' erleben, sofern wir keine Kenntnis von vermittelnden selbsterzeugten Stimuli
besitzen. Der Kraftfahrer könnte zum Beispiel anhalten, wenn er sich
sagt: ,,Ohne meine Hilfe ist der Bursche aufgeschmissen", oder wenn er
sich sagt: ,,Mein Beifahrer hält mich für unsozial, wenn ich weiterfahre".
Der Kraftfahrer könnte zum Beispiel weiterfahren, wenn es sich um eine
attraktive Anhalterin handelt, er durch ihren Anblick sexuell erregt wird
und sich sagt: ,,Wenn ich sie mitnehme, merkt mein Beifahrer, daß ich
sie sexuell anziehend finde."

Dieses Beispiel zeigt die Bedeutung der Interaktion von situativen, selbsterzeugten und biologischen Variablen für das Zustandekommen einer
Reaktion. Die im Beispiel des Kraftfahrers angeführten Selbstverbalisa-

tionen gehen zwar von der sprachlichen Aufforderung seines Beifahrers aus, sie könnten aber auch auf eine Selbstaufforderung hin erfolgen. Es ist demnach häufig unerheblich, ob ein Verhalten einleitende verbale Stimuli dem Bereich der alpha- oder beta-Variablen angehören. Bei der bisher erfolgten Einordnung verbaler Stimuli in Bereiche unabhängiger Variablen, stand als abhängige Variable extern beobachtbares Verhalten im Vordergrund. Zum Teil war auch von den Auswirkungen von VEV (sexuelle Erregung) auf Selbstverbalisation die Rede. Das Beispiel zeigt auch, daß Selbstverbalisation in Verbindung mit dem resultierenden Verhalten zur Minderung von VEV führen kann. Die Aussage: „Er könnte merken, daß ich sexuell erregt bin, deshalb halte ich lieber nicht an", zusammen mit dem Weiterfahren, minderte die Furcht, daß der Begleiter die Reaktion auf den Anblick der Anhalterin entdecken könnte. Diese Furcht vor Entdeckung bedarf bekanntlich nicht einmal der Anwesenheit eines Beobachters. Der Kraftfahrer könnte sich z.B. auch vor seiner eigenen negativen Bewertung sexueller Erregung beim Mitnehmen einer Anhalterin fürchten und zum Weiterfahren führende Verbalisationen zur Furchtminderung einsetzen.

3 Die Einordnung viszeral-emotionaler Vorgänge in eine Klassifikation von Funktionsbereichen

Ausgehend von der Frage, auf welche Reaktionsformen sich verbale Beeinflussung im Rahmen psychotherapeutischer Interventionen richten kann, lassen sich sechs Funktionsbereiche differenzieren, in denen sich auch psychische Störungen manifestieren können (vgl. *Razran* 1971):

— *Viszerale Reaktionen* können Ziel therapeutischer Maßnahmen sein als allgemeine und umfassende vegetative Dysregulation, als Funktionsstörung eines Organsystems oder eines spezifischen Organs oder Organabschnitts. Viszerale Reaktionen sind mit wenigen Ausnahmen (z.B. Errötung, Schwitzen) ohne technische Hilfen der externen Beobachtung gänzlich und der Selbstbeobachtung weitgehend entzogen.
— *Verhalten* bezeichnet Bewegungen oder Haltungen der willkürlichen Muskulatur bzw. die mit den Bewegungen unmittelbar verknüpften Ausdruckserscheinungen wie z.B. Sprache oder Schrift (verbales Verhalten). Verhalten ist einem externen Beobachter am ehesten direkt zugänglich. Verhalten kann sich aber auch der externen Beobachtung entziehen. Das ist z.B. dann der Fall, wenn das zu beobachtende Verhalten zu schwach ausgeprägt ist oder keine wahrnehmbaren Auswirkungen hat (z.B. subvokales Sprechen). Das Herauslösen von Verhaltensausschnitten oder -einheiten aus dem „Verhaltensstrom" setzt die Kenntnis von kontingenten externen (alpha) und internen (beta und gamma) Ereignissen voraus.
— *Sensorische Reaktionen* sind Gegenstand von Therapien bei Störungen der bewußten Registrierung von Reizen z.B. bei bestimmten hysterischen sensorischen Ausfällen oder bei Hypersensibilität.

— *Emotionale Reaktionen* sind das Kennzeichen der meisten psychischen Anpassungsstörungen und wirken oft desorganisierend auf das Verhalten. Emotionale Reaktionen stehen im Zentrum zahlreicher ätiologischer Modelle und liefern dabei die Beweggründe bzw. die bestätigend aufrechterhaltenden Bedingungen für unangepaßtes Verhalten (z.B. Furcht — zwanghaftes Verhalten — Furchtminderung).

— *Perzipieren* steht im Mittelpunkt therapeutischer Intervention, wenn Individuen Ereignisse in ihrer Umgebung selektiv oder verzerrt erfassen. So werden z.B. Gestik, Mimik und Stimme sowie situativer Kontext kaum von zwei Personen übereinstimmend wahrgenommen. Unterschiedliche Merkmale werden erfaßt, jeder Wahrnehmende kommt zu einer eigenen „ganzheitlichen" Erfassung der Merkmalskonfiguration. Da oftmals bereits geringfügige Konfigurationsunterschiede entgegengesetztes Verhalten erfordern bzw. unterschiedliche nachfolgende Ereignisse signalisieren, ergeben Wahrnehmungsfehler der beschriebenen Art Störungen der Person—Umwelt-Beziehungen.

— *Konzipieren*: Die neurokognitiven Prozesse des Denkens, Planens und Wollens greifen auf Konzepte zurück, beziehungsweise stellen Konfigurationen und Interaktionen von Konzepten dar. Gemeinsamkeiten unterschiedlicher Ereignisse der Umwelt werden verhaltensrelevant, aus unterschiedlichen Perzepten gehen Konzepte hervor. Solche Konzepte sind dann bedeutsam für psychotherapeutische Prozesse, wenn sie Beziehungen repräsentieren, die zwischen den Ereignissen, von denen abstrahiert wird, nicht bestehen. Wenn z.B. ein Kurzsichtiger an einem Bekannten ohne Gruß vorübergeht, so ist wohl sein Verhalten falsch klassifiziert, wenn es als „unhöflich" aufgefaßt wird, da sich der Kurzsichtige der Begegnung gar nicht bewußt war. Häufiger noch spielen sich solche Ereignisse auf einer abstrakteren Ebene ab. Verhaltensrelevante Konzepte werden dann aus bestehenden Konzepten abgeleitet, sind also noch weiter von den Geschehnissen in der Umgebung einer Person entfernt und noch weniger der Überprüfung zugänglich. Wenn er „böse ist" und auch „Gutes tut" ist er ein Macchiavellist, dem man nicht trauen darf. Besonders schwerwiegend sind solche Konzeptbildungen in einer sich ändernden Umgebung, da Konzepte im Gegensatz zu Perzepten eine hohe Stabilität aufweisen. Wenn ein Mensch erst einmal „schlecht ist", kann er sich in allen Verhaltensmerkmalen ändern, die ursprünglich zu seiner Klassifikation geführt haben, dennoch weiterhin als „schlecht" gelten und Furcht und Haß sowie dementsprechendes Verhalten auf sich ziehen.

Im Rahmen unseres Themas ist Konzipieren in zweierlei Hinsicht bedeutsam:

— Worte und Sprache sind Verhaltensweisen, die vor allem durch Konzepte reguliert werden. Dabei stehen häufig eine Vielzahl von Worten bzw. Sätzen im „Dienste" eines Konzepts.

— Konzepte sind wie „einfache" Reizwirkungen aus der Umgebung einer Person (Interozeption eingeschlossen) mit viszeralen und emotionalen Vorgängen assoziiert oder assoziierbar.

Die vorgeschlagene Klassifikation von Reaktionen, die auf den Dimensionen „Glatte Muskulatur, Drüsen, Skelettmuskulatur, interneuronale Systeme", „unbewußt — bewußt" und „Reagieren, Einwirken, Empfinden, Fühlen, Erkennen" basiert, ermöglicht die im nächsten Abschnitt folgenden Überlegungen zur unmittelbaren und zur vermittelten Auswirkung verbaler Stimuli auf viszeral-emotionale Vorgänge.

4 Der Einsatz verbaler Stimuli zur Veränderung viszeraler und emotionaler Vorgänge

Im Abschnitt zwei haben wir verbale Stimuli situativen (alpha) und selbsterzeugten (beta) Variablen zugeordnet und für beide Formen der Verhaltensbeeinflussung die gleichen vermittelnden Prozesse vorausgesetzt. Im dritten Abschnitt haben wir zusammengestellt, auf welche Prozesse sich verbale Beeinflussung überhaupt richten kann.

Wollen wir die Auswirkungen des Wortes auf viszeral-emotionale Vorgänge einer differenzierten Analyse unterziehen, so müssen auch mögliche Interaktionen der einzelnen psychischen Funktionsbereiche in Rechnung gestellt werden. Sieben Verursachungsprozesse emotional-viszeraler Veränderungen lassen sich dann unterscheiden:

– Der einfachste Fall verbaler Beeinflussung liegt vor, wenn verbale Stimuli in der Entwicklung einer Person zu konditionierten Auslösern für VEV ausgebildet wurden.

– Verbale Stimuli können darüber hinaus primär Verhalten anregen, welches sekundär eine Hemmung oder Auslösung von VEV bewirkt.

– Sprachliche Stimuli können weiterhin primär die Schwellen für Exterozeption und Interozeption erhöhen oder senken und damit sekundär die mit den Reizen assoziierten VEV steigern oder abschwächen.

– Verbale Reize können primär eine Wahrnehmungsselektion (Perzipieren) bewirken und sekundär VEV auslösen, die mit dieser Wahrnehmung assoziiert sind, oder VEV verhindern, die mit möglichen alternativen Wahrnehmungen einhergegangen wären.

– Schließlich können verbale Stimuli primär Prozesse des Konzipierens einleiten, die sekundär von VEV begleitet werden oder zur Veränderung von VEV führen.

Bei den fünf bisher aufgeführten Arten verbaler Beeinflussung wurden viszerale und emotionale Vorgänge nicht getrennt betrachtet. Jede der beschriebenen Einflußarten war auf viszerale, auf emotionale oder auf gemeinsam auftretende viszeral-emotionale Vorgänge bezogen. Da auch diese beiden Reaktionsformen interagieren können, sind noch zwei weitere Arten verbaler Beeinflussung zu ergänzen:

– Verbale Stimuli beeinflussen primär die Wahrnehmung und Beurteilung bestimmter viszeraler Reaktionen (Verbindung von Perzipieren mit emotionalen Reaktionen). Sekundär lösen die viszeralen Reaktionen der verbalen Beeinflussung entsprechende emotionale Reaktionen aus.

– Verbale Stimuli weisen primär auf die viszeralen Folgen emotionaler Vorgänge. Sekundär lösen die emotionalen Reaktionen spezifische viszerale Reaktionen aus (Hypo- oder Hyperreaktion bestimmter Organe oder Organsysteme).

Im folgenden werden diese sieben Arten der verbal eingeleiteten Beeinflussung viszeral-emotionaler Vorgänge mit Beispielen aus Therapie und Forschung erläutert.

4.1 Die verbale Auslösung von VEV

In der Auseinandersetzung mit der unbelebten (z.B. Berühren eines heißen Gegenstandes oder Verletzen an scharfen Gegenständen) und der belebten Umwelt (z.b. von einer Person ernährt werden, geschlagen werden), werden verbale Stimuli mit viszeral-emotionalen Vorgängen assoziiert. Die VEV werden zunächst durch unkonditionierte oder konditionierte Auslöser hervorgebracht. Worte oder Sätze können dann auf dem Wege der direkten Konditionierung oder der Konditionierung höherer Ordnung selbst zu Auslösern der VEV werden. Worte, die mit dem VEV-auslösenden Wort vor der Konditionierung verknüpft waren, lösen nach der Konditionierung ebenfalls die VEV aus (sensorische Präkonditionierung).

Worte (Sätze), die die gleichen Perzepte und Konzepte symbolisieren, die auch von dem VEV-auslösenden Wort (Satz) symbolisiert wurden, haben gleichfalls Auslösefunktion (semantische Generalisation). Spezialfälle der Konditionierung liegen dann vor, wenn Worte entweder die natürlichen Auslöser für VEV oder die VEV selbst symbolisieren und die VEV hervorrufen.

„Gestreichelt, angelächelt, freundlich versorgt und beschützt werden, Geschenke erhalten" sind Ereignisse, die häufig gemeinsam mit Aussagen wie „ich habe Dich lieb" oder Selbstverbalisationen wie „sie findet mich nett", „ich werde geschätzt" auftreten. „Körperliche Strafe, Liebesentzug, Mißbilligung" erscheinen oft gemeinsam mit Aussagen wie „was hast Du angerichtet" und mit Selbstverbalisationen wie „keiner liebt mich", „ich tauge zu nichts", „ich darf nichts".

Worte und Sätze, die VEV-auslösende Ereignisse symbolisieren und VEV auslösen können, sind z.B. „es gibt gleich Essen", „ich stecke Dich in den dunklen Keller" (an ein Kind gerichtet, welches sich vor Dunkelheit, Spinnen und Mäusen fürchtet), „ich umarme Dich" (als Gruß zum Abschluß des Briefes einer Frau an ihren Geliebten), „im Essen waren giftige Pilze" (als schlechter Scherz gegenüber einer Person mit empfindlichem Magen), „in diesem Haus wird ein bissiger Hund gehalten" (gerichtet an eine Person mit einer Hundefurcht).

Worte und Sätze, die VEV selbst symbolisieren und auslösen können sind zum Beispiel „gleich werde ich rot", „mir wird gleich schlecht", „ich habe Angst", „gleich werde ich wieder traurig".

Sind Worte oder Sätze zu konditionierten Auslösern von VEV ausgebildet worden, zeigen sich bestimmte Generalisierungsprozesse. Solche generalisierte Reaktionen erfolgen bei normal entwickelten Erwachsenen auf bedeutungsähnliche und bei kleinen Kindern und geistig retardierten Personen eher auf klangähnliche Worte und Sätze hin.

Razran (1961, 1971) kam auf der Basis experimenteller Befunde zur Beschreibung einer Hierarchie möglicher Generalisierungsprozesse. Nach Razran ist die Generalisierung auf verbale Stimuli am stärksten bei bedeutungsgleichen Aussagen, wird jeweils ein wenig abgeschwächt bei übergeordneten Aussagen (z.B.: „Mensch" wenn „Mann" der Conditioned Stimulus (CS) war), gleichgeordneten Aussagen („Bruder" wenn „Schwester" der CS war), Ganzes-Teil-Aussagen („Körper" wenn „Arm" der CS war), Teil-Ganzes-Aussagen („Finger" wenn „Hand" der CS war) und ist am schwächsten bei untergeordneten Aussagen.

Bei Experimenten zur semantischen Konditionierung bzw. zur verbalen Auslösung wurden unterschiedlichste viszerale Reaktionen als CR ausgebildet, etwa Vasokonstriktion und Dilatation der Armgefäße, Blasenkontraktion bzw. Harndrang, verschiedene Stoffwechselprozesse, Verdauung, Sekretion, Atmung, Blutkreislauf sowie Hautreaktionen und Herzfrequenzänderungen (vgl. *Platonov* 1959; *Razran* 1961).

Ebenso wurden unterschiedliche emotionale Reaktionen auf ihre Abhängigkeit von verbaler Auslösung hin untersucht (vgl. *Rimm & Litvak* 1969; *May & Johnson* 1973).

Einige dieser Untersuchungen standen in direktem Zusammenhang mit klinisch-psychologischen bzw. psychotherapeutischen Fragestellungen (*Teasdale & Rezin* 1978).

Bei einer Vielzahl dieser Experimente konnte die Bedeutung verbaler Auslösung von VEV belegt werden. Einige Resultate sind in dem von uns vorgegebenen Rahmen nicht eindeutig zuordbar bzw. interpretierbar, da sie, obgleich auf die unvermittelte verbale Auslösung von VEV ausgelegt, die Annahme vermittelnder Prozesse wie Konzipieren oder Perzipieren zur Erklärung der Resultate zulassen, wenn nicht gar erfordern.

In einer Reihe von Experimenten zeigte sich, daß verbale Reize besonders dann bei der direkten Auslösung von VEV wirksam werden bzw. stringent in diesem Sinne interpretiert werden können, wenn sie den von den Versuchspersonen als real eingeschätzten Bedingungen nicht widersprechen, oder wenn den Versuchspersonen eine Realitätsprüfung unmöglich oder erschwert ist (vgl. *Platonov* 1959).

Der letztere Fall kann etwa bei Experimenten angenommen werden, die unter erhöhter Suggestibilität der Versuchspersonen, etwa unter Hypnose, durchgeführt wurden. Da uns diese als Beispiele für die direkte Auslösung von VEV zentral erscheinen, wollen wir etwas aufführlicher darauf eingehen.

So führte *Platonov* (1959) ein Experiment zur verbalen Beeinflussung des Wasserstoffwechsels durch.

Im Zustand suggerierten Schlafens wurden bei einer Versuchsperson folgende verbale Stimuli eingesetzt: „Vor Ihnen steht ein Krug mit Wasser und ein leeres Glas. Schütten Sie Wasser aus dem Krug in das Glas und trinken Sie. – Sie trinken Wasser, sie haben bereits ein Glas getrunken und trinken ein weiteres Glas. – Sie trinken ein drittes Glas, ein viertes Glas. – Sie haben vier Gläser Wasser getrunken." Nach dieser Suggestion wurde die Versuchsperson geweckt. Zwölf Minuten später verspürte sie Harndrang und schied 230 ml Urin aus, obgleich sie drei Minuten vor der verbalen Suggestion die Blase geleert und dabei 150 ml Urin ausgeschieden hatte. Im Gegensatz zu den normalen Toilettengewohnheiten verspürte die Versuchsperson in den folgenden zwei Stunden wiederholt Harndrang und schied weitere sieben Mal kleinere Mengen aus.

Weitere Versuche wurden mit derselben Versuchsperson durchgeführt, in denen unter anderem dem Wasserverlust ensprechende Blutveränderungen festgestellt wurden.

Vergleichbare Ergebnisse wurden erzielt, wenn hypnotisierten Personen der Verzehr süßer Speisen suggeriert wurde. Ohne tatsächliche Aufnahme von Zucker, allein durch die verbalen Stimuli stiegen die Zuckerwerte im Blut und Urin.

Der Einfluß verbaler Stimuli auf die Verdauung zeigte sich in roentgenoskopischen Untersuchungen. Danach führt die Suggestion von Hunger zu deutlicher Magenperistaltik, die Suggestion von Sättigung führt zur Hypotonie von Magen und Darm. Die Suggestion der Aufnahme bestimmter Speisen führt zu einer entsprechenden Zusammensetzung des Sekretes der Bauchspeicheldrüse.

Vermittels verbaler Stimuli konnten Hypo- und Hyperlaktation von Patienten nach der Geburt ihrer Kinder reguliert werden. Verbale Stimuli können auch zur Unterdrückung allergischer Reaktionen (z.B. Asthma) eingesetzt werden. Veränderungen der Haut (z.B. Ekzeme) sind ebenfalls verbaler Suggestion zugänglich.

Ein eindrucksvolles Beispiel stellt die „verbale Erzeugung einer Verbrennung" von *Finne* (entnommen *Platonov* 1959) dar.

Einer 35jährigen Versuchsperson wurde unter hypnotischem Schlaf suggeriert, sie werde mit einer heißen Metallscheibe verbrannt (eine Münze wurde auf die Innenseite des linken Armes gelegt). Folgende Beobachtungen wurden nach dem Wecken der Versuchsperson gemacht: Nach 25 Minuten rötete sich die Haut an der Stelle, an der die Münze aufgelegt worden war. Nach 55 Minuten zeigte sich eine Schwellung in deren Mitte nach 2 1/2 Stunden ein weißer Fleck erschien. Nach 3 1/2 Stunden bildete sich eine Brandblase.

In dem zuletzt beschriebenen Beispiel wurde die Hautveränderung durch die Verbindung eines verbalen mit einem nicht-verbalen Stimulus (Münze) erzeugt. Unzählige Beispiele eines solchen „Placeboeffektes" ließen sich für emotional-viszerale Auswirkungen bei der Kombinationen verbaler Stimuli mit „neutralen" Stoffen oder Maßnahmen anführen (*Fish* 1973, *Jones* 1977).

Barber & Holm (entnommen *Barber* 1965) führten ein Experiment zur verbalen Auslösung von subjektiven und physiologischen Schmerzreaktionen unter hypnotischem Schlaf und im Wachzustand durch.

In Vorexperimenten wurde die Reaktion auf Eintauchen der Hand in eiskaltes Wasser erhoben, im Hauptversuch wurde das Eintauchen nur verbal suggeriert. Die Versuchspersonen reagierten in hypnotischem Zustand auf die verbalen Stimuli sowohl mit dem entsprechenden subjektiven als auch mit den physiologischen Schmerzreaktionen. Im Wachzustand reagierten die Versuchspersonen auf die verbalen Stimuli hin allein mit dem physiologischen Schmerzmuster.

In dem Experiment von *Barber & Holm* ist allerdings eine Trennung verbal ausgelöster und über Vorstellungen vermittelter Schmerzeffekte unmöglich. Die im Experiment begünstigte Interaktion zwischen verbalen Stimuli und Vorstellungen ermöglicht eine Zuordnung auch zu dem von uns aufgeführten vierten Bereich (Vermittlung verbaler Beeinflussung über Wahrnehmungen/Vorstellungen).

Die voraufgegangene Darstellung experimenteller Befunde hat gezeigt, daß eine Interpretation der jeweiligen Ergebnisse im Sinne einer direkten Auslösung von VEV problematisch ist. Wir wollen daher auf die unterschiedlichen oder beschriebenen vermittelnden Veränderungsprozesse eingehen, indem wir einzelne theoretische Modelle, empirische Befunde sowie eigene Therapieerfahrungen darstellen. Wir wollen dabei nur relativ einfache Interaktionen berücksichtigen, also die Vermittlung zwischen Wort und VEV über je einen anderen psychischen Funktionsbereich. Das scheint uns sowohl aus Gründen der Übersichtlichkeit als auch der empirischen, theoretischen und praktischen Handhabbarkeit gerechtfertigt.

4.2 Der Einfluß verbaler Stimuli auf VEV über die Vermittlung von Verhalten

Die verbalen Kennzeichen von Lebenssituationen und physiologischen Reaktionen haben dann besondere verhaltensmotivierende Auswirkungen, wenn eine Kennzeichnung mit Emotionen verknüpft ist. Gewohnheitsbildung (*Hull* 1943), Verhaltensausformung (*Skinner* 1953) geschieht „im Dienste" eines verbal induzierten „Triebes" oder eines primären oder sekundären Bedürfnisses. Das Verhalten, welches auf die Reduzierung von VEV gerichtet ist, kann sprachlich reguliert sein oder selbst sprachliches Verhalten darstellen.

Der Emotionen auslösenden Kennzeichnung von Lebensumständen und den zugehörigen sprachlichen und nicht-sprachlichen, realistischen und neurotischen (Symptome) Bewältigungsversuchen, wird in der Persönlichkeitstheorie von *Dollard & Miller* (1950) besondere Bedeutung beigemessen. VEV-reduzierendes Verhalten besteht im ungünstigsten Falle z.B. aus neuem problemschaffendem Meiden oder Fliehen, welches ungerechtfertigte Begründungen erfährt, eine realistische Problemanalyse einschränkt und eine realistische Kennzeichnung der emotionsauslösenden Lebensumstände verhindert. Konflikte (widerstrebende Bedürfnisse) lassen sich insbesondere dann nicht angemessen analysieren und bewältigen, wenn deren sprachliche Kennzeichnung starke negative Emotionen auslöst (Verdrängung).

Besondere Bedeutung mißt auch *Mowrer* (1969) der Sprache bei der Emotionsregulierung zu. Im Gegensatz zu psychoanalytischen und lerntheoretischen Neurosetheorien sind nach *Mowrer* leidverursachende Emotionen angepaßte Reaktionen. Sie sind die natürliche Folge von Verhaltensgewohnheiten, die vom Neurotiker als unangemessene Übertretung oder Versäumnisse gewertet werden. Resultierende Schuldgefühle und

Furcht vor Entdeckung sind nicht durch frühere ungerechtfertigte Bestrafung sondern durch unangemessenes selbst zu verantwortendes Verhalten ausgelöst. Die Kennzeichnung des unangepaßten Verhaltens kann durch unterschiedliche Wege der Reduzierung von Schuldgefühlen und Furcht beantwortet werden. Dauerhafte Beseitigung der negativen Emotionen erfordert an erster Stelle das Eingestehen der Übertretungen oder Versäumnisse und eine Verhaltensänderung, die anerkannten Regeln der Gemeinschaft entspricht.

Gleichfalls auf eine Reduzierung von Furcht vor Entdeckung gerichtet sind neurotische Verhaltensweisen, die *Mowrer* als sekundäre Vermeidungsstrategien bezeichnet. Führt ein primäres Vermeiden zur Unterdrückung von unangepaßtem Verhalten (welches anerkannten Regeln widerspräche) oder zum selbstkontrollierten Handeln (Akzeptieren von aversiven Bedingungen aus anerkannter Verantwortung) so ist sekundäres Vermeiden der Versuch, durch Übertretungen oder Versäumnisse entstandene Emotionen zu vermeiden. Neurotiker entwickeln nach *Mowrer* eine Vielzahl von sprachlichen und nichtsprachlichen Strategien des Verbergens und der Täuschung, die alle auf die Vorspiegelung abzielen, daß anerkannte Verbote eingehalten worden seien und verantwortliches Verhalten nicht unterblieben wäre. Die sprachliche Strategie des Lügens wird in dieser Theorie stärker hervorgehoben als sprachliche Abwehrformen wie z.B. Rationalisierung.

4.3 Der Einfluß verbaler Stimuli auf VEV über die Veränderung von Wahrnehmungsschwellen

Die Sätze „Dieses Haus ist nicht einbruchssicher", „Ich bin nicht zimperlich", „In meiner Verwandtschaft gibt es viele Personen, die an Herzversagen gestorben sind" senken möglicherweise die Wahrnehmungsschwelle für Geräusche in der Nacht, erhöhen die Schmerzschwelle und senken die Schwelle für die Wahrnehmung geringfügiger Veränderungen der Herzschlagfolge. Sekundär mögen dann durch leise, unbedeutende Geräusche Furcht vor Einbrechern, Hemmung oder Abschwächung subjektiver und physiologischer Schmerzreaktionen und Furcht vor einer schweren Herzerkrankung auftreten. Solche Verursachungsprozesse lassen sich auch experimentell nachvollziehen. So führten *Barber & Holm* (entnommen *Barber* 1965) etwa ein Experiment zur Veränderung der Schmerzempfindlichkeit durch.

Eine Vpn-Gruppe (hypnotisiert) erhielt die verbale Suggestion schmerzunempfindlich zu sein (die Hand mußte in Eiswasser gehalten werden). Die andere Gruppe (wach) sollte sich während der Schmerzreizung eine angenehme Situation vorstellen. Beide Gruppen zeigten beim Vergleich mit Kontrollgruppen abgeschwächte subjektive und physiologische Empfindsamkeit.

4.4 Der Einfluß verbaler Stimuli auf VEV über die Vermittlung von Wahrnehmungen und Vorstellungen

Verbale Stimuli sind geeignet, Wahrnehmungen und Vorstellungen zu verändern und zu lenken. Wir wollen zur Verdeutlichung Beispiele aus selbst durchgeführten Therapien verwenden.

Bei einem 32jährigen Mann war nach einer psychiatrisch behandelten endogenen Depression eine stark einschränkende Symptomatik erhalten geblieben. In Eßsituationen mit nicht vertrauten Personen stellten sich Herzklopfen, Schweißausbrüche und starke Angst ein und die Hände und Arme verkrampften sich derartig, daß Löffel, Messer und Gabel nicht mehr verwendet werden konnten. Bei der durch den Therapeuten geleiteten Vorstellung eines bevorstehenden Festmahles trat zunächst starkes Schwitzen, Herzklopfen und Unbehagen auf. Die sprachliche Aufforderung, nicht die eigenen körperlichen Erscheinungen zu beobachten, sondern in die Runde zu schauen und festzustellen, ob auch andere Personen schwitzen (was dann auch tatsächlich festgestellt wurde) und die Aufforderung zu beschreiben, wie das Essen ausschaute und wie es schmeckte, hemmte alle beschriebenen VEV.

Eine 30jährige Frau wurde wegen eines Schmerzsyndroms nach einer Bandscheibenoperation behandelt. Die Frau war häufig unfähig sich zu bewegen, ihren Haushalt zu versorgen, der Arbeit nachzugehen und das Haus zu verlassen. Sie wies Lähmungserscheinungen und Schmerzzustände auf, wie sie auch vor der Operation des Bandscheibenvorfalls vorlagen. Neben der beschriebenen Symptomatik bestanden Probleme in der Partnerschaft und Schwierigkeiten beim Versuch, sich über die Rolle der Ehefrau und Mutter hinaus selbst zu verwirklichen.

Diesen Problemen wurde aufgrund der ausgeprägten Schmerzsymptomatik wenig Beachtung geschenkt. Die Aufforderung (nach Erstinterviews), die Schmerzen so gut es möglich war zu ignorieren und als Vorbereitung für folgende Therapiemaßnahmen alle im Rahmen der anderen Probleme auftretenden Konfliktsituationen genau zu beobachten, führten zum anhaltenden Verschwinden der Schmerzen.

Eine Biologielehrerin war wiederholt in Ohmacht gesunken, als sie mit ausgestopften Vögeln konfrontiert wurde. Zudem erlebte sie eine Reihe von „Beinahe-Unfällen", als auf den Straßen, die sie befuhr, tote Vögel lagen.

Im Rahmen einer „in vivo"-Therapie wurde sie mit ausgestopften und toten Vögeln konfrontiert und erhielt die sprachliche Aufforderung, an den Tieren zu entdecken, was sie bisher nicht bemerkt hatte. Beim Anschauen und beim Berühren der Vögel bemerkte sie ansprechende Muster und angenehm weiches Gefieder. Die verbal eingeleitete Veränderung der Wahrnehmung hatte u.E. einen wesentlichen Anteil am Erfolg der Therapie.

Auch *Beck* (1976) hat die hier exemplifizierten Prozesse der Wahrnehmungsselektion in ihrer Bedeutung hervorgehoben. In diesem Sinne faßt *Beck* etwa auch Selbstverbalisationen vor sozialen Interaktionen als die Wahrnehmung bestimmende Antizipationen auf.

4.5 Der Einfluß verbaler Stimuli auf VEV über Prozesse des Konzipierens

Im Abschnitt 3 haben wir hervorgehoben, daß Sprachverhalten und Kon-
zipierungsprozesse eine enge Beziehung aufweisen. Sprache wird u.a. von
Konzepten reguliert. Einzelne Konzepte werden teils durch komplexes
Sprachverhalten kommuniziert oder kommunizierbar.
In den Abschnitten 4.1–4.4 wurde diese Relation vernachlässigt. Bereits
im Abschnitt 4.1 wurde aber deutlich, daß die Auslösung von VEV durch
Worte oder Sätze unter Umständen nur durch die Vermittlung von Konzepten möglich wird. Wir halten es allerdings für wahrscheinlich, daß
sprachliche Stimuli nach häufiger, über Konzepte vermittelte Auslösung
von VEV eine von den Konzepten unabhänige Auslösefunktion erhalten.
Dies wäre der Fall, wenn sich Konzepte zwar verändern, die auf sie bezo-
genen sprachlichen Stimuli aber weiterhin VEV auslösen.
Die sprachliche Einleitung von VEV-auslösendem bzw. minderndem Verhalten ist ebenfalls ohne die Vermittlung von Konzepten nur unter der
eben angeführten Hypothese denkbar. Wir denken bei der Aufstellung
dieser Hypothese an den Verlauf der Einrichtung willkürlicher Handlungen
und der willkürlichen Steuerung viszeraler Reaktionen. Die Fremd- oder
Selbstinstruktion wird dabei zunächst mit der unwillkürlich ausgelösten
Reaktion gemeinsam dargeboten. Durch Assoziation von Instruktionen
und Afferenzen sowie Efferenzen der zu steuernden Reaktion wird
schließlich eine unwillkürliche Auslösung überflüssig.
Die rational-emotive Therapie (*Ellis & Grieger* 1977), die aus ihr entwickelte kognitive Verhaltenstherapie und die kognitive Therapie von
Beck (1976) nehmen für sich in Anspruch, im Rahmen von Therapien
auf teils bewußte, teils unbewußte Konzepte zu stoßen, von denen eine
verhaltens- und VEV-steuernde Funktion angenommen wird. Nach unserer
Hypothese bleibt aber offen, ob eine solche Beziehung in allen VEV-auslösenden Problemsituationen überhaupt besteht, bzw. ob eine kausale Beziehung zwischen diesen Konzepten (z.B. der Antizipation, den Überzeugungen und den automatischen Gedanken) und VEV besteht.
Automatische Gedanken, irrationale Überzeugungen werden in den genannten Therapien nach dem Auftreten von VEV eruiert und stellen somit möglicherweise nur nachträgliche Attributionen dar.
Der Erfolg von Verfahren der kognitiven Umstrukturierung (Konzeptänderungen) könnte dann nicht auf die Eliminierung VEV-auslösender
Konzepte, sondern z.B. auf die Vermittlung von allgemeinen Bewältigungsstrategien zurückgeführt werden.
Die sprachlich eingeleitete und durch Konzepte vermittelte Regulation
von VEV wurde auch unter dem Thema des ,,coping" (Streßbewältigung)
und im Rahmen der Attributionsforschung (*Valins & Nisbett* 1976) untersucht.
Die ,,coping"-Forschung greift zum Teil auf psychoanalytische Konzep-
tualisierungen von Abwehrmechanismen zurück. Abwehrmechanismen

sollen der Verhinderung und Beseitung als aversiv erlebter VEV (z.B. Angst) und u.U. auch der Auslösung erstrebter aber verbotener VEV (sexuelle Lust) dienen.

Während in der psychoanalytischen Literatur eine Differenzierung in nützliche und anpassungsverhindernde Abwehrprozesse erfolgt, treten derartige Bewertungen im Rahmen der „coping"-Forschung zurück. Lebensumstände stellen Anforderungen an Individuen, werden als Anforderungen interpretiert, wecken Wünsche, ermöglichen oder verhindern die Verwirklichung persönlicher Ziele und führen oftmals zur Desintegration viszeral-emotionaler, behavioraler und kognitiver Persönlichkeitsprozesse.

So wird die Wahl von Bewältigungsstrategien nach *Haan* (1977) bestimmt durch die Interaktion von Lebensproblemen und den einer Person verfügbaren Lösungsmitteln. Die Bewältigungsstrategien werden von *Haan* unterteilt in „coping", „defending" und „fragmentation".

„Coping" stellt absichtliches, auswählendes und flexibles Verhalten in Problemsituationen dar, welches sowohl intersubjektiver Realität und Logik entspricht, als auch angemessene affektive Ausdrucksformen ermöglicht.

„Defending" ist demgegenüber durch zwanghaftes, Problemanteile leugnendes, rigides Verhalten gekennzeichnet. Die Realität wird verzerrt konzipiert, der Gefühlsausdruck bleibt verdeckt, Versuche der Gefühlsreduktion umgehen eine direkte Problemlösung.

„Fragmentation" ist die Antwort auf eine gänzliche Überforderung durch die problematische Lebenssituation, eine Gefühlskontrolle wird durch automatenhaftes, ritualisiertes, affektiv und irrational gesteuertes Verhalten versucht, Bewältigungsversuche stehen in keinem Bezug zur Realität.

Wie schon hervorgehoben, stellen die Bewältigungsstrategien einer Person keine situationsunabhängigen Merkmale dar. Jedoch werden je nach Problemart und -ausprägung bestimmte Strategien bevorzugt. Die Kombination oder das Muster bevorzugter Bewältigungsstrategien kennzeichnen den gesamten Lebensstil einer Person. „Coping", „defending" und „fragmentation" bilden dabei eine hierarchische Nützlichkeitsorganisation. Eine Person versucht Probleme nach Möglichkeit mit „coping" zu beantworten, muß Probleme zur Beseitigung aversiver VEV oftmals mit „defending" angehen und ist zur „fragmentation" gezwungen, wenn eine Situation bei realer Einschätzung eine unerträgliche, die Gesamtperson desorganisierende Bedrohung verursachen würde.

Wörter, Sätze, Sprachverhalten haben im Rahmen von Bewältigungsstrategien vielfältige Funktionen. Unmittelbare Auslösung oder Unterdrückung von VEV stellen nur einen Aspekt dar. Sprachverhalten bestimmt darüber hinaus die Wahrnehmung einer Problemsituation, die Analyse der Problemanteile, das Finden von Lösungsmöglichkeiten und die Verwirklichung von Entscheidungen.

Problemlösestrategien (vgl. *Goldfried* 1979) sind auf die Verbesserung und Optimierung derartiger Copingstrategien gerichtet mit dem Ziel, desorganisierende VEV zu verhindern.

Nicht berücksichtigt sind dabei die nichtkommunizierbaren Konzepte, unbewußte Anteile von Bewältigungsstrategien und die Kultivierung des emotionalen Ausdrucks, der über Sprachverhalten hinausgeht.

Im Rahmen inter- und intrapersonaler (Selbstgespräch) Kommunikationsprozesse haben Wörter, Sätze bzw. Sprachverhalten somit gleichfalls realitätsabbildende wie verzerrende und VEV-induzierende wie reduzierende Auswirkungen. Jede der vier Kombinationsmöglichkeiten kann unter bestimmten Bedingungen die günstigte Problembewältigung ermöglichen. Jede der vier Möglichkeiten kann zu einer unerträglichen, somatischen, emotionalen, behavioralen und kognitiven Desorganisation einer Person führen.

(1) Das Eingeständnis einer Mutter, die ihr Kind hart bestrafte („Ich habe meine Tochter in den Tod getrieben"), kann eine realistische Einschätzung darstellen. Die emotional-viszeralen Vorgänge auf diese realistische Einstufung können so unerträglich sein, daß die Selbsttötung als einziger Ausweg erscheint.

(2) Ein Schüler mit hohen eigenen und elterlichen Leistungsanforderungen versagt in einer Klassenarbeit und beurteilt seine Situation als ausweglos („Ich bin ein Versager, meine Eltern werden mir das nie verzeihen und mich bestrafen"). Diese (vermutlich falsche) Einschätzung der Situation mag zu einer solchen Furcht vor einer Begegnung mit den Eltern führen, daß der Schüler von zu Hause fortläuft.

(3) „Ich habe versagt und bin gekündigt worden, es war ein Schock für mich, aber ich werde sicher eine neue Stelle finden und es besser machen." Diese (vermutlich realistische) Einschätzung eines Arbeitslosen ist geeignet, die mit Selbstanklage und Verlust verbundenen VEV abzuschwächen und zu einer Integration emotional-viszeraler, behavioraler und kognitiver Prozesse zurückzufinden.

(4) „Gott hat es so gewollt, er wird mir auch über den Tod meines Mannes hinweghelfen". Diese Zuschreibung einer akzeptierten Ursache für den Partnerverlust ist evtl. geeignet, Schmerz und Trauer einer Witwe zu mildern und zu überwinden.

Eine nicht zu bestimmende Zahl von Faktoren kann in einer Psychotherapie die Entscheidungsgrundlage dafür bilden, auf welche der vier Arten verbaler Informationen der Therapeut zurückgreift und welche vier Arten verbaler Informationen vom Patienten er zum Anlaß nimmt, Konzeptänderungen anzustreben. Spezifische Problemstellungen können es auch erfordern, nichtverbalisierbare Konzepte kommunizierbar zu machen. Z.B. entziehen sich Konzepte zur persönlichen Beziehung für viele Menschen z.T. oder gänzlich der Möglichkeit sprachlicher Beschreibung. Wirken solche Konzepte desintegrativ, so kann eine Problemlösung erfordern, daß Sprachverhalten zur Kommunikation dieser Konzepte erst ausgebildet wird.

Schwieriger gestaltet sich die Aufgabe eines Therapeuten, wenn Konzepte, wie z.B. „Liebe" oder „Orgasmus" nicht ausgebildet wurden. Der Versuch mit Hilfe der Sprache ein solches, für die Problembewältigung erforderliches Konzept zu erzeugen, scheint müßig. Konzepte, deren Bildung nichtsprachliche Erfahrungen erfordern, begrenzen die Möglichkeiten rein sprachlicher Interventionen.

4.6 Die Auslösung emotionaler Vorgänge durch das Zusammenwirken verbaler Stimuli und der Wahrnehmung viszeraler Vorgänge

Eine gesunde Person, die einen Vortrag halten soll und „Schwitzen" bemerkt, wird eher Angst empfinden als eine Person, die an Grippe erkrankt ist, schwitzt, aber dennoch den Vortrag halten will.

Nach unseren Erfahrungen kommen Zuschreibungen im Rahmen von Therapien große Bedeutung zu. Die verbale Zuschreibung von viszeralen Vorgängen zu Ursachen wie Krankheit, klimatische Bedingungen usw. können sonst unerträgliche Angst oder Schuldgefühle mindern bzw. verhindern oder können Problemeinschätzungen und -lösungen erschweren.

Wie in den vorausgegangenen Abschnitten ist darauf hinzuweisen, daß beim Entstehen einer Emotion auch die Interaktion von sprachlichen Stimuli und wahrgenommenen viszeralen Veränderungen der durch Konzepte bestimmten Benennung einerseits und der durch die Wörter oder Sätze repräsentierten Konzepte andererseits bedarf.

Damit soll aber, wie im vorangegangenen, nicht ausgeschlossen werden, daß das wiederholte Auftreten eines viszeralen Reaktionsmusters gemeinsam mit einem wie auch immer begründeten emotionalen Erleben, wie z.B. Wut, schließlich auch ohne Begründung sowohl das subjektive Erleben der Wut als auch deren Benennung hervorbringen kann.

Die experimentelle Untersuchung der Interaktion zwischen verbalen Stimuli bzw. Konzepten und viszeralen Vorgängen auf die Entstehung einer Emotion haben *Schachter & Singer* (1979) eingeleitet. Die Grundannahme ihrer Forschung war in der Formulierung von *Schachter* (1964, p. 139) enthalten:

„... that an emotional state may be considered a function of a state of physiological arousal and a cognition appropriate to this state of arousal ... exerts a steering function. Cognitions arising from the immediate situation as interpreted by past experience provide the framework within which one understands and labels one's feelings. It is the cognition that determines whether the state of physiological arousal will be labeled "anger", "joy" or "whatever".

In den zu schildernden Experimenten wurden zur Prüfung der beschriebenen Grundannahme folgende Bedingungen manipuliert:

die physiologische Erregung oder sympathische Aktivation, das Ausmaß angemessener Erklärungsmöglichkeiten, Situationen, aus denen Erklärungen abgeleitet werden könnten. In den als Wahrnehmungsuntersuchungen ausgegebenen Experimenten von *Schachter & Singer* (ent-

nommen *Schachter* 1964) wurde die physiologische Erregung mit Adre-
nalin-Injektionen herbeigeführt. Zwei der sieben Untersuchungsgruppen
erhielten Plazebo-Injektionen. Zwei Gruppen wurden die physiologischen
Auswirkungen der Injektion beschrieben. Zwei Gruppen wurden mitgeteilt, die Injektion habe keine spürbaren Auswirkungen. Einer Gruppe
wurden unzutreffende Auswirkungen der Injektion angekündigt. Der Pla-
zebo-Injektionsgruppe wurde mitgeteilt, die Injektion habe keine spürbaren Auswirkungen.
Die Manipulation der Situationen, an denen Erklärungen für die wahrgenommene physiologische Veränderung abgeleitet werden konnten, erfolgte über die Einführung jeweils eines als VP vorgestellten Mitarbeiters
der Untersucher. Unter einer Bedingung stellte sich ein solcher Mitarbei-
ter in Worten und Taten als euphorisch, unter einer anderen Bedingung
als verärgert dar.
Die echten Versuchspersonen erhielten zunächst die Injektion und wurden dann entsprechend der Vorinformation einer der vier Euphoriegrup-
pen bzw. einer der drei Ärgergruppen zugewiesen (unter dieser Bedingung
fehlte eine Gruppe mit der Ankündigung unzutreffender Injektionssym-
ptome). Nach der Begegnung mit der vermeintlichen Versuchsperson
wurden die echten Versuchspersonen u.a. aufgefordert, ihre Gefühle einzuschätzen.
Unter der Euphoriebedingung gaben die VP erwartungsgemäß ausgepräg-
tere euphorische Gestimmtheit an, welche Information oder falsche Information über die physiologischen Auswirkungen der Injektion hatten. Ein
Mangel an angemessener Information vor der Euphoriebedingung ermög-
lichte demnach die euphorisierende Wirkung von physiologischer Erregung gemeinsam mit den Worten und Taten der vermeintlichen VP.
Entsprechende Ergebnisse zeigten sich unter der Ärgerbedingung. Zur
Kompensation methodischer Schwächen wurde eine Reihe weiterer Experimente durchgeführt (*Schachter* 1964, *Schachter & Singer* 1979), die
hier nicht weiter ausgeführt werden können.

In einigen Nachfolge-Untersuchungen konnten die Grundannahmen von
Schachter & Singer nicht bestätigt werden (*Marshall & Zimbardo* 1979,
Maslach 1979).
In einer nachträglichen Analyse und Bewertung dieser Untersuchungen
zeigten *Schachter & Singer* (1979) jedoch entscheidende Mängel in ein-
zelnen Untersuchungsphasen sowie den Tatbestand unvollständiger Re-
plikationen auf, womit die unmittelbare Vergleichbarkeit der Ergebnisse
in Frage gestellt wird.
Demgegenüber gibt es methodisch angemessen konzipierte Untersuchungen, die die Grundannahme von *Schachter & Singer* bestätigen (vgl.
Erdmann & Janke 1978).
Ebenso lassen sich die theoretischen Ausführungen von *Schachter &
Singer* anhand vielfältig wiederkehrender Beobachtungen in der psychotherapeutischen Praxis nachvollziehen. So haben wir z.B. an einer Reihe
von Personen mit unregelmäßigen Eßgewohnheiten und einem Fehlen
von Hungergefühlen festgestellt, daß nach langem Aufschub von Mahlzeiten je nach spezifischen oder allgemeinen Lebensumständen Angst
oder Ärger verbalisiert wurde. Nach dann folgenden Mahlzeiten ver-
schwanden die emotionalen Ausdruckserscheinungen. Als Bestätigung der

Theorie von *Schachter & Singer* können nachträgliche Bemerkungen dieser Personen angesehen werden, wie etwa: „Es geht mir wieder gut, ich glaube, ich hatte nur Hunger".

Um jedoch über die Plausibilität hinauszureichen und um diese Beobachtungen im Sinne der *Schachter & Singer*'schen Theorie interpretieren zu können, müßten sie einer systematischen empirischen Analyse unterzogen werden.

4.7 Die Auslösung viszeraler Vorgänge durch das Zusammenwirken verbaler Stimuli und emotionaler Vorgänge

In diesem Abschnitt geht es um die Umkehrung der unter 4.6 beschriebenen Beziehungen zwischen emotionalen und viszeralen Vorgängen. Insbesondere im Rahmen iatrogener Störungen (*Platonov* 1959) sind spezifische verbal-induzierte Organreaktionen zu beobachten, die unter emotional belastenden Situationen auftreten. „Sie dürfen sich nicht aufregen, sonst bekommen Sie ein Magengeschwür", „ween Sie Angst haben, werden Sie immer Durchfall bekommen", „Sie dürfen sich nicht ärgern, sonst bekommen Sie hohen Blutdruck und bis zum Herzinfarkt ist es dann auch nicht mehr weit", sind Äußerungen, die im Falle des Auftretens einer starken emotionalen Reaktion die betroffene Person für eine spezifische Organdysfunktion disponieren.

Die regulierende bzw. dysregulierende Funktion solcher Aussagen müßte ebenfalls einer differenzierten empirischen Analyse zugeführt werden, um deren Bedeutung für die Entstehung, Aufrechterhaltung und Beseitigung psychischer Störungen allgemein und psychosomatischer Symtomatiken im besonderen einschätzen zu können.

5 Der Stellenwert von Worten für die Regulation viszeral-emotionaler Vorgänge im Rahmen der Psychotherapie

Nach unserer Kenntnis gibt es keine Psychotherapieform, die auf den Gebrauch von Worten auf der Seite des Therapeuten verzichtet. Existierte eine solche Behandlungsform, bei der ein Therapeut das Kunststück vollbrächte, Worte gänzlich zu unterdrücken, so dürfte diese ungewöhnliche Fertigkeit nicht auch von einem Patienten zu erwarten sein.

Worte durchdringen für gewöhnlich das gesamte Interaktionsgeschehen in einer Therapie. Der Einfluß von Worten kann dabei nicht, nützlich oder schädlich sein. Die systematische Verwendung von Sprache zur Veränderung viszeral-emotionaler Vorgänge setzt oft die Kenntnis der Entstehungsbedingungen eines Problems voraus und läßt unserer Analyse entsprechend unzählige therapeutische Wege offen.

Die verbale Beeinflussung emotional-viszeraler Prozesse kann in diesem
Sinne unterschiedlich erfolgen und in unterschiedlichen therapeutischen
Interaktionsmustern münden, etwa: Aufmerksamkeitsumzentrierung auf
weniger ängstigende Merkmale eines objektiv ungefährlichen Furchtob-
jektes durch Instruktion; Ermutigung, Diskussion; Aufforderung – Überzeugen – Drängen, ein Ausweichverhalten aufzugeben; sprachliche Analyse und Auflösung schädigender sowie die Erzeugung neuer Konzepte;
sprachliche Stiftung von berechtigten oder unberechtigten Zuschreibungen; die Erzeugung von Assoziationen zwischen viszeralen und emotionalen Vorgängen oder deren Auflösung und andere mehr.
Im Gegensatz zu sprachlichen Maßnahmen, die emotionale Vorgänge in
den Mittelpunkt rücken, kann aber eine bestimmte Problemlage auch die
Abkehr von viszeral-emotionalen Vorgängen erfordern und kognitive oder
behaviorale Aspekte in den Vordergrund rücken. Schließlich kann der
Versuch sprachlicher Beeinflussung kontraindiziert sein. Erfordert z.B.
ein Problem den Erwerb oder die Beseitigung nichtkommunizierbarer
Konzepte, sind alternative Wege der Erfahrungsbildung angezeigt.

Literatur

Barber, T. X. 1965. Physiological effects of "Hypnotic Suggestions": A
critical review of recent research (1960–64). Psychological Bulletin 63,
201–222. – *Beck*, A. T. 1976. Cognitive therapy and the emotional disorders. New York: International Universities Press. – *Dollard*, J. & *Miller*, N.E. 1950. Personality and psychotherapy. New York: McGraw-
Hill. – *Ellis*, A. & *Grieger*, R. (Ed.) 1977. Handbook of rational-emotive
therapy. New York: Springer Publishing Company. – *Erdmann*, G. &
Janke, W. 1978. Interaction between physiological and cognitive determinants of emotions. Biological Psychology 6, 61–74. – *Fish*, J. M.
1973. Placebo therapy. San Francisco: Jossey-Bass. – *Goldfried*, M. R.
1979. Anxiety reduction through cognitive-behavioral intervention. In:
Kendall, P. C. & *Hollon*, S. P. (Ed.) Cognitive-behavioral interventions.
New York: Academic Press, p. 117–152. – *Haan*, N. 1977. Coping and
defending. New York: Academic Press. – *Hull*, C. L. 1943. Principles of
behavior. New York: Appleton-Century-Crofts. – *Jones*, R. A. 1977.
Self-fulfilling prophecies. Hillsdale: Lawrence Erlbaum Associates. –
Kanfer, F. H. 1977. The many faces of self-control, or behavior modification changes its focus. In: *Stuart*, R. B. (Ed.) Behavioral self-manage-
ment. New York: Brunner/Mazel, p. 1–48. – *Marshall*, G. D. & *Zimbardo*, P. G. 1979. Affective consequences of inadequately explained
physiological arousal. Journal of Personality and Social Psychology 37,
970–988. – *Maslach*, C. 1979. Negative emotional biasing of unexplained
arousal. Journal of Personality and Social Psychology 37, 953–969. –
May, J. R. & *Johnson*, H. J. 1973. Physiological activity to internally
elicited arousal and inhibitory thoughts. Journal of Abnormal Psychology 82, 239–245. – *Mowrer*, O. H. 1969. Psychoneurotic defenses (in-
cluding deception) as punishment-avoidance strategies. In: *Campbell*,
B. A. & *Church*, R. M. (Ed.) Punishment and aversive behavior. New

York: Appleton-Century-Crofts, p. 449–466. – *Platonov*, K. I. 1959. The world as a physiological and therapeutic factor. Moscow: Foreign Languages Publishing House. – *Razran*, G. 1961. The observable unconscious and the inferable conscious in current soviet psycho-physiology. Psychological Review 68, 81–147. – *Razran*, G, 1971. Mind in evolution. Boston: Houghton Mifflin. – *Rimm*, D. C. & *Litvak*, S. B. 1969. Self-verbalization and emotional arousal. Journal of Abnormal Psychology 74, 181–187. – *Schachter*, S. 1964. The interaction of cognitive and physiological determinants of emotional states. In: *Leidermann*, P. H. & *Shapiro*, D. (Ed.) Psychobiological approaches to social behavior. Standford: Standford University Press, p. 138–173. – *Schachter*, S. & *Singer*, J. E. 1979. Comments on the Maslach and Marshall-Zimbardo experiments. Journal of Personality and Social Psychology 37, 989–995. – *Skinner*, B. F. 1953. Science and human behavior. New York: Macmillan. – *Teasdale*, J. D. & *Rezin*, V. 1978. The effects of reducing frequency of negative thoughts on the mood of depressed patients – Tests of cognitive model of depression. British Journal of Social and Clinical Psychology 17, 65–74. – *Valins*, S. & *Nisbett*, R. E. 1976. Attribution processes in the development and treatment of emotional disorders. In: *Spence*, J. T., *Carson*, R. C. & *Thibaut*, J. W. (Ed.) Behavioral approaches to therapy. Morristown: General Lerning Press, p. 261–274.

Psychotherapie als Problemlöseprozeß

NICOLAS HOFFMANN

1 Einleitung

Als charakteristisch für die gegenwärtige Entwicklung der Psychotherapie bezeichnen *Urban & Ford* (1971) eine Tendenz zur Ausweitung, die sich in dreifacher Hinsicht bemerkbar macht. So werden immer zahlreichere und verschiedenartigere Probleme mit psychotherapeutischen Methoden angegangen, der Personenkreis, der therapeutisch tätig ist, ist in ständiger Ausdehnung begriffen, und schließlich werden die zur Anwendung kommenden Verfahren immer vielfältiger. Sie schreiben (p. 5): „Wie sie zur Zeit praktiziert wird, stellt Psychotherapie keinen einheitlichen Prozeß dar, der bei einer definierten Art von Problemen von Professionellen angewandt wird, die eine spezielle Ausbildung aufweisen und über verbindliche Kriterien verfügen, um die Erfolge ihrer Arbeit zu evaluieren."
Während so, auf der Praxisebene, die Situation immer unübersichtlicher zu werden droht, scheint sich in der theoretischen Diskussion eine Wende anzubahnen. Bis vor kurzem waren die Vertreter der einzelnen Schulen eifrig bemüht, den von ihnen favorisierten Ansatz gegenüber anderen abzugrenzen und seine Vorzüge ins rechte Licht zu rücken. Dieser oft beckmesserisch anmutende „Schulenstreit" tritt neuerdings immer mehr in den Hintergrund; dem gegenüber werden in zunehmendem Maße Forderungen nach „Integration" laut.
In ihrer unseriösesten Form nehmen diese Bestrebungen gelegentlich den Charakter einer wilden, völlig konzeptlosen „Methodenintegration" an, bei der, wie es meist heißt, „Elemente" der heterogensten Richtungen bunt zusammengewürfelt werden, ohne jede Rücksicht auf die armen Protagonisten, Therapeut wie Klient, von denen erwartet wird, daß sie abwechselnd in die verschiedensten Rollen schlüpfen, um sich, nach einer halsbrecherischen Exkursion in die Tiefe, gegenseitig anzukonditionieren, kognitiv zu entzerren, transaktionszuanalysieren, das alles mit der Absicht, sich schließlich, wenn auch etwas erschöpft, im Hier und Jetzt aufs Echteste wieder zu begegnen.
Auf der ernstzunehmenden Ebene verfolgen die Integrationstendenzen eine andere Richtung. Sie gehen aus von der Annahme, daß trotz der Heterogenität der Methoden und der Theorien einige Faktoren den verschiedenen psychotherapeutischen Ansätzen gemeinsam sind, und daß diese gemeinsamen psychologischen Wirkmechanismen für den Hauptanteil der positiven Effekte, die von einzelnen Richtungen erzielt werden, verantwortlich sind (vgl. *Frank* 1963).
Demnach ist es möglich, an Hand dieser gemeinsamen Faktoren ein Grundmodell der positiv wirksamen therapeutischen Interaktion zu beschrei-

ben, eine Art therapeutisches „Basisverhalten" also, das es erlaubt, den einzelnen Vorgehensweisen einen übergreifenden Ordnungsrahmen zu geben und das sich, durch spezifische Adaptationen an einzelne Problembereiche, für konkrete therapeutische Fragestellungen differenzieren und präzisieren läßt.

In diesem Beitrag sollen Versuche der Integration, die in den letzten Jahren über das Paradigma des Problemlösens angestellt wurden, kurz dargestellt und kritisch kommentiert werden.

2 Psychotherapie als Problemlöseprozeß

In letzter Zeit wird in zunehmendem Maße auf das Problemlösen als Modell für Psychotherapie und Verhaltensmodifikation hingewiesen.

Ausgangspunkt der Überlegungen ist in vielen Fällen die Beobachtung, daß Klienten Personen seien, die sich weniger in der Art ihrer Probleme als in ihrer Fähigkeit, sie zu lösen, unterscheiden (*Guerney & Stollak* 1965). So schreiben *D'Zurilla & Goldfried* (1971, p. 107): „Vieles von dem, was wir als ‚abnormes Verhalten' oder als ‚emotionale Störung' bezeichnen, kann als *ineffektives* Verhalten oder als dessen Konsequenz angesehen werden, insofern, als das Individuum unfähig ist, bestimmte problematische Situationen in seinem Leben zu meistern; dabei haben seine inadäquaten Lösungsversuche unerwünschte Konsequenzen, wie Angst, Depression etc.".

So hat ein systematisches Training der Fertigkeiten beim Problemlösen sich als wirksame Therapietechnik in vielen Problembereichen erwiesen (vgl. z.B. *Mahoney* 1974).

Andere Autoren (z.B. *Urban & Ford* 1971) gehen darüber hinaus und sehen im Problemlösen ein Paradigma für Psychotherapie schlechthin; in diesem Denkansatz erblicken sie die Möglichkeit, eine Beschreibung der fundamentalen therapeutischen Prozesse zu liefern und so zu einer Integration diverser psychotherapeutischer Verfahren beizutragen.

Der Versuch, Psychotherapie als Problemlösevorgang aufzufassen, läßt sich vielfach begründen. Im folgenden werden die wichtigsten Vorteile dieser Betrachtungsweise, die in der Literatur angeführt werden, zusammengefaßt.

2.1 Der Problemlösevorgang liefert ein Modell für den prozeßhaften Charakter des psychotherapeutischen Geschehens

Ein *Problem* liegt nach *Seidel* (1976, p. 31) dann vor, wenn

„1. ein bestimmter Anfangszustand gegeben bzw. im Bewußtsein des jeweiligen Subjekts präsent ist.

2. muß ein weiterer erstrebenswerter Zustand, der Zielzustand, gegeben sein.
3. muß eine Barriere zwischen Anfangs- und Zielzustand liegen, so daß der Anfangszustand nicht unmittelbar in den Zielzustand überführt werden kann."
Demnach kann von einem Problem dann gesprochen werden, wenn das Individuum in einer bestimmten Situation, auf Grund ihrer Komplexität, Neuheit oder Konfliktträchtigkeit, über keine ausreichend effektiven Reaktionsmöglichkeiten verfügt, um eine von ihm für wünschenswert gehaltene Veränderung der Situation zu bewerkstelligen.
Die wesentlichen, für den Problemlöseprozeß bedeutsamen Operationen, lassen sich nach *König* et al. (1980) in vier Gruppen einteilen:

– Die Gruppe der Zustandsexplikationen. Mit ihrer Hilfe wird der gegebene Zustand analysiert.
– Die Gruppe der Zielexplikationen. Mit ihrer Hilfe wird der angestrebte Zustand konkretisiert.
– Die Gruppe der Veränderungsoperationen. Mit ihrer Hilfe werden gegebene in neue Sachverhalte überführt.
– Die Gruppe der Prüfoperationen. Mit ihrer Hilfe werden Aussagen über die Angemessenheit und den Fortgang des Problemlösens möglich.

Durch diese Phasen werden, wie die Autoren bemerken, entscheidende Situationen im Problemlöseprozeß gekennzeichnet, wie: eine Schwierigkeit oder ein Bedürfnis registrieren, sich eines Problems bewußt werden, den gegebenen Zustand und das angestrebte Ziel definieren, problembezogenes Wissen aktualisieren, alternative Lösungsmöglichkeiten entwickeln, die Alternativen bewerten, sich für eine Lösungsmöglichkeit oder eine Kombination von Lösungsmöglichkeiten entscheiden, die kognitiv vorbereitete Lösungsmöglichkeit realisieren, das Handlungsergebnis mit dem beabsichtigten Zustand vergleichen, um gegebenenfalls in einen neuen Problemlöseprozeß einzutreten.
Jaeggi (1979, p. 81) weist darauf hin, daß diese Beschreibung besonders gut mit den verhaltenstherapeutischen Definitionen von psychischen Störungen und Therapieprozeß in Einklang zu bringen ist. Sie schreibt: „Die Therapie geht aus von einem klar definierten Anfangszustand (dem gut operationalisierten ‚störenden Verhalten') und bewegt sich auf ein klar definiertes Ziel hin. Die in der verhaltenstherapeutischen Diagnostik wesentliche Suche nach Hypothesen über die das störende Verhalten aufrechterhaltenden Bedingungen, sowie die Suche nach hypothesen- und zieladäquaten therapeutischen Methoden sind ganz identisch mit der für Problemlösen wichtigen Exploration der Mittel zur Veränderung des Anfangszustandes in Richtung Ziel."
So werden im Modell des Problemlösevorgangs eine Reihe sequentiell angeordneter, aufeinander aufgebauter Operationen beschrieben, bei denen die erfolgreiche Vollendung der einen Voraussetzung für die in Angriffnahme der nächsten ist, und die durch Überwindung der Barrieren

zur Herstellung des Zielzustandes führen sollen. Die Übertragung auf die Psychotherapiesituation liefert dem psychotherapeutischen Geschehen einen allgemeinen Rahmen, innerhalb dessen die einzelnen Phasen in einen sinnvollen strukturellen Zusammenhang gebracht werden können.

2.2 Der Problemlöseprozeß als Modell für Psychotherapie legt als Therapieziel generalisierbare Fähigkeiten nahe

In einem berühmt gewordenen Aufsatz zur „Kritik und Neufassung ‚lerntheoretischer Ansätze' zur Psychotherapie und zum Begriff der Neurose" haben *Breger & McGaugh* (1977) die Auffassung kritisiert, daß ‚Neurosen' *nichts anderes* als konditionierte Reaktionen oder Gewohnheiten darstellen und daß demzufolge die Therapie sich damit begnügen könne, Stimulus-Reaktionsverknüpfungen zu lösen oder alternative Reaktionsweisen einüben zu lassen. Statt dessen schlagen sie vor, die Neurose als ein Gefüge von inadäquaten kognitiven Strategien zu analysieren, die die Anpassung des Individuums an seine Umwelt ungenügend gewährleisten. Sie sehen das wichtigste Moment der Therapie in dem Versuch, dem Klienten ein neues Erkennen von übergeordneten Zusammenhängen zu ermöglichen und ihn adäquate *Verhaltensstrategien* erlernen zu lassen.

Nicht zuletzt unter dem Einfluß solcher frühen Kritiken der „peripheren S-R-Ausrichtung" der Verhaltensmodifikation der 50er und 60er Jahre hat eine „kognitive Wende" eingesetzt, die von *Mahoney* (1974) geradezu als „Paradigmawechsel" bezeichnet wird; dadurch rückt ein Menschenbild in das Zentrum der Aufmerksamkeit, bei dem ein Individuum Reize selektiert und aktiv aufnimmt, von Erfahrungen allgemeine Regeln ableitet und sein Handeln nach vorher entworfenen Plänen ausrichtet. In Einklang mit diesen Überlegungen läßt sich der Erfolg einer Therapie unter zweierlei Gesichtspunkten beurteilen: Einmal unter dem Aspekt, inwieweit es gelingt, dem Klienten aus einer mehr oder weniger akuten Notlage herauszuhelfen und zum zweiten, welche auf andere Problemsituationen übertragbare Lerneffekte sich für ihn aus dem therapeutischen Geschehen ergeben.

Viele Therapieansätze, besonders aus dem Bereich der Tiefenpsychologie und der humanistischen Psychologie, streben vor allem die zweite Zielsetzung an und verfolgen Therapieziele wie „Reifung der Persönlichkeit" oder „Wiederherstellung einer vollfunktionierenden Person". Die Verhaltenstherapie ihrerseits hat, zumindest am Anfang, recht einseitig direkte Verhaltensänderung in Richtung auf exakt operationalisierte Ziele betont und maß Therapieerfolge primär am Erlernen konkreter Reaktionen bzw. an der Eliminierung störender Verhaltensweisen.

Durch eine Strukturierung des Therapieprozesses, analog zum Problemlösevorgang, deutet sich ein Modell an, das die wichtigsten Vorzüge beider Zielrichtungen vereint: einerseits die Zentrierung auf eine Verbesserung der aktuellen Problemlage und andererseits das Bestreben, generalisierbare Fertigkeiten erlernen zu lassen.

Fassen wir die Vorteile dieser Konzeption zusammen:

- Ausgangspunkt der Therapie sind unmittelbare Probleme und Schwierigkeiten des Klienten.
- Der Klient gewinnt Einsicht in Verfahren der problemrelevanten Informationsgewinnung und -verarbeitung, die sich auf andere Situationen übertragen lassen.
- Er erfährt eine neue Konzeptualisierung seiner Probleme, die eine genaue Beschreibung seines Ist-Zustandes, des Soll-Zustandes und der Barrieren, die ihn bislang an der Erreichung des Zieles gehindert haben, enthält.
- Anschließend läßt sich eine generalisierbare Lösungsstrategie erlernen, die darin besteht, Lösungsalternativen zu generieren, ihre Durchführbarkeit sowie ihre möglichen Folgen abzuwägen, eine Entscheidung zu treffen und nach der Realisierung der akzeptierten Problemlösung eine Bewertung der Ergebnisse vorzunehmen.
- Der Klient kann, parallel zur Bearbeitung der aktuellen Probleme oder im Anschluß daran, in einem kognitiven Training die Lösung möglicher zukünftiger Problemsituationen durchprobieren (so zum Beispiel bei Meichenbaums Streßimpfungstraining).

Eine solche Vorgehensweise impliziert selbstverständlich, daß der Klient bei allen Schritten des Prozesses aktiv miteinbezogen wird und ihm der exemplarische Charakter aktueller Problemanalysen und der zu ihrer Behebung erforderlichen Lösungsschritte aufgezeigt werden. Als Ergebnis davon ergibt sich die Chance, wie *König* et al. (1980) schreiben, einen hohen Grad an intellektueller Beherrschung der Umwelt und individueller Probleme zu erlangen und damit einen wesentlichen Fortschritt in der Persönlichkeitsentwicklung zu erzielen.

2.3 Psychotherapie als Problemlöseprozeß impliziert ein auf Kooperation aufgebautes Modell der Therapeut-Klient-Interaktion, bei dem eine zunehmende Verselbständigung des Klienten angestrebt wird

Das Kernproblem der Psychotherapie ist die Therapeut-Klient-Beziehung. Nach wie vor liegen die fundamentalen Unterschiede zwischen den einzelnen Ansätzen nicht so sehr in den Techniken, die der Therapeut anwendet, um die Probleme des Klienten zu bearbeiten, sondern vielmehr in dem Bezugsrahmen, in dem diese Operationen stattfinden. Während viele Therapieformen noch immer in einer intensiven, frühe Beziehungsmuster replizierenden affektiven Auseinandersetzung das Hauptvehikel der positiven therapeutischen Effekte vermuten, war man in der frühen Verhaltenstherapie bemüht, den Nachweis zu führen, daß die Effektivität der therapeutischen Verfahren weitgehend unabhängig von der Art der Beziehung zwischen Therapeut und Klient sei. Nach dem damaligen Verständnis war der Therapeut als eine Art „Verhaltenstechniker" anzuse-

hen, dessen Funktion darin bestand, Lernbedingungen zu setzen, um bestimmte intrapsychische Veränderungen (Gegenkonditionierung etc.) beim Klienten zu bewirken.
Wenn auch diese Auffassung durch eine zunehmende Erkenntnis der Bedeutsamkeit von Therapeut-Klient-Interaktionsmomenten im Laufe der letzten Jahre relativiert wurde (*Zimmer* 1978), so bleibt dennoch die Tendenz, eine undramatische, möglichst „sachliche", wenn auch nicht unpersönliche Art der Beziehung anzustreben, in der die Abläufe des therapeutischen Geschehens für den Klienten prinzipiell durchschaubar sind und bei der ihm soviel Mitspracherecht wie möglich bei der Setzung der Ziele und der Auswahl der Therapieverfahren eingeräumt wird. Gerade das Problemlösemodell liefert den Rahmen für ein solches auf Kooperation und gegenseitige Ergänzung aufgebautes Arbeitsverhältnis.
Ein solches ‚Idealmodell' liefern *Urban & Ford* (1971, p. 8): „Man kann Psychotherapie als einen Prozeß betrachten, der in einer Zusammenarbeit besteht zwischen einem Individuum, das über Informationen über das Verhalten ‚im Feld' verfügt und einem anderen, das eine Art ‚Verhaltensspezialist' ist, wobei beide über einen besonderen Kenntnisbereich verfügen. Der eine weiß in der Regel konkret, was mit ihm selber und seinem Verhalten schiefläuft, aber er ist benachteiligt durch seinen Mangel an Ausbildung darin, zu erkennen, wo das Problem liegt und wie man ihm abhelfen kann. Der andere hat zu Beginn ein Defizit an konkreten Informationen über die Art des Problems und den Kontext, in dem es auftritt, aber er hat allgemeine Informationen darüber zur Verfügung, wie Verhalten funktioniert sowie über eine Anzahl von Lösungsalternativen, die bei verschiedenen Problemen ins Auge gefaßt werden können."
Das Modell impliziert, daß der Klient sich sukzessive das Wissen des Therapeuten aneignet und lernt, es immer besser auf sein eigenes Verhalten anzuwenden. In dem Maße, wie dieser Prozeß voranschreitet, reduziert sich seine Abhängigkeit vom Therapeuten und seine Verselbständigung nimmt zu; dessen Rolle kann sich nach und nach darauf beschränken, den fortschreitenden Selbstregulationsprozeß in Gang zu halten, bis der Klient sich den wesentlichen Teil der Analyse- und Handlungskompetenz des Therapeuten angeeignet hat und die „pädagogische" Beziehung beendet werden kann.

Das oben in seinen wichtigsten Grundzügen skizzierte Modell von Psychotherapie als Problemlöseprozeß stellt, wie *Urban & Ford* (1971) meinen, ein Grunddenkmuster dar, das implizit jedem psychotherapeutischen Versuch zu Grunde liegt und, je nach Ansatz, mehr oder weniger das Handeln jedes Therapeuten steuert. Sein Wert hängt davon ab, inwieweit es den realen Gegebenheiten der Psychotherapiesituation gerecht wird, bzw. inwieweit es in der Lage ist, dem therapeutischen Handeln neue Impulse zu geben. Dies soll im nächsten Abschnitt geprüft werden.

3 Kritik des Problemlösemodells von Psychotherapie

Eine Kritik des Problemlösemodells kann auf zweierlei Weisen erfolgen.
Einmal kann aufgezeigt werden, daß das Paradigma in wesentlichen Zügen von den realen Gegebenheiten der psychotherapeutischen Praxis ab-
weicht und daß es von daher bestenfalls als ein Idealmodell anzusehen
ist. Zum zweiten kann darüber hinaus sein Wert als Idealmodell grundsätzlich in Frage gestellt werden. Auf einige Schwierigkeiten in dem Versuch, Psychotherapie in Analogie zum Problemlösen aufzufassen, soll
im folgenden eingegangen werden.

3.1 Probleme bei Psychotherapieklienten

Es wäre sicherlich falsch, die „Lebensprobleme", um derentwillen sich
Klienten in Psychotherapie begeben, ohne weiteres mit „Problemen",
wie sie in allgemeiner Form in der Denkpsychologie beschrieben werden,
gleichzusetzen.
Klientenprobleme sind in der Regel *nicht* dadurch charakterisiert, daß
Ausgangslage, Zielzustand sowie hinderliche Barrieren bekannt sind und
somit lediglich Mittel zur Überführung des Anfangs- in den Endzustand
gesucht werden; sie stellen von daher keine „geschlossenen" Probleme
im Sinne der Denkpsychologie dar. Im Gegensatz dazu werden sie noch
am ehesten durch den Typus repräsentiert, der als „offenes"(‚ill-defined')
Problem bezeichnet wird.
Offene Probleme werden nach *Klein* (1971, p. 34) durch mindestens
eines der folgenden Merkmale charakterisiert: „(1) Wesentliche Merkmale
der Aufgabenstellung sind unbekannt oder entziehen sich einer genauen
Erfassung. . . (2) Das Lösungskriterium ist nicht eindeutig formuliert. Dadurch wird es möglich, daß subjektive, nicht nachprüfbare Wertungen . . .
darüber entscheiden, ob eine Lösung vorliegt. (3) Ein erheblicher Teil des
Entscheidungsprozesses beschäftigt sich nicht mit der Suche nach Lösungen, sondern mit der Suche nach Fragen, deren Beantwortung zur Konkretisierung des Problems beitragen könnte."
In der Tat ist die Bewußtseinslage von Klienten dadurch gekennzeichnet,
daß weder klar definierte Probleme noch eindeutige Zielzustände vorliegen, sieht man, in bezug auf die letzteren von allgemeinen und zu Thera-
piezwecken unbrauchbaren ab, wie „Glück" oder „Befreiung von Symptomen". Der Klient hat oft eine lange Reihe von fehlgeschlagenen eigenen oder mit Hilfe anderer Personen unternommene „Problemdefinitio-
nen" und „Lösungsversuche" hinter sich; der Therapieaufnahme geht
oft eine Art Bankrotterklärung in bezug auf diese Versuche voraus, die
sich in Depression, massiver Angst oder in anderen Symptomen äußert
und in der Übernahme der „Patientenrolle" gipfelt. Die Problemlage, die

Klienten in dieser Phase kennzeichnet, kann man in ihrer allgemeinsten Form als die Unfähigkeit beschreiben, das eigene Motivationssystem mit den Gegebenheiten der aktuellen Lebenssituation in Einklang zu bringen oder die Lebensbedingungen aktiv so zu verändern, daß eine Befriedigung der Bedürfnisse besser gewährleistet ist — die Konsequenz ist „Demoralisierung", die von *Frank* (1963) sicherlich zu Recht als gemeinsamer Nenner aller „psychischer Probleme" angesehen wird.

Angesichts dieser Situation ist es schwierig, für den Klienten ohnehin und für einen Außenstehenden nicht minder, das oder die Probleme zu bestimmen, die für den Zustand des Klienten verantwortlich sind. Das Problem kann darin gesehen werden, daß die Lebensumstände ungünstig sind, darin, daß das Anspruchsniveau den realen Gegebenheiten nicht angepaßt ist, darin, daß kein aktives Bewältigungsverhalten zur Verfügung steht oder darin, daß es auf Grund von Hilflosigkeit und von Hoffnungslosigkeit nicht ausgeführt wird und somit sind auch prinzipiell eine Reihe recht unterschiedlicher Zielsetzungen denkbar. Auch der Versuch, die Gesamtproblemlage in überschaubare und handhabbare „Teilprobleme" zu zergliedern, stößt auf Schwierigkeiten. Die Barriere, die die Erreichung eines Zieles verhindert, kann gleichzeitig das Mittel sein, um ein anderes zu erreichen (so kann z.B. ein streßproduzierendes Arbeitsverhalten, das den Klienten daran hindert, soziale Bedürfnisse adäquat zu befriedigen, gleichzeitig ein Mittel sein, um beispielsweise Erfolg oder Streben nach materiellem Gewinn zu erreichen). So gesehen leidet der Klient zumindest ebenso stark an der Widersprüchlichkeit seines Motivationssystems als an seiner Unfähigkeit, adäquates Problemlöseverhalten zu zeigen.

Klienten bringen also, mit wenigen Ausnahmen, keine wohldefinierten Probleme oder elaborierten Zielsetzungen in die Therapie ein. Es würde eine maßlose Überschätzung der Möglichkeiten menschlicher Einflußnahme und wohl auch eine Überschreitung der ethischen Barrieren, die der Therapie gesetzt sind, bedeuten, wollte man vom Therapeuten verlangen, er möge die Ärmel hochkrempeln und hier „Ordnung schaffen", das heißt, die Therapie nach seiner Definition der Probleme und möglicher Lösungen ausrichten. So gesehen muß man sich, wie auch *Jaeggi* (1979) zu Recht bemerkt, den therapeutischen Prozeß vor allem als einen Problem*stellungs*prozeß vorstellen und viel weniger als einen Problem*lösungs*prozeß.

Diese Arbeit beinhaltet aber zuerst eine Klärung der Bedürfnisse des Klienten, seiner kurzfristigen und langfristigen Ziele sowie das Herausarbeiten von Widersprüchen und Inkompatibilitäten innerhalb seiner Bedürfnisse und Ziele. Der implizit in vielen Beschreibungen des Problemlösungsansatzes angenommene Idealausgangspunkt wird somit zur seltenen Ausnahme; es sind die Ambivalenzen in bezug auf Zielsetzungen sowie der Versuch, sich gegenseitig ausschließende Ziele zu erreichen, also „innere Barrieren", die die Mehrzahl der Probleme psychopathologisch auffälliger Personen ausmachen, eher als die Unfähigkeit, äußere Barrieren zu überwinden.

Damit soll nicht in Abrede gestellt werden, daß die Konzepte des Problems und des Problemlösens für die Therapie von Bedeutung sind; eine wesentliche Schwäche des problembezogenen Ansatzes liegt jedoch darin, daß er bislang einseitig den wichtigsten Schritt in der Problem*lösung* gesehen hat. Man könnte dem gegenüber etwas überspitzt formulieren, daß in dem Moment, wo ein persönliches Problem so gestellt ist, daß es *prinzipiell lösbar* ist, die haupttherapeutische Arbeit schon erfolgt ist.

Dieses Moment kann man in Anlehnung an *Seidel* (1976) als „kritischen Punkt" bezeichnen. Er schreibt, bezogen auf Denkprozesse (p. 122): „Der ‚kritische Punkt' im Problemlöseprozeß liegt dann vor, wenn das Problem so formuliert ist, daß eine Lösung – unter den gegebenen objektiven und subjektiven Bedingungen – möglich ist. Die Phase vor dem Erreichen des kritischen Punktes wäre als die Phase der eigentlichen Problemstellung bzw. der Formulierung des Problems zu bezeichnen. Die Phase nach dem Erreichen des kritischen Punktes wäre dementsprechend die Phase der eigentlichen Problemlösung." Als ein entscheidendes Charakteristikum der Erreichung des „kritischen Punktes" beschreibt Seidel eine Konsolidierung in der Zielbildung, die er als „Fixierung des Zieles" bezeichnet. In dem Maße, wie Probleme noch falsch gestellt oder unzureichend formuliert sind, schwanken Zielbildungen hin und her. Sofern aber der Verlauf der Problementwicklung eine einigermaßen konsistente Richtung einnimmt, d.h. sofern die jeweiligen neuen Problemstellungen der Lösungsfindung immer adäquater werden, tritt an einem gewissen Punkt eine Zielfixierung ein, die damit einhergeht, daß das Individuum nunmehr, zumindest potentiell, die Mittel in der Hand hat, um das Ziel zu erreichen.

Dieser „kritische Punkt" stellt innerhalb der Therapie ein wichtiges Orientierungsmoment dar; von da an hat man oft den Eindruck, daß in bezug auf einen Problembereich „der Knoten geplatzt ist" und die Dinge vorangehen. Es macht sich oft beim Klienten durch eine starke Angst- oder Niedergeschlagenheitsreduktion sowie durch einen neuen Elan in der Auseinandersetzung mit den Schwierigkeiten bemerkbar: Nach längerer therapeutischer Arbeit hat er eine Wahl getroffen, einen Verzicht geleistet, Prioritäten gesetzt oder Zusammenhänge durchschaut und gewinnt dadurch eine Problemformulierung innerhalb eines bestimmten Bereiches, die deutliche Ziele, Ansätze zur Lösung und damit eine Zukunftsperspektive beinhaltet.

3.2 Probleme der Therapeut-Klient-Interaktion

In den meisten Beschreibungen des problemzentrierten Therapieansatzes wird der Therapeut-Klient-Beziehung so gut wie keine Aufmerksamkeit geschenkt. Meist wird so verfahren, daß die Operationen, die in der Denk-psychologie bei Einzelindividuen beschrieben werden, stillschweigend auf das Geschehen in der Therapie übertragen werden. So wird das Problem umgangen.

Urban & Ford (1971) versuchen noch am ausführlichsten, die Beziehung zu charakterisieren. Sie schlagen ein Arbeitsteilungsmodell vor, das da-von ausgeht, daß jeder, Therapeut wie Klient, über Kenntnisse auf einem besonderen Gebiet verfügt, die sich ideal ergänzen: der Klient im Bereich seiner eigenen Probleme und Zielsetzungen und der Therapeut in Verhal-tenstechnologie und in effizientem Problemlösen.

Dieses Kooperationsmodell, das weitgehend noch die verhaltenstherapeu-tischen Vorstellungen über Therapeut-Klient-Beziehung beherrscht, stößt in letzter Zeit jedoch zunehmend auf Kritik, weil es wichtige Momente der realen Therapiesituation ignoriert oder sie in unzulässiger Form idea-lisiert. Daß der Klient in Therapie nicht ohne weiteres als kooperations-willig oder -fähig angesehen werden kann, war bereits Freud so deutlich, daß er, innerhalb seines Systems ausgedrückt, ein Arbeitsbündnis mit den-jenigen *Anteilen* der Persönlichkeit des Klienten vorschlägt, die für eine therapeutische Beeinflussung offen sind.

Bezogen auf den Problemlöseansatz stößt das Arbeitsteilungsmodell auf eine Reihe besonderer Schwierigkeiten. Auch *Urban & Ford* (1971) ge-ben zu, daß die Vorgehensweise um so besser funktioniert, je mehr die Protagonisten in der Lage sind, ihre entsprechenden Aufgaben zu erfüllen und je williger sie ihren Part in dem Kooperationsprozeß spielen.

Wie aber oben gezeigt wurde, verfügt der Klient in der Regel nicht über die Informationen, die es erlauben würden, einen Therapieprozeß unmit-telbar nach den Regeln des Problemlösevorgangs in die Wege zu leiten. Er verfügt über keine konkrete Problemformulierung, schwankt in den Ziel-vorstellungen hin und her oder formuliert das Problem so, daß es für ihn unter den gegebenen Umständen unlösbar ist. Wie *Jaeggi* (1979, p. 85) bemerkt, besteht ein in vielen Therapien wesentliches Moment gerade darin, „ . . . daß Patient und Therapeut nicht die vom Patienten formu-lierte Problemstellung ‚direkt‘ angehen, sondern in einem oft langwieri-gen Prozeß ‚umformulieren‘, ‚neu stellen‘, ‚in einen anderen Zusammen-hang bringen‘ u.ä.m.“. Dabei dürfte klar sein, daß dieser Prozeß nur mit beträchtlichen inneren Schwierigkeiten auf der Seite des Klienten von-statten gehen kann. Die Selbstexploration, die das Individuum mit seinen Inkonsistenzen, Versäumnissen und Zielkonflikten konfrontiert, geht mit beträchtlichen Ängsten einher, die es wiederum kurzfristig durch ko-gnitive Vermeidungsstrategien und Verzerrungen zu reduzieren gewohnt ist.

Um diesen Prozeß zu ermöglichen und zu unterstützen, scheint es nicht ausreichend, daß der Therapeut sich mit der pädagogisch-didaktischen Rolle begnügt, die ihm im Rahmen des Arbeitsteilungsmodells zugewie-sen wird und die darin besteht, zu helfen, wie *van Quekelberghe* (1979,

p. 95) schreibt, „... die Analyse und Begründung der problematischen Situation kritischer, methodischer, gleichsam ‚wissenschaftlicher' durchzuführen." Es ist sicherlich in vielen Fällen zu wenig effektiv, wenn auch nicht unnütz, den Klienten lediglich mit Analyseschemata und Bedingungsmodellen zu versorgen, ohne seinen affektiven und erfahrungsmäßigen Voraussetzungen dabei Rechnung zu tragen.

Es sind in der Regel die „unspezifischen" therapeutischen Wirkfaktoren, die eine wesentliche Rolle bei der Ingangsetzung und Unterstützung der Auseinandersetzung des Klienten mit seinen Schwierigkeiten spielen. Im Rahmen des problemlösebezogenen Ansatzes gibt es wenig Erfahrungen darüber, auf welche Art der Therapeut sie einsetzen kann, um eine maximale Angstreduktion als Voraussetzung des „Problemstellungsprozesses" zu erreichen. *König* (1976) schlägt vor, die „internal motivierten Konflikte" des Klienten durch eine gesprächspsychotherapeutische Anfangsphase zu reduzieren, während *Jaeggi* (1979) die Förderung der Einsicht in die problemgenerierende Struktur des eigenen Lebens, vermittelt vor allem über die Reflexion dessen, „was der Patient sich selber sagt", empfiehlt, also durch Aufdeckung derjenigen Sätze, mittels der der Patient seine Probleme sozusagen am Leben hält.

So wird deutlich, daß zumindest in der oft unentbehrlichen Phase der Problemstellung der Therapeut sich nicht damit begnügen kann, eine didaktische Rolle als „Problemlösespezialist" einzunehmen; er ist darauf angewiesen, daß der Klient eine intensive therapeutische Beziehung mit ihm eingeht, die wiederum nur um den Preis einer beträchtlichen, wenn auch zeitweiligen Abhängigkeit vom Therapeuten zustande kommt.

Diese Haltung steht aber sicherlich, längerfristig gesehen, der Entwicklung im Wege, die man mit *Maier* (1970) als „problemlösezentrierte" Einstellung bezeichnen kann und die, nach Meinung der Experten, unentbehrlich für den weiteren Fortgang ist. Sie beinhaltet, daß der Klient das Auftreten von Problemen nicht als „existentielle Katastrophe" empfindet, gegen die es keine Mittel gibt, sondern lernt, Situationen rational zu analysieren, Entscheidungen zu treffen, um aktiv und selbständig die Behebung der Schwierigkeiten in Angriff zu nehmen. Nun kann sicherlich nicht davon ausgegangen werden, daß der Klient diese Haltung seinen Problemen gegenüber schon besitzt, weil er ja oft geradezu, zumindest am Anfang der Therapie, durch das Empfinden des Überfordertseins und der Hilflosigkeit gegenüber seinen Schwierigkeiten gekennzeichnet ist. Oft herrscht auch die Tendenz vor, andere für die eigenen Probleme verantwortlich zu machen und die nötigen Schritte zur Lösung auf sie abzuwälzen.

Auch über die Therapeutenmaßnahmen, die notwendig sind, um den Klienten in zunehmendem Maße in diesem Punkt eine andere Einstellung zu vermitteln, schweigen sich die Autoren aus, die den Problemlöseansatz vertreten. Sofern dazu Stellung genommen wird, wird auch hier meistens seine pädagogisch-didaktische Rolle hervorgehoben. So empfehlen *Goldfried* & *Goldfried* (1977, p. 122 f.): „Vor Beginn des Trainings erklärt der Therapeut, worauf es in der Behandlung ankommt; ihm gehe es ganz allgemein darum, dem Klienten verständlich zu machen, daß schwierige Situationen ein Bestandteil des Lebens jedes Menschen sind. Er betont, wie wichtig es ist, für diese Schwierigkeiten sensibel zu werden, damit man sie so früh wie möglich wahrnimmt und daß man nicht schematisch oder impulsiv reagieren darf." Das alles klingt ein wenig so, als würde man die Therapie damit einleiten, daß man den Klienten bittet, sich nicht wie ein Klient zu verhalten, weil dadurch die Therapie nur aufgehalten werde.

Auch nach solchen, zu Beginn oder an anderen Stellen vorgetragenen Appellen sowie bei dem Versuch, dem Klienten in zunehmendem Maße die Verantwortung für die Lösung der eigenen Probleme zu übertragen, selbst wenn er dabei Anleitung und Hilfen erhält, sollte man sich nicht unbedingt blind auf die Kooperation des Klienten im Rahmen einer Arbeitsteilung verlassen.

Wie in der psychoanalytischen Literatur, aber auch etwa von *Haley* (1963) eindringlich beschrieben wird, muß davon ausgegangen werden, daß der Klient seine regressiven Tendenzen und manipulativen Beziehungsmuster auf andere (und als solche kann ja ein großer Teil seiner „Symptome" angesehen werden), so auch dem Therapeuten gegenüber, anwendet, allein schon deswegen, weil er über keine Alternativen verfügt. Beim selben Problem kommt *Davis* (1971), nach einer Durchsicht der Literatur und eigenen Versuchen, zu der Schlußfolgerung, daß Individuen in der Regel große Schwierigkeiten haben, auf Kooperation aufgebaute Beziehungen einzugehen, sogar wenn dies erwiesenermaßen in ihrem eigenen Interesse wäre. Darüber hinaus zeigt er auf, daß viele Geschehnisse in der Therapie eher unter dem Aspekt der sozialen Konkurrenz als mit Hilfe eines Kooperationsmodells erklärbar sind. (Treffend nennt er seine Schrift: Das Interview als Arena). Nun bedeutet das alles keineswegs, daß die Etablierung einer für ihn hilfreichen Beziehung mit einem Klienten unmöglich sei, aber sicherlich, daß ein wesentlicher Teil der Bemühungen und Verhaltensstrategien des Therapeuten darauf ausgerichtet sein muß, Widerstände zu bearbeiten und dem Klienten einen Rahmen für ein oft mühsames Umlernen in bezug auf seine inadaptiven sozialen Verhaltensweisen zu liefern.

Auch bei einer Konzeption von Psychotherapie nach dem Problemlösemodell kann also die Kooperation des Klienten nicht vorausgesetzt oder durch Beschwörung hergestellt werden, sondern seine zunehmende Kooperationsfähigkeit stellt schon ein wichtiges *Ergebnis* der fortschreitenden Therapie dar. Somit kann auch nicht davon ausgegangen werden, daß eine Übernahme des Wissens und der Problemlösefertigkeiten des Therapeuten, am Modell oder durch Instruktion, die wichtigsten therapeutischen Effekte darstellen, die sich regelmäßig einstellen und damit quasi-automatisch zu einer Verselbständigung des Klienten führen. Viel-

mehr ist auch dazu eine oft schmerzhafte Konfrontation mit der eigenen
Realität zu erzwingen, die allmählich und schrittweise zu einer zunehmenden Kompetenz des Klienten führen kann.

3.3 Zusammenfassung der Kritik

Der Versuch, die verschiedenen Formen psychotherapeutischen Geschehens als Problemlöseprozeß aufzufassen und einzelne Aspekte therapeutischer Tätigkeit als Schritte innerhalb dieses Prozesses zu taxonomi-
sieren, resultiert in einer Beschreibung, die allzu einseitig rationale
Aspekte betont. Das Modell nimmt als Ausgangspunkt eine Konzeption
von persönlichen Problemen, bei der Ausgangslage, Zielzustand sowie
Hindernisse von vornherein präzise definierbar sind und wird damit der
Komplexität menschlichen Erlebens nicht gerecht.
Es versucht ebenso, ein stark rational betontes Bild der Therapeutentätig-
keit zu zeichnen: Der Therapeut erklärt, lehrt, demonstriert, während der
Patient willig lernt und in die Tat umsetzt. Dabei werden wichtige, weniger überschaubare Momente der therapeutischen Beziehung ignoriert. Als
wichtigster Aspekt dessen, was der Klient lernt, wird einseitig, unter Vernachlässigung emotionaler und interaktionaler Lerneffekte, Aneignung
von Wissen und Aneignung kognitiver Kompetenz betont.

4 Zur Indikation und abschließenden Bewertung

Das Problemlöseparadigma kann meines Erachtens nicht die Allgemein-
gültigkeit für Psychotherapie schlechthin beanspruchen, die ihm von einigen Autoren eingeräumt wird.
Es ist sicherlich ein brauchbarer Leitfaden für Therapeutenhandeln bei
einer Reihe von therapeutischen Fragestellungen (oder Therapieabschnitten), die durch folgendes gekennzeichnet sind:
(1) Ein Ziel der Teilintervention ist die kognitive und verhaltensmäßige
Aktivierung des Klienten; es geht darum, in einem Problembereich, in
dem aufgrund von Hilflosigkeit oder von Vermeidungsverhalten kein oder
wenig aktives Bewältigungsverhalten gezeigt wird, einen konstruktiven
Umgang mit der Situation kognitiv und auf Verhaltensebene in die Wege
zu leiten.
(2) Ein anderes Ziel ist Ausweitung des Verhaltensrepertoires in dem Bereich, d.h. die Gewinnung neuer Verhaltensalternativen, die eingeschliffe-
ne Reaktionsmuster ersetzen oder differenzieren sollen. Dadurch wird
dem Klienten subjektiv eine größere Handlungskompetenz vermittelt,
die ihm die Empfindung gibt, auch unter unvorhergesehenen Umständen
noch adäquat reagieren zu können.

(3) Ein drittes Ziel ist das Training von Entscheidungsverhalten unter besonderer Berücksichtigung folgender, häufig auftretender Schwierigkeiten:

– Der Klient lernt, Entscheidungsalternativen konkret und auf sein Ziel bezogen zu formulieren.
– Der Klient lernt, ab einem gewissen Punkt den Informationseinholungs- und Verarbeitungsprozeß abzuschließen und sich damit abzufinden, daß er sich nicht total absichern kann.
– Er lernt, sich für eine Alternative zu entscheiden, auch wenn sie noch durch eine gewisse Ambivalenz gekennzeichnet ist, d.h. nicht den hypothetischen Punkt abzuwarten, wo er rational und affektiv sich „hundertprozentig" für eine Alternative entschieden hat.
– Er lernt, mit Dissonanzen, Zweifeln und Unsicherheiten umzugehen, die *nach* der Entscheidung auftreten können und die die Ausführung der gewählten Alternative verzögern oder verhindern.

(4) Ein viertes Ziel ist das kognitive Einüben von längerfristigen, konsistenten Verhaltensplänen, die in Relation zu einem Ziel und unter Berücksichtigung des überschaubaren Anteils der möglichen Konsequenzen aufgestellt werden. Anschließend muß der Schritt des In-die-Tat-Umsetzens eingeübt werden, auch unter Akzeptierung eines Restes an Unsicherheit in bezug auf mögliche Folgen.

(5) Es handelt sich um Problemsituationen, bei denen, wie *Jaeggi* (1979) schreibt, eine Reflexion der lebensgeschichtlichen Bedingungen und Implikationen nicht so sehr von Bedeutung ist und ein mehr oder weniger direktes Angehen auf der Ebene des manifesten Verhaltens angebracht ist. Das bedeutet, daß nicht erst in einem längeren „Problemstellungsprozeß" die motivationalen Voraussetzungen geklärt werden müssen, oder zumindest, daß in bezug auf die Stellung des Problems der „kritische Punkt" erreicht ist, ab dem der Klient die Empfindung hat, das Problem in bezug auf Zielsetzung und mögliche Mittel im Griff zu haben.

Darüber hinaus scheint es mir zweifelhaft, ob der Versuch, Problemlösen als Modell für das gesamte therapeutische Handeln heranzuziehen, in dieser Form vertretbar ist, sieht man einmal von der trivialen Feststellung ab, daß man in Therapie immer irgendwie mit „Problemen" konfrontiert wird und immer irgendwie bemüht ist, sie zu „lösen".

Das Problemlösemodell in seiner ursprünglichen Bedeutung impliziert für Therapeuten einen strategischen Ansatz, der nicht in allen Therapieabschnitten angebracht ist. Klienten leiden nicht immer darunter, daß sie zu wenig effektive Problemlöser sind, sondern oft darunter, daß sie infolge einer langwierigen Entwicklung oder aufgrund äußerer Ereignisse an einem Wendepunkt angelangt sind, an dem eine Reorganisation ihrer Motivations- und Verhaltenssysteme notwendig ist, um ein weiteres Leben zu ermöglichen, das ihnen die Empfindung gibt, eine *Person* zu sein, d.h. konsistent und mit einer akzeptablen Perspektive handeln zu können.

Diese Probleme sind bestenfalls zum Teil durch Generieren von Alternativen und Einüben von effizienten Verhaltesnstrategien zu bewältigen. So hat eine junge Frau, deren Mann sich von ihr getrennt hat und die mit Depressionen darauf reagiert, sehr wohl eine Reihe von „Problemen" – aber die Fragen, die sie sich stellt, lauten: Wie konnte *mir* das passieren? Was habe ich falsch gemacht? Warum liebt er eine andere mehr? Was bin ich als alleinstehende Frau in meinem Alter noch ‚wert'? Werde ich meinem Kind gerecht werden können?

Andere Probleme, die sie hat, sind ihre ambivalenten Gefühle dem Mann gegenüber, die sich in widersprüchlichem Verhalten äußern, die Beziehung zu ihren Freundinnen, die sie einerseits beneidet, bei denen sie aber andererseits Trost oder emotionale Unterstützung sucht usw.

In einem solchen Fall wird es der Klientin erst nach einer mühsamen Umorganisierung ihrer Motive und Erwartungen möglich sein, diejenigen Probleme zu formulieren, bei denen der Therapeut ihr behilflich sein kann, effizientes und zielgerichtetes Verhalten einzuüben – dann allerdings kann eine problemorientierte Strategie von großem Nutzen sein.

So gesehen ist der Problemlöseprozeß sicherlich ein nützlicher Versuch, einige Aspekte des psychotherapeutischen Geschehens an Hand allgemeinpsychologischer Theorien neu einzuordnen. Dabei soll die Gültigkeit des Modells nicht überstrapaziert werden, will man nicht die therapeutische Realität aus den Augen verlieren.

Literatur

Breger, L. & *McGaugh*, J.L. 1977. Kritik und Neufassung ‚lerntheoretischer' Ansätze zur Psychotherapie und zum Begriff der Neurose. In: *Westmeyer*, H. & *Hoffmann*, N. (Ed.) Verhaltenstherapie: Grundlegende Texte. Hamburg: Hoffmann & Campe, p. 32–63. – *Davis*, J.D. 1971. The interview as arena. Stanford: Stanford University Press. – *D'Zurilla*, T.J. & *Goldfried*, M.R. 1971. Problem solving and behavior modification. Journal of Abnormal Psychology 78, 107–126. – *Frank*, J.D. 1963. Persuasion und healing. New York: Schocken. – *Goldfried*, M.R. & *Goldfried*, A.P. 1977. Kognitive Methoden der Verhaltensänderung. In: *Kanfer*, F.H. & *Goldstein*, A.P. (Ed.) Möglichkeiten der Verhaltensänderung. München: Urban & Schwarzenberg. p. 103–132. – *Guerney*, B. & *Stollak*, G.E. 1965. Problems in living, psychotherapy process research, and an autoanalytic method. Journal of Consulting Psychology 29, 581–585. – *Haley*, J. 1963. Strategies of psychotherapy. New York: Grune & Stratton. – *Jaeggi*, E. 1979. Kognitive Verhaltenstherapie. Weinheim: Beltz. – *Klein*, H.K. 1971. Heuristische Entscheidungsmodelle. Wiesbaden: Betriebswirtschaftlicher Verlag. – *König*, F. 1976. Die Verbesserung der Problemlösefähigkeit durch gesprächspsychotherapeutische Reduktion internal motivierter Konflikte. In: *Jankowski*, P., *Tscheulin*, D., *Fietkau*, H.-J. & *Mann*, F. (Ed.) Klientenzentrierte Psychotherapie heute. Göttingen: Hogrefe. p. 84–97. – *König*, F., *Otto*, J., *Holling*, H. & *Liepmann*, D. 1980. Das Konzept der Problemlösefähigkeit in der Psychotherapie. Theoretische Grundlagen und empirische Analyse eines Fragebogens zum Problemlösen. Referat, gehalten auf dem Kongreß für Klinische Psychologie und Psychotherapie in Berlin. — *Mahoney*, M.J. 1974. Cognition and behavior modification. Cambridge: Ballinger. — *Maier*, N.R.F. 1970. Problem solving and creativity in individuals and groups. Belmont: Brooks/Cole. — *Seidel*, R. 1976. Denken. Frankfurt: Campus. — *Urban*, H.B. & *Ford*, D.H. 1971. Some historical and conceptual perspectives on psychotherapy and behavior change. In: *Bergin*, A.E. & *Garfiled*, S.L. (Ed.) Handbook of psychotherapy and behavior change. New York: Wiley. p. 3—35. *van Quekelberghe*, R. 1979. Systematik der Psychotherapie. München: Urban & Schwarzenberg. — *Zimmer*, D. 1978. Die Beziehung von Therapeut und Klient in der Verhaltenstherapie — zur Entwicklung der Problemstellung. In: Fortschritte der Verhaltenstherapie. Sonderheft I/1978 der „Mitteilungen der DGVT". München: Steinbauer & Rau. p. 5—17.

Trendarbeiten

Die Psychotherapieschwemme –
zufällig oder zwangsläufig?

WOLFGANG MICHAELIS

1 Die Vulgärform der Erklärung

Wer zählt die Therapien, nennt ihre Namen? Auf etwa 200 wird deren Zahl geschätzt (*Lesse* 1979a); sie aufzulisten, würde verwirren, ist folglich nur ansatzweise ratsam (vgl. *Heinerth* in diesem Band), aus Raumgründen auch selten möglich, so daß man sich flüchten muß in die mit den bekannten Nachteilen behaftete Zusammenfassung in Gruppen. Die am häufigsten genannte Gruppenzahl ist drei (z.B. *Karasu* 1979), geht aber auch darüber hinaus bis zu zwölf (z.B. *Toman* 1978).

Verwirrte Beachtung wird nicht der hohen Zahl als solcher zuteil, sondern ihrer Genese: Scheint sie doch nicht Produkt einer stetigen Kumulation zu sein, sondern einer Entwicklung, die unter verbaler Zurückhaltung als „rapid expansion" (*Spotnitz* 1973, p. 45) bezeichnet wird, häufiger aber als „explosion" (*Frank* 1972; *Karasu* 1979). Würden die praktizierenden Therapeuten darüber ihre Besorgnis äußern, wäre man vielleicht geneigt, dies als „Gezeter" einer Lobby abzutun, die ihre persönliche Pfründe geschmälert sieht, den negativen Eindruck in der Kundschaft fürchtet usw. Aber gerade die wissenschaftlich Engagierten zeigen Erschrecken und Ratlosigkeit, sprechen bereits zu Beginn des Booms (*Saslow* 1962) wie auch in seiner Blüte (*Frank* 1972) von chaotischen Zuständen.

Daß erst jetzt eine Kommission sich mit der „endless profusion of psychotherapies" befaßt (*Lesse* 1979a, p. 330), deutet bereits in die Richtung der Erklärung:

Da das Chaos nicht schon früher sichtbar wurde, dürfen auch die Gründe in jüngsten Entwicklungen vermutet werden; ergo müssen sie entweder passagerer Natur sein, oder aber es liegt „höhere Gewalt" vor, sprich fachfremde Einflüsse. Beruhigend wirkt beides insofern, als es der Psychotherapie nicht an die Wurzeln geht, so daß es genügt, entweder einen „Regenschirm" aufzuspannen, oder aber Bereinigung von außen zu erwarten. Angelpunkt der Kausalzuschreibung ist die Vermutung, daß die vielen neuen Therapien keine wissenschaftliche Basis haben und ein empirischer Beweis ihrer Nützlichkeit aussteht, beides für die etablierten Therapien aber gegeben ist. Indikator für diese fachkulturelle Selbstverständlichkeit ist etwa der Entwurf zu einem Psychotherapeutengesetz (*Bundesminister für Jugend, Familie, Gesundheit* 1978), in dem nur drei „zugelassene" Therapien aufgeführt worden sind. Unter dieser Prämisse ist dann nicht mehr die Schwemme in *der* Therapie einer Erklärung bedürftig, sondern es geht nur noch um die sprießenden „Quacksalbereien", für die das Fach nicht verantwortlich ist, mögen sie auch ein Ärgernis darstellen. Die Gründe für eine so definierte Schwemme sind nun fast evident: Im Gefolge der immer unerträglicher werdenden Lebensbedingungen ist das psychosoziale Elend so sprunghaft angestiegen, daß die Versorgungseinrichtungen dem nicht mehr Herr werden. In ihrer Not greifen die Patienten nach dem kleinsten Strohhalm, so daß auch die „Kurpfuscher" ihre Ware Therapie noch reißend los werden, zumal das Gesetz beide Augen zudrückt, um Unruhen zu verhindern. Die Gewissenlosen unter ihnen fördern den Absatz dadurch weiter, daß sie ihre Ware nach dem Geschmack der Zeit mit einem hübschen Flair umhüllen (beeindruckende Termini wie z.B. „joining" im Fortbildungsprogramm des *Berufsverbandes Deutscher Psychologen*; beeindruckende Technik wie im Bio-Feedback; Guru-Habitus) und Wunderdinge über die Wirkung und den schon während der Behandlung entstehenden Lustgewinn (wo sonst alle Medizin bitter ist) versprechen. Keine Frage, daß diese Analyse in ihrer Grobschlächtigkeit überzeichnet und vulgär wirkt. In „geschönten" Varianten ist sie jedoch in der Therapie-Literatur durchaus kommun. Es ist auch kaum zu leugnen, daß die einzelnen Versatzstücke — jedes für sich genommen — passend erscheinen. Bezweifeln läßt sich allerdings die Struktur ihrer Kombination, vor allem aber die Prämisse. Die Explosion auf dem Therapiemarkt könnte weniger ein Unfall sein denn eine zwangsläufige Entwicklung. Unbedachte Eingriffe — etwa mit dem Ruf nach dem Gesetzgeber — mögen daher zu ganz anderen als den erwünschten Folgen führen, für das Wohl der Patienten wie für die fachliche Entwicklung.

2 Eine heuristische Struktur des Therapie-Feldes

Der gute Wille allein reicht nicht hin, eine weniger verzerrte Analyse zuwege zu bringen. Notwendig ist eine Rahmenstruktur, die es erlaubt, die möglichen Determinanten der Therapieschwemme in eine Relation zu bringen, die nicht (allein) bestimmt ist von vorgefaßten Standpunkten und augenfälligen Zusammenhängen (wovor gerade auch.das Modell der multivariaten Analyse am wenigsten schützt). Aus offenbar ähnlichen Erwägungen setzen *Strupp & Hadley* (1977) bei der Analyse negativer Therapiewirkungen ein dreigefächertes Modell zur Beurteilung psychischer Gesundheit voraus.

Die von mir hernach verwendete Struktur unterscheidet sechs *Funktionsebenen*, die an der Entstehung und Verwendung von Therapien beteiligt sind: die Ebenen der *Philosophie*, der *Wissenschaft* Psychologie, der *Technologie* Psychologie, der *Technik* Psychotherapie, des *Patienten* und der *Gesellschaft*. Sämtliche Funktionen können in einem Träger zusammenfallen: Ein Patient kann sich selbst therapieren (Technik), kann die Methoden dafür selbst schaffen (Technologie), selbst Grundlagenforschung betreiben (Wissenschaft) und selbst die wissenschaftsphilosophischen und sonstigen Vorentscheidungen fällen (Philosophie). Er wird selbst ein Teil der Gesellschaft sein, wenn auch diese Funktionsebene in der Struktur eigentlich eine Sonderstellung einnimmt und nur zwecks Vereinfachung linear eingeordnet wurde.

Im Berufsfeld wird man es als die Regel zu betrachten haben, daß die Funktionen von Spezialisten wahrgenommen werden. Dabei stehen die Funktionen nicht nebengeordnet, sondern in einer hierarchischen Folge, die der oben genannten entspricht: Die Philosophie überragt in der Generalität der Kompetenz alle anderen Ebenen. Im privaten Miteinander hingegen würde eine solche Funktionsspezialisierung mit Befremden zur Kenntnis genommen werden, da sie aus dem *Mit*menschen ein *über-, unter-* oder *neben*geordnetes Wesen macht. Wo es nicht gelingt, in der Handlung oder Wahrnehmung private und berufliche Funktion zu differenzieren (wobei „beruflich" kein ganz adäquater Terminus für die Relation Individuum–Gesellschaft ist) und situationsgerecht zuzuordnen, treten erhebliche Störungen auf. Die geläufigsten sind der Terrorismus (versäumte Spezialisierung im „beruflichen" Bereich) und der Bürokratismus (unangebrachte Spezialisierung im Privatbereich). Wie später zu zeigen sein wird, haben solche Störungen einen Bezug zur Proliferation von Therapien.

Der Funktionsablauf kann durch ein für alle Ebenen gleichartiges Schema dargestellt werden (vgl. Abb. 1), das vier Teilfunktionen (Elemente) vorsieht: Wahrnehmung, Bewertung, Zuweisung eines Operators, Ausführung der Operation (Handlung). Eine Handlung (gerichtete Operation) läßt sich auffassen als die versuchte Bewältigung eines Problems (im weitesten Sinn). Nicht nur das gesunde/angepaßte Verhalten wird mit dieser Konzeption beschreibbar, sondern auch krankhafte Symptome (*Szasz* 1960).

Ein Handlungsablauf beginnt damit, daß im Element *Wahrnehmung* ein faktischer (aktuell gegebener) Zustand in Relation tritt zu einem vorkonzipierten (vergangenen/zukünftigen, erwünschten/gemiedenen usw.) Zustand. Ist die Abweichung bedeutsam (relevant und erheblich), kommt es

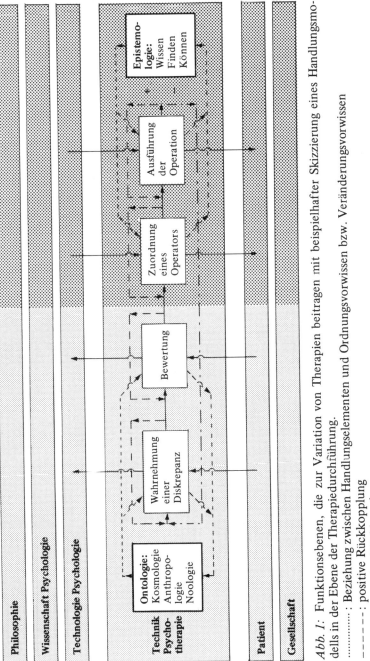

Abb. 1: Funktionsebenen, die zur Variation von Therapien beitragen mit beispielhafter Skizzierung eines Handlungsmodells in der Ebene der Therapiedurchführung.

............: Beziehung zwischen Handlungselementen und Ordnungsvorwissen bzw. Veränderungsvorwissen

– – – – : positive Rückkopplung

—·—·— : negative Rückkopplung

zu einer Bewertung. Fällt diese positiv aus; oder steht zu erwarten, daß die Abweichung sich in eine erwünschte Richtung verändert ohne eigenen Eingriff (z.B. eine negativ bewertete Abweichung sich abschwächt); oder ist die negative Abweichung im Verhältnis zum voraussichtlichen Operationsaufwand gering, entscheidet sich der Organismus dafür, im vorherigen Operationszustand zu verbleiben (nicht zu handeln). Andernfalls entsteht − um einen zwar unscharfen, aber eingebürgerten Terminus zu verwenden − Motivation: es wird ein Eingreifmittel zugeordnet (ausgewählt, beschafft) und in die Tat umgesetzt.

Der Fortgang der Handlung wird gesteuert durch einen *positiven* Rückmeldungsbogen innerhalb der Operationsausführung und einen *negativen* Bogen zwischen der Ausführung und der Ursprungsabweichung (vgl. *Deutsch* 1964; *MacFarland* 1971): gelingt es, die Operation auszuführen, wird darin fortgefahren bis zur psychophysischen Ermüdung/Sättigung. Verändert sich *zeit*benachbart die Ursprungsabweichung, kommt es zu einer Kausalattribution − oft fälschlich, wie man am Problem der Spontanen Remission sieht − mit folgenden Bewertungen (Tab. 1):

Tab. 1.: Differenzierung der Erfolgseinstufung einer Handlung als Ganzes: positiv (+), negativ (−), fraglich (?)

Operator-Wirksamkeit?		Kosten-Nutzen-Relation		Bewertung des Effekts			
				positiv		negativ	
				Effekt intendiert			
				ja	nein	ja	nein
ja		günstig		+	?	−	−
		ungünstig		?	?	−	−
nein				−			

Für die in jedem Element zu treffenden Entscheidungen ist ein Bezugsrahmen vorauszusetzen, der sich konstituiert aus einem *Ordnungsvorwissen* (Ontologie) und einem *Veränderungsvorwissen* (Epistemologie) mit Relevanz für die beiden ersten bzw. die beiden letzten Elemente des Handlungsprozesses. Abweichungen und Motivationsgenese sind zu sehen in bezug auf je eine von drei Teil-„Welten“ (Welt etwa in dem von *Frege* und *Popper* gebrauchten Sinn, vgl. *Popper* 1979), die der *Dinge*, der *Seele* und des *Geistes*. Die Zuordnung und Anwendung eines Operators geschieht aus den Ressourcen des *Wissens, Findens* und *Könnens* (vgl. Abb. 1).

Die Relationen *zwischen* den Funktionsebenen replizieren diejenigen *innerhalb* der Ebenen zwischen den Elementen. Der Ausgang eines Elements kann zum Eingang des nächsten Elements derselben Ebene führen oder aber zum gleichrangigen Element einer anderen Ebene. Im Austausch zwischen den Ebenen ist ein Empfangs- von einem Lieferverhältnis zu unterscheiden. Eine Lieferung erfolgt in den ersten beiden Elementen in der Regel an die nächsthöhere Ebene (der Patient liefert dem Therapeuten Information über sich), in den letzten Elementen in die nächsttiefere Ebene (der Therapeut liefert dem Patienten die Therapie). Durch *Kombination eines Wechsels und einer Einhaltung der Ebene* kann es im Therapeut-Patientenverhältnis zu einer Reihe verschiedenartiger Muster kommen: der Patient informiert über seine Schwierigkeiten und überläßt dem Therapeuten die Aktivität in der gesamten weiteren Handlungskette (Modell der üblichen *Be*-Handlung); der Patient kann selbst die Bewertung vornehmen, eine Therapie auswählen und dem Therapeuten lediglich die Ausführung anvertrauen (fiktives gegenläufiges Modell); er kann den Therapeuten um eine Therapie ersuchen, die er dann an sich selbst durchführt (Beratungsmodell); usw. (vgl. Abb. 1).

Die Relation zwischen den Elementen kann *deskriptiv* sein (Informationsaufnahme, -abgabe) oder *präskriptiv* (Vorschrift, Forderung): der Patient kann dem Therapeuten seine Schwierigkeiten mitteilen, wird die Mitteilung in der Regel aber mit der Forderung nach Hilfe verbinden; umgekehrt wird auch der Therapeut sich die Beschwerden des Patienten nicht nur anhören, sondern ihm therapeutische Vorschriften machen. Die Relation kann einseitig sein: obwohl der Patient um Hilfe ersucht hat, wird er vielleicht die vorgeschriebene Therapie nicht akzeptieren; obwohl der Therapeut berufsmäßig seine Hilfe anbietet, wird er sie vielleicht generell (wenn seine primären Berufsziele nicht die des Helfens sind) oder in einem speziellen Fall (wenn er das Ziel des Patienten nicht akzeptiert) vorenthalten. Beide Beispiele demonstrieren zugleich, daß die Relationen innerhalb und zwischen den Ebenen aufeinander einwirken.

Die Relation zwischen zwei benachbarten Funktionsebenen kann nicht isoliert von ihren Beziehungen zu den jeweils auf der *anderen* Seite angrenzenden Ebenen gesehen werden. Der Therapeut handelt nicht nur in Abhängigkeit vom Patienten, sondern er befindet sich gegenüber dem Technologen in der nächst höheren Ebene, im gleichen Verhältnis wie der Patient ihm gegenüber. Er wird diesen Fachmann um Hilfe bitten und sich eine Technologie liefern lassen. Auch hier gilt: Er kann das Gelieferte passiv übernehmen (wie der Patient die *Be*-Handlung), wird aber in der Regel daraus eine bestimmte für seine Verhältnisse angemessene Technik (Programm, Rezept) erst entwickeln müssen. In diesem Unterschied im Umgang mit dem „von oben" Empfangenen deutet sich bereits die Asymmetrie zwischen Therapeut und Patient an.

Das bis hierher — ob des knappen Raumes äußerst grob — skizzierte Modell kann bei einer Analyse der Therapieschwemme nur den Teil der Determinanten in eine Ordnung fügen, die sich aus der Funktionsspezialisierung im Berufsfeld therapeutischen Handelns ergeben. Es ist jedoch damit zu rechnen, daß die Funktionsträger sich trotz der speziellen Zuweisung in Teilen ihres Handelns privat verhalten bzw. einer Rollenkonfundierung unterliegen. Der Therapeut ist ein kompetenter Fachmann nur, solange er sich strikt innerhalb *eines* Berufsmodells bewegt. Da er in der Regel dem Patienten für seine Dienste Geld, Bewunderung usw. abverlangt, macht er den Patienten nun seinerseits zum „Fachmann", von dessen Lieferungen er abhängig ist. Somit vermischen sich in seiner Berufstätigkeit ganz unterschiedliche Motive, unter denen vielleicht die bisher geschilderte, vom Patienten geforderte Motivation („Hilf mir in Deiner Funktion als Spezialist") nicht einmal die primäre ist, sondern einen *Operator* für ganz *andere Ziele* abgibt. Gleiches gilt vice versa auch für den Patienten.

Nachfolgend werden die bekannt gewordenen und vermuteten Einflußgrößen auf die Therapieschwemme, nach Funktionsebenen geordnet, aufgeführt werden. Dem Funktionsspezialisierungsmodell folgend werden
die Determinanten möglichst ohne Überschneidungen zwischen den Ebenen nur einmal diskutiert werden, und zwar nicht notwendigerweise dort,
wo sie innerhalb der Therapiediskussion am häufigsten genannt werden,
sondern an ihrem funktionsspezifischen Ort. Innerhalb der Ebenen erfolgt eine Trennung gemäß der Zuordnung zum Veränderungs(vor)wis-
sen (Handlung) oder zum Ordnungs(vor)wissen (Motivation).

3 Einflüsse aus der Philosophie

3.1 Seinsordnung

3.1.1 Autoritätsverfall

Die Seinsordnung hat sich zumindest in den westlichen Kulturen in
einem Punkt bemerkenswert verändert: der zunehmende Verfall der
Autorität begünstigt „wildes", keiner Ordnung verpflichtetes Handeln
immer stärker. Das hat seine Auswirkungen u.a. auch auf die Technologen und sogar die Techniker, die mit erheblicher Dreistigkeit außerhalb
jeder „Schöpfungs"-Ordnung, d.h. ohne sich der hierarchischen Ordnung
fachspezifischer Kompetenzen verpflichtet zu fühlen, neue Therapien
präsentieren. Die nicht selten gehörte Vermutung, daß eine Unbot-
mäßigkeit im polititischen Sektor (Anti-Establishment-Stimmung, APO,
Anarchismus usw.) sich durch Irradiation auch im Bereich der Therapie
auswirkt, beruht sicher auf einer nicht haltbaren Kausalzuschreibung.
Beides dürften eher Indikatoren einer allgemeinen Unverbindlichkeit sein,
also gemeinsame Wurzeln haben (vgl. *Reisman* 1976[2], p. 390).
Welches sind die Gründe, die auch für die Therapie relevant sind?
Der *erste* Grund ist *evolutionärer* Art (und damit nicht erklärend im
strengen Sinn): In phylogenetisch früher Zeit entschied Brachialgewalt
über die Gestaltung der Geltungsordnung (physische Gewalt). Als viel
später der Ordnungsgedanke transzendiert wurde, waren es die „höheren" Gewalten, die Autorität verliehen oder absicherten. Diese fanden
zunächst eine Inkarnation im göttlichen Weltenlenker (mythische Autorität), ehe ein wissenschaftlich-methodologisches Abgrenzungskriterium
der geistigen Autorität eine vorläufige Unantastbarkeit verlieh (methodologische Autorität). Die Ablösung der mythischen Autorität durch die
protestantischen Ethiken und die Aushöhlung der methodologischen
Autorität durch den *Kritischen Rationalismus* erfolgten zwar zeitlich verschoben, aber doxographisch durchaus parallel; *Popper* (1969[3]) vollzog
für die Wissenschaft nur das, was für den Glauben bereits vorgezeichnet

war: der Abgrenzungsoperator zwischen wahr/richtig und falsch wird internalisiert und subjektiviert. Jeder, der sich im Rahmen seiner Kräfte müht, gilt etwas.

Damit kann Autorität in einem ipsativen Bestimmungsmodell geltend gemacht werden (als ethische Autorität), ist folglich bei der Kreation von Therapien nicht einmal dem unkundigen Laien abzusprechen, sofern er sich nur „immerstrebend bemüht" und die hehren Ziele eines sozialen Engagements vorzuweisen vermag.

Der zweite Grund hat zu tun mit der psychisch immer realer werdenden *Relativität der Zeit* (nach dem *Boltzmann*schen Modell in der Physik): Mit dem durch die Technik ermöglichten hohen Tempo der Durchführung von Operationen und Verbreitung von Information ist die Zeit „geschrumpft". Wer dreist Geltung beansprucht, hat den Vorteil des zeitlichen Vorsprungs vor jedem Einwand weitgehend verloren; nicht nur erhält er sofort Gelegenheit zur Demonstration der Sachberechtigung seiner Behauptungen, sondern die Verbreitung der Rückmeldung erfolgt auf dem Fuße.

Wenn damit die etablierten Therapien (sofern sie nicht tatsächlich sachlich abgesichert sind, s.u.) ihren Platzvorteil verlieren, so müßte die Zeitschrumpfung doch auch die neu hinzutretenden Therapien in Schwierigkeiten bringen. Dieser Einwand übersieht, daß viele der neuen Techniken sich dadurch dagegen immunisieren, daß sie ihre Effektivitätskriterien vernebeln, so daß ihre Geltungsautorität mit Ausflüchten lange aufrecht erhalten werden kann. Der Nachteil der Zeitschrumpfung wird ironischerweise bei den „sauberen" Techniken (die sich redlich um eine Effektivitätsklärung bemühen und diese Klärung zum Geltungskriterium erheben) wirksamer als bei den Techniken der „hit-and-miss"-Kategorie (*Magaro* et al. 1978).

3.1.2 Glaube an Machbarkeit und Fortschritt

Wenngleich die methodologischen Implikationen des Positivismus und des Logischen Empirismus als desolat gelten (vgl. u.), ist doch etwas geblieben, das dort seinen vorläufigen Höhepunkt erreicht hatte: der Anspruch, jede echte Fragestellung mit der Wissenschaft beantworten zu können, und daran anknüpfend der Glaube an Machbarkeit und technologischen Fortschritt.

Der kulturelle Standard schreibt nicht länger vor, Gefahren und Risiken (z.B. psychische Überforderung) zu meiden, sondern für effiziente Reparaturtechniken zu sorgen für den casus eventualis. Wenn stattdessen im letzten Jahrzehnt vehement für ein Vorsorgekonzept plädiert wird oder gar – als Gipfel fortschrittlichen Geistes empfunden – für einen korrigierenden Eingriff in die den Menschen umgebenden Verhältnisse, dann sind dies doch nur Varianten (teilweise in noch gesteigerter Extremität) einer Machbarkeitsideologie (vgl. *Lesse* 1979b).

Die individuellen oder kollektiven Ziele hingegen (z.B. die „geschichtliche Bestimmung" des Menschen im Marxismus) können als sakrosankt angesehen werden. Von Bescheidung der Wünsche zu reden oder einen „natürlichen" Heilungsverlauf bei Erkrankung und Leiden abzuwarten, gilt wissenschafts- wie sozialpolitisch als suspekt. Wenn denn der Eindruck nicht täuscht, daß das Webersche *Brückenprinzip* (Sollen impliziert Können) im Sinne seines Kontexts als rein präskriptive Aussage zu verstehen ist, während ein psychisches Funktionsprinzip eher umgekehrt vorstellbar ist (Verfügbarkeit von Operatoren aktiviert (latente) Ziele, vgl. die Attributionstheorien oder *Berkowitz' Cue*-Paradigma vom „Abzug, der den Finger zieht"), dann dürfte sich der Machbarkeitsglaube als eine der stärksten Einzelbedingungen für die ständige Kreation von – eben auch therapeutischen – Techniken erweisen.

3.1.3 Die Favorisierung des Spezialisten

Der Glaube an die Machbarkeit bedingt die Wertschätzung des Spezialisten. Es war erwähnt worden, daß auch praktisch zumindest mehrere der spezialisierten Funktionen durch dasselbe Individuum wahrgenommen werden können. Vereinfacht dargestellt mit Blick auf den Patienten: er muß keinen Therapeuten konsultieren, sondern kann sich *selbst* helfen, oder er kann jemanden auf *seiner eigenen Kompetenzebene* (der eines Laien) um Hilfe bitten (Verwandte, Freunde, Kollegen usw.). Mit der Anhäufung des Wissens kann aber niemand mehr als nur einen Bruchteil davon so perfekt beherrschen, daß die Machbarkeit nicht von vornherein ausgeschlossen wird. Damit wird der Spezialist nicht nur unersetzlich, sondern er muß diesen Status auch dadurch zu festigen suchen, daß er Techniken, die auch Laien (in Selbst- oder Nachbarschaftshilfe) verfügbar sind, *abwertet* und einen Austausch durch solche vornimmt, die nur der Spezialist beherrscht.

3.2 Die Unschärfe des Wissenschaftskriteriums

Die eingangs skizzierte Vulgäranalyse enthält eine Annahme, die nicht haltbar ist, wiewohl sie für diejenigen, die sich zum Kreis der Wissenschaftler rechnen, psychohygienisches Format haben mag: daß naive und wissenschaftliche Forschung (und mit ihr auch die Therapien) klar trennbar sind.
Seit zunächst der Positivismus und dann der Logische Empirismus in Frage gestellt werden konnten, existieren keine positiven Instanzen zur Abgrenzung mehr. Der noch weithin akzeptierte Kritische Rationalismus (*Popper* 1969) führte in der Praxis zu einer überraschenden Konsequenz, die wesentlich zu einer Zersplitterung der Wissenschaft und der ungezügelten Kreation von (therapeutischen) Techniken beigetragen hat. Wenn

Wissenschaft sich — so *Popper* — nicht durch eine Methodologie allein, sondern durch den Imperativ steter Kritik abgrenzen läßt, dann wird sie in dieser Defensive zeitweilig schutzlos gegenüber Angreifern, und zwar um so mehr, je frecher und freier von Skrupeln diese auftreten. Jede neu auftauchende Therapie hat dann den Vorteil einer von Kritik (noch) nicht belasteten Existenz. Dem steht zwar der entsprechende Nachteil gegenüber, daß sie Kritik (noch) nicht hat widerstehen können (dies ist ja *Poppers* methodische Kernforderung); aber damit ist in der Argumentation um die Existenzberechtigung nicht mehr als ein Patt erreicht, das nur durch ein Zusatzkriterium zugunsten der Popperschen Abgrenzung aufgelöst werden kann: erst *bestimmte* Konsequenzen, die aus der Nichtbewährung gezogen werden, erlauben die Zuerkennung des wissenschaftlichen Status.
Demnach kann der Verfechter einer neuen Therapie vier Standpunkte einnehmen:

— Er verkürzt *Poppers* Position und geht davon aus, daß alles Neue qua definitionem unbelastet und daher dem Alten vorzuziehen ist. Als Argument für diesen naiven Mentalismus könnte das Scheitern oder die Hinterfragbarkeit aller bisherigen experimentellen und inferentiellen Modelle in der Effektivitätsforschung dienen (vgl. 5.2).
— Er nimmt den Kritischen Rationalismus allzu wörtlich und führt ihn in einen absurden Chaotismus („anything goes", *Feyerabend* 1970): Wenn die Letztbegründung fehlt, ist alle Abgrenzung sinnleer.
— Er akzeptiert die (Wieder-)Annäherung *Poppers* an den Logischen Empirismus, wonach sich eine Therapie erst retrospektiv als wissenschaftlich abgrenzen läßt, dann nämlich, wenn sie zwar gescheitert ist, aber erfolgreich *modifiziert* werden konnte.
— Er schreibt der Therapie erst in ihrer modifizierten Form und nach dem Scheitern der Vorform Wissenschaftlichkeit zu.

Die beiden letztgenannten Standpunkte einzunehmen, kann weder dem Patienten noch dem Techniker (Therapeuten) und wohl auch nicht dem Technologen (Anwendungsforscher) zugemutet werden (*Schröder* 1977, p. 23). Denn wer könnte beides zugleich ertragen: die Qualen des Leidens und die Vorläufigkeit und potentielle Unwirksamkeit der dargebotenen Hilfe. Die praktisch verbleibenden Standpunkte, der *naive Mentalismus* und der *Chaotismus*, dürfen als vorzüglicher Nährboden ins Kraut schießender Therapien angesehen werden.
Wenn aber nun Aussagen (und Therapietechniken) im Rahmen von Bewährungskontrollen niemals zurückgewiesen, sondern immer von neuem modifiziert werden (so die Meinung von *Lakatos* 1972), bleiben sie dann auf ewig praktisch verwendbar? Auf den Ebenen der Wissenschaft und der Technologie zumindest sehr lange (solange sich eine „Schule" für sie stark macht), in der Ebene der Technik (sog. Praxis) hingegen degenerieren sie allmählich infolge der Addition immer neuer Geltungsdifferenzierungen. Dies macht sie immer schwerfälliger und unhandhabbarer, so daß sie eines Tages „sterben" bzw. von niemandem mehr beachtet wer-

den. Dieser Qual, die Therapie langsam sterben zu sehen und dennoch weiter mit ihr leben zu müssen, kann der Techniker nur dadurch entgehen, daß er möglichst schon bei den ersten Anzeichen der Degeneration zu einer neuen Therapie wechselt, auch dies ein Anreiz zur laufenden Produktion von neuen therapeutischen Techniken. Es bleibt erstaunlich, daß im letzten Jahrzehnt dennoch in der gesamten einschlägigen Literatur (z.b. *Grawe* 1978) das Konzept der *differentiellen Gültigkeit* empfohlen wird als Ausweg aus dem Dilemma um die nicht generell nachweisbare Effektivität von Therapien. An den Bedürfnissen des Technikers („Praktikers") geht diese Entwicklung zumindest vorbei. Ob sie mehr als tröstenden Wert für den Technologen und Wissenschaftler hat, läßt sich bezweifeln (andere Auffassungen vgl. *Baumann* 1981). Erst eine relativ neue Entwicklung in der Wissenschaftstheorie (*Stegmüller* 1979, vgl. jedoch Vorläufer in der Wissenschaft wie *Deutsch* 1964) eröffnet einen Horizont der Hoffnung vielleicht auch für die Psychologie. Nach dieser *Struktur-* (oder *Nichtaussagen-*)Konzeption sind ad-hoc-Hypothesen bzw. „hit-and-miss"-Therapien nicht mehr möglich. Jede Therapie muß einen *deduktiven* Bezug zu einem harten Kern einer zugehörigen Theorie aufweisen können, so daß die Neuschöpfung von Therapien kontrolliert abläuft. Der harte Theoriekern ist schon allein wegen seiner Komplexität und seines Umfanges ein konservatives Element. Bei empirischen Unstimmigkeiten werden daher zunächst die Übersetzungsregeln geändert, die überhaupt erst den Kern der Konfrontation mit der Empirie zugänglich machen. Ob sich diese Konzeption außerhalb der Physik durchsetzen wird, bleibt ungewiß. Der vorliegende Beitrag versucht, sich in seiner Sichtweise am Strukturmodell zu orientieren.

4 Einflüsse aus der Wissenschaft Psychologie

4.1 Menschenbilder

Techniken kovariieren immer auch mit der Konzeption des Anwendungsgegenstandes. Therapien wandeln und vermehren sich dementsprechend in Abhängigkeit vom Gegenstand der Psychologie, vom Menschenbild und von kulturellen Idealen (*Magaro* et al. 1978; *Reiter* 1978). Jede Gesellschaft, (Sub-)Kultur und Epoche entwickelt eigene Therapien, die den vorherrschenden Modeströmungen entsprechen (*Portes* 1971). Diese Vielfalt steht vermutungsweise in keinem Zusammenhang mit Differenzen der Effektivität. Ein Psychotherapeut im heutigen Mitteleuropa und ein Medizinmann im afrikanischen Busch könnten ähnliche Erfolgsraten vorweisen, obwohl ihre Grundkonzeptionen stark differieren (*Torrey* 1972). Die Psychologie ist noch weit von der Einigung auf einen Gegenstand (*Pongratz* 1967) und ein einheitliches Menschenbild (*Pongratz* 1977) entfernt, zugleich ein Indikator ihres epistemogenetisch frühen Entwicklungsstandes und Grund für die Fülle nebeneinander existierender Therapien. Die momentan wirksamen Menschenbilder variieren auf folgenden Dimensionen:

— Sinn/Oberziel des Lebens: individuell, hier und jetzt, zumindest innerhalb der Lebensspanne zu erreichen; oder in einem raumzeitlichen Jenseits, in einem kosmologischen Ganzen erfüllbar.

— Zweck/Unterziel: gut funktionieren, gemessen an einem Output und bewertet an Außenkriterien; oder sich optimal entwickeln, gemessen an der Reifung der Binnenstruktur („Persönlichkeit") und bewertet nach einem metaphysischen Kriterium.

— Grunderklärung von Varianz: kontrollierbare „Reize" bestimmen voll und ganz alle Veränderungen, die vorgegebene Struktur (Konstruktion) des Menschen hat nur quantitativen Einfluß (begrenzt die Variation, z.B. kann der Mensch sich nur bis zu einem gewissen Grade ohne Hilfsmittel durch die Lüfte bewegen), jedoch keinen qualitativen (bestimmt nicht den Inhalt); oder die Konstruktion Mensch besitzt eine Eigendynamik, auf die „Reize" nur im Sinne einer Begrenzung oder Förderung einwirken können.

Rechnet man mit der Möglichkeit von Mischformen, so ließe sich aus den drei Dimensionen eine große Zahl von Menschenbildern konzipieren. Hingegen existieren im offiziellen Strom der Wissenschaft nur einige wenige. So werden in der Klinischen Psychologie in der Regel nur drei Konzeptionen aufgeführt (Behaviorismus, Kognitivismus, Humanismus), im Kontext der Motivationspsychologie vier Bilder (Triebtheorien, Inzentivtheorien, Kognitive Theorien, Humanistische Theorien). Der Grad der Beschränktheit (im mehrfachen Sinn) des wissenschaftlichen Menschenbildes ist noch stärker, als es die Notierung vermuten läßt. Denn einmal sind die Nennungen nicht gleichmäßig über die oben angedeutete Matrix verteilt, sondern sie konzentrieren sich ausschließlich auf zwei Zellen: Auf der einen Seite stehen die mechanistischen Auffassungen mit mehreren Varianten (Behaviorismus bzw. Trieb- und Inzentivtheorien, Kognitivismus), auf der anderen Seite der Humanismus. Dabei ist letzterer auch wieder nur in einer individualistischen Spielart *(May, Rogers, Maslow, Perls)* en vogue *(Smith* 1973), während bei den mechanistischen Bildern abrupte Brüche über die Zeit zu konstatieren sind.

Nach dem Zenit des Mentalismus begann mit *Watson* eine „kognitive Inquisition" *(Ledwidge* 1978), die zur fast absoluten Praevalenz der Behavioristischen „Philosophie" *(Skinner* 1977) führte, die durch einen erneuten Pendelumschwung nach fast sechzig Jahren in einem (Wieder-)Erstarken des Kognitivismus in einer mechanistisch adaptierten Form (der Mensch als informationsverarbeitender Regelkreis mit Fähigkeit zur Planung) endete *(Weimer & Palermo* 1973).

Mit jedem starken Umschwung hat die gesamte Technologie ebenfalls eine Kehrtwendung zu machen, da sie dem vorherrschenden Menschenbild „päpstlicher" verbunden ist, als die Wissenschaft sich das wünschen kann *(Magaro* et al. 1978), anstatt den Patienten als ein komplexdimensioniertes und „biodynamisch-psychodynamisch-soziodynamisches Ganzes" (*Lesse* 1979a) zu verstehen. Wenn der Kognitivismus jetzt mit Macht sein Zepter *wieder*ergreift, so scheint dahinter die vielleicht stärkste Determinante für die Therapievielfalt auf: Metaphysische Konzepte sterben nicht damit ab, daß sie von einer anderen Metaphysik (und das ist ja auch der Behaviorismus, vgl. *Smith* 1973) zur persona non grata erklärt werden, da Glaubensfragen bekanntlich nicht vernünftig entschieden werden können (demonstriert in der fruchtlosen Kontroverse zwischen *Rogers* und *Skinner*, vgl. *Pongratz* 1977). Und die anderen Menschenbilder, die offiziell überhaupt nicht zur Kenntnis genommen werden, sichern ihre Existenz durch zwei weitere Momente: Sie genießen den Vorteil, durch empirische Ergebnisse noch nicht belastet zu sein (vgl. o.), da sie ja zur Forschung nicht „zugelassen" werden; sie haben den Reiz des Neuen und Extraordinären, der ihnen schnell Adepten bringt. Letzteres ist etwa zu beobachten bei den Menschenbildern, die aus dem fernen Osten und dem karibisch-südamerikanischen Raum eindringen (vgl. *Wolberg* 1977[3]). Beide Gruppen von Menschenbildern können sich − sozusagen in außerwissenschaftlicher Opposition − ungehemmt und unkontrolliert in beliebigen technologischen Eskapaden entfalten. Die Wissenschaft hat diesen „Partisanen"-Effekt erst noch zur Kenntnis zu nehmen.

4.2 Die psychologischen Theorien

4.2.1 Zersplitterung und Inkohärenz

Nach weit verbreiteter Ansicht (vgl. *Kash* 1972) fehlt es der Psychologie bislang an dem, was *Kuhn* (1973) als Paradigma bezeichnet hat: Weder kann die Psychologie ihren Forschungsgegenstand definieren, noch ist es ihr folglich möglich, Verbindliches über Struktur und Funktionsweise ihres unklaren Gegenstandes zu bieten. Ohne eine solche Basis hat sich die Forschung in einem von niemandem mehr zu überblickenden Wust von Minitheorien erschöpft, was manchem als das zentrale Problem der Persönlichkeits- und Therapieforschung erscheint (*Dahlstrom* 1970).
Die Zersplitterung im Bereich der Theorie und der nachgeordneten (therapeutischen) Technologie wird durch einige weitere Einflüsse noch gravierender. Einen Beitrag dazu leistet die mechanische Befolgung des Ockhamschen *Parsimonia*-Gebotes, demzufolge eine Theorie möglichst wenig Komponenten, vor allem solche mit *surplus meaning*, enthalten soll. Sparsamkeit kann jedoch kein absolutes Prinzip sein (*Mahoney* 1977), sie ist nur dort angebracht, wo es gilt − aufbauend auf bekannter Basis − Einzelgesetze aufzustellen. Fehlt aber das Paradigma, ist statt der Sparsamkeit ein gegenläufiges Gebot angebracht. Weist eine Theorie nicht einen Komplexitätsgrad auf, der um mindestens eine Stufe über der Komplexität der aus ihr deduzierten Technologie liegt, so ist nicht nur die Anzahl der möglichen Technologien sehr hoch, sondern für diese ist

eine Anwendungserlaubnis auch kaum begründbar (*Michaelis* 1979), da die negativen Nebeneffekte nicht unter einer Vorhersagekontrolle stehen (vgl. 5.2).

Aus einer Resignation heraus, nicht jede Theorie ab ovo konstruieren zu können (wie sollte man dann der publish-or-perish-Forderung entsprechen können!), ist die *Bereichs*forschung vorgeschlagen worden (zuletzt durch *Herrmann* (1979) verteidigt). So realitätsgerecht, und daher für die Theorienbildung auch erlaubt, dieser Vorschlag angesichts des vorparadigmatischen Zustandes der Psychologie sein mag (er bewahrt vor skrupulöser Entscheidungsunfähigkeit beim wissenschaftlichen Handeln), so sehr fördert er zumindest im Moment durch seine zyklische Grundidee die Erstellung weiterer Minitheorien; und so sehr zieht das eine Multiplikation der − auch therapeutischen − Techniken nach sich, solange der Anwendungszwang gegeben ist, der in den Sozialwissenschaften in der letzten Zeit immer stärker wird.

Die von *Herrmann* angedeutete Entkopplung von Wissenschaft und Technologie (vgl. auch *Westmeyer & Manns* 1977) schützt davor in der Praxis wohl kaum. Eher vergrößert sie die Gefahr eines Begründungszirkels zwischen Technologie und Grundlagentheorie (Wissenschaft), die auf dem Gebiet der Psychotherapie schon jetzt manifest ist. Zumindest die bekannteren Therapien sind nicht auf dem Boden einer Theorie entstanden, sondern waren zunächst monosymptomatisch ausgerichtet (*Reiter* 1978) und in der Entwicklung der Techniken auf Herumprobieren angewiesen, das sich ausschließlich auf Eingebung und praktische Realisierbarkeit stützte.

Zeugnis dafür sind *Freuds* Schwenk von der Hypnose zur freien Assoziation, die er wegen ihrer Praktikabilität zur Analyse ausbaute; die Entwicklung der Verhaltenstherapie von den tastenden Anfängen *Wolpes*, von ihm wahlweise bezeichnet als reciprocal inhibition, desensitization, deconditioning, bis zur eingestandenermaßen theoriefreien Sammlung von Techniken bei *Lazarus* (1971).

Erst nachträglich wurde die Technologie mit einer Theorie überbaut (trotz Zurückweisung dieses Gedankenganges liefert *Eysenck* (1976) eher ein erneutes Beispiel hierfür), aus der dann eine umfassendere Technologie semi-zirkulär rückgeleitet wurde, die für ein breites Spektrum von Störungen in Anspruch genommen wird. Unumgänglich muß eine in der „falschen Richtung" verlaufende Erweiterung des Geltungsbereichs die Kreation ganzer psychotherapeutischer Systeme provozieren, die im Kern nicht mehr sind, als durch andere Werkzeuge ergänzungsbedürftige technische Instrumente.

In den zurückliegenden zwei Dekaden hat die Psychologie in ihrem personellen Bestand einen starken Aufschwung erlebt, was angesichts der ungelösten Grundprobleme irrational erscheinen muß. Daß die Ebenen der Technik und Technologie weit überproportional daran beteiligt waren (vgl. *Magaro* et al. 1978), deutet auf die Gründe: ein Bedürfnis der

Gesellschaft nach wertfreier technischer Steuerung ihrer Glieder (vgl. 3.1.2 und 8.1). Das Fehlen eines Rahmens (Paradigmas) allein würde bereits die Wahrscheinlichkeit einer Vermehrung von (Mini-)Theorien und Technologien bei einer erhöhten Zahl von Forschern plausibel machen. Da die Forscher ihre Vermehrung nicht aus dem Sachstand der Wissenschaft Psychologie begründen können, begeben sie sich gegenüber der Gesellschaft in dieselbe Position wie der Therapeut gegenüber dem Patienten (vgl. 6.1): Sie müssen ihre „Ware" *marktgerecht* anbieten, d.h. so, daß der Gebrauchswert rasch und vordergründig sichtbar wird, damit der Kauf (die öffentliche Besoldung) gerechtfertigt erscheint. Der Druck der „Praxisrelevanz" (so der wissenschaftssprachliche Euphemismus für das kapitalistische Konsumprinzip) ist so erheblich geworden, daß hierin sogar ein Gütekriterium für Wissenschaftsergebnisse gesehen werden kann (vgl. *Groeben & Westmeyer* 1975), während das Streben nach Erkenntnisfortschritt immer mehr in Mißkredit gerät (vgl. *Herrmann* 1979). Da momentan die therapeutische Forschung diesem Druck besonders ausgesetzt ist, hat sie sich auf die technologische Ebene zu konzentrieren und hier wiederum auf kurzlebige „Gebrauchsgüter" (vgl. *Tybout* 1972; *Caplan & Nelson* 1973) ohne sonderliche Beachtung von Langzeitwirkungen und Nebenfolgen. Damit geraten die Therapien in den Sog von Modetrends: Als Kleintechnologien lösen sie einander auf der vergeblichen Jagd nach Dauererfolgen rasch ab (vgl. *Robinson* 1973).

4.2.2 Kontrollverlust durch Methodenbegrenzung

Das aus dem Behaviorismus überkommene Methodenpostulat sieht eine Unterordnung des Forschungsgegenstandes unter die Methodologie vor, um so dem (Neo-)Positivismus entsprechen zu können. Dabei wird die Methode von als „hart" geltenden Disziplinen (z.B. Physik, Agrarwissenschaft) übernommen, wodurch die Psychologie zuletzt wenigstens in einen ersatzparadigmatischen Zustand, zugleich jedoch auch in den Geruch der Pseudowissenschaft gerät (*Rogers* 1973). Dadurch wird der „offiziellen" Psychologie nur der schmale Gegenstandsbereich zugewiesen, der sich den geborgten Methoden als zugänglich erweist, während der übrige und größere Teil durch *wildwachsende* Forschung abgedeckt wird (vgl. 4.1). Deren Vertreter fühlen sich frei, individuelle Lösungen zu suchen, da der Hauptstrom der Psychologie sich wenig Mühe gibt, gegenstandsadäquate Methoden zu entwickeln, und selbst der „Kronzeuge" Physik der methodologischen Engherzigkeit inzwischen entwachsen ist (vgl. *Oppenheimer* 1956). Ein anderer Umstand steigert noch die Zügellosigkeit therapeutischer Innovation: die Degradierung (veritabler) Theorien als nutzlos und die Empfehlung, sich auf technologische „Theorien" zu konzentrieren (Wenn-Dann-„Gesetze" bzw. empirische Generalisierungen). Für diese Entwicklung gibt es mindestens zwei Gründe:

— Eine Umgehung der Probleme, die der Theorienbildung aus dem Fehlen verbindlicher Grundkonzeptionen entsteht (*Westmeyer & Manns* 1977). Aus dieser Perspektive nimmt sich die Bereichsforschung als ein Kompromiß zwischen atheoretisch-technologischer und komplex-theoretischer Forschung aus.

— Jede echte Theorie enthält Komponenten, die Überschußbedeutung aufweisen. Dies wird einerseits als der große Vorteil von Theorien gesehen, weil damit Vorhersage auf Erfahrbares, aber *noch* nicht Erfahrenes möglich ist.

Der radikale Empirismus hingegen stuft solche Terme als metaphysisch ein. Dadurch, daß seine Vertreter es aber nicht bei technologischen Regeln belassen, sondern diese mit beliebigen und unausgesprochenen theoretischen Grundkonzeptionen und Menschenbildern unterlegen (wie *Skinner*), legitimieren sie andere, aus einer Technik ebensolche „Neurose-Theorien" zu schaffen und rückwärtig mit einem technologischen Arsenal zu erweitern (vgl. 4.2.1). Vielleicht geben Einsteins Worte zu denken auf die Frage, wie er denn die Relativitätstheorie gefunden habe: Er sei von der Harmonie des Universums *überzeugt* gewesen (*Schilpp* 1959, p. 292; Hervorhebung hinzugefügt).

5 Einflüsse aus der Technologie Psychotherapie

5.1 Die Mannigfaltigkeit klinischer Grundkonzeptionen

In ihrer Diskussion der Grundkonzeptionen der Psychotherapie kommen *Rosenhan & London* (1968, p. 571), zu dem simplen Schluß, daß es sich dabei um ein Mittel „of attacking personal problems" handle. Dies mag eine für den täglichen Gebrauch leicht handhabbare Sprachfigur sein, doch sollte darüber nicht vergessen werden, daß es sich bei einer Therapie nicht einfach um eine Technik handelt, sondern um ein *Konglomerat* von ontologischen, insbesondere anthropologischen, Vorannahmen, individual- und sozialethischen Stellungnahmen, Persönlichkeits- und Neurose-/Störungstheorien, und eben auch Handlungsanweisungen (*Beit-Hallahmi* 1974). Es ist daher nicht überraschend, wenn *Magaro* et al. (1978, p. IX) bereits in der Einleitung hervorheben: „. . . therapy systems (do not exist) on the basis of their effectiveness to treat, but on their allegiance to dominant cultural ideas . . . not by proving their usefulness, but by conforming to changing intellectual ideas."

Damit wäre ein weiterer Baustein für die ständige und unvermeidbare Kreation von Therapien gefunden, der hier ansatzweise in einige Elemente zerlegt werden soll. In einer Grundentscheidung ist festzulegen, ob die Erkrankung/Störung eines Individuums primär dieses selbst angeht oder primär ein Problem der zugehörigen Gruppe/Gesellschaft ist. Entsprechend sind Maßnahmen in der Therapie zu treffen, die nur das Individuum, nur die Gruppe oder beide von der Störung befreit. Die Skala dieser Maßnahmen lautet:

(1) Die Existenz der Gestörten wird ausgelöscht. Ein Beispiel dafür ist die „therapeutische" Behandlung von psychisch Gestörten in der Nazi-Ära (*Wertham* 1966). Zwischen 1939 und 1945 verminderte sich die Belegung der Psychiatrischen Kliniken in Berlin auf diese Weise um 75 %.
(2) Die Existenz der Gestörten wird so eingerichtet, daß sie für die Öffentlichkeit nicht mehr als gestört sichtbar ist. Eine der hier möglichen „Therapien" besteht in der Absonderung der Gestörten von dem Rest der Bezugsgruppe, der Einkerkerung in „Irrenanstalten".
(3) Der Gestörte wird so behandelt, daß er gut „funktioniert", die Störung in seinem Verhalten gelöscht ist. Bestrafung wäre eine solche „Therapie".
(4) Das Leiden wird dem Gestörten genommen, z.b. durch Rausch- und Betäubungsmittel oder andere Mittel zur Abkehr von der Wirklichkeit.
(5) Der Gestörte wird dahin geführt, daß er auch zukünftig Probleme adäquat lösen kann (Psychoanalyse).
(6) Dem Gestörten wird die Selbstwerdung und Reifung ermöglicht (Humanistische Therapien).

Es dürfte keine Frage sein, daß die meisten heutigen Therapien gemäß ihrer Programmatik oder in der Praxis *Mischformen* aus den Maßnahmen der zweiten bis sechsten Möglichkeit bilden. So empfiehlt etwa *Bühler* (1975) eine Therapie, die sowohl derzeitige Schwierigkeiten beseitigt als auch eine kreative Orientierung für die Zukunft erreicht. Allein durch Zusammenstellung neuer Mischrezepte können laufend Therapien entstehen.
Die Frage, ob kausal oder symptomzentriert zu therapieren sei, ist unscharf und läßt sich in mindestens zwei Einzelentscheidungen auflösen:

– Wird die Binnenstruktur des Patienten verändert oder die auf diese Struktur einwirkenden Variablen?
– Auf welches der psychischen Teilsysteme wirkt die Therapie verändernd ein, auf die Wahrnehmung (z.B. *Kelly* 1955), auf die Bewertung (z.B. *Simkin*, in *Bühler* 1975), auf das Finden eines geeigneten Operators (Operante Konditionierung) oder auf dessen Ausführung in möglichst optimaler Weise (z.B. Sexualtherapien, vgl. *Holden* 1974).

Die drei bisher genannten Vorentscheidungen werden meistens unter dem Begriff „Therapieziele" subsumiert (eine Reihe von Ziel-„Slogans" nennt *Reiter* 1978, p. 101). Auch über das Vorgehen zur Erreichung dieser verschiedenartigen Ziele sind Grundsatzentscheidungen herbeizuführen, ehe das therapeutische System um eine Technik ergänzt werden kann, deren Vielfalt bemerkenswert eingeschränkt (vgl. *Torrey* 1972) und über die Zeit- und Kulturgeschichte hinweg konstant zu sein scheint (*Locke* 1971, *Frank* 1972, *Halifax-Grof* 1976), so daß den Vorentscheidungen bei der Erklärung der Vielfalt der Therapien um so mehr Bedeutung beizumessen ist. Es muß hier eine Beschränkung auf die Frage erfolgen, wie die Kontrolle zwischen Therapeut und Patient zu verteilen ist. Bereits bei der Vorstellung der heuristischen Struktur ist darauf hingewiesen worden, daß der therapeutische Prozeß als eine Interaktion zwischen den beiden unmittelbar Beteiligten (auf die Beziehung zu weiteren

Beteiligten muß aus Raumgründen verzichtet werden) zu sehen ist. Wenn nur die vier dargestellten Basiselemente eines Handlungsprozesses (vgl. Abb. 1) in Rechnung gestellt werden (was ein aufs gröblichste vereinfachtes Modell abgibt), so sind in einem therapeutischen System durch Kombination der Kontrollzuweisung an die 2 x 4 Elemente in den beiden Handlungsebenen bereits zwölf Modelle möglich.

Bis in die fünfziger Jahre hinein war das Hilfsmodell am meisten verbreitet für den Psychologen. Dieser diente als ein „psychiatric team technician" allein zur Stellung der Diagnose (*Kovacs* 1975), erhielt also die Kontrolle im ersten Element und gab sie im zweiten wieder ab, auch dann, wenn er nicht einem anderen Fachmann beistand, sondern direkt auf den Patienten einwirkte als „Diagnostiker" (*Kelly* 1955). Daneben gab es das Beratungsmodell, in dem der Therapeut die Kontrolle im ersten oder zweiten Element übernahm und im dritten (Zuweisung eines Operators) an den Patienten zurückgab. Dieses Modell wird noch heute empfohlen (z.B. *Tyler* 1973) mit der Begründung, daß der Patient stark genug sei, sich selbst zu helfen (den Operator anzuwenden auf sich), sofern ihm dieser nur geliefert werde, wobei wiederum die unterschiedlichsten Einzeltechniken möglich sind. Andere Therapien (z.B. *Redl* & *Wineman* 1951; *Ellis* 1977) sehen eine Hauptaufgabe darin, den „Patienten" überhaupt erst zu einer Veränderung zu motivieren (Übergang der Kontrolle vom Therapeuten auf den Patienten im zweiten Element). Das gängige medizinische (und verhaltenstherapeutische) Modell bezeichnet einen Übergang der Kontrolle vom Patienten auf den Therapeuten im ersten Element ohne Rücküberweisung in einem der anderen Elemente.

Einige der aus der dargestellten vierdimensionalen Matrix (drei Zieldimensionen, eine Kontrolldimension) deduzierten Vorentscheidungen scheinen in sich unstimmig zu sein oder nicht mit jeder Technik beliebig kombinierbar. Blickt man allerdings über die Geschichte der Psychotherapien hinweg (z.B. *Wolberg* 1977[3]), kann man feststellen, daß kaum eine Kombination so abwegig erscheint, daß sie nicht eine Realisierungschance hätte. Einschränkungen sind offensichtlich noch eher aus dem Bereich der richterlichen Aufsicht zu erwarten, so etwa bei der Anwendung von token economies bei Strafgefangenen oder schwer Geistesgestörten (*Wexler* 1973). Obwohl die Anwendung des Paradigma-Konzepts auf der Ebene der Technologie ungebräuchlich ist (u.U. allein deshalb, weil eine Trennung zwischen der Aufstellung von Theorien und der Registrierung empirischer Regelmäßigkeiten nicht so prägnant in unserem Bewußtsein verankert ist), läßt sich damit der Gärteig für immer neue therapeutische Systeme erfassen: Solange es keine verbindliche technologische Grundkonzeption gibt, die nur zum geringen Teil von der Fixierung des wissenschaftlichen Paradigmas abhängt, wird keine Beruhigung in der buntschillernden Therapie-Landschaft eintreten.

5.2 Enthusiasmus trotz Anlaß zur Zurückhaltung

Wollte man den Zustand des Therapiefeldes kurz und drastisch zusammenfassen, so könnte man sagen: Mit viel Enthusiasmus werden lauter
„Katzen im Sack" feil geboten. Gleichsinnige Ansichten muß man nicht
mit der Lupe suchen (z.B. *Rubenstein & Parloff* 1959; *Albee* 1975), mag
die Vertonung auch akademisch-zurückhaltender sein: „Its proponents
were convinced of the worth and of the success of their methods despite
the lack of any quantitative evidence . . ." (*Reisman* 1976[2], p. 353).
„Therapy techniques continue to be hailed as effective . . . as if empirical
evidence attesting to their efficacy were already available" (*Mahoney*
& *Kazdin* 1979, p. 1047). Ein Beispiel kaum zu überbietender Deutlich-
keit der Diskrepanz zwischen Anspruch und empirischen Belegen lieferte
jüngst z.B. *Ellis* (1977) mit Ausführlichkeit.
Daß der Psychotherapiemarkt dabei nicht nur nicht zusammenbricht —
wie sich das für die Medizin vorhersagen ließe —, sondern in voller Blüte
steht (*Reisman* 1976[2], p. 341: „Unlike forms of physical therapy, where
some may fall into disuse and become completely abandoned, the basic
methods of psychotherapy seem to thrive with proliferations of appar-
ently limitless variety."), kann nur als unmißverständliche *Einladung*
wirken, sich mit einem eigenen Beitrag zu beteiligen. *Liebhart* (1978a)
meint daher, die Vermehrung von Therapien nicht rational, sondern gemäß dem Modell des „social movement" beschreiben zu können.

5.2.1 Technologie bar der Theorie

Für die Existenzberechtigung von Technologien gibt es zwei Argumente:

— Sie basieren auf einer Theorie, aus der sie unter Zuhilfenahme von
Anpassungsregeln deduziert worden sind (Anpassung an das konkrete
Problemfeld, Operationalisierung, Geltungsbereich usw.).
— Sie haben empirischen Überprüfungen ausreichend widerstehen können. Diese Bedingung ist unbeschadet der Gültigkeit der Grundlagentheorie zu erfüllen, da entweder die Adaptationsregeln inkorrekt sein können
(keine zutreffende Erfassung des Anwendungsfeldes, unpassende Vorentscheidungen, vgl. 5.1), oder da „Übersetzungs"-Fehler aufgetreten sind.

Die erste Bedingung wird offensichtlich von keiner Therapie erfüllt (*Ribes*
1977; *Schröder* 1977). Eine gegenteilige Behauptung für die Psychoanalyse ist bereits von *Rapaport* (1959) zurückgewiesen worden (vgl.
auch *Fürstenau* 1979). Für die in Anlehnung an die Psychoanalyse entstandene Gesprächstherapie konnte eine Grundlagentheorie (nur um
diese geht es hier und nicht um technologische Regeln auf der Basis von
empirischen Generalisierungen; leider wird der Theoriebegriff in der
Therapie-Literatur regelmäßig mißbraucht) erst gar nicht in Anspruch
genommen werden. Lediglich für die Verhaltenstherapie ist die Deduk-
tion aus einer Theorie ein gutes Jahrzehnt bis in die Siebziger Jahre hin-

ein fast ohne jeden Zweifel vertreten worden. Heute hält einzig *Eysenck* daran fest, neuerdings aber mit mehr Zurückhaltung (*Eysenck* 1979, 1980).

Schon früh hatte *Grossberg* (1964) darauf hingewiesen, daß es entsprechend der Uneinheitlichkeit der Lerntheorie wohl mehrere Verhaltenstherapien geben müsse; hatte *Colby* (1964) noch kritischer bemerkt, daß einerseits unterschiedliche Techniken aus derselben Theorie abgeleitet werden, andererseits ähnliche Techniken sich auf unterschiedliche Lerntheorien berufen. Die Arroganz, mit der die Verhaltenstherapie zeitweise auftrat, wird ihr heute mit einem totalen „Verriß" heimgezahlt (*Lazarus* 1977, *Mahoney* & *Kazdin* 1979), zuweilen garniert mit Invektiven wie etwa der, daß sie sich das Mäntelchen der Lerntheorie nur umgehängt habe, um einen Statusvorteil zu erringen und seriös zu erscheinen (*Locke* 1971; *London* 1972; vgl. im übrigen den gut kommentierten Reader von *Westmeyer* & *Hoffmann* 1977).

Der scharf geführte Streit beruht nicht unerheblich auf einer Verwechslung präskripitiver mit deskriptiven Argumenten. Eysenck, angesiedelt auf der Funktionsebene der (Grundlagen-)Wissenschaft (vgl. 2) macht die programmatische Aussage, daß er sich dem hierarchischen Funktionsmodell (vgl. 2) verpflichtet fühlt, eine Technologie also aus einer Theorie entstammen *sollte*. Hierin findet er bis heute Unterstützung (*Deitz* 1978; *Strotzka* 1978), für die sich u.a. folgende Gründe anführen lassen:

— Bloße Technologien weisen implizite und daher unkontrollierbare Theorien (Beispiel: *Skinner*) auf (*Robinson* 1973).
— Nebeneffekte liegen außerhalb der Vorhersagekontrolle (*Bailey* 1978), weshalb eine bloße Technologie sozial unverantwortbar ist (*Ribes* 1977).
— Bloße Technologie hemmt die wissenschaftliche Forschung (Funktionsebene 2); denn die technologische Forschung muß sich darauf konzentrieren, den Satz empirischer Generalisierungen zu präzisieren und zu erweitern (d.h. die Anwendungsausdehnung auf neue Symptome, Problemfelder usw. auszuloten) und kann daher keine neuen Technologien schaffen (*Deitz* 1978).
— Ohne Pflicht zur Theorie wird das Eindringen von Volksweisheiten in die Therapien erleichtert, was freilich auch als Vorteil gesehen werden kann (vgl. *Halifax-Grof* 1976).
— Die mißbräuchliche Benutzung von Therapien für den theoretisch nicht Vorgebildeten wird erleichtert (vgl. *Philipps* 1978).

Alle Gründe weisen auf das Eindringen *unkontrollierter* Therapien hin.

Als Proponent einer von der Theorie nicht „behinderten" Technologie ist vor allem *London* (1972) aufgetreten (vgl. auch *Azrin* 1977): Es habe sich gezeigt, daß die Technologie sich rascher entwickle als die Theorie. Technologie würde heute schnell und gern ohne Rückfrage nach einer Theorie in publico akzeptiert. (Wie sehr diese Einschätzung zutrifft, demonstrierten jüngst *Glatzel* & *Reimer* (1980), als sie das Paradoxon einer „nonverbalen Gesprächstherapie" per Annonce offerierten und sich über Zulauf nicht beklagen konnten.) *Warum* eine Technologie wirke, sei

eine sekundäre Frage, die sich später von selbst beantworte. Immer sei
der befruchtende Weg (induktiv) von der Technologie zur Theorie verlaufen. „The practioner tries to figure out what will work . . . and then
looks for a way to rationalize it if it does. The technologist devises ma-
chinery to support him" . . . „good technology always undermines bad
theory" (1. c. p. 429).
Die Beilegung des Streites um die Theoriebezogenheit therapeutischer
Technologien ist von entscheidender Bedeutung für die zukünftige qualitative und quantitative Entwicklung dieses Feldes. Angesichts des sozialen Drucks auf die Erweiterung therapeutischer Versorgung (vgl. 8.1) auf
der einen Seite, und auf der anderen Seite der Ansicht von Experten, daß
es gut und gerne 500 Jahre dauern mag, bis auch nur die wichtigsten der
theoretischen Grundfragen gelöst sind (eine solche Antwort erhielten
Bergin & *Strupp* (1972) bei der Umfrage unter prominenten Therapie-
forschern), scheint hier nur die Wahl zwischen Skylla und Charybdis
möglich zu sein. Eine Entscheidung bleibt daher brüchig: Hat sich ein
„Theoretiker" endlich durchgerungen, den Argumenten der Praxis nach-
zugeben (*Meehl* 1955, p. 375: „. . . we know so little about the process
of helping that the only proper attitude is one of maximum exper-
imentalism. The state of theory and its relation to technique is obviously
chaotic whatever our pretensions."), kommen dem „Praktiker" doch Bedenken (*Schröder* 1977), ob der Umgang mit „Treatmentauswahlgeset-
zen" (*Westmeyer* & *Manns* 1977) so viel brauchbarer ist.
Eine Lösung des Problems, die angesichts des Dilemmas fruchtbarer ist
(*Rapoport* 1968) und das ungezügelte Wachstum des Therapiemarktes
gleichzeitig einer wertenden Einbindung unterwirft, drängt sich auf: die
Therapien *befristet* von der *Verpflichtung zur Theoriebezogenheit zu
befreien*, bis die Wissenschaft (Funktionsebene 2) wesentliche Grundla-
genprobleme gelöst hat; in Konsequenz allerdings sie auch als Ingenieurs-
kunst (*Hoffmann* 1977, p. 30: biederes Handwerk, diffizile Kunst) ihres
wissenschaftlichen Anspruchs zu entkleiden und sie für den Konsumenten sichtbarlich auf dieselbe Stufe zu stellen wie andere handwerkliche
oder künstlerische Tätigkeiten auch, nämlich sie am unmittelbaren (vordergründigen) Effekt oder der *Gunst des Publikums* zu messen.

5.2.2 Zweifel an der Effektivität

Die Überprüfung der Wirksamkeit ist aus ethischen wie methodologischen
Problemen sehr schwierig. Solange Effektivität als Generalkriterium für
Therapien dienen muß, erlangen sie folglich eine Quasi-Überprüfungsim-
munität und unterliegen in ihrem Gedeihen und ihrer Vermehrung allein
der sozialen Bewertung der unmittelbar beteiligten Parteien Therapeut,
Patient und Gesellschaft (vgl. *Strupp* & *Hadley* 1977). Schlupflöcher für
die Aufrechterhaltung des Gültigkeitsanspruches ergeben sich schon allein
aus der Unbestimmtheit der Ziele (*Grawe* 1978; *Reiter* 1978) und daraus

folgend aus der Willkürlichkeit der (Re-)Definition von Indikatoren (*Kiesler* 1966) sowie ihrer Bewertung (*Strupp & Hadley* 1977): Wenn sich jemand im Anschluß an eine Therapie scheiden läßt, ist das dann als Erfolg zu verbuchen? Eine Relation zwischen den üblichen Erfolgsindikatoren und dem Alltagsverhalten des Patienten ist nicht zu sichern (*Zax & Klein* 1960). Nur allzu verständlich muß es dann erscheinen, wenn es auch für inzwischen weitverbreitete Therapien so gut wie keine Erfolgsforschung gibt (Beispiel: Gestalttherapie; *Süss & Martin* 1978).

Seit *Eysencks* (1952) Demonstration, daß die Rate der sog. Spontanen Remission keineswegs niedriger (in der Tendenz eher höher) ist als die Erfolgsrate der Therapien, wurde deren Ineffektivität zu einer Volksweisheit selbst unter Psychologen (*Smith & Glass* 1977), so daß der Vorschlag an die Ethik-Kommission der APA herangetragen werden konnte, deren Mitglieder darauf zu verpflichten, vor Beginn einer Therapie die Patienten entsprechend zu informieren (vgl. auch *Coyne* 1976). Nachfolgende Erhebungen (Zusammenfassend *Smith & Glass* 1977), die eine wesentlich höhere Zahl von Überprüfungsstudien unter die Lupe nahmen (*Eysenck*: 6, *Smith & Glass*: 375) bescheinigten den Therapien eine − wenn auch nicht überwältigende − Wirksamkeit, lassen allerdings Zweifel an ihrem methodischen Vorgehen (*Liebhart* 1978b; *Kazrin* et al. 1979 sarkastisch). Zudem gibt es andere Untersuchungen mit nicht weniger umfangreichem Material, die der Psychotherapie keine oder keine über andere Therapien hinausgehende Effektivität zubilligen (President's Commission on Mental Health 1978).

Spielraum für Deutungen lassen vor allem die Definitionen der Vergleichswerte. Während *Eysenck* eine Remissionsrate von 75% fand für die von ihm berücksichtigen Untersuchungen, gibt *Lambert* (1976) für 28 Untersuchungen eine Rate von 43% an, wenn überhaupt keine Behandlung stattfand, und eine Rate von 53% für eine Minimalbehandlung noch unterhalb der Schwelle der Beratung. Er fand zudem eine weite Streuung der Remissionsraten zwischen 0 und 90%, die u.a. abhängt von den verwendeten Kriterien, Beurteilungsinstanzen und -maßen (zusammenfassend *Parloff* 1979) und auch in vielen anderen Untersuchungen das einzige klare Faktum zu sein scheint.

Eine zumindest indirekte Aussage über die Effektivität erlaubt der Vergleich von Therapien untereinander. Es existieren keine oder nur geringe Erfolgsunterschiede zwischen den 10 häufigsten Therapien (*Luborsky* et al. 1975; *Smith & Glass* 1977; *Bergin & Lambert* 1978), keinerlei Unterschiede zwischen der Gruppe der Verhaltenstherapien und einer zusammengefaßten Gruppe aller anderen (Psychoanalyse, Gesprächstherapie, Rational-emotive Therapie, Transaktionsanalyse usw.) Therapien (*Smith & Glass* 1977) trotz deutlich feststellbarer Differenzen im Verhaltensstil (*Sloane* et al. 1975), oder etwa zwischen den Verhaltenstherapien innerhalb der Großgruppe (*Shaw* 1979). Allerdings besteht der Verdacht, daß entsprechende Untersuchungen so angelegt sind, daß die

Nullhypothese kaum zurückgewiesen werden kann (*Parloff* 1979), u.a.
deshalb weil ein „Harmonie"-Effekt zu vermuten ist: Die Therapeuten
wählen sich ihre Patienten (vgl. *Breger & McGaugh* 1965), oder es zieht
die Patienten umgekehrt zu passenden Therapeuten hin (vgl. *Ciminero*
et al. 1978).
Die bisher berichteten Undurchsichtigkeiten bei der Überprüfung der
Effektivität sind für manchen bereits Ermunterung genug, eine weitere
Therapie beizutragen. Noch mehr Anreiz dazu ergibt sich aus dem, was
sich hinter der Spontanen Remission und dem Placebo-Effekt verbirgt,
die zur Erklärung der unwillkürlichen Heilung herangezogen werden:

– Motivation des Patienten (*Malan* 1973; *Greene* 1976; *Bloch* 1979).
– Engagement des Therapeuten (*Ryle* 1979). Allein die Zustimmung,
die Therapie durchzuführen, hat wahrscheinlich einen heilenden Effekt
(*Spotnitz* 1973). Bezeichnend ist eine Untersuchung von *Hollander* et al.
(1973), in der sich Erfolge im Verhalten der Patienten einstellten, nach-
dem das Klinikpersonal für die Ausführung seiner alltäglichen Pflichten
Sonderzuwendungen erhielt.
– Souveränität und Überzeugungskraft des Therapeuten (*Bloom & Trautt*
1978); gut ausgebildete und erfahrene Therapeuten haben mehr Erfolg
(*Bergin & Lambert* 1978).
– Ein klarer Angriffspunkt für die Therapie (*Ryle* 1979).
– Soziokulturelles Klima. So führt *Joseph* (1975) den abnehmenden Erfolg der Psychoanalyse darauf zurück, daß deren rationale Grundidee
nicht mehr „ankommt". *Tourney* (1970) fand für mehrere Therapien ein
typisches Muster über eine 20-Jahresperiode für den Erfolg von mäßig
(40%) über hoch (70–90%) zu niedrig (20–30%).

Insbesondere die beiden ersten (Motivations-)Variablen stehen im Verdacht, die eigentlichen Effektoren eines fälschlich der Therapie zuge-
schriebenen Resultats zu sein. Wer erst einmal den Weg zum Therapeuten
gefunden hat, für den ist unabhängig von der spezifischen Therapie die
Prognose günstig (*Tausch & Tausch* 1978), zumal wenn seine eigene Motivation ein Pendant in der engagierten Gläubigkeit (dem „Heiligenschein")
des Therapeuten findet. Da diese Motivationsgrößen verhältnismäßig einfach zu steuern sind (mit Kniffen des Alltagswissens), lassen sie sich leicht
in einer *Puffermasse* beliebiger Technik, Menschenbilder usw. zur Neuschöpfung von Therapien verwenden. Von daher kann überraschend sogar
der Modewechsel der Therapien eine annehmbare Rechtfertigung erfahren: Alles Neue „fesselt" und mag so den Erfolg zumindest unterstützen.
Erstaunlicherweise geht die Effektivitätsforschung bislang von dem einfachen Alternativkonzept Erfolg–Mißerfolg aus (vgl. dazu Tab. 1), obwohl
es seit eh und je Anzeichen dafür gibt, daß Psychotherapie auch zu einer
Verschlimmerung des Leidens führen kann (*Milner* 1968; *Strupp* et al.
1977). Erst spät (1966) machte *Bergin* (vgl. *Garfield & Bergin* 1978[2]) auf
den „deterioration effect" aufmerksam, der sich in der fast regelmäßig
erhöhten Streuung nach erfolgter Behandlung sowohl nach oben als auch
nach unten zeigt. Das Ausmaß der lange verschwiegenen negativen Effek-

te hat sogar daran denken lassen, die neue Teildisziplin der „Toxipsychologie" (*Spotnitz* 1973) zu schaffen. An diesem Punkt zeigt sich nun deutlich, daß eine Überprüfung der Wirksamkeit von Technologien ohne Grundlagentheorie zum Scheitern verurteilt ist (*Miller* 1978; *Shapiro* 1978). Zwar sind nach dem von *Eysenck* (l.c.) geführten Paukenschlag — mehr sporadisch als systematisch — Variablen untersucht worden, die sich neben der therapeutischen Manipulation auf das Ergebnis auswirken, aber *es gibt keine strukturelle Beschreibung des Variablenraumes*, weder auf der Seite der Prädiktoren noch und erst recht nicht auf der Seite der Kriterien. Es ist daher unbekannt, welche *weiteren* Effekte (Paralleleffekte wie auch aus dem Effekt folgende Effekte, vgl. *Graziano & Fink* 1973) sich zusätzlich zu dem im Blickfeld liegenden erwünschten Effekt „Heilung" einstellen und letzteren in der am eindimensionalen „outcome" orientierten Forschung überdecken (vgl. *Parloffs* (1979) Bemerkungen zum „negativen Placebo-Effekt", hinter denen ähnliche Überlegungen zu stehen scheinen.).

Trotz erdrückender Zweifel blüht das Feld der Psychotherapie (*Reisman*, 1976[2], p.353: „psychotherapy was severely criticized and yet simultaneously advocated..."), ja scheint geradezu immun zu sein gegen jede Sachkritik, eine Bedingung par excellence selbst für abenteuerliche Therapieschöpfungen. So stellt *Hersh* (1972) plastisch dar, wie die Gemeindepsychiatrie (Community Mental Health) in den USA nicht mehr zu stoppen war, obwohl sie sich zur Bewältigung der ihr gestellten Aufgaben als völlig ungeeignet erwies. Es scheinen sich für die nicht belegbare Effektivität immer mehr Ersatzkriterien herauszubilden, die teilweise bereits offen propagiert werden. So schreibt *Katschnig* (1978, p. 136): „Psychotherapie darf sich nicht einfach in die Rolle dessen drängen lassen, der den wissenschaftlichen Wahrheitsbeweis eines objektiv meßbaren Erfolges antreten muß. Nur ... das Sich-Öffnen gegenüber ... neuen praktischen Aufgaben kann ‚Psychotherapie' so sichtbar machen, daß ihre Bedeutung ... und ihre ‚Wirksamkeit' evident wird." Für diejenigen, die sich noch an genuin-wissenschaftlichen Kriterien orientieren wollen, setzt sich bereits ein Begriff durch: Sie sind „realitätsferne Puristen" (*Schröder* 1977, p. 15). Neben der *Augenfälligkeit* des Wirkens sind folgende Ersatzkriterien auszumachen:

— scheinbare Wichtigkeit, operationalisiert durch hohen zeitlichen und geldlichen Aufwand (*Liebhart* 1978a)
— praktische Handhabbarkeit (*Schröder* 1977)
— Plausibilität, etwa durch Orientierung an geläufigen Kausalmetaphern
— Zurichtung auf aktuelle und brennende Probleme
— darstellbar in plakativer Manier, geeignet zur Verwendung in den öffentlichen Medien und im „small talk".

6 Einflüsse aus der technischen Ausführung der Therapie

6.1 Therapiefremde Motive

Bei der Darstellung des Heurismus war klar geworden, daß sich in die
Motivation des Therapeuten sachfremde Einflüsse mischen, die nicht auf
das Bedürfnis des Hilfesuchenden zurückgeführt werden können, gleichwohl aber einen „schöpferischen" Einfluß auf die Therapien haben. Diese sachfremden Motive können so stark werden, daß darüber die An-
rechte der Patienten zurücktreten: „It is unfortunate that statements of
ethical standards represent more of a ‚salute to the flag' for the therapists
than a bill of rights for clients" (*Hare-Mustin* et al. 1979 p. 3). Möglicherweise steht Psychotherapie bereits isoliert außerhalb der Hierarchie
der spezialisierten Funktionsebenen (vgl. 2); „In many ways the practice
of psychotherapy has become functionally autonomous in that it conti-
nues to be practiced for its own sake . . . " (*Ellsworth* 1968, p. 34). Die
sich daraus ergebenden Gestaltungseinflüsse auf die Therapie werden in
der Regel unter den Stichwörtern „Professionalisierung" und „Mental
Health Industry" gefaßt (vgl. *Magaro* et al. 1978, besonders p. 169–174,
an die sich die Ausführungen anlehnen).

6.1.1 Ökonomischer Druck

Die Bedeutung des Therapiemarktes ist beträchtlich. In den USA wird die
Gesundheitsindustrie als drittgrößter Arbeitgeber angesehen (*Dörken*
1975), obwohl erst 20% der jährlich psychisch Erkrankenden behandelt
werden (*Regier* et al. 1978). Im Kampf um die Sicherung und Erweiterung ihres Marktanteils sind die Therapien der Maxime jedes kapitalisti-
schen Marktes unterworfen: ein möglichst günstiges Mehrwertverhältnis
zwischen Einsatz und Effekt. Eine Steuerung kann sowohl über die
Grundinvestition (z.B. Ausbildung) als auch über Rationalisierungen in
der Ausführung erfolgen.
Als das Chlorpromazin und andere Psychopharmaka auf den Markt kamen und rasche und preiswerte Effekte versprachen, wurde die traditionelle Psychotherapie zu einem abrupten Schwenk veranlaßt (*Reisman*
1976[2]). Die herrschende Psychoanalyse sah sich nun imstande, auch kür-
zer dauernde Therapien mit bescheideneren, zuweilen sogar symptom-
zentrierten Zielen anzubieten. Einer der wesentlichen Gründe für das Em-
porschießen der Verhaltenstherapien in den 50er Jahren dürfte hier fest-
zumachen sein. Selbst die Krankenkassen haben sich jüngst in einem Ver-
trag (gegenüber den Medizinern) verpflichten können, die Kosten für eine
Verhaltenstherapie zu übernehmen (Pressenotiz August 1980). Gleichzeitig hat sich auch die Ausbildungszeit für analytisch orientierte Therapien
verkürzt (vgl. *Strotzka* 1978); und die Auszubildenden sind generell nicht
bereit zu einem gründlichen Studium (vgl. *Albee* 1977), wenn dadurch
der Profit geschmälert wird. Die offizielle Politik des Berufsverbandes

Deutscher Psychologen kommt diesem Wunsch seit einigen Jahren entgegen, ohne daß der Verband sich darüber klar ist, daß er damit einen starken Druck zur Innovation auf die Therapie-Technologie ausübt.

Da man von den Therapeuten schwer verlangen kann, daß sie sich selbst „brotlos" machen, darf man nicht erwarten, daß sie einen raschen Heilungseffekt bei ihren Patienten anstreben, bevor deren Zulauf nicht hoch genug ist (*Magaro* et al. 1978). Bei sehr starkem Andrang allerdings dürfte sich auf die Gestaltung von Therapien vor allem ein Technisierungseffekt bemerkbar machen, der bereits in der Medizin zu immensen Mehrwertraten führt. Die Therapien müssen sich dafür eignen, wenigstens teilweise durch (minderbezahltes) Hilfspersonal und Apparate ausgeführt zu werden.

6.1.2 Soziologische Abgrenzung

In den Psychotherapiemarkt teilen sich viele „offiziös" anerkannte Gruppen (Psychiater, Psychologen, Sozialpädagogen, Pastoralpsychologen, Erzieher usw: vgl. *Rosenhan* & *London* 1968) und solche, die früher diese Funktion wahrgenommen haben oder sie sich heute zuerkennen (Seelsorger, Ärzte, Rechtsanwälte, Polizisten, Fürsorger, Eltern, Nachbarn: vgl. *Katschnig* 1978). Zugleich ist das Interesse an den „helfenden" Berufen sehr groß (vgl. *Albee* 1977), so daß das Gedränge innerhalb der offiziös anerkannten Gruppen immer stärker wird. Von den jährlich etwa 2.800 Diplom-Psychologen, die – laut einer Umfrage der Deutschen Gesellschaft für Psychologie für das Jahr 1978 – die Universitäten in der Bundesrepublik verlassen, wollten sich 77.8% (Schätzung, vgl. *Groeger* et al. 1979) in der Klinischen Psychologie – und das heißt in der Regel in der Psychotherapie – betätigen.

Anderes kommt hinzu. Zwar kann man allgemein von einer starken Wissenschafts- bzw. Technologie-Gläubigkeit ausgehen (*Magaro* et al. 1978; *Reiter* 1978), jedoch sind die Psychotherapeuten gerade hiervon wenigstens teilweise negativ betroffen, denn weder in den USA noch in der Bundesrepublik gibt es bisher eine anerkannte Ausbildung. Im Bewußtsein des Laien liegen daher bezüglich der Kompetenz alle oben genannten Gruppen – auch die nicht einmal offiziös anerkannten – eng beisammen. Desto größer muß deren Bestreben sein, sich durch eindeutige Attribute – und das sind zuvörderst unverwechselbare Therapien, die man nicht auch anderswo „kaufen" kann – voneinander und auch innerhalb der Gruppen untereinander abzugrenzen: Eine Marktnische hat derjenige, der etwas Neues und *noch nie Dagewesenes anbieten* kann. Dabei erfolgt nach Möglichkeit eine Ausrichtung an einer anerkannten Berufsideologie, z.Zt. der des Mediziners.

So mag es denn zwar im Hinblick auf das Wohl des Patienten bedauerlich, gleichwohl doch verständlich sein, wenn jede Gruppe „ihre" Ware mit dem Schutz des Eingetragenen Warenzeichens versehen wissen möchte, so daß sich ein Präsident der American Psychological Association veranlaßt sah, seine Standeskollegen zum „giving away of psychology" aufzufordern (*Miller* 1969), anstatt „more and more power oriented" (*Albee* 1975, p. 1157) zu werden. Solange die praktizierenden Psychotherapeuten nicht ökonomisch ähnlich privilegiert sind wie ihre akademischen Kollegen, ist keine Vernunft und keine Bescheidenheit bei der Generierung von Therapien zu erwarten: „Is it possible, with status confirmed, that they could devote more effort toward a critical appraisal of their clinical endeavors . . . would less often incline addictively to each new part-technique, each catchword and slogan, each new enthusiasm . . . ?" (*Rie* 1977, p. 4).

Eine bis zur Exaltiertheit gesteigerte Unverwechselbarkeit des therapeutischen Markenzeichens bei den Professionellen (Beispiele: s. Fortbildungsprogramm 1980 des BDP) muß noch entschuldbarer erscheinen, seit sich herausgestellt hat, daß es zwischen den Therapien und den ausführenden Berufsgruppen kaum „echte" Differenzen gibt (*Meltzoff* & *Kornreich* 1970; *Henry* et al. 1971; *Bergin* & *Suinn* 1975); daß die „Schulen" sich nur wenig in ihrer therapeutischen Effektivität unterscheiden (*Sloane* et al. 1975; *Bergin* & *Lambert* 1978); ja daß selbst Laien-Therapeuten (keine Vorkenntnisse, minimales Training) keine geringeren, teilweise sogar bessere Erfolge aufweisen als Professionelle (*Strupp* & *Hadley* 1979), was *Durlak* (1979) u.a. ganz einfach auch auf „natural helping skills" (Empathie, Wärme usw.) zurückführt.

Jede soziale Einheit − und damit sind nicht allein die o.g. Gruppierungen angesprochen, sondern auch organisatorische Einheiten wie Verbände, Kliniken usw. − bildet allmählich eine eigene Therapie („Hausmarke") aus, großenteils durch adaptive Vermischung bestehender Therapien (*Magaro* et al. 1978). Diese indigenen Therapien werden stur beibehalten, solange die Organisationseinheit (Verwaltungsstruktur, Jüngerschaft usw.) aus oft ganz sachfremden Gründen (social movement, Sonderforschungsprogramme usw.) überlebt. Auch von daher muß sich die Zahl der Therapien ständig erweitern, unterstellt die ständig zunehmende Zahl von therapeutisch Tätigen kondensiert in immer mehr solcher Organisationseinheiten, was schon aufgrund des gestiegenen öffentlichen Interesses (vgl. 8.1) nicht unwahrscheinlich ist.

6.1.3 Personbezogene Motive

Therapien müssen so beschaffen sein, daß sie den Status des Therapeuten sichern, ihm Ansehen bringen (*Magaro* et al. 1978). Je nach vertretener Sozialideologie wird eine bestehende Therapie daher so angepaßt, daß es z.B. entweder keine Distanz oder eine erhebliche zwischen Therapeut und Patient gibt. Für den letzten Fall ist die Verhaltenstherapie ein Beispiel: Während der Therapeut sich als rational abwägendes und selbstbeherrschtes Wesen sieht, hängt der Patient „am Draht".

Vielen Therapeuten wird nachgesagt, daß sie in der Berufsausübung Fremdhilfe mit Selbsthilfe verquicken und daher nach persönlich zugeschnittenen Therapien fahnden. Im extremen Fall bedeutet dieser Vorwurf, daß die Therapien primär zur Selbstheilung erlernt worden sind, im häufigeren Fall wird aber das Selbsterfahrungserlebnis (der „Trip") entscheidend sein für das begierige Aufgreifen neuer Therapien.

6.2 Praktische Handhabung

Für sämtliche Ebenen des hierarchischen Funktionsmodells gilt, daß Hilfe, die „von oben" zur Verfügung gestellt wird, an die Wirklichkeit der jeweiligen Empfängerebene *angepaßt* werden muß, ehe eine entsprechende Operation ausgeführt werden kann: der Fachwissenschaftler wendet die wissenschaftsphilosophischen Regeln entsprechend seinem Problemfeld an; der Techniker (Therapeut) muß die Technologie an die Praxis anpassen, wenn hier in letzter Zeit auch häufig der Ruf nach der Lieferung von gebrauchsfertigen Rezepten laut geworden ist (unter dem vernebelnden Begriff „Praxisrelevanz"). Daß der seine Hilfe passiv empfangende Patient (Be-Handlung) von dieser Regel ausgenommen wird (vgl. 5.1), ist eo ipso fragwürdig.

6.2.1 Programme, Rezepte und Kniffe

Die Umsetzung von Technologien in praktische Handlungsanweisungen zur Schaffung der motivationalen, sozialen und technisch-apparativen Voraussetzungen, zum zeitlichen Ablauf, sowie die Ausbildung bestimmter Gewohnheiten schafft ein ständiges Potential für neue Therapien. Da erfahrene Therapeuten sich trotz Zugehörigkeit zu verschiedenen „Schulen" in ihrer Effektivität nicht unterscheiden (*Bergin & Suinn* 1975), wohl aber in ihren Verhaltensstilen (*Sloane* et al. 1975), man bei ihnen eine hohe Flexibilität beobachten kann, die zu weniger Abbrüchen von Therapien führt (vgl. *Grawe* 1978), liegt es nahe, daß sie ihren Erfolg bisher nicht verwendeten *Kniffen* zuschreiben. Oft ist allerdings das, was aus einem bestimmten Praxisfeld heraus offeriert wird, keine neue Therapie, sondern ein Programm oder eine Rezeptmischung bekannter Elemente (z.B.: MURT, *Steller* et al. 1978).
Ähnlich sind auch Entwicklungen einzuschätzen, die in der Praxis dann in Gang kommen, wenn die „von oben" angebotenen Technologien „vor Ort" gar nicht praktikabel sind, weil bestimmte (ideale) Rahmenbedingungen nicht hergestellt werden können (*Schröder* 1977). *Lazarus* (1971) hat mit der in der Praxis notwendigen „Aufweichung" der Verhaltenstherapie ein exzellentes Beispiel geliefert, indem er anderweitig längst

bekannte Techniken wie die Desensibilisierung in der Vorstellung (Wolpe), Implosion (Stampfl) verdeckte Methoden (Cautela) usw. einfließen ließ. Ehrlicherweise wurde dem so entstandenen Gebilde der Name Verhaltenstherapie belassen.

6.2.2 Indigene Therapien

„To exist, the profession must respond to a human need, using its best judgement based on limited knowledge" (*Dörken* 1975, p. 1159). Wenn es wirklich noch 500 Jahre dauern kann, bis theoretische Grundprobleme gelöst sind (vgl. *Bergin & Strupp* 1972), dann ist der Therapeut nicht nur legitimiert, sondern sogar verpflichtet, nach bestem Wissen und Gewissen, und das heißt: auf der *Funktionsstufe des Laien*, eine Therapie *nach seinem Gusto und seiner Imagination* zu erfinden. Offensichtlich nicht einmal gestellt worden ist bisher die Frage, ob in einem solchen Fall die Patienten nicht aus mehreren Gründen bei „echten" Laien (keine bedenklichen Randerscheinungen aus Professionalisierung usw.) besser dran wären, sei dies in Form von Selbsthilfeorganisationen (markante Beispiele: Synanon und Alcoholics Anonymous) oder auf nachbarschaftlicher, verwandtschaftlicher usw. Basis.

Manche Probleme, mit denen Patienten kommen, sind so alltäglich, daß schon deshalb noch keine formale Therapie für sie entwickelt zu werden brauchte (*Parloff* 1979: „disabling problems in living" wie Eheschwierigkeiten, Entscheidungsfindung bei der Berufswahl). Allerdings besteht ein zwingender Grund zur Entwicklung eigener Therapien darin, daß nur wenige Patienten so einfache und monosymptomatische Störungen aufweisen, wie sie in der Therapieforschung immer wieder ihren Niederschlag finden (*Mahoney* 1977). Bei genauer Beobachtung verhalten sich die Therapeuten nicht einmal selbst so, wie sie es in der Literatur vorschlagen (*Goldfried & Davison* 1976).

Ohnehin sind bisher die meisten – wenn nicht gar alle – Therapien aus der Praxis heraus entstanden und nicht gemäß dem von uns dargestellten Modell von der obersten Ebene ausgehend kaskadenartig weitergeleitet worden, bis sie auf der hier besprochenen Ebene anwendungsreif waren (*London* 1972; *Parloff* 1979). Bei ihren Erfindungen werden die Praktiker von den Wissenschaftlern und Technologen im Stich gelassen, wenn es um die Überprüfung geht. Da sie selbst keine Gelegenheit und auch nicht das nötige Fachwissen haben (*Parloff* 1979), bleiben diese Therapien ungeprüft. Schon um der Ersatzrechtfertigung willen dürften sie an andere weitervermittelt werden. Je mehr Adepten gewonnen werden können, desto „richtiger" muß ihrem Schöpfer die Therapie dann in einer Fehlattribuierung erscheinen. Fraglich ist allerdings, ob die Praktiker tatsächlich ohne Hilfe von seiten der Technologen bleiben, oder ob sie diese gar nicht in Anspruch nehmen, geschweige sich um theoretische Entwicklungen kümmern (*Halmos* 1966; *Magaro* et al. 1978).

7 Einflüsse aus der Ebene der Patienten

7.1 Gestiegene Nachfrage

7.1.1 Anstieg der Störungen

Epidemiologische Felduntersuchungen weisen eine hohe Rate von Störungsangaben aus wie etwa die berühmte Manhattan-Studie mit 81.5% (*Srole* et al. 1962). Kann man daraus schließen, daß in unserer industrialisierten Gesellschaft mehr Störungen *auftreten* als in anderen Kulturepochen? Man kann die Möglichkeit zumindest in dem Sinne bejahen, als bei anwachsender Gesamtbevölkerung auch die *absolute* Anzahl der Fälle einer spezifischen Klasse ansteigt. Trivial ist das nur im Hinblick auf eine Nosologie, nicht jedoch auf die Diversifikation therapeutischer Methoden: die Häufigkeit in einer Klasse von Störungen kann eine bestimmte Schwelle übersteigen, so daß ein merklicher Bedarfsdruck auf die Schaffung einer speziellen Therapie entsteht.

Für den Anstieg der Störungs*rate* kommen zwei Gründe in Frage: die Lebensbedingungen sind noogener geworden; die Menschen sind anfälliger geworden. Hinweise auf den zweiten Grund fehlen in der psychotherapeutischen Literatur. Obwohl man nicht nur an eine phylogenetische Determination zu denken braucht (z.B. Verbesserung der Fortpflanzungschance für Erbgeschädigte aus humanitären Gründen), sondern gerade die Wahrscheinlichkeit ontogenetisch-biologischer Schäden gewachsen ist (intra-uterine Schäden durch Drogen und Pharmaka, Hirnschäden durch Geburtstraumata, erhöhte Rate von operativ Lebendgeborenen usw.), scheint dieses Thema tabu zu sein. Wenn auch die zweite Klasse von Gründen außer acht gelassen wird, deutet das weniger auf ein ethisches Tabu hin als auf ein anthropologisches (Machbarkeitsglaube) und ein professionelles (potentieller Kundenkreis).

Ob der Mensch heute einer noogeneren Umwelt ausgesetzt ist, wird kontrovers beurteilt (vgl. u.a. *London* & *Rosenhan* 1968; *Garfield* & *Bergin* 1978²). Auf der einen Seite sind die anwachsende Technisierung und die sozialen Begleitumstände so sehr als Belastungsfaktoren in das Bewußtsein eingedrungen, daß ihnen bereits die Rolle von Sündenböcken zugeschrieben worden ist (*Hammes* 1973). Auf der anderen Seite belegen Untersuchungen über besonders schweren Streß (Bombenterror, Nahrungsmangel, Diktatur) nicht dessen generell noogene Funktion. Nach Erhebungen über einen Zeitraum von 100 Jahren ist trotz erheblich gestiegenem Angebot therapeutischer Einrichtungen die Rate der stationär behandelten psychischen Erkrankungen unverändert geblieben (*Goldhemer* & *Marshall* 1953), ist nicht einmal ein Unterschied der Häufigkeit und des Inhaltes von Störungen zwischen verschiedenen Kulturen mit unterschiedlichem Industrialisierungsgrad festzustellen (*Zubin* & *Kietzman* 1967). In ganz und gar ländlichen Bezirken Kanadas lag die Rate der berichteten Störungen mit 69% nicht so erheblich niedriger (*Leighton* et

al. 1963) als die Rate im Hexenkessel der Achtmillionen-Metropole New York mit 81.5% (*Srole* et al. 1962).
Zu argwöhnen ist, ob der Mensch sich nicht ein „inneres" Milieu schafft, das der Genese von Störungen förderlich ist. Bei der Verfolgung immer höher gesteckter Ziele (Korrelation zwischen Machbarkeitsglaube und Anspruchsniveau) gibt er sich Belastungen preis, denen er weder äußerlich (Flucht) noch innerlich (Habituation) ausweichen kann, da dies die Zielerreichung gefährden müßte. In der experimentellen Neurosenforschung hat sich seit Pavlov das unentrinnbare Dilemma immer wieder als Paradefaktor für die Genese von Störungen erwiesen. Bereits in der griechischen Tragödie treibt die „Verstrickung" Menschen in den Wahnsinn.
Die Bereitschaft, die Gesundheit für die Erreichung anderer Ziele aufs Spiel zu setzen, scheint auch deshalb größer geworden zu sein, weil eine Erkrankung als passager und technisch beherrschbar angesehen wird. Dies hat vom somatischen Bereich (Wer meidet schon eine Reise in ein verseuchtes Gebiet?) mittlerweile auf den psychischen übergegriffen (Wer fragt sich noch, ob sein Kind nicht auf einer weiterführenden Schule über seine Kräfte belastet ist?). Erweist sich der Zusammenhang als stringent, wäre hier eine Spirale ohne Ende erstanden wie im Verkehrssektor: Zur Unfallreduktion wurden weniger „noogene" Straßen und Fahrzeuge konstruiert, ohne Erfolg, wie man weiß, da hierdurch nicht mehr erreicht wurde als eine Steigerung der Rücksichtslosigkeit und Waghalsigkeit. Es wäre abzusehen, daß sich ein ganz neues Arbeitsfeld für die Therapieentwicklung auftuen würde. Anfänge gibt es bereits etwa bei der Behandlung von „Schulstörungen" und „Legasthenie".

7.1.2 Anstieg des Leidens

Eine Unterscheidung zwischen Prävalenz (tatsächliches Vorkommen) und Inzidenz („institutionalisierte Wahrnehmung": *Reiter* 1978) ist so wenig möglich (*Redlich & Freedman* 1966) wie die zwischen objektivierbarer Störung und subjektiv empfundenem Leiden. Wenn heute ein Anstieg der Inzidenz gesichert werden könnte, so wäre dies im Sinne einer Nosologie zwar eventuell ein Artefakt (aus höherer Kommunikationsdichte, größerer Bereitschaft zum Eingeständnis usw.), hätte aber gleichwohl Bedeutung für die Erweiterung des Therapiemarktes und damit auch für dessen Spezifikation. *Watts* (1966) schätzte, daß von den ca. 16.8% auftretenden Depressionen nur 2.9% auffällig werden (Suicid, psychiatrische Behandlung), weitere 1.5% vom Allgemeinmediziner gesehen werden, der große Rest aber niemals ans Licht kommt. Etwa in der gleichen Größenordnung bewegen sich die Schätzungen von *Regier* et al. (1978): von den 15% als psychisch gestört einstufbaren Fällen werden nur 20% (3% der Bevölkerung) fachgerecht behandelt. Es kann also ein großer unerschlossener Markt vermutet werden.

Die größere Schwierigkeit ergibt sich allerdings bei der zweiten Differenzierung, da ein verbindlicher Störungsbegriff fehlt. Klar scheint nur zu sein, daß Störung und Krankheit etwas zu tun haben mit einer nicht nur als aversiv, sondern auch als leidvoll eingeschätzten Befindlichkeit. Fraglich ist hingegen, ob die Bestimmung ipsativ oder normativ, orientiert an einem Durchschnitt (statistische Norm) oder einer Idealnorm, und hier an bereits irgendwo realisiertem Ideal (biologische oder kulturelle Norm) oder an einem vorstellbaren Ideal (humanistische Norm) vorgenommen wird (vgl. Tab. 2).

Tab. 2: Krankheit/Störung als Abweichung von unterschiedlichen Normen

	Bestimmung ipsativ	Bestimmung normativ	
Durchschnitts-norm	psychisches Wohlbefinden	Spitzenexemplare der Bezugsgruppe (Elite)	biologische Norm
	durchschnittliche Befindlichkeit	Durchschnitt der Bezugsgruppe	kulturelle Norm
absolute Norm	vorheriger eigener Bestzustand	bestes Exemplar der Bezugsgruppe (Idol)	biologische Norm
	zukünftiger Idealzustand	ideales Menschenbild	kulturelle Norm

So argwöhnt *Blum* (zit. nach *Katschnig* 1978), daß epidemiologische Untersuchungen nicht mehr als eine Auflistung von Leid zutage fördern könnten (vgl. auch 8.1). *Albee* (1975, p. 1157) zählt dazu alle diejenigen „(who) are not sick in any generally definable meaning . . . ", als da sind „bad marriages, career frustrations, role confusions, general misunderstandings, and other emotional disturbances of an existential sort." Noch buntscheckiger sieht *Parloff* (1979, p. 297) die bereits tatsächlich auftretenden Konsumenten der Psychotherapie: „ . . . the disturbed, the disturbing, the demoralized, the disadvantaged, the abused, and the disabused. The aim of normalizing has been augmented by the task of treating the miseries of normalcy, namely boredom, stagnation, blocked spontaneity, meaninglessness, and the imperfect sense of personal identity." Wiederum keine Frage, daß es für diesen weit gefächerten Konsumentenkreis neuer und spezieller therapeutischer Technologien bedarf.

Diese Mannigfaltigkeit der Störungen zu ordnen, bedeutet die Entscheidung für eine bestimmte Norm oder wenigstens die Aufdeckung der Anomalien zwischen den Normbegriffen. Hält man sich an die biologische Norm, dann läßt sich Störung/Krankheit klar definieren. Diese Sicherheit ist jedoch vordergründig, denn diese Norm bedarf ihrerseits einer bisher nicht geleisteten Bestimmung (auch die Soziobiologie liefert nicht mehr

als eine Zirkeldefinition). Verläßt man die Festnorm, dann wird die Ur-
sachenbestimmung konstituierend für den Störungsbegriff, denn es würde im Ernst niemand behaupten wollen, daß Abweichungen, die zurückgehen auf Alterung, Ermüdung, Motivationsabbau, Verlernen, Degeneration usw., als Störung gelten können. Damit entsteht dann ein anderer
Zirkel: derjenige in der Ursachenaufklärung für Störungen.

Dennoch scheint sich der Definitionsschwerpunkt momentan von der
biologischen Norm weg mehr und mehr hin zu einer Ideal- und Idolnorm
zu bewegen. Dies macht eine völlig neue Gruppe von Psychotherapien
wahrscheinlich, in denen sich die Grenze einerseits zum *Toptraining* und
andererseits zur *Erziehung* und *Entwicklungsförderung* verwischt. Symptomatisch dafür ist, daß die Termini „Therapie" und „Patient" immer
weniger zugunsten der Begriffe „Modifikation" und „Klient" gebraucht
werden (heißen die Therapeuten demnächst „Anwalt" oder „Modifika-
tor"?), aber auch bereits vom „Design" zu hören ist (*Rogers* 1973). Das
macht die vermutlichen beiden Entwicklungsrichtungen für Therapien
deutlich: auf der einen Seite eine Ent-Wertung und Überführung in eine
sterile Begrifflichkeit, aus der sich der neue Berufsstand „Psychoinge-
nieur" ergeben könnte; auf der anderen Seite eine Neu-Bewertung der
Therapie mit Blick auf eine paradiesische Zukunft. Beispiel für das eine
ist in der Therapie das Training von *Skills* (z.B. Sexualtherapie mit Ausrichtung an der Idolnorm, etwa k Orgasmen pro t Zeiteinheiten). Wie
problematisch solche „wertfreie" Therapie ist, die in Wirklichkeit privatistische Werte des Trainierten zur Norm macht, schildert *Halleck* (1971).
Beispiele für die andere Seite sind mit den sog. Humanistischen Theorien
ebenso geläufig (*Strupp & Hadley* 1977, p. 187: „. . . for the purpose of
finding meaning in their lives, for actualizing themselves, or for maximiz-
ing their potential.").

7.1.3 Die Gesundheitsmode

Einem Entwicklungstrend in den Ländern mit Überschußproduktion
folgend (materielles → somatisches → psychisches → geistiges → ethisches
Wohl) ist das Gesundheitsbewußtsein gestiegen (symptomatisch: Trimm-
Dich, nouvelle cuisine, Münchner Gesundheitspark usw.). Nachdem dieser
Trend in der Medizin an ökonomische und ethische Grenzen gestoßen ist,
entwickelt er sich weiter hin zur Psychologie (*Albee* 1977), die momentan
auch von einem weiteren Trend begünstigt ist (Naturwissenschaften →
Sozialwissenschaften). Dabei läßt sich vorhersagen, daß wahrscheinlich
zunächst die *formend-manipulativen* Potentiale ausgeschöpft werden
müssen, bevor die *Besorgnis*welle sich in der Therapie und Hygiene voll
auswirken kann. Auch von daher ist mit neuen Anstößen für die technologische Entwicklung zu rechnen. Bereits jetzt existieren Therapieformen
(z.B. sensitivity, encounter), die der neuen Sensibilität entgegen kommen.

Wie alle publikumswirksamen Trends erfährt auch dieser z.Zt. eine Überhöhung in den Medien, ganz abgesehen davon, daß bereits die allgemein gestiegene Informationsdichte für eine stärkere „Aufklärung" sorgt. In den USA haben kürzlich kommerzielle Fernsehsender damit begonnen, mit ungeheurer Zunahme der Einschaltquoten therapeutische Fragestunden einzurichten. Im Norddeutschen Rundfunk (Hörfunkprogramm) läuft eine entsprechende Sendung seit Jahrzehnten. Hier erfährt nun mancher erst, daß er oder sein Partner (vgl. *Albee* 1977) nicht so funktionieren, wie es die medienverbreitete Norm vorschreibt. Da aufgrund des gestiegenen Gesundheitsbewußtseins die Toleranzschwelle für Dysfunktionen gesunken ist, regt sich Besorgnis und es entsteht Leid. Daß eine Abweichung *positiv* bewertet wird (vgl. *Snyder* & *Fromkin* 1977), scheint zumindest für die nordamerikanische Kultur mit ihrer ängstlichen Ausrichtung am Nachbarn (*Albee* 1977) ausgeschlossen zu sein.

7.1.4 Gestiegenes Angebot

Der Berufsstand der Psychotherapeuten wird nicht nur selbst von diesem Zeitgeist getragen, sondern er trägt auch dazu bei, die Nachfrage zu schaffen, die er dann befriedigen kann (*Halmos* 1966). Da ein Modeberuf raschen Zulauf erhält (in der Dekade zwischen 1970 und 1980 haben, vorsichtig geschätzt, 20.000 (Diplom-)Psychologen die deutschen Universitäten verlassen, mehr als im ganzen vorherigen Zeitraum des Jahrhunderts zusammengenommen) muß er starke Werbung treiben, damit nicht zu rasch eine Marktsättigung eintritt (vgl. *Irle* 1979). Bei den „Leidenden" wird diese Werbung eine latente Motivation aktualisieren (vgl. die Attributionstheorie oder die *cue*-Theorie von *Berkowitz*). Man denke an die USA, wo es nach anfänglicher Durchsetzung der Psychotherapie für die mittleren und gehobenen Schichten zum guten Ton gehörte, „ihren" Therapeuten zu haben für Rat in allen Lebenslagen (*Reisman* 1976[2]), wie das hierzulande bisher nur beim Hausarzt bekannt war. Eine entsprechende technologische Gestaltung auch für die weniger gravierenden „Wehwehchen" ist bisher noch überwiegend dem Praktiker „vor Ort" überlassen, eröffnet somit große Entwicklungschancen für neue Therapien. Dabei wird es darauf ankommen, die Behandlung so zu gestalten, daß sie wie eine „echte" Therapie aussieht: Der Patient muß sich ernstgenommen fühlen, obwohl man ihm eigentlich eine Placebo-Prozedur angedeihen läßt. Fruchtbare Ansätze finden sich z.B. in der Gesprächstherapie.

7.1.5 Abgetragene Barrieren

In einer „aufgeklärten" Zeit, in der man sprichwörtlich über alles reden kann (vorausgesetzt, es ist „in"), wird einerseits die Stigmatisierung von psychisch Kranken allmählich abgebaut (*Schwab* et al. 1978), und kann man andererseits auch selbst psychische Störungen unterhalb der Ebene der „Geisteskrankheit" leicht eingestehen. Teilweise scheint hier die Entwicklung bereits über die der Medizin hinausgegangen zu sein: Die Attribution von Schwierigkeiten aus übersteigerten Ansprüchen wird zunehmend auf „Störungen" verlagert, um so die persönliche Verantwortung los zu werden. Man denke etwa auch an die Bereitwilligkeit, mit der vom Legasthenie-Erlaß in Schleswig-Holstein Gebrauch gemacht wurde. Möglicherweise werden zukünftig neue Symptome ans Licht kommen, die bisher sorgsam (aus Scham) verborgen gehalten wurden. Auch das ökonomische Hindernis ist in Nordeuropa und in den USA inzwischen abgebaut oder im Abbau begriffen. Da in diesen Ländern teilweise Zwangsversicherungen bestehen, könnte von ihnen sogar ein gewisser zusätzlicher Anreiz ausgehen. Denn wer nähme nicht gerne einmal wenigstens probeweise in Anspruch, wofür er ohnehin zahlen muß (vgl. die Diskussion um das Kostenbewußtsein sowie *Meltzer* 1975).

7.2 Soziokulturelle Wandlungen der Nachfrage

7.2.1 Neuer und spezifizierter Bedarf

Seit *Kieslers* (1966) Begehr, die Psychotherapie zu entmythologisieren, lautet der Leitsatz „What kinds of changes are affected by what kinds of techniques applied to what kinds of patients by what kinds of therapists under what kinds of conditions?" (*Parloff* 1979, p. 303). Der Bruch mit dem *Einheits*-„Mythos" brachte nicht nur der Indikationsforschung starke Anstöße (vgl. *Grawe* 1978), sondern rechtfertigte und *motivierte* zugleich die *Etablierung immer neuer Therapien*. Abhängig von ökonomischen, sozialen, politischen und kulturellen Veränderungen wandeln sich zwangsläufig auch die Therapien mit veränderten Problemfeldern (*Zax* & *Cowen* 1976[2]).

So sind Veränderungen bei den Ursachen eingetreten: war zu Freuds Zeiten die Tabuierung des Sexuellen ein beherrschendes Thema, kommen heute eher metaphysische Sinnfragen zu kurz; ist das nicht rational gesteuerte „allzu menschliche" Verhalten verpönt; ist eine Einengung durch Technik, durch die Ausrichtung an der sozialen Bezugsgruppe (*Albee* 1977), durch eine engmaschig-bürokratische Normierung zum Problem geworden. Entsprechend spielen nicht mehr die Hysterie und die Konversionssymptome eine bedeutende Rolle im Erscheinungsbild, sondern Angst, dem Standard nicht zu entsprechen (*Albee* 1977), und nicht akzeptiert zu werden; Sinnlosigkeit, Langeweile, Hoffnungslosigkeit, Entfremdung, Depersonalisierung, Dehumanisierung (*Hammes* 1973); wird Zuflucht gesucht in Gewalt, Vandalismus, Drogen, Mystizismus und Okkultismus (*Smith* 1973).

Der Anspruch auf Psychotherapie wird nicht mehr allein von der Mittel- und Oberschicht geltend gemacht, so daß neue Formen für die Unterschicht geschaffen werden müssen (*Lorion* 1973). Pathologische Syndrome sind nicht unabhängig von den kulturdominierenden Persönlichkeitszügen (*Draguns & Philipps* 1972). Auch die Anpassung der Erscheinung der Therapie an kulturelle Milieus drängt auf Variationen der Therapien (*Levine & Levine* 1970, *North* 1975), die teilweise auch ideologisch forciert sein können, wie das Mißverhältnis der Frauentherapie-Bewegung mit den vorhandenen unsicheren Daten über einen doppelten Standard zeigt (*Stricker* 1977).

Selbst Äußerlichkeiten sind am Schöpfungsakt von Therapien beteiligt. Bestes Beispiel dafür ist die Entwicklung der Psychoanalyse: Obwohl die Couch-Position des Patienten im Hinblick auf die Methode der freien Assoziation sachlich nicht ungerechtfertigt erscheint, haben die Änderungen im gesellschaftspolitischen Milieu eine „Erhebung" bewirkt. Unter demselben Einfluß hat sich auch die Relation zwischen Therapeut und Patient allmählich verändert: von einer Eltern–Kind- oder Arzt–Patient-Beziehung über eine Lehrer–Schüler-Beziehung zu einer Relation zwischen Erwachsenen und Gleichgestellten (*Karasu* 1979). Waelder (zitiert nach *Joseph* 1975) sieht einen Gestaltungsdruck auch durch die sich verbreitende Konsumenteneinstellung, durch die ein Wechsel („öfter mal was Neues") auch ohne sachliche Gründe erzwungen wird – freilich nur, wenn es keinen echten Bedarf gibt (*Albee* 1977).

Um überhaupt oder doch optimale Wirksamkeit zu erlangen, muß eine Therapie in Inhalt und „Verpackung" den Erwartungen der Patienten entsprechen. Therapeuten *ummanteln* ihre Technik daher gerne mit hochgestochenen Namen, technischer Apparatur, elaborierten Anweisungen, Hilfspersonal oder ihrem eigenen Guru-Habitus (bekanntes Beispiel: Frederic „Fritz" Perls). *Fancher & Gutkin* (1971) fanden auf seiten der potentiellen Patienten ein Präferenzgefälle zwischen Einsichts- und Verhaltenstherapien, das von *Knudson & Carskaddon* (1978) für Gesprächstherapie versus Verhaltenstherapie bestätigt werden konnte. Unterschiedliche Therapien werden für unterschiedlich beschriebene Störungen für adäquat gehalten. Nach einer Befragung von *Turkat* et al. (1979) halten Studenten ein Verhaltenstraining für eine geeignete Therapie bei Retardierten (84% Zustimmung), bei Strafgefangenen (54%), weniger bei Eheproblemen (40%), Homosexualität (31%) und als alltägliche Erziehungsmaßnahme (21%). Nach *Liebhart* (1978a) spielt bei der Erwartungsadäquatheit der Zeit- und Kostenumfang der Therapie eine Rolle. In Kongruenz mit solchen Einstellungsuntersuchungen machte *Eckert* (1976) den Vorschlag, eine Prognose über den Therapieerfolg nicht auf Persönlichkeitsvariablen usw. zu gründen, sondern auf die erste spontane Reaktion des Patienten auf die angebotene Therapie (vgl. auch *Howard & Orlinsky* 1972).

Tatsächlich stellen Therapeuten unterschiedliche Erwartungen ihrer Patienten fest (z.B. *Szapocznik* et al. 1978 für Kubaner vs. Amerikaner; *Marecek* et al. 1979 für Frauen vs. Männer) und ergeben sich Anzeichen für deren Wirksamkeit in der Therapie, sowohl bei Kulturunterschieden (z.b. Morita-Therapie in Japan) als bei Anwendung bestimmter Techniken innerhalb einer Kultur (z.b. *Wilkins* 1979) oder bei einem bestimmten Beruf (z.b. *Greene* 1976), was *Tunner* et al. (1978) auf die Variable „intrinsische" Motivation zurückführen. Allerdings ist nicht sicher, ob die Erwartung der Patienten eine so eminente Rolle spielt, wie gerne angenommen wird. Im Gegensatz zu dem Ergebnis von *Fancher & Gutkin* (l.c.) fanden *Holen & Kinsey* (1975) eine Präferenz für Verhaltenstherapie dann, wenn sie diese nicht beschrieben, sonderen an Demonstrationen teilnehmen ließen. Und *Duckro* et al. (1979) konnten bei einer Durchsicht der Literatur seit 1962 nur zur Hälfte bestätigende Ergebnisse ausmachen.

7.2.2 Psychologische Seelsorge und Heilslehre

Eine neue Gruppe von Schädigungen macht zunehmende Anstrengungen bei der Schaffung neuer therapeutischer Formen notwendig: die therapeugenen Begleitschäden. Bisher so recht bekannt sind sie nur aus dem medizinischen Bereich: Amputierte, Menschen mit implantierten oder künstlichen Organen, Dialyse-Patienten, Lobotomiker, alte und todkranke Menschen, deren Leben unerträglich verlängert wird (*Stedeford & Bloch* 1979), Kinder in stationärer Behandlung usw. Für die psychologische *Seelsorge* solcher „Problemfälle" der Medizin wird teils das Konzept der Psychotherapie, teils das der Rehabilitation in Anspruch genommen.

Einwirkungsbegleitschäden aus anderen Bereichen sind vorherzusehen oder bereits bekannt: nach manipulativem Eingriff im pädagogischen Bereich folgt nicht nur eine Soziomobilität sondern auch eine Entwurzelung; sind Stützmaßnahmen nach dem Aufstieg notwendig (*Reiter* 1978); müssen Eltern–Kind-Beziehungen wegen diskrepanter Bildung emotional „künstlich ernährt" werden; müssen Ausgleichsmaßnahmen nach Endkindlichung der Schule ins Auge gefaßt werden. Im psychologischen Bereich wird die Wiedereingliederung von „Lernautomaten" nach Verhaltenstherapie notwendig werden; der Wiederaufbau einer der Realität entsprechenden Motivationsstruktur nach intensiver Operanter Konditionierung; Anpassung an zielstrebiges Verhalten nach Gesprächstherapie usw. Im sozio-ökonomischen Bereich sind die Probleme der ausgedehnten Freizeit so weit gediehen, daß therapeutische Hilfe notwendig ist.

Für viele dieser Folgeprobleme der Segnung moderner Formung der Existenzbedingungen brauchte es allerdings keine professionellen Bemühungen, gäbe es noch die früher dafür vorgesehenen Instanzen der „mitmenschlichen" Hilfe, oder könnten die ehedem gebräuchlichen Methoden noch als zeitgemäß und *wertvoll* gelten. Ein nicht unbeträchtlicher Teil der Therapien entwickelt sich laufend als *Ersatz* für und aus kurativen

Volksweisheiten, die durch Applikation moderner Termini „verwissenschaftlicht" werden. Seit es keine so engen Familienbindungen mehr gibt; keinen Tante-Emma-Laden zum Klönen; Stammtisch, Kegelklub und Kaffeekränzchen als kleinbürgerlich-muffig gelten; seit der Trost des Priesters oder der Rat des Freundes nicht mehr eingeholt werden, muß der Therapeut einen vergrößerten Kundenkreis betreuen. *Zuhören* (Ersatz des Priesters durch den Gesprächstherapeuten), *Konsequenzen verdeutlichen* (Ablösung des Erziehungsallgewaltigen durch die Verhaltenstherapie), *sich-einander-öffnen* (encounter statt Freunde zu gewinnen) verdeutlichen, was hier angesprochen ist.

Seit *Freud* ist immer wieder hypostasiert worden, daß die psychische Störung auch der Erlangung sekundärer Vorteile dient. Weniger geläufig ist es noch, daß auch in der Therapie offizielle Ziele (Heilung) zuweilen, *nicht* die *primären* zu sein brauchen. So kann eine Behandlung auch als Operator zu etwas benutzt werden, das mit anderen Mitteln nicht erreicht werden kann, oder das außerhalb des therapeutischen Schonraumes verboten oder tabuiert ist. Beispiel für ersters ist das Verlangen nach engen Sozial- oder Körperkontakten bis hin zum sexuellen Kontakt und zur seelischen Entblößung, dem die Gruppe der „feelie-touchie"- und „groupie"-Therapien (sensitivity training, encounter, nude encounter, marathon encounter usw.) bereits weitgehend entgegen gekommen ist. *Lieberman* et al. (1973) urteilen: „Encounter groups are superbly engineered to provide intense, meaningful, transitory relationships" (p. 452); „they are not highly potent methods of changing behavior" (p. 449); „(they are) a clear and evident danger" (p. 445). Welche Gefahr das ist, wird bei *Reisman* (1976[2], p. 392) deutlich: „With the introduction of body procedures many did it for *sheer pleasure*: massage, fondling, caressing, yoga, dance, meditation, there seemed to be *no limits* as to what might be done, even sexual intercourse" (Hervorhebung hinzugefügt). Noch eindeutigere Gefahren sieht *Holden* (1974) im Rahmen der Sexualtherapie: „If sex were a drug, it would top the list of abused substances, so it is hardly surprising that some pretty gross exploitation is going on. Some ‚sex therapists' treat their clients to sadomasochistic practices, homosexual seduction, sexual participation by the ‚therapist', and thinly veiled prostitution under the label of ‚surrogate partners'" (p. 334).

Die Ausnutzung des therapeutischen Schonraumes kann auch in anderem Sinne mißbräuchlich sein. Seit Beginn der menschlichen Akkulturierung scheint es eine enge Verbindung zwischen Religion und Psychotherapie gegeben zu haben (*Nelson & Torrey* 1973). Mit der Ablösung der Gottgläubigkeit durch die Wissenschaftsgläubigkeit gleitet nun die Therapie zurück ins Kultische: Seelenmesse anders; „ . . . and psychotherapists have become the new gurus explaining life's elusive purpose" (*Albee* 1977, p. 150). Ein drastisches Beispiel für die Entwicklung einer therapeutischen in eine satanische Kultgemeinde beschreibt *Bainbridge* (1978).

Ein Sonderfall solcher Therapieentwicklung liegt vor, wenn ein nicht allgemein abgelehntes Ziel „krankhaft" (mit einem verbotenen Mittel) erreicht wird, für das der Therapeut ein legales Mittel liefert. Ein solches Verhältnis kann in der Drogentherapie vorliegen; wird etwa ein Rauschmittel als Operator für eine Realitätsentrückung oder Bewußtseinserweiterung benutzt, so kann der Therapeut die Droge durch eine fernöstliche Meditationsmethode ersetzen (vgl. *Geisler* 1978). Auch hier wird der therapeutische Raum dazu benutzt, dem Patienten zur Erlangung seiner Wünsche zu verhelfen, ohne deren Berechtigung für die Entwicklung der Person zu hinterfragen. „A lotus-eating, hedonistic society guided by psychotherapists .. is somehow not my idea of heaven on earth" (*Albee* 1977, p. 161).

8 Einflüsse aus der Gesellschaft

8.1 Funktionstüchtigkeit der Individuen

8.1.1 Wirtschaftliche Gesichtspunkte

Je mehr ein Gemeinwesen in seiner Existenz abhängt von den zugehörigen Individuen, desto mehr muß es darin investieren, daß seine Glieder gut „funktionieren" und die ihnen zugedachte Teilaufgabe erfüllen. Besonders in den hochtechnisierten Ländern mit stark arbeitsteiliger Wirtschaftsstruktur ist der einzelne für das Ganze ökonomisch wertvoll, da er über ein spezialisiertes Wissen und Können verfügt. Gesundheitsfürsorge muß daher bereits aus einem ökonomischen Kalkül besonders beachtet werden: Eine Investition auf diesem Sektor muß abgewogen werden gegen die Kosten, die entstehen, wenn ein „Rädchen" ausfällt (Betriebsstörungen, Planungskosten, Ausbildungskosten).
Die Schwelle für die Anerkennung von Störungen als Krankheit und von Krankheiten als behandlungs-(investitions-)bedürftig ändert sich daher mit der Wirtschaftsstruktur und weist auch deutliche Gruppenunterschiede auf (*Hurvitz* 1973). Das hat nicht nur Auswirkungen auf den Umfang der Investition, sondern auch auf deren Placierung in Spezialtherapien. Es dürften bei immer schärferer Kosten-Nutzen-Berechnung die reparierenden Therapietechnologien allmählich zugunsten der hygienischen zurückgedrängt werden. Statt Ausfälle zu unerwartetem Zeitpunkt zu riskieren, wird man stärker pflegen, inspizieren (Vorsorgeuntersuchungen), armieren (z.B. impfen, Erholungsurlaub) sowie „Ersatzteile" auf Lager halten. Traditionell eher wenig beachtete Gruppen (Arbeiter) können wegen der mittlerweile erreichten Qualifikation (Facharbeiter) interessante Investitions-„Objekte" werden, während der Einsatz bei solchen Gruppen gedrosselt wird, bei denen der therapeutische Aufwand in keinem rationalen Verhältnis zum wirtschaftlichen Gewinn steht (Schizophrene,

Senile usw.). In Zeiten, in denen Arbeitskräfte besonders knapp sind, können selbst Kriminelle und Verwahrloste in die therapeutische Versorgung einbezogen werden, zumal wenn deren „Aufbewahrung" das Gemeinwesen aus humanitären Erwägungen immer teurer kommt (vgl. zum Problem *Brenner* 1976² und *Bloom* 1980). Bestimmte Therapien wie die Verhaltenstherapie oder die Realitätstherapie (Glasser) gewinnen dann relatives Ansehen, obwohl sie nicht allgemein indiziert erscheinen (vgl. *Turkat* et al. 1979).

8.1.2 Politischer Kalkül

An der Psychotherapie sind nicht nur die Patienten und Therapeuten, sondern ist auch die Gesellschaft interessiert in einem anderen als dem ökonomischen Sinn: Therapie ist eine der möglichen Formen sozialer Kontrolle (*Szasz* 1978; *Kittrie* 1971). Therapie gewinnt gerade in Gesellschaften, in denen „alle Gewalt vom Volke ausgeht", gegenüber den übrigen Kontrollinstrumenten (Gewaltautorität, Gesetze und Normen, Erziehung, Medieneinfluß und Propaganda) unschätzbare Vorteile, so daß sie zum fast *zwangsläufigen* Kontrollinstrument wird. Denn einerseits ist eine Demokratie in besonders hohem Grad auf ein „vernünftiges" Verhalten angewiesen, und das heißt beides: Wohlverhalten gegenüber der Gesellschaftsideologie und gegenüber den Sozialpartnern. Auf der anderen Seite sind die weiteren Kontrollmittel mit Nachteilen behaftet, die ihren Einsatz verbieten oder ineffektiv machen. Offene Willkürgewalt scheidet als nicht systemkonform von vornherein aus, Erziehung und Propaganda werden immer wieder mit einigem Erfolg als „sanfte" Gewalt desavouiert, und der Einsatz von Normen stürzt die Repräsentanten der Gesellschaft in einen permanenten und zermürbenden Begründungszwang: warum sollte sich das Individuum an die Gesellschaft anpassen, warum sollten nicht gerade umgekehrt die Verhältnisse entsprechend den Vorstellungen des Individuums verändert werden?
Diese Diskussion um die persönliche Schuld (*Sünde*, vgl. *Mowrer* 1960) und ihr Verhältnis zur (Mit-)Schuld der sozialen und ökonomischen Verhältnisse kann man umgehen durch Einbringung eines ethisch und politisch neutralen Krankheitskonzepts: Krankheit „überkommt" den Menschen als Schicksal, die verursachenden Instanzen sind nicht derart, daß man sie zur Verantwortung ziehen kann; von Schuld kann weder auf seiten des Individuums noch auf einer anderen Seite die Rede sein. Die Motivation der Rache, seit eh im Zwielicht, kann daher durch eine neutrale Motivation zur Arbeit oder gar durch die Beistandsmotivation ersetzt werden, Strafe in Therapie überführt werden. Es dürfte einleuchten, daß diese Erweiterung des Therapiekonzepts auf neue technologische Entwicklungen drängt.
Die Ablösung politischer Maßnahmen durch therapeutische Steuerung bringt zwei weitere nicht zu unterschätzende Vorteile: *Niemand braucht*

sich mehr zu scheuen, sein Fehlverhalten einzugestehen, so wenig wie
ehedem vor dem Beichtstuhl (*Davison* 1978: der Psychotherapeut als
säkularer Priester), im Gegenteil, er ist der Fürsorge und Dienstleistung
der Gesellschaft gewiß. Wenn aber Dienstleistung (Gesundheitsfürsorge)
und Kontrolle zusammenfallen, dann hat die Gesellschaft eine in ihrer
Perfektion ehedem sicher nur erträumte Informations- und Manipula-
tionsherrschaft über alle ihre Glieder erreicht. Sie kann sich zudem ihre
Exekutive und Judikative ersparen, da der Therapeut nach dem Krank-
heitskonzept absolute Autorität ist, dem der Patient sich unterzuordnen
hat, widrigenfalls er Sanktionen erwarten kann (*Tarrier* 1979). Der andere Vorteil hat mit der Finanzierung zu tun: Während Gerichtsbarkeit,
Polizei, Strafanstalten usw. in der Finanzierung mittlerweile als anonym
erscheinen, wird in der Krankenversicherung der Bürger sehr *direkt zur
Kasse gebeten für sein Fehlverhalten*. Damit hält das Gemeinwesen ihn
auf eine Weise zum Wohlverhalten an, die bisher noch nicht in den Verdacht der Repression geraten ist.

Alle Vorteile der Beeinflussung vermittels Therapie brauchen keineswegs nur den offiziellen staatstragenden Organen zuzufallen; ideologisch
Andersdenkende können sie ebenso nutzen, wenn sie mit einer direkteren
„Bekehrung" nicht recht vorankommen. In den sog. Patientenkollektiven,
teilweise auch im „Alternativen Gesundheitstag" sind solche Ansätze
bereits sichtbar geworden. Die Entwicklungsfähigkeit der Therapie
scheint so groß zu sein, daß niemand sie mehr recht überblicken kann. Es
gehört aber nicht allzu viel Phantasie dazu, sich vorzustellen, wie in ab-
sehbarer Zeit auch Therapieformen geschaffen werden, die den „Spieß
umdrehen": Auch das Individuum könnte es irgendwann vorteilhafter
finden, das moralische Geplänkel mit den Mechanismen der Gesellschaft
zugunsten eines wertfreien Reparaturkonzepts aufzugeben. Voraussetzung ist, daß die an der Gesellschaft beteiligten Individuen sich nicht
mehr als kompetent erachten, selbst Änderungen herbeizuführen, da sie
weder die Mittel noch die Ziele kennen. Politologen und Soziologen könnten dann ebenfalls die Rollen von Therapeuten übernehmen, die *niemandem als sich selbst* und dem für ein Gemeinwesen nicht minder
umstrittenen Gesundheitsbegriff verpflichtet sind. Manches in England
scheint darauf hinzudeuten, daß dort der erste Patient zu erwarten ist, es
sei denn, man wertet die Eingriffe des Internationalen Währungsfonds in
der Türkei und anderswo nicht auch bereits als (Öko-)Therapie.

All den Vorteilen eines derartigen Therapiekonzepts auf seiten der Gesellschaft und des Patienten (dieser verlange selbst „nach Handlungsrezepten,
die emanzipative und autonome ... Problemlösungsvorgänge ersparen
sollen", so *Strotzka* 1978, p. 137) steht eine Reihe von Kritikern skep-
tisch gegenüber. *Szasz* (1960) und *Mowrer* (1960) gehören zu den frühen
Kassandra-Rufern: Durch ein zu weit gefaßtes Therapieangebot werde
der Mensch entmündigt; sein fehlangepaßtes Verhalten habe immer auch
ethische Implikationen, man müsse diese ernst nehmen, statt sie zu igno-

rieren. Krankheit sei auch Ausdruck der Freiheit, anders und abweichend zu sein, was eine *Auseinandersetzung* und *keine technische Reparatur* erfordere (*Herzlich* 1973). Der Hinweis auf den Mißbrauch von Therapie bei Dissidenten in der UdSSR spielt dabei eher eine untergeordnete Rolle (*Tarrier* 1979), so daß man den Einwänden kaum mit dem Vorwurf begegnen kann, es werde eine Übergeneralisierung vorgenommen. Allerdings weist *Borgman* (1978) darauf hin, daß die offen erzwungene Behandlung kein Phänomen ist, das sich auf autoritär regierte Länder beschränkt.

Es geht den Kritikern eher darum, daß der nicht-bewertende Standpunkt der Therapie *als solcher* bereits eine *Wertentscheidung* (*Halleck* 1971) und eine politische Entscheidung sei (*Beit-Hallahmi* 1974), jedoch *außerhalb jeder Kontrolle*. Immer erfolge die Veränderung am Patienten, wie es das technisch-neutrale Konzept vorschreibe, niemals an den Umständen (*Halleck* 1971; *Hurvitz* 1977). Der technokratische Therapeut (s. *Skinners* „Walden Two") spiele die Rolle eines gottähnlichen Designers (*Smith* 1973), der die Persönlichkeit angeblich nur unwesentlich verändert, wahrscheinlich aber auf die Dauer wertfrei funktionierende Homunculi aus ihnen macht: „If we reach the point of treating . . . Leonardo's homosexuality, Poe's drug abuse, and van Gogh's depression . . ., can we guarantee what will survive the therapy?" (*Robinson* 1973, p. 132). Und wiederum, wenn die Therapeuten wenigstens indirekt über Berufszulassungsgesetze und die Krankenversicherungen von der Gesellschaft kontrolliert werden; wenn in den USA die therapeutische Forschung zu 97% von der Öffentlichen Hand bezahlt und gelenkt wird (*Parloff* 1979), wie steht es dann um die Pluralität von Menschenbildern. Aus diesen und anderen Gründen fragen *Magaro* et al. (1978) in einem Wortspiel, ob der Samariter *(therapist)* nicht eher zu einem Räuber (the *rapist*) geworden sei. Verbraucherorganisationen und Gerichte in den USA beschäftigen sich mittlerweile bereits intensiver mit dem Schutz der Patienten vor Therapie (Literatur bei *Hare-Mustin* et al. 1979).

8.2 Investitionskosten

Soweit der Kostenträger — einerlei ob Individuum oder Gesellschaft — sein Augenmerk auf optimale Arbeitsfähigkeit richtet, muß er ein Interesse an solchen Therapien haben, die unaufwendig in jedem Sinn sind (vgl. *Kovacs* 1975). Die Begünstigung der Pharmaka auch in der Psychotherapie findet damit eine Erklärung (*Reisman* 1976²). Wo diese aus Indikations- oder anderen Gründen keine Verwendung finden, sind Berufsgruppen im Vorteil, die ein niedriges Lohnstückniveau aufweisen, also etwa Sozialpädagogen vor Heilpädagogen, diese vor Psychologen und vornehmlich vor Medizinern. Entsprechend werden die Berufsgruppen eigene Therapien entwickeln oder adaptieren. Auch sind Maßnahmen zu bevorzugen, die zeitlich und bezüglich ihrer Ziele auf das für die Erhaltung der Arbeitskraft Notwendige beschränkt sind. In einem solchen Klima haben Therapien kaum eine Chance, die eher privatistische Ziele (Genußfähigkeit, optimale Entwicklung usw.) in den Vordergrund stellen. Eine Varianz der Therapieformen kann entsprechend über Individuen, Gruppen oder Gesellschaften mit unterschiedlichem ökonomischen Entwicklungsstand erwartet werden.

Allerdings müssen die Therapeuten als zweite marktkontrollierende Gruppe neben der Gesellschaft (die Individualpatienten haben keinen wesentlichen Einfluß, soweit sie nicht organisiert sind oder die Kosten aus eigenen Mitteln tragen) gerade auf die Entwicklung solcher Therapien bedacht sein, die teuer sind und den Patienten zu einem „Dauerkunden" machen. Diese Intention läßt sich um so mehr realisieren, je mehr ökonomische Steuerung die Gesellschaft den Therapeuten überläßt, also optimal dann, wenn Niederlassungsfreiheit einhergeht mit gesicherter Entlohnung von dritter Seite, sei es durch Zwangsversicherung oder öffentliche Mittel, wie *mental health programs* (*Chodoff* 1972). Die höher Entlohnten unter den Berufsgruppen werden darauf drängen (aufgrund ihrer größeren ökonomischen Macht mit einigem Erfolg), daß das gesamte Therapie-„Geschäft" ihnen überlassen wird, auch derjenige Teil, der besonders hohe Kompetenzen gar nicht erforderlich macht (vgl. die beiden Anhörungen zu dem 1978 vorgestellten Entwurf zu einem Psychotherapeutengesetz).

Die ökonomische Kontrolle der Öffentlichen Hand wirkt jedoch auch indirekter, über das sich ändernde Verhalten des Patienten, auf die Gestaltung von Therapien ein. Wenn der Patient im Therapeuten nicht mehr (nur) den ihm persönlich Verpflichteten sehen kann, sondern (auch) den *Sozialagenten*, dann wird er weniger offen in seiner Information über sich sein, mißtrauischer und widerständiger gegenüber den therapeutischen Maßnahmen aus Angst vor der Manipulation. Die Start- wie auch die Rückkopplungsdiagnostik müssen dann weniger durchsichtig gehalten werden, die Therapie selbst so, daß der Erfolg nicht abhängig ist von der wohlwollend-aktiven Teilnahme des Patienten. Die Verhaltenstherapien kommen dem besonders entgegen, während die humanistischen und analytischen Therapien wegen des gewachsenen Übertragungswiderstandes vor großen Schwierigkeiten stehen (*Chodoff* 1972; *Halpert* 1972).

Wo das Gemeinwesen Therapie auch als *sozialpolitischen Ersatz*operator einsetzt (heute bereits offen bei „Gesindel" und Kriminellen), tritt der Aufwand zurück vor der Sicherheit des Erfolgs und seiner Permanenz. Da die „Patienten" überdies keine sind, also keinen Leidensdruck zeigen, muß ein wesentlicher Teil der Therapie auf die Herbeiführung eines Bedürfnisses nach Therapie verwandt werden, ein Semi-Zirkelproblem zumindest, dessen Lösung wesentliche Anstöße für die Entwicklung neuer Therapien abgeben könnte. Noch mehr als bei rein ökonomischem Interesse steht die Therapie hier unter dem Konzept der Vorsorge; Störungen müssen bereits in der Phase ihrer Entstehung unter Kontrolle gebracht werden, da die Gefahr der sozialen Ansteckung mit erheblichen politischen Konsequenzen besteht. Ausgehend von der Kennedy-Ära hat es dementsprechend in den USA eine Entwicklung zur sog. gemeindenahen psychosozialen Versorgung gegeben, die sich inzwischen in anderen hoch entwickelten Gesellschaften fortsetzt. Obwohl die Effektivität dieser Einrichtungen nach wie vor unklar ist (*Parloff* 1979), zumindest aber in keinem ökonomisch zu rechtfertigenden Verhältnis zum enormen Aufwand steht, leidet der Zufluß an Mitteln bisher darunter nicht.

In der Grundkonzeption soll diese Versorgung *total* sein. Sie erfolgt „vor Ort" und daher schnell bei den geringsten Anzeichen von Störungen. In den noch in der Entwicklung befindlichen Technologien spielt der Einsatz von Laien eine große Rolle, da diese weniger als Sozialkontrolleure erscheinen müssen, die Distanz zum Mitbürger-Patienten geringer ist. Die „Gestörten" können in ihrer gewohnten sozialen Umgebung unter Ausnutzung aller natürlichen Kontroll-Ressourcen (Nachbarn, Behörden usw.) zum rechten Verhalten zurückgeführt werden; eine (sekundäre) soziale Unruhe durch Verpflanzung in eine therapeutische Subgruppe wird vermieden. Zumal die Verhaltenstherapien scheinen sich zu einer Weiterentwicklung in diesem Sinne anzubieten, so daß sie zu einer „Art Volkstherapie" werden (*Westmeyer & Hoffmann* 1977, p. 24): „. . . ob sich das Ganze zu einem Triumph der totalen therapeutischen Einstellung ausweiten wird, die darin besteht, daß jeder jeden therapiert, wenn er nicht gerade von jedem therapiert wird, bleibt abzuwarten."

Reicht das sozialpolitische Engagement in die Nähe des Bekehrungseifers, dann werden Therapien begünstigt, die rasche, klar umschriebene und eindeutig mitteilbare Erfolge zeitigen (*Bloom* 1980) *ohne Rücksicht auf Neben- und Späteffekte*. Im vergangenen Jahrzehnt ist eine Erfolgsungeduld vornehmlich bei denjenigen Gruppen sichtbar geworden, die sich außerhalb einer parlamentarischen Kontrolle sahen. Neben einer sozialutopistischen Abart der Psychoanalyse hat davon die Gruppe der Verhaltenstherapien entscheidende Impulse erhalten, was vor allem an der Entwicklung der *„Gesellschaft zur Förderung der Verhaltenstherapie"* abzulesen ist. Schaut man sich die geopolitische Landkarte an, dann fällt auf, daß der „Eiserne Vorhang" sich auf die Korrelation zwischen dem politischen und therapeutischen Menschenbild nicht mindernd auswirkt; das erste deutschsprachige Buch über die Verhaltenstherapie erschien in der Deutschen Demokratischen Republik.

9 Zusammenfassender Schluß

Die Erklärung der Therapieschwemme durch einen Anstieg psychischer Störungen ist in ihrer Sparsamkeit wahrscheinlich ebenso unhaltbar wie

die Vermutung, zwischen den wenigen etablierten und der Fülle neuer
Therapien gäbe es wesentliche Qualitätsunterschiede. Das Anwachsen der
Therapien beruht nicht auf einer historisch zufälligen und einmaligen
Konstellation, sondern ist Ausfluß einer Entwicklung, die zwangsläufig
fortschreitet oder noch gravierender wird, *solange eine Steuerung nach zu
einfachen Erklärungsmodellen* vorgenommen wird.
Zu der Entwicklung tragen Determinanten aus wenigstens sechs unterschiedlichen „Funktionsebenen" menschlicher Existenz bei: aus der
Ebene der Philosophie sorgt der Machbarkeitsglaube für eine generell
starke Vermehrung von Technologien, die infolge des verfallenden Wis-
senschaftskriteriums kaum mehr in hoch- und minderwertige zu scheiden
sind. In der Ebene der Wissenschaft Psychologie werden von den vielen
Anthropologien nur wenige „zugelassen", so daß die übrigen unkontrolliert auf die Entwicklung neuer Therapien durchschlagen können. Ein
Defizit an veritablen Grundlagentheorien erzwingt auf der Ebene der
Technologie Psychologie ein vielfältiges und zusammenhangloses Herumprobieren. Da die Effektivität der Technologien weder theoretisch
(fehlendes Modell der Nebenfolgen) noch empirisch abzuschätzen ist,
bleibt den therapeutischen Technikern nicht nur ein großer Spielraum
für die Einbringung sachfremder, professionalistischer Motive in ihre
Handlungen, sondern sie sind geradezu gehalten, neue Behandlungen
„aus dem Hut (sprich dem theoretischen und technologischen Vakuum)
zu zaubern", wenn sie den Hilfeforderungen der Gesellschaft und der Individualpatienten nachkommen wollen.
Die Nachfrage der Patienten nach Hilfe ist aus mehreren Gründen gestiegen, wobei zweifelhaft bleibt, ob eine Korrelation vorliegt mit dem tatsächlich vermehrten Auftreten von Störungen. Wenigstens teilweise
scheint es sich um eine einfache Umlenkung des Nachfragestromes zu
handeln: Wo ehedem eine natürliche „Therapie" seitens des Mitmenschen
in Anspruch genommen wurde, ist heute ein Berufsspezialist vonnöten.
Relativ klar erscheint der Nachfrageanstieg der Gesellschaft: In einem ar-
beitsteiligen und individuell mitbestimmten Gemeinwesen muß das einzelne Glied in jeder Hinsicht hervorragend „funktionieren", da die
Verflechtung aller Teile untereinander besonders hoch ist.
Als Superdeterminanten für die Therapieschwemme lassen sich folgende
beiden herausstellen:

— Ein krasses Mißverhältnis zwischen dem Entwicklungstempo der drei
„kreativen" Funktionsebenen (Philosophie, Wissenschaft und Technologie Psychologie) und dem Bedarfsanstieg der drei „konsumierenden"
Ebenen (Therapeut, Patient, Gesellschaft). Diese Diskrepanz wirkt sich
auf die Schöpfung von Therapien deshalb besonders stark aus, weil der
Techniker (Therapeut) eine Doppelrolle zu spielen gezwungen ist. Er hat
einerseits dem Patienten seinen Dienst anzubieten, muß zur Sicherung
seiner Existenz aber auch um dessen Nachfrage werben.
— Ein Mißverhältnis zwischen einer immer rigoroser gehandhabten Spezialisierung der drei unteren Funktionsebenen und der Weigerung, dieses

Spezialisierungskonzept mit seiner Abhängigkeit von den drei oberen Ebenen anzuerkennen.

Beide Determinanten zusammen sorgen dafür, daß die Handlungsrelation Therapeut—Patient unabhängig gesehen wird von der Verflechtung mit den übrigen Ebenen, womit eine *Kontrolleinbindung der therapeutischen Interaktion in eine menschliche Gesamtexistenz nicht mehr gegeben ist.*

Literatur

Albee, G.W. 1975. Comments on 'Insurance Reimbursement'. To thine own self be true. American Psychologist 30, 1156—1158. — *Albee*, G.W. 1977. The protestant ethic, sex, and psychotherapy. American Psychologist 32, 150—161. — *Azrin*, N.H. 1977. A strategy for applied research: Learning based but outcome oriented. American Psychologist 32, 140—149. — *Bailey*, K.B. 1978. Psychotherapy or massage parlor technology? Comments on the Zeuss, Rosen, and Zeuss treatment procedures. Journal of Consulting and Clinical Psychology 46, 1502—1506. — *Bainbridge*, W.S. 1978. Satan's power: A deviant psychotherapy cult. London: University of California Press. — *Baumann*, U. (Ed.) 1981. Indikation zur Psychotherapie. München: Urban & Schwarzenberg. — *Beit-Hallahmi*, B. 1974. Salvation and its vicissitudes. Clinical psychology and political values. American Psychologist 29, 124—129. — *Bergin*, A E. & *Lambert*, M.J. 1978[2]. The evalution of therapeutic outcomes. In: *Garfield*, S.L. & *Bergin*, A.E. (Ed.) Handbook of psychotherapy and behavior change. New York: Wiley. p. 139—189. — *Bergin*, A.E. & *Strupp*, H.H. 1972. Changing frontiers in the science of psychotherapy. Chicago: Aldine. — *Bergin*, A.E. & *Suinn*, R.M. 1975. Individual psychotherapy and behavior therapy. Annual Review of Psychology 26, 509—556. — *Berufsverband Deutscher Psychologen.* 1980. Bildungswerk. Report Psychologie 5, Nr. 2, 66—70. — *Bloch*, S. 1979. Assessment of patients for psychotherapy. British Journal of Psychiatry 135, 193—208. — *Bloom*, B.L. 1980. Social and community interventions. Annual Review of Psychology 31, 111—142. — *Bloom*, L.J. & *Trautt*, G.M. 1978. Therapeugenic factors in psychotherapy: The use of psychological tests. Journal of Clinical Psychology 34, 513—518. — *Borgman*, R.D. 1978. Social conflict and mental healt services. Springfield: Thomas. — *Breger*, L. & *McGaugh*, J.L. 1965. Critique and reformulation of ‚learning theory‘ approaches to psychotherapy and neurosis. Psychological Bulletin 63, 338—358. — *Brenner*, M.H. 1976[2]. Mental illness and the economy. Cambridge: Harvard University Press. — *Bühler*, C. 1975. Die Rolle der Werte in der Entwicklung der Persönlichkeit und in der Psychotherapie. Stuttgart: Klett. — Bundesminister für Jugend, Familie und Gesundheit. 1978. Referentenentwurf eines Psychotherapeutengesetzes, versandt im Juli 1978. — *Caplan*, N. & *Nelson*, S.D. 1973. On being useful — The nature and consequences of psychological research on social problems. American Psychologist 28, 199—211. — *Chodoff*, P. 1972. The effect of third-party payment on the practice of psychotherapy. American Journal of Psychiatry 129, 52—57. — *Ciminero*, A.R., *Doleys*, D.M. & *Williams*, C.L. 1978. Journal literature on behavior therapy 1970—1976: Analysis of the subject characteristics, target behaviors, and treatment techniques. Journal of Behavior Therapy and Experimental Psychiatry 9, 301–307. – *Colby*, K.M. 1964. Psychotherapeutic processes. Annual Review of Psychology 15, 347–370. – *Coyne*, J.C. 1976. The place of informed consent in ethical dilemmas. Journal of Consulting and Clinical Psychology 44, 1015–1016. – *Dahlstrom*, W. G. 1970. Personality. Annual Review of Psychology 21, 1–48. – *Davison*, G.C. 1978. Not can but ought: The treatment of homosexuality. Journal of Consulting and Clinical Psychology 46, 170–172. – *Deitz*, S.M. 1978. Current status of applied behavior analysis. Science versus technology. American Psychologist 33, 805–814. – *Deutsch*, J.A. 1964. The structural basis of behaviour. Cambridge: University Press. – *Dörken*, H. 1975. National health insurance: Prospects for profound change. American Psychologist 30, 1158–1160. – *Draguns*, J.G. & *Phillips*, L. 1972. Culture and psychopathology: The quest for a relationship. Morristown: General Learning Press. – *Duckro*, P., *Beal*, D. & *George*, L. 1979. Research on the effects of disconfirmed client role expectations in psychotherapy: A critical review. Psychological Bulletin 86, 260–275. – *Durlak*, J.A. 1979. Comparative effectiveness of paraprofessional and professional helpers. Psychological Bulletin 86, 80–92. – *Eckert*, J. 1976. Zur Prognose von psychotherapeutischen Effekten bei unterschiedlichen Behandlungsmethoden. Zeitschrift für Klinische Psychologie 5, 153–163. – *Ellis*, A. 1977. Rational-emotive theory: Research data that support the clinical and personality hypothesis of RET and other models of cognitive-behavior therapy. The Counseling Psychologist 7, 2–42. – *Ellsworth*, R.B. 1968. Nonprofessionals in psychiatric rehabilitation. New York: Appleton-Century-Crofts. – *Eysenck*, H.J. 1952. The effects of psychotherapy: An evalution. Journal of Consulting Psychology 16, 319–324. – *Eysenck*, H.J. 1976. The learning theory model of neurosis – A new approach. Behaviour Research and Therapy 14, 251–267. – *Eysenck*, H.J. 1979. Behavior therapy and the philosophers. Behaviour Research and Therapy 17, 511–514. – *Eysenck*, H.J. 1980. A unified theory of psychotherapy, behavior therapy, and spontaneous remission. Zeitschrift für Psychologie 188, 43–56. – *Fancher*, R.E. & *Gutkin*, D. 1971. Attitudes towards science, insight therapy, and behavior therapy. Journal of Clinical Psychology 27, 153–155. – *Feyerabend*, P.K. 1970. Against method – Outline of an anarchistic theory of knowledge. Minnesota Studies in the Philosophy of Science 4, 17–30. – *Frank*, J.D. 1972. Therapeutic factors in psychotherapy. In: *Matarazzo*, J.D., *Bergin*, A.E., *Frank*, J.D., *Lang*, P.J., *Marks*, I.M. & *Strupp*, H.H. (Ed.) Psychotherapy 1971. Chicago: Aldine. p. 3–14. – *Fürstenau*, P. 1979. Zur Theorie psychoanalytischer Praxis. Stuttgart: Klett-Cotta. – *Garfield*, S.L. & *Bergin*, A.E. (Ed.) 1978[2]. Handbook of psychotherapy and behavior change. New York: Wiley. – *Geisler*, M. 1978. Therapeutische Wirkungen der Transzendentalen Meditation auf Drogenkonsumenten. Zeitschrift für Klinische Psychologie 7, 235–255. – *Glatzel*, J. & *Reimer*, F. 1980. Die „nonverbale Gesprächstherapie" oder: Zur Perversion psychiatrischer Therapieangebote. Unveröffentlichtes Manuskript, Weinsberg (vgl. Psychologie heute 1981, 8, 3, 13). – *Goldfried*, M.R. & *Davison*, G.C. 1976. Clinical behavior therapy. New York: Holt, Reinehart & Winston. – *Goldhemer*, H. & *Marshall*, A. 1953. Psychosis and civilization. Glencoe: Free Press. – *Grawe*, K. 1978. Indikation in der Psychotherapie. In: *Pongratz*, L.J. (Ed.) Klinische Psychologie (= *Gottschaldt*, K., *Lersch*, P., *Sander*, F. & *Thomae*, H. (Ed.) Handbuch der Psychologie in 12 Bänden, Band VIII/2) Göttingen: Hogrefe. p. 1849–1883. – *Graziano*, A.M. & *Fink*, R.S. 1973. Second-order effects in mental health treatment. Journal of Consulting and Clinical Psychology 40, 356–364. – *Greene*, R.J. 1976. Psychotherapy with hard science professionals. Journal of Contemporary Psychotherapy 8, 52–56. – *Groeben*, N. & *Westmeyer*, H. 1975. Kriterien psychologischer Forschung. München: Juventa. – *Groeger*, W.M., *Wittchen*, H.U., *Dvorak*, A. & *Fichter*, M. 1979. Zur klinisch-psychologischen Schwerpunktbildung im Rahmen des Diplomstudiengangs ‚Psychologie'. Psychologische Rundschau 30, 180–197. – *Grossberg*, J.M. 1964. Behavior therapy: A review. Psychological Bulletin 62, 73–88. – *Halifax-Grof*, J. 1976. Convergence of ancient and indigenous healing procedures with recent innovations in therapy. Multidisciplinary Research 4, 120–142. – *Halleck*, S.L. 1971. The politics of therapy. New York: Science House. – *Halmos*, P. 1966. The faith of the counsellors. New York: Schocken. – *Halpert*, E. 1972. The effect of insurance on psychoanalytic treatment. Journal of the American Psychoanalytic Association 20, 122–123. – *Hammes*, J. 1973. Humanistic psychology, therapy, religion and values. In: Cox, R.H. (Ed.) Religious systems and psychotherapy. Springfield: Thomas. p. 355–368. – *Hare-Mustin*, R.T., *Marecek*, J., *Kaplan*, A.G. & *Liss-Levinson*, N. 1979. Rights of clients, responsibilities of therapists. American Psychologist 34, 3–16. – *Henry*, W.E., *Sims*, J.H. & *Spray*, S.L. 1971. The fifth profession. San Francisco: Jossey-Bass. – *Herrmann*, T. 1979. Psychologie als Problem. Herausforderungen der psychologischen Wissenschaft. Stuttgart: Klett-Cotta. – *Hersh*, C. 1972. Social history, mental health, and community control. American Psychologist 27, 749–754. – *Herzlich*, C. 1973. Health and illness. A social psychological analysis. New York: Academic Press. – *Hoffmann*, N. 1977. Einführung in den Problembereich. In: *Westmeyer*, H. & *Hoffmann*, N. (Ed.) Verhaltenstherapie. Grundlegende Texte. Hamburg: Hoffmann & Campe. p. 9–31. – *Holden*, C. 1974. Sex therapy: Making it as a science and an industry. Science 186, 330–334. – *Holen*, M.C. & *Kinsey*, W.M. 1975. Preference for three theoretically derived counseling approaches. Journal of Counseling Psychology 22, 21–23. – *Hollander*, M., *Plutchik*, R. & *Horner*, V. 1973. Interaction of patient and attendant reinforcement programs: The piggyback effect. Journal of Consulting and Clinical Psychology 41, 43–47. – *Howard*, K. & *Orlinsky*, D. 1972. Psychotherapeutic processes. Annual Review of Psychology 23, 615–668. – *Hurvitz*, N.L. 1973. Psychotherapy as a means of social control. Journal of Consulting and Clinical Psychology 40, 232–239. – *Hurvitz*, N.L. 1977. Problems in living and psychotherapy: An alternative view. Clinical Psychologist 31, 19–21. – *Irle*, M. 1979. Zur Lage der Psychologie. Psychologische Rundschau 30, 1–18. – *Joseph*, E.D. 1975. Clinical formulations and research. Psychoanalytic Quarterly 44, 526–533. – *Karasu*, T.B. 1979. Toward unification of psychotherapies: A complementary model. American Journal of Psychotherapy 33, 555–563. – *Kash*, D.E. 1972. Politics and research. In: *Nagi*, S.Z. & *Corwin*, R.G. (Ed.) The social contexts of research. New York: Wiley. p. 97–128. – *Katschnig*, H. 1978. Psychotherapiebedarf. In: *Strotzka*, H. (Ed.) Psychotherapie: Grundlagen, Verfahren, Indikationen. München: Urban & Schwarzenberg, p. 129–136. – *Kazrin*, A., *Durac*, J. & *Agteros*, T. 1979. Meta-meta analysis: A new method for evaluating therapy outcome. Behaviour Research and Therapy 17, 397–399. – *Kelly*, G.A. 1955. The psychology of personal constructs. New York: Norton. – *Kiesler*, D.J. 1966. Some myths of psychotherapy research and the search for a paradigm. Psychological Bulletin 65, 110–136. – *Kittrie*, N.N. 1971. The right to be different: Deviance and enforced therapy. Baltimore: Johns Hopkins University Press. – *Knudson*, M.L. & *Carskaddon*, T.G. 1978. Psychotherapy preferences as a function of Ss conceptual systems. Journal of Clinical Psychology 34, 748–750. – *Kovacs*, A.L. 1975. Economic legitimacy for professional practitioners. American Psychologist 30, 1160–1162. – *Kuhn*, T.S. 1973. Die Struktur wissenschaftlicher Revolution. Frankfurt: Suhrkamp. – *Lakatos*, I. 1972. Falsification and the methodology of scientific research programmes. In: *Lakatos*, I. & *Musgrave*, A. (Ed.) Criticism and the growth of knowledge. London: Cambridge University Press. p. 91–196. – *Lambert*, M.J. 1976. Spontaneous remission in adult neurotic disorders: A revision and summary. Psychological Bulletin 83, 107–119. – *Lazarus*, A.A. 1971. Behavior therapy and beyond. New York: McGraw-Hill. – *Lazarus*, A.A. 1977. Has behavior therapy outlived its usefulness? American Psychologist 32, 550–554. – *Ledwidge*, B. 1978. Cognitive behavior modification: A step in the wrong direction? Psychological Bulletin 85, 353–375. – *Leighton*, D.C., *Harding*, J.S., *MacKlin*, D.B., *MacMillan*, A.M. & *Leighton*, A.H. 1963. The character of danger: Psychiatric symptoms in selected communities. New York: Basic Books. – *Lesse*, S. 1979a. Caveat emptor? The cornucopia of current psychotherapies. American Journal of Psychotherapy 33, 329–330. – *Lesse*, S. 1979b. Space shuttles, space industrialization, space habitats – Their challenge to the health sciences. American Journal of Psychotherapy 33, 487–489. – *Levine*, M. & *Levine*, A. 1970. A social history of helping services: Clinic, court, school, and community. New York: Meredith. – *Lieberman*, M.A., *Yalom*, I.D. & *Miles*, M.B. 1973. Encounter groups: First facts. New York: Basic Books. – *Liebhart*, E.H. 1978a. Post hoc, propter hoc: Intuitive Einschätzung der Wirksamkeit dreier Therapien. Zeitschrift für Klinische Psychologie 7, 172–185. – *Liebhart*, E.H. 1978b. Therapie als kognitiver Prozeß. In: *Pongratz*, L.J. (Ed.) Klinische Psychologie (= *Gottschaldt*, K., *Lersch*, P., *Sander*, F. & *Thomae*, H. (Ed.) Handbuch der Psychologie in 12 Bänden, Band VIII/2) Göttingen: Hogrefe. p. 1785–1819. – *Locke*, E.A. 1971. Is ‚behavior therapy‘ behavioristic? Psychological Bulletin 76, 318–327. – *London*, P. 1972. The end of ideology in behavior modification. American Psychologist 27, 913–920. – *London*, P. & *Rosenhan*, D. 1968. Mental health: The promise of behavior science. In: *London*, P. & *Rosenhan*, D. (Ed.) Foundations of abnormal psychology. New York: Holt, Rinehart & Winston. p. 599–619. – *Lorion*, R.P. 1973. Socioeconomic status and traditional treatment approaches reconsidered. Psychological Bulletin 79, 263–270. – *Luborsky*, L., *Singer*, B. & *Luborsky*, L. 1975. Comparative studies in psychotherapy. Archives of General Psychiatry 32, 995–1008. – *Magaro*, P.A., *Gripp*, R., *McDowell*, D.J. & *Miller*, I.W. III. 1978. The mental health industry: A cultural phenomenon. New York: Wiley. – *Mahoney*, M.J. 1977. Reflections on the cognitive learning trend in psychotherapy. American Psychologist 32, 5–13. – *Mahoney*, M.J. & *Kazdin*, A.E. 1979. Cognitive behavior modification: Misconceptions and premature evaluation. Psychological Bulletin 86, 1044–1049. – *Malan*, D.H. 1973. The outcome problem in psychotherapy research: A historical review. Archives of General Psychiatry 29, 719–729. – *Marecek*, J., *Kravetz*, D. & *Finn*, S. 1979. Comparison of women who enter feminist therapy and women who enter traditional therapy. Journal of Consulting and Clinical Psychology 47, 734–742. – *MacFarland*, D.J. 1971. Feedback mechanisms in animal behaviour. London: Academic Press. – *Meehl*, P.E. 1955. Psychotherapy. Annual Review of Psychology 6, 357–378. – *Meltzer*, M.L. 1975. Insurance reimbursement. A mixed blessing. American Psychologist 30, 1150–1156. – *Meltzoff*, J. & *Kornreich*, M. 1970. Research in psychotherapy. New York: Atherton Press. – *Michaelis*, W. 1979. Dürfen die Ergebnisse der

Aggressionsforschung angewandt werden? In: Eckensberger, L.H. (Ed.) Bericht über den 31. Kongreß der Deutschen Gesellschaft für Psychologie in Mannheim 1978. Bd. 1: Grundlagen und Methoden der Psychologie. Göttingen: Hogrefe. p. 149–150. – *Miller*, G.A. 1969. Psychology as a means of promoting human welfare. American Psychologist 24, 1063–1075. – *Miller*, N.E. 1978. Biofeedback and visceral learning. Annual Review of Psychology 29, 373–404. – *Milner*, G. 1968. Psychotherapy: Science, art, or cult? Medical Journal of Australia 2, 1009–1010. – *Mowrer*, O.H. 1960. ‚Sin', the lesser of two evils. American Psychologist 15, 301–304. – *Nelson*, S.H. & *Torrey*, E.F. 1973. The religious functions of psychiatry. Journal of Orthopsychiatry 43, 362–367. – *North*, M. 1975. Mythos und Wirklichkeit der Psychotherapie. München: Urban & Schwarzenberg. – *Oppenheimer*, R. 1956. Analogy in science. American Psychologist 11, 127–135. – *Parloff*, M.B. 1979. Can psychotherapy research guide the policymaker? American Psychologist 34, 296–306. – *Philipps*, L.W. 1978. The soft underbelly of behavior therapy: Pop behavior modification. Journal of Behavior Therapy and Experimental Psychiatry 9, 139–140. – *Pongratz*, L.J. 1967. Problemgeschichte der Psychologie. Bern: Huber. – *Pongratz*, L.J. 1977. Einleitung: Geschichte, Gegenstand, Grundlagen der Klinischen Psychologie. In: *Pongratz*, L.J. & *Wewetzer*, K.H. (Ed.) Klinische Psychologie (= *Gottschaldt*, K., *Lersch*, P., *Sander*, F. & *Thomae*, H. (Ed.) Handbuch der Psychologie in 12 Bänden, Band VIII/1) Göttingen: Hogrefe. p. 1–59. – *Popper*, K.R. 1969³. Logik der Forschung. Tübingen: Mohr. – *Popper*, K. 1979. Ausgangspunkte. Meine intellektuelle Entwicklung. Hamburg: Hoffmann & Campe. – *Portes*, A. 1971. Behavior therapy and critical speculation. Journal of Consulting and Clinical Psychology 36, 320–324. – President's Commission on Mental Health. 1979. Report to the president. Washington: Government Printing Office. – *Raab*, E. 1980. Überlegungen zur Lage der Psychologie in Österreich und zur Integration von Ausbildung und Praxis. In: *Stephan*, E. (Ed.) Ausbildung und Weiterbildung in Psychologie. Weinheim: Beltz. p. 71–84. – *Rapaport*, D. 1959. Die Struktur der psychoanalytischen Theorie. Stuttgart: Klett. – *Rapoport*, A. 1968. Psychoanalysis as science. Bulletin of the Menniger Clinic 32, 1–20. – *Redlich*, F.C. & *Freedman*, D.X. 1966. The theory and practice of psychiatry. New York: Basic Books. – *Redl*, F. & *Wineman*, D. 1951. Children who hate. Glencoe: Free Press. – *Regier*, D.A., *Goldberg*, I.D. & *Taube*, C.A. 1978. The de facto U.S. mental health services system: A public health perspective. Archives of General Psychiatry 35, 685–693. – *Reisman*, J.M. 1976². A history of clinical psychology. New York: Irvington. – *Reiter*, L. 1978. Werte, Ziele und Entscheidungen in der Psychotherapie. In: *Strotzka*, H. (Ed.) Psychotherapie: Grundlagen, Verfahren, Indikationen. München: Urban & Schwarzenberg. p. 87–112. – *Ribes*, E. 1977. Relationship among behavior theory, experimental research, and behavior modification techniques. The Psychological Record 27, 417–424. – *Rie*, H.E. 1977. Psychology, mental health, and the public interest. American Psychologist 32, 1–4. – *Robinson*, D.N. 1973. Therapies. A clear and present danger. American Psychologist 28, 129–133. – *Rogers*, C. 1973. Some new challenges. American Psychologist 28, 379–387. – *Rosenhan*, D. & *London*, P. 1968. Therapy and remediation. In: *London*, P. & *Rosenhan*, D. (Ed.) Foundations of abnormal psychology. New York: Holt, Rinehart & Winston. p. 557–598. – *Rubenstein*, E.R. & *Parloff*, M.B. (Ed.) 1959. Research in psychotherapy. Washington: American Psychological Association. – *Ryle*, A. 1979. The focus in brief interpretive psychotherapy: Dilemmas, traps, and snags as target problems. British Journal of Psychiatry 134, 46–54. – *Saslow*, G. 1962. Final summary. In: *Strupp*, H.H. & *Luborsky*, L. (Ed.) Research in psychotherapy. Washington: American Psychological Association. – *Schilpp*, P.A. (Ed.) 1959. Albert Einstein: Philosopher-scientist. New York: Harper Torchbooks. – *Schröder*, G. 1977. Verhaltenstherapie mit Kindern und Jugendlichen. München: Pfeiffer. – *Schwab*, R., *König*, R. & *Weiss*, K.A. 1978. Einstellungen zu psychischer Gestörtheit und Psychotherapie. Zeitschrift für Klinische Psychologie 7, 194–206. – *Shapiro*, A.K. 1978. Placebo effects in medical and psychological therapies. In: *Garfield*, S.L. & *Bergin*, A.E. (Ed.) Handbook of psychotherapy and behavior change. New York: Wiley. p. 369–410. – *Shaw*, P. 1979. A comparison of three behavior therapies in the treatment of social phobia. British Journal of Psychiatry 134, 620–623. – *Skinner*, B.F. 1977. Why I am not a cognitive psychologist. Behaviorism 5, 1–10. – *Sloane*, R.B., *Staples*, F.R., *Cristol*, A.H., *Yorkston*, N.J. & *Wipple*, K. 1975. Short-term analytically oriented psychotherapy vs. behavior therapy. Cambridge: Harvard University Press. – *Smith*, M.B. 1973. Is psychology relevant to new priorities? American Psychologist 28, 463–471. – *Smith*, M.L. & *Glass*, G.V. 1977. Meta-analysis of psychotherapy outcome studies. American Psychologist 32, 752–760. – *Snyder*, C.R. & *Fromkin*, H.L. 1977. Abnormality as a positive characteristic: The development and validation of a scale measuring need for uniqueness. Journal of Abnormal Psychology 86, 518–527. – *Spotnitz*, H. 1973. My philosophy of psychotherapy. Journal of Contemporary Psychotherapy 6, 43–48. – *Srole*, L., *Langner*, T.S., *Michael*, S.T., *Opler*, M.K. & *Rennie*, T.C.A. 1962. Mental health in the metropolis: The midtown Manhattan study. New York: McGraw-Hill. – *Stedeford*, A. & *Bloch*, S. 1979. The psychiatrist in the terminal care unit. British Journal of Psychiatry 135, 1–6. – *Stegmüller*, W. 1979. The structuralist view of theories. A possible analogue of the Bourbaki programme in physical science. Berlin: Springer. – *Steller*, M., *Hommers*, W. & *Zienert*, H.J. (Ed.) 1978. Modellunterstütztes Rollentraining. Berlin: Springer. – *Stricker*, G. 1977. Implications of research for psychotherapeutic treatment of women. American Psychologist 32, 14–22. – *Strotzka*, H. 1978. Was ist Psychotherapie? In: *Strotzka*, H. (Ed.) Psychotherapie: Grundlagen, Verfahren, Indikationen. München: Urban & Schwarzenberg. p. 3–6. – *Strupp*, H.H. & *Hadley*, S.W. 1977. The tripartite model of mental health and therapeutic outcomes. With special reference to negative effects in psychotherapy. American Psychologist 32, 187–196. – *Strupp*, H.H. & *Hadley*, S.W. 1979. Specific vs nonspecific factors in psychotherapy. A controlled study of outcome. Archives of General Psychiatry 36, 1125–1136. – *Strupp*, H.H., *Hadley*, S.W. & *Gomes-Schwartz*, B. 1977. Negative effects in psychotherapy: Clinical, theoretical and research issues. New York: Aronson. – *Süss*, H.J. & *Martin*, K. 1978. Gestalttherapie. In: *Pongratz*, L.J. (Ed.) Klinische Psychologie (= *Gottschaldt*, K., *Lersch*, P., *Sander*, F. & *Thomae*, H. (Ed.) Handbuch der Psychologie in 12 Bänden, Band VIII/2) Göttingen: Hogrefe. p. 2725–2750. – *Szapocznik*, J., *Scopetta*, M.A., *de los Angeles*, M., *Aranalde*, M. & *Kurtines*, W. 1978. Cuban value structure: Treatment implications. Journal of Consulting and Clinical Psychology 46, 961–970. – *Szasz*, T.S. 1960. The myth of mental illness. American Psychologist 15, 113–118. – *Szasz*, T.S. 1978. Behavior therapy: A critical review of the moral dimensions of behavior modification. Journal of Behavior Therapy and Experimental

Psychiatry 9, 199–203. – *Tarrier*, N. 1979. The future of the medical model: A reply to Guze. Journal of Nervous and Mental Disease 167, 71–73. – *Tausch*, R. & *Tausch*, A. 1978. Personenzentrierte Gesprächspsychotherapie. In: *Pongratz*, L.J. (Ed.) Klinische Psychologie (= *Gottschaldt*, K., *Lersch*, P., *Sander*, F. & *Thomae*, H. (Ed.) Handbuch der Psychologie in 12 Bänden, Band VIII/2) Göttingen: Hogrefe. p. 1911–1954. – *Time*. European edition. 1980, May 26. Dial Dr. Toni for therapy. p. 29. – *Toman*, W. 1978. Ziele der Psychotherapie. In: Pongratz, L.J. (Ed.) Klinische Psychologie (= *Gottschaldt*, K., *Lersch*, P., *Sander*, F. & *Thomae*, H. (Ed.) Handbuch der Psychologie in 12 Bänden, Band VIII/2) Göttingen: Hogrefe. p. 1820– 1848. – *Torrey*, E.F. 1972. The mind game: Witchdoctors and psychiatrists. New York: Emerson Hall. – *Tourney*, G. 1970. Psychiatric therapies: 1880–1968. In: *Rothman*, T. (Ed.) Changing patterns in psychiatric care. New York: Crown. – *Traxel*,W. 1981. Auricular derivations. Report über ein junges interdisziplinäres Forschungsgebiet. In: *Michaelis*,W. (Ed.) Bericht über den 32. Kongreß der Deutschen Gesellschaft für Psychologie in Zürich 1980. Göttingen: Hogrefe. p. 40–48. – *Tunner*,W., *Büttermann*,M., *Münzel*,K. & *Wildgruber*,C. 1978. Kausale Attribution und Probebehandlung – Eine Therapie-Studie zur Kombination der Methoden. Zeitschrift für Klinische Psychologie 7, 207–229. – *Turkat*,I.D., *Harris*, F.C. & *Forehand*, R. 1979. An assessment of the public reaction to behavior modification. Journal of Behavior Therapy and Experimental Psychiatry 10, 101–103. – *Tybout*,R.A. 1972. Economics of research. In: *Nagi*, S.Z. & *Corwin*, R.G. (Ed.) The social contexts of reseach. New York: Wiley. p. 129–160. – *Tyler*, L.E. 1973. Design for a hopeful psychology. American Psychologist 28, 1021–1029. – *Watts*, C.A.H. 1966. Depressive disorders in the community. Bristol: Wright. – *Weimer*, W.B. & *Palermo*, D.S. 1973. Paradigms and normal science in psychology. Science Studies 3, 211–244. – *Wertham*, F.A. 1966. Sign for Cain. New York: Macmillan. – *Westmeyer*, H. & *Hoffmann*, N. (Ed.) 1977. Verhaltenstherapie. Grundlegende Texte. Hamburg: Hoffmann & Campe. – *Westmeyer*, H. & *Manns*, M. 1977. In: *Westmeyer*, H. & *Hoffmann*, N. (Ed.) Verhaltenstherapie. Grundlegende Texte. Hamburg: Hoffmann & Campe. p. 248–262. – *Wexler*, D.B. 1973. Token and taboo: Behavior modification, token economies, and the law. California Law Review 61, 81–109. – *Wilkins*, W. 1979. Expectancies and therapy effectiveness: Emmelkamp versus Davison and Wilson. Behavioural Analysis and Modification 3, 109–116. – *Wolberg*, L.R. 1977[3]. The technique of psychotherapy. New York: Grune & Stratton. – *Zax*, M. & *Cowen*, E.L. 1976[2]. Abnormal psychology. New York: Holt, Rinehart & Winston. – *Zax*, M. & *Klein*, A. 1960. Measurement of personality and behavior changes following psychotherapy. Psychological Bulletin 57, 435–448. – *Zubin*, J. & *Kietzman*, M.L. 1967. A cross-cultural approach to classification of schizophrenia and other mental disorders. In: *Hoch*, J.H. & *Zubin*, J. (Ed.) Psychopathology of schizophrenia. New York: Grune & Stratton. p. 482–514.

Neuere psychotherapeutische Verfahren und ihre Indikation

KLAUS HEINERTH

Das letzte Dezennium brachte der Psychotherapie in der BRD steigende Beachtung, wobei sich neben etablierten, wie z.B. den psychoanalytischen Methoden, der Verhaltens- und der Gesprächspsychotherapie, „Neuere Verfahren" besonders in Laienkreisen, also abseits der traditionellen Psychotherapieschulen und der Universitäten, ausbreiteten. Diese „Wucherungen" fernab der wissenschaftlichen Kontrolle sind eine Herausforderung an die akademische Psychologie.

- Was macht diese neueren Verfahren so attraktiv?
- In welcher Beziehung stehen sie zu bewährten Theorien und Praktiken?
- Können sie uns lehren, die etablierten Verfahren zu verbessern?

Diese offenen Fragen können derzeit nicht beantwortet werden – wir fangen erst an, sie uns zu stellen.

Die Zielsetzung der vorliegenden Arbeit ist es, „Neuere Verfahren" in ihrer Vielfalt auf dem Hintergrund persönlicher Erfahrungen vorzustellen, generelle Überlegungen zur Indikationsproblematik zu formulieren, um dann Thesen zur Entwicklung und Fehlentwicklung der Persönlichkeit vorzulegen, die mit den Grundgedanken der „Neueren Verfahren" und der klientenzentrierten Psychotherapie kompatibel sind und es erlauben, psychotherapeutisch eklektische Interventionen transparent und empirisch kontrollierbar abzuleiten. Auf die damit gleichzeitig berührte Problematik einer psychotherapeutischen Methodenintegration wird abschließend kurz eingegangen.

Es wird offensichtlich werden, daß die erarbeiteten Thesen und die aus ihnen abgeleiteten Interventionen in Ermangelung empirischer Arbeiten und einer gemeinsamen Sprache nicht nur auf den angesprochenen Handlungsmodellen beruhen, sondern in erheblichem Maße auf eigene Erfahrungen, die besonders im Rahmen der klientenzentrierten Psychotherapie erworben wurden, zurückzuführen sind.

1 Neuere psychotherapeutische Verfahren

1.1 Systematik der Verfahren

Zunächst ist es notwendig zu klären, welche psychotherapeutischen Methoden im einzelnen mit der Kennzeichnung „Neuere Verfahren" angesprochen sind. Eine Definition ist schwierig, weder nominal noch real gegeben. Gemeint sind solche Therapieformen, die neben den klassischen Psychotherapie-Theorien (Psychoanalyse, Verhaltenstherapie, Gesprächspsychotherapie) entwickelt wurden, primär auf die Psychoanalyse zurückführbar sind (wie z.b. die Gesprächspsychotherapie) und der Huma-

Tab. 1: Katalogisierung ‚Neuerer psychotherapeutischer Verfahren'

Verfahren-Systematik	spezielle Verfahren	Referenz-Autor
funktionale Körpertherapien	Atemtherapie und Meditation	Dürckheim 1970; Middendorf 1977; Derbolowsky 1974; Robbins & Fischer 1972; Schwäbisch & Siems 1976; Geba 1973
	Bewegungsverfahren	Steiner 1966; Feldenkrais 1972; Alexander 1974; Dropsy & Sheleen 1974; Fine 1974; Schoop 1974; Wilmar 1974; Yong 1976
	Wahrnehmungstraining	Selver 1974; Stevens 1975
	Entspannung und Massage	Schultz & Luthe 1969; Downing 1973
	Anatomische Haltung und Massage	Brown 1973; Rolf 1975; Painter 1976
psychodynamische Körpertherapien	Vegetotherapie	Reich 1976; Rosenberg 1976
	Bioenergetik	Lowen 1976; Schwieger 1977
	Gestalttherapie	Fagan & Sheperd 1970; Petzold 1973; Perls 1974; Stevens 1975; Perls 1976; Kamm 1977; Stevens 1977; Naranjo 1978; Simkin 1978; Perls et al. 1979

Verfahren-Syste-matik	spezielle Verfahren	Referenz-Autor
	Gestalttherapie	vgl. oben
Gefühlstherapie	experiencing/ focusing	Gendlin 1962; Bense 1977; Gendlin 1978a, b; Wiltschko 1979
	new identity process	Casriel 1972; Stauss 1977; Heinerth 1981
	feeling therapy	Binder et al. 1976; Switzer et al. 1977
Schreitherapie	Primärtherapie	Janov 1975
	new identity process	vgl. oben
Therapien mit Schwerpunkt im sozialen Kontakt	basic encounter	Schutz 1971; Rogers 1974
	Psychodrama	Petzold 1973; Yablonsky 1978
	aggression lab	Bach & Deutsch 1970; Bach & Bernhard 1971
	Kommunikations-therapie	Watzlawick et al. 1970, 1972
	Transaktionsanalyse	Harris 1973, Berne 1975
Therapien mit Schwerpunkt in der kognitiven Verarbeitung	Gestalttherapie	vgl. oben
	rational-emotive Therapie	Ellis 1975
	Realitätstherapie	Glasser 1972
	Transaktionsanalyse	vgl. oben
Gestaltungs- und Imaginations-therapien	Katathymes Bilder-leben	Leuner 1970, 1980
	Psychoimagination	Shorr 1972
	Kreativität und Gestaltung	Franzke 1977

nistischen Psychologie zugeordnet werden bzw. ihr in der Intention sehr nahe kommen.
Gemeinsam sind diesen Verfahren einige inhaltliche Aspekte:

— eine psychodynamische Orientierung;
— die Hervorhebung, daß psychisches Erleben als Prozeß zu verstehen ist;
— ein ausgeprägtes Mißtrauen gegenüber der Psychoanalyse, der Verhaltenstherapie sowie der klassischen Psychiatrie;
— eine psychotherapeutische ‚Hier- und Jetzt'-Bearbeitung von ‚gewachsenen' Problemen;
— die psychotherapeutische Beachtung organismischer Bedingungen;
— eine psychotherapeutische Zentrierung auf Gefühle, persönliches Wachstum und die Selbstverantwortlichkeit des Klienten (Klientenzentrierung).

Diese Kennzeichen sind unscharf. Eine Aufzählung der gemeinten Therapieformen wird notwendig.
Der Katalog „Neuerer Verfahren" (vgl. Tab. 1, S.) ist strukturiert. Einzelne Methoden werden im Anschluß exemplarisch vorgestellt und stichwortartig charakterisiert. Allerdings muß diese Gliederung unbefriedigend bleiben, da einzelne Therapieformen mehreren Gesichtspunkten zugeordnet werden müssen. Sie wird von uns trotzdem als hilfreich angesehen, da im Rahmen der Indikationserörterung auf einzelne Aspekte der Gliederung wieder zurückgegriffen werden soll.
Ebenso kann die Charakterisierung der einzelnen Verfahren nur exemplarisch und stichwortartig durch die Angabe wesentlicher Grundannahmen und typischer Interventionsformen erfolgen. Damit bleibt die Darstellung der ausgewählten Therapieformen qualitativ und quantitativ unvollständig. Diesem Mangel kann im vorliegenden Rahmen nur durch die Angabe weiterführender Literatur abgeholfen werden.
In der folgenden Aufzählung werden solche Ansätze ausgespart, die keine, auch nicht isoliert vorstellbare Interventionen anbieten. Ebenso bleiben weltanschauliche Schulen wie ‚Lomi' (*Leeds* 1977) oder ‚Sufi' (*Shah* 1976) außer Betracht, obgleich sie am ‚Psychoboom' deutlich teilnehmen.
Andernorts werden neben den in Tab. 1 zusammengestellten Verfahren weitere, z.T. sehr kritisch, abgehandelt: *Ruitenbeek* (1974), *Hart & Tomlinson* (1970), *Corsini* (1973), *Wechsler & Rice* (1974), *Petzold* (1974, 1977), *Kiernan* (1976), *Kovel* (1972), *Bach & Molter* (1979), *Harper* (1979) und *Heinerth* (1979b). Die Zeitschrift ‚Integrative Therapie' informiert über die Entwicklung der Humanistischen Psychologie und Pädagogik.

1.2 Kurzcharakteristik einzelner exemplarischer Verfahren

Die Gestalttherapie nach *Perls* ist unter anderem eine Körpertherapie, da sie zwischen Ich und Körper nicht trennt („Ich bin mein Körper") und das Ich auch mit Teilen des Körpers identifiziert („Ich bin meine Hand", „Ich bin mein Schmerz") wird. Therapie ist die Wiederherstellung der Leib-Seele-Einheit aufgrund der Wahrnehmung dessen, was die unmittelbarste Realität des Individuums ist: der Körper im Hier und Jetzt. Das Bewußtwerden des Körpers führt zu Selbstbewußtsein, Selbstakzeptierung und damit zur Möglichkeit, neurotische Blockierungen zu überwinden, die sich in vier Hauptformen äußern:

— *Projektion* als Verzerrung der Wahrnehmung, indem das Individuum einige Persönlichkeitsaspekte leugnet und anderen zuschreibt;
— *Introjektion* als Realitätsverzerrung, indem das Individuum wahrgenommene Reize aufnimmt und nicht assimiliert;
— *Retroflektion* als Umkehrung von Gefühlen und Intentionen (Aggressionen) gegen sich selbst statt gegen die Umwelt, die ursprünglich gemeint war; und
— *Desensibilisierung* als Wahrnehmungsabwehr, wie z.b. im Falle psychogener Schwerhörigkeit.

In jedem Fall führt die Rückbeziehung auf den Körper zum Abbau von Bewußtheit und Selbstbewußtheit. Aufgabe des Gestalttherapeuten ist es, den Klienten fortgesetzt mit seinem Körper und seinen unmittelbaren Wahrnehmungen zu konfrontieren, um den Betroffenen seiner selbst bewußt zu machen.

Zudem bezieht sich die Gestalttherapie auf das Erleben und kognitive Verarbeiten von Gefühlen. Emotionale Störungen sind die Folge unfertiger Gestalten, die dem Individuum „keine Ruhe" lassen. Therapie ist die Schließung unfertiger Gestalten im Sinne einer Lösung unerledigter Konflikte. Der Gestalttherapeut führt den Klienten von der Klischeephase zur Rollenspielphase: der Klient stellt sich mit seinen üblichen Verhaltensweisen dar und der Therapeut konfrontiert ihn mit sichtbaren Diskrepanzen vielfacher Art, z.B. zwischen Sein und Wollen. Dieses Vorgehen führt seitens des Klienten zur Blockierungsphase: Widerstandsphänomene werden deutlich, mit denen sich der Klient zu identifizieren hat. In der Implosionsphase tritt der Klient in Kontakt mit seinen existentiellen Antinomien: durch Identifikation mit den gegeneinander gerichteten Kräften, die Energie verzehren ohne etwas zu bewirken, beginnt der Klient, seine „eingefrorenen Energien" zu erleben und sie zu steuern, wobei es zunächst jedoch zu einer Explosion von Gefühlen kommt. In der *Explosionphase* werden die nutzlos gebundenen Lebensenergien befreit. Dabei kommt es neben kathartischen Effekten zu einer Bewußtwerdung, zu einer Einsicht über die Gefühle (Perls unterscheidet dazu vier Grundtypen: Schmerz, Orgasmus, Wut und Freude) und deren Bedingungen. Das Erleben der explodierenden Gefühle führt zur „authentischen Persönlichkeit". Somit ist Psychotherapie ein Paradox. Persönlichkeitswandel geschieht dann, wenn das Individuum zu dem wird, was es ist, und nicht, wenn es versucht, etwas zu werden, was es nicht ist.

Experiencing/focusing geht nach Gendlin von der Erfahrung aus, daß alle beobachteten Persönlichkeitsveränderungen mit starken Gefühlen verbunden sind und daß sie immer im Zusammenhang mit sozialen Beziehungen stehen. Also hat der Therapeut seine Beziehung zum Klienten dazu zu nutzen, dem Betroffenen den Umgang mit den eigenen Gefühlen zu lehren, zunächst allerdings ihn an die eigenen Gefühle heranzuführen. Dabei ist die Basis der emotionalen Veränderung – unabhängig vom Therapeutenverhalten – das Klientenverhalten: experiencing oder focusing. Experiencing umschreibt einen internal ablaufenden Erlebens-Prozeß, focusing das Bemühen, die Wahrnehmung auf diesen Prozeß zu richten. Experiencing beginnt mit der Kontaktaufnahme zu einer speziellen körperlichen Empfindung (felt sense): einer Erlebenskategorie neben und vor dem Denken und Fühlen, umschreibbar durch die Begriffe Körpergefühl, Ahnung, ganzheitliche Empfindung, körperliche Wahrnehmung eines augenblicklichen Gesamtzustandes. Gelingt es, trotz aller Unbestimmtheit zu dem ‚felt sense‘ Kontakt aufzunehmen, kommt es regelmäßig zu einer Empfindungsveränderung und damit zu einer Änderung von Denken und Fühlen in Richtung auf eine Bewußtwerdung und einen spürbaren Energiezufluß. Dieser manipulierbare Teil des Selbstheilungsprozesses wird vom Therapeuten systematisch induziert.

Nach Herstellung von Ruhe und Stille, einer Auflösung oder Verminderung der Spannung der Therapeut-Klient-Beziehung, also dem Ermöglichen einer Leere im Klienten, wird die Wahrnehmung auf aufsteigende ‚felt senses‘ gerichtet. Gelingt es dem Klienten nicht spontan, die aufsteigenden Empfindungen wahrzunehmen, können sie durch paradoxe Fragen provoziert werden, wie: „Wenn Sie ihr jetziges Leben betrachten, fühlen Sie sich ganz wohl in Ihrem Körper?“ Dann ist es die Aufgabe des Therapeuten, den Klienten an einer Beschreibung, an Denken und Analysieren zu hindern, ihn ganz im Prozeß der Wahrnehmung zu halten. Zudem wird der Klient darin behindert, sich zu weitgehend den Gefühlen zu überlassen. Vielmehr soll er das Problem samt ‚felt sense‘ wie ein Paket etikettieren, es also mit einem handlichen Begriff versehen und beiseitestellen, um frei zu sein für neue aufsteigende Empfindungen anderer Probleme oder anderer Aspekte des Problems. Wesentlich ist, die etikettierten, also handhabbaren ‚Pakete‘ nicht wegzustellen, sondern nur zur Seite zu rücken. Sie werden also nicht verdrängt, sondern bleiben in Reichweite; aber sie belasten im Augenblick nicht. Nachdem mehrere Probleme so beiseite gestellt wurden, stellt sich ein Gefühl der Erleichterung ein, das der Therapeut den Klienten genießen läßt. Dann fordert der Therapeut den Klienten auf, ein Problem zur Bearbeitung auszuwählen. Bearbeiten meint weder Denken noch Fühlen, sondern solange Wahrnehmen, Empfinden, bis das ‚felt sense‘ symbolisiert werden kann, d.h. bis ein Bild (Begriff, Bedeutung) gefunden wird, das mit einem körperlichen

Gefühl der Stimmigkeit verbunden wird. Schließlich induziert der Therapeut das ‚unfolding‘ des ‚felt sense‘, falls es nicht spontan durch den Klienten geschieht, durch spezielle Fragen nach dem ‚Wohin‘, die der Klient mit selbstregulierten Reaktionen seines Körpers beantwortet. Dadurch wird die Ganzheit des Problems gefühlt, es kommt – ohne Interpretation durch den Therapeuten – zu einer Bedeutungsfindung und damit zu einer Veränderung des Erlebens durch die Eigendynamik des Organismus.

Im *new identity process* von *Casriel* wird das Erleben der Gefühle in den Mittelpunkt gestellt. Zwei Momente, die der Therapeut induziert und dem Klienten als Vehikel zur Verfügung stellt, sind Schreien und Körperkontakt. Schreien, die Urform menschlicher Kommuniktion und menschlichen Ausdrucks, steht in enger Verbindung zu Gefühlen. Aussagen des Klienten, die der Therapeut für signifikante Sätze der Selbstprogrammierung des Klienten hält (oder auch für Widerstand gegenüber dessen persönlichen Erfahrungen), läßt er wiederholen und zwar jedesmal lauter wiederholen. Das Konzentrieren auf den signifikanten Satz und die Steigerung des Ausdrucks führen zumeist zu einer intensiveren emotionalen Beteiligung. So steigert sich die Lautstärke zu einem Schreien, das wiederum Emotionen intensiviert. Dieser sich aufschaukelnde Prozeß von Schreien und Gefühlsaktivierung führt über kathartisches Erleben zur Möglichkeit des Aufarbeitens unbewältigter Konflikte. Die zum Bewußtsein gebrachten Gefühle werden in „Attitüdenarbeit“ verbalisiert und bewertet. Die gewonnenen Erkenntnisse und neuformulierten Sätze, die statt der alten inadäquaten in das Selbstkonzept programmiert werden sollen, wie z.B. „Ich habe ein Recht auf meine Wut!“, werden via Schreien dem Selbst programmiert. Dieser Prozeß der emotionalen Arbeit wird durch Kontakt unterstützt. Die Arbeit geschieht zumeist in Gruppen, in denen die signifikanten Sätze den Teilnehmern von Klienten der Reihe nach einzeln mitgeteilt rsp. zugeschrien werden. Dieser Kontakt hält die Klienten jeweils in der Realität. Durch Körperkontakt wird ihnen emotionale Zuwendung und Sicherheit gegeben. Besonders bei der Bearbeitung von „psychischen Verletzungen“ wird dieser Körperkontakt intensiviert. Die Klienten werden in Umarmung gehalten und zum Schreien ermuntert, wobei über die Umarmung auch die Atmung unterstützt werden kann. In Gruppen übernehmen andere Teilnehmer diese Funktion, so daß mehrere Klienten gleichzeitig arbeiten können.

Im *basic encounter* überträgt *Rogers* das Konzept der klientenzentrierten Therapie auf Gruppen, denen Selbstverantwortung, Selbstaktualisierung und eigene Kompetenz zugeschrieben werden. Konsequenterweise bedarf es in solchen Gruppen keines Leiters, wenn auch erfahrene Gruppenteilnehmer hilfreich sind. Professionellen Therapeuten ist untersagt, sich professionell einzubringen, sie helfen als ‚Facilitatoren‘, indem sie sich als ihre eigene Person einbringen und nur als diese. Solche Gruppen wachsen durch das Erleben von Phasen der Frustration und Aggression und ermöglichen den Teilnehmern, sich selbst, ihre Individualität in der Gruppe zu erfahren. Sie lernen, mit ihren Bedürfnissen und Gefühlen umzugehen, erfahren und verbessern ihre soziale Kompetenz, und haben Gelegenheit, in diesem sozialen Schonklima ihre persönlichen Probleme zu lösen.

Rogers verzichtet in seinen Gruppen vollständig auf Übungen und andere Hilfestellungen und läßt jede Gruppe ihre eigene Kompetenz spüren (zunächst ihre Inkompetenz, die sie zu bearbeiten hat).

Im basic encounter nach *Schutz* (1971) dagegen, das sich aus der Gestalttherapie heraus entwickelt hat, wird dieses Risiko nicht eingegangen. Der Prozeß der Selbsterfahrung wird mit thematisch induzierten gruppendynamischen Übungen beschleunigt. Die Arbeit mit der eigenen Inkompetenz entfällt. Verantwortung kann weniger übernommen werden, jedoch werden anfänglich Frustration und Aggression vermieden, positiv empfundene Selbsterfahrung geschieht somit schneller.

Glasser postuliert in seinen Ausführungen zur *Realitätstherapie* als grundlegende Bedürfnisse, zu lieben und geliebt zu werden. Verhalten ist der Versuch, dieses Bedürfnis zu befriedigen. Therapie ist – nach der Analyse der Lebensziele des Klienten – die Suche nach den Blockierungen, die diese Lebensziele an der Realisierung hindern. Dabei hilft der Therapeut dem Klienten, Alternativen zu betrachten, die jener bis dahin nicht sehen konnte, konfrontiert ihn mit den Erfordernissen der Realität und zwingt ihn zur Selbstverantwortlichkeit (z.B. durch Fragen wie: ,,Wie machen Sie sich hilflos?"). In einer Atmosphäre von emotionaler Sicherheit lernt der Klient, die Konflikte zwischen seinen Bedürfnissen und den Erfordernissen der Realität selbstverantwortlich zu lösen.

Zur Veranschaulichung mögen diese kurzen Hinweise auf einzelne herausgegriffene Verfahren genügen. Abschließend seien jedoch noch einmal einige Punkte betont, welche die Selektion der systematisierten und exemplarisch verdeutlichten Verfahren betreffen.

In der Tatsache, daß einige Verfahren nicht berücksichtigt wurden, liegt eine persönliche Wertung, zumindest die, daß die vorgestellten Formen einer Darstellung in dieser Arbeit würdig sind. Trotzdem sind in Tab. noch viele Verfahren benannt, deren Bewertung aus verschiedenen Gründen im Augenblick schwierig erscheint:

– Es gibt kaum empirische Untersuchungen, die als Grundlage für eine sachlich gerechtfertigte Stellungnahme herangezogen werden können.
– Keines der Verfahren ist in der Literatur ohne Widerspruch und Kritik geblieben. Einige der Therapieformen sind etablierter als andere, wie z.B. Gestalttherapie, experiencing/focusing, basic encounter, Psychodrama, rational-emotive Therapie. Andere Verfahren wurden als eigenständige Therapieformen konzipiert, haben jedoch – durchaus entgegen den Vorstellungen ihrer Vertreter – nur noch praktische Gültigkeit im Sinne von therapeutischen Hilfsmaßnahmen, wie z.B. die funktionalen Körpertherapien, die Gestaltungs- und Imaginationstherapien.

– Das Bild der hier zusammengetragenen Therapieformen erscheint sehr heterogen. Im Rahmen der oben genannten „gemeinsamen Aspekte" sind sie sich in ihrem Wesen sehr ähnlich. Deshalb weisen viele von ihnen identische Elemente auf und werden häufig gleichzeitig angewendet. Damit sind sie in der Praxis kaum voneinander zu trennen.

– Ihren Wert erhalten die einzelnen Verfahren weniger durch ihre „Theorie" als vielmehr durch eine verantwortbare Anwendung. Dabei entscheidet sich der Therapeut für einzelne Interventionen aufgrund der Analyse des projektierten Ziels und des aktuellen Gesamtzustands des Klienten.

2 Allgemeine Betrachtung der Indikationsfrage

Die Indikation psychotherapeutischer Maßnahmen ist ein wesentlicher und doch „unterentwickelter" Bereich klinischer Forschung. Gültige Aussagen sind kaum zu machen (*Bastine* 1976; *Seidenstücker & Baumann* 1979; *Zielke* 1979), empirische Hinweise allenfalls zu den etablierten Methoden (*Plog & Grawe* 1976), keinerlei empirisch abgesicherte zu den „Neueren Verfahren".

Eine Indikationsstellung als Zuordnung von Phänomenen seitens des Klienten und von therapeutischen Maßnahmen kann auf verschiedenen Ebenen geschehen. Sechs Ebenen, in Erweiterung der Modelle von *Minsel* (1974) und *Biermann-Ratjen* et al. (1979) nebst möglichen Zuordnungen lassen sich spekulativ voneinander unterscheiden.

Ebene 1: Defekt-Diagnostik als Einordnung der Störung in allgemeinste Kategorien; eine Zuordnung von Störung und Institutionen findet statt.

Beispiel:

Störung	Institution
psychische, psychiatrische, psychosomatische Verhaltensstörung:	Psychotherapie
somatische Störungen:	medizinische Behandlung
soziale Störung:	Gruppendynamik, Training sozialer Kompetenz, Psychotherapie
soziale Überforderung:	Sozialarbeit, Rechtsschutz, Berufs-, Studien-, Ehe-, Erziehungsberatung
geistige Defekte	pädagogische Maßnahmen

Diese Zuordnung erscheint (wohl zu unrecht) wenig problematisch. Sie wird wenig reflektiert vorgenommen, einerseits vom Klienten selbst, der nach Gutdünken einen ihm passenden Agenten sucht und andererseits von Institutionen, die qua Amt zuweisen wie etwa die Polizei, die Schule oder das Arbeitsamt.

Ebene 2: Persönlichkeitsdiagnostik meist als Ergebnis aufgrund von Persönlichkeitstests; eine Zuordnung von Persönlichkeitsdiagnose und Psychotherapieform wird vorgenommen.

Beispiel:

Persönlichkeitsdiagnose	Psychotherapieformen
Depressive:	Gesprächspsychotherapie
Hysteriker:	Psychoanalyse
Phobiker:	Verhaltenstherapie
Trinker/Süchtige:	Schreitherapie

Diese Zuordnung entspricht der klassischen Indikationsstellung. Welche Psychotherapie bei welcher Diagnose? Die darin enthaltenen wissenschaftlichen Probleme sind vielfältiger Art. Einige grundsätzliche Probleme liegen beispielsweise in den omnipotenten Indikationsaussagen der einzelnen Therapietheorien, in der mangelnden Ausarbeitung der mit der Therapie verbundenen Persönlichkeitstheorie sowie in den Modellen und Verfahren zur Diagnostik selbst.

Ebene 3: Zielanalyse als Klientenwunsch, gewöhnlich aufgrund einer Exploration der Klientenmotivation; eine Zuordnung von Zielvorstellung und Psychotherapieform wird getroffen.

Beispiel:

Zielvorstellung	Psychotherapieformen
Persönlichkeitsanalyse:	Psychoanalyse, Gestaltanalyse
Persönlichkeitsveränderung:	Gesprächspsychotherapie, Gestaltanalyse
Verhaltensformung:	Verhaltenstherapie
Symptombeseitigung:	Verhaltenstherapie, Fokaltherapie
Erlebensveränderung:	Gesprächspsychotherapie, Gestalttherapie
Angstreduktion:	systematische Desensibilisierung
Erlebensintensivierung:	Experiencing/Focusing, Gestalttherapie, Schreitherapie
Entspannung:	funktionale Körpertherapie
soziale Anpassung/ Emanzipation:	Gruppentherapie
Selbsterfahrung:	Gesprächspsychotherapie, Gestalttherapie

Dieser Ansatz erscheint vielversprechend (vgl. *Plog & Grawe* 1976). Die Problematik steckt allerdings in der Frage, welcher Therapeut alle notwendigen Verfahren zur Verfügung hat.

Ebene 4: Symptom-Diagnostik als Einordnung des Klienten in Symptomkategorien entweder nach Augenschein oder aufgrund einer standardisierten Klientenbefragung; eine Zuordnung von Symptom/Syndrom und Psychotherapieform wird dabei vorgenommen.

Beispiel:

Symptom/Syndrom	Psychotherapieformen
Phobien:	Gesprächspsychotherapie, systematische Desensibilisierung
Streß:	funktionale Körperarbeit
soziale Defizite:	assertives Training, Gruppentherapie
Anorexie:	Psychoanalyse
Aggressivität:	Schreitherapie

Im Unterschied zur Persönlichkeitsdiagnostik ist die Erhebung von Symptomen weniger theorieorientiert. Sie ist näher an den seitens des Klienten zu beobachtenden Erlebens- bzw. Verhaltens-Phänomenen. Damit ist die Symptom-Diagnostik einfach durchführbar und Änderungen sind leicht meßbar.

Ebene 5: Rückmeldungsanalyse in Form des Einbezugs der Beurteilung des Therapieprozesses durch den Klienten, z.B. durch Therapiebegleitbögen, die im Anschluß an jede Sitzung vom Klienten ausgefüllt werden; eine Zuordnung von Rückmeldekategorien und Therapeuteninterventionen wird getroffen.

Beispiel:

Rückmeldung: der Klient fühlt	Therapeutenintervention
sich belastet durch Schweigen:	Schweigen des Klienten ansprechen, Unterbrechen oder Provozieren des Klienten
sich gehemmt zu sprechen:	Entlasten der Atmosphäre, Verstärken des Sprechens
sich in der Problemlösung nicht vorangekommen:	therapeutischen Standpunkt erläutern, Vorschläge machen, Forderungen stellen
sich durch Zurückhaltung des Therapeuten verunsichert:	Zurückhaltung verringern, Zurückhaltung aufgeben

Diese Metakommunikation über das Erleben des Therapieprozesses aus der Sicht des Klienten erlaubt Einblicke in Probleme und in Veränderungen während des Prozesses der Therapie, auch dann, wenn sie vom Klienten innerhalb der Gespräche nicht angesprochen werden.

Ebene 6: Prozeß-Diagnostik als Beobachtung und Kategorisierung des Klientenverhaltens durch den Therapeuten während des Gesprächs; eine Zuordnung von beobachtetem Klientenverhalten und Therapeuteninterventionen wird vorgenommen.

Beispiel:

Klientenverhalten	Therapeutenintervention
Klient macht Vorwürfe:	Selbsteinbringung des Thera-peuten, Interpretation geben
Klient zeigt körperliche Reaktionen (z.B. Röte), Klient berichtet über Gefühle:	die beobachtete Reaktion vom Klienten verstärken lassen, die momentanen Gefühle des Klienten oder ihre Bedeutung ansprechen, Therapeut meldet die Beobachtung zurück
Klient schweigt:	Therapeut schweigt, Therapeut spricht Schweigen an
Klient externalisiert:	Therapeut unterbricht, Thera-peut spricht vermutete Gefühle an, Therapeut „löscht" das Verhalten durch Extinktion
Klient ist ängstlich:	Therapeut bietet Sicherheit an

Diese kurzfristigen interaktionsabhängigen Interventionsmaßnahmen, wie sie auch *Bastine* (1976) vorschlägt, erscheinen sehr sinnvoll und praxis-nah. Trotzdem können zur Zeit kaum sachlich vertretbare Zuordnungs-regeln formuliert werden.

Auf diesen sechs Ebenen, die mehrdimensional verschränkt sind, kann die Zuordnung sowohl nach dem adaptiven als auch nach dem selektiven Modell geschehen: Die Phänomene auf seiten des Klienten können pri-mären Rang haben und adaptiv eine adäquate Maßnahme fordern (auf der ersten Ebene jedoch nicht von einem einzelnen Agenten), oder die therapeutische Maßnahme hat primären Rang und die Klienten werden nach Bedürfnissen der Maßnahme segregiert. Lediglich auf der letzten Ebene ist ausschließlich das adaptive Interventionsmodell denkbar. Dieses Vorgehen nach dem adaptiven Modell ist angemessen.

Allerdings handeln derzeit die verschiedenen Autoren — da sie gewöhn-lich bestimmten Therapieschulen angehören — bevorzugt nach dem selek-tiven Modell.

Auch in dem vorliegenden Ansatz scheint die selektive Betrachtungsweise gefordert: die Indikation der „Neueren Verfahren". Dieses Vorgehen er-scheint jedoch aus zwei Gründen unfruchtbar:

— es gibt keine empirischen Daten zur Indikationsfrage
— alle Verfahren haben nahezu den gleichen Anspruch: generelle thera-peutische Wirksamkeit ohne Differenzierung nach Klienten oder Sym-ptomen.

Deshalb scheint es sinnvoll, ein Metamodell zu suchen, einen archime-dischen Punkt, von dem aus therapeutische Interventionen in ihrer Indi-kationsstellung beurteilt werden können, wie es die sechste Ebene des

Indikationskonzepts nahelegt. Eine derartige Betrachtungsweise erlaubt das Beibehalten des adaptiven Gesichtspunktes und dient einer Integration solcher Therapieverfahren, die sich zwar in ihrer bisherigen praktischen Anwendung unterscheiden, aber deren „Theorien" weitgehend kompatibel sind, wie das für die hier vorgestellten „Neueren Verfahren" gilt. Das Ziel dieser Bemühungen ist es letztendlich, aufgrund der Beobachtung, Beurteilung und Kategorisierung des Klientenverhaltens (als Ausdruck von dessen Erleben) mit Maßnahmen zu intervenieren, die die verschiedenen Therapieformen in großem Variantenreichtum zur Verfügung stellen.

3 Versuch eines integrierten Modells der Persönlichkeit

Das hier vorgestellte pragmatische Modell der Persönlichkeit – ihre Entwicklung, mögliche Fehlentwicklung und speziell der Umgang einer Person mit den eigenen Gefühlen – dient der Beurteilung des aktuellen Klientenverhaltens im psychotherapeutischen Prozeß, um von daher eine angemessene Interventionsstrategie zu entwickeln. Das Modell resultiert aus der Theorie von *Rogers* (1972), Ergebnissen der Selbstkonzept- (vgl. *Epstein* 1979) und Einstellungsforschung (vgl. *Heinerth* 1979a, *Hennige & Preiser* 1979), einigen der bereits diskutierten Ansätzen der Humanistischen Psychologie, vornehmlich der Gestalttherapie und des new identity process, sowie der eigenen therapeutischen Erfahrungen im Umgang mit Klienten. Seine Nähe zur Psychoanalyse und zu Lerntheorien ist darüber hinaus bedeutsam.

Die einzelnen Thesen werden kommentarlos dargestellt. Zum einen würden Erläuterungen den Rahmen dieses Beitrages sprengen, zum anderen finden sich die Begründungen der meisten Thesen ausführlich in den genannten Quellen. Der Sinn der Zusammenstellung liegt in einer möglichst widerspruchsfreien Darstellung des Systemgeschehens von Entwicklung und Fehlentwicklung der Persönlichkeit als Grundlage der später folgenden Ableitungen zur therapeutischen Indikationsstellung.

3.1 Zur Entwicklung des Selbstkonzeptes

Erfahrungen begründen Selbst und Realität

(1) Die Erfahrungen des Individuums, das sinnfällige Erleben des eigenen Körpers und der Außenwelt, bilden seine Realität, sind seine Wirklichkeit.
(2) Jedes Handeln ändert die Erfahrungen, das Individuum interagiert.
(3) Das Individuum interagiert wie ein organisiertes Ganzes, als Gestalt, als Organismus.
(4) Diese Interaktion trennt zunehmend Innen und Außen.

(5) Die Interaktion mit der Außenwelt (Realität) verdeutlicht das Innen, begründet das Selbst (es kann offenbleiben, was und wieviel das sich konstituierende Selbst in diese Interaktion mitbringt an genetischem Material, Archetypen, Konstitutionen, Fertigkeiten, usw. und ob das überhaupt zutrifft).

(6) Das Trennen von Innen und Außen, daß Ausbauen des Selbst ist befriedigend (entspricht einem angeborenen Bedürfnis).

Aufbau der Selbstaktualisierung

(7) Der befriedigende Charakter der Selbstentfaltung motiviert den Organismus zu weiterem Aufbau, es folgt ein verstärktes Bedürfnis zur Selbstaktualisierung.

(8) Verhalten ist der Versuch des Organismus, seine Bedürfnisse zu befriedigen.

(9) Der Organismus bewertet jede Interaktion danach, wie weit sie die Selbstaktualisierung unterstützt, ihn also befriedigt.

(10) Erfahrungen, die die Selbstaktualisierung und damit den ganzheitlichen Organismus aufrechterhalten oder verbessern, werden positiv bewertet.

(11) Der Organismus wendet sich vermehrt positiv bewerteten Erfahrungen zu. Damit wird weitere Selbstaktualisierung möglich und bekräftigt, es entsteht ein sich selbst stabilisierender und erhöhender Prozeß der Selbstaktualisierung.

Selbstkonzept und innere Konsistenz

(12) Das Selbst entwickelt auch eine Theorie über sich selbst, das Selbstkonzept (Selbsttheorie, Selbst-Bewußtsein)

(13) Das Selbstkonzept hat das Bestreben nach innerer Konsistenz. Neue Erfahrungen, die im Selbstkonzept noch nicht repräsentiert sind, erweitern, differenzieren oder revidieren es.

(14) Das Selbstkonzept kann als ein System von Sätzen verstanden werden, mit dem sich das Selbst definiert.

(15) Einige Sätze basieren auf Eigenzuweisungen von Prädikaten (der Organismus erfährt sich selbst), andere auf Fremdzuweisungen (dem Organismus werden in einem interaktionalen Prozeß von außen Prädikate zugeschrieben, die er unreflektiert übernimmt, wenn sie seinem Selbstkonzept nicht widersprechen).

Offenheit und emotionale Sicherheit

(16) Widersprechen sich Eigenzuweisungen und Fremdzuweisungen von Prädikaten, traut das Individuum eher seinen eigenen Erfahrungen, wenn es emotional genügend sicher ist.

(17) Die Offenheit des Organismus gegenüber seinen Erfahrungen als Voraussetzung zur Selbstaktualisierung birgt Risiken. Einerseits werden diese Risiken gesucht, da sie die Selbstaktualisierung fördern, anderer-

seits, wenn sie zu bedrohlich werden, benötigt das Individuum vermehrt Sicherheit, Geborgenheit.

(18) Die emotionale Sicherheit ist Voraussetzung zu weiterem Risiko; das Individuum versucht abwechselnd, die konträren Bedürfnisse nach Risiko (Selbstaktualisierung) und nach Sicherheit zu befriedigen.

(19) Das Bedürfnis nach emotionaler Sicherheit wird durch emotionale Zuwendung im sozialen und körperlichen Kontakt befriedigt.

(20) Das Bedürfnis nach emotionaler Zuwendung macht von anderen abhängig (hier liegt der Keim für Fehlentwicklungen).

(21) Sozialer Kontakt ist Chance und Risiko zugleich: notwendig zur Selbstwerdung und Möglichkeit des persönlichen Scheiterns.

Entwicklung und Bedrohung der Selbstwertschätzung

(22) Positive emotionale Zuwendung erlebt der Organismus als befriedigend. Diese Wertschätzung durch andere führt zur Selbstwertschätzung.

(23) Der Organismus entwickelt aus der Selbstwertschätzung, weil sie befriedigend ist, ein Bedürfnis nach Selbstwertschätzung.

(24) Unterschiedliche Erfahrungen mit Wertschätzung und Selbstwertschätzung führen zum Vermögen des Individuums, Erfahrungen zu bewerten.

(25) Der entwickelte und gesunde Organismus, also jener, der in Geborgenheit eine ausreichende Selbstwertschätzung aufgrund genügender Zuwendung hat aufbauen können, ist in der Lage, auftretende enttäuschende Erfahrungen wahrzunehmen und zu verarbeiten, also diese in sein Selbstkonzept zu integrieren und es damit zu differenzieren.

(26) Während der Integration schmerzlicher Erfahrungen in das Selbstkonzept bedarf der Organismus Schutz und Sicherheit, d.h. ein Vermeiden weiterer Bedrohungen und vermehrte emotionale Zuwendung zur Stabilisierung seines Selbstwertgefühls.

3.2 Zur Fehlentwicklung des Selbstkonzeptes

Fehlentwicklung als Diskrepanz zwischen Selbst und Erfahrung

(27) Fehlentwicklungen beginnen mit einer Wahrnehmungsabwehr, weil entweder zu schmerzliche Erfahrungen wegen einer mangelnden emotionalen Sicherheit abgewehrt werden müssen, oder weil Diskrepanzen zwischen Erfahrungen und Fremdzuweisungen bestehen und die Fremdzuweisungen gekoppelt sind mit einer sonst entbehrten emotionalen Zuwendung, deren Verlust nicht tragbar erscheint.

(28) Vor dem Bewußtsein geleugnete Erfahrungen werden, obgleich sie nicht in das Selbst integriert werden, gespeichert.

Wirkungen geleugneter Erfahrungen

(29) Diese unterschwellig wahrgenommenen Erfahrungen setzen den ganzheitlich organisierten Organismus unter Spannung (Angst).

(30) In diesem Zustand der potentiellen Verwundbarkeit, der Erwartung von Verletzungen, werden diskrepante Erfahrungen immer bedrohlicher, die Angst vor Verletzungen chronifiziert; das Individuum reagiert zunehmend fehlangepaßt, defensiv (neurotisch).

(31) Verleugnete oder verzerrte Erfahrungen, die nicht oder fehlerhaft in das Selbstkonzept integriert werden, jedoch auf nicht zu unterdrückenden Bedürfnissen beruhen, führen zu Verhalten, das dem Selbst fremd erscheint.

(32) Der ganzheitlich reagierende Organismus antwortet psychisch mit Verteidigungsmechanismen wie Projektion, Rationalisierungen usw. („Charakterpanzerungen") und körperlich mit Veränderung in Haltung, Atmung, Bewegung, usw. (körperliche „Panzerungen").

(33) Wird die Bedrohung zu stark, versagt der Selbstverteidigungsprozeß, das fehlangepaßte Selbstkonzept zeigt sich desorganisiert (psychotisch). Es können verschiedene, einander widersprechende, aber in sich konsistente Selbstkonzepte gebildet werden (Spaltungsirresein). Einige können als „Stimmen" nach außen verlagert werden.

3.3 Zur Dynamik der Gefühle

Freude und Schmerz

(34) Primär gibt es nur ein bipolares Gefühlskontinuum: Lust/Unlust, das sich mit „Freude—Befriedigung—Enttäuschung—Schmerz" beschreiben läßt.

(35) Freude (Schmerz) ist die Folge/Begleitung von Bedürfnisbefriedigung (Frustration), besonders hinsichtlich der Bedürfnisse nach Selbstaktualisierung und emotionaler Zuwendung, also auch nach Wert- und Selbstwertschätzung.

(36) Psychische Gesundheit ist die Offenheit gegenüber der Erfahrung, sei sie befriedigend oder schmerzlich. Nur diese Offenheit ermöglicht Verarbeitung („Trauerarbeit"), also Einbau in das Selbstkonzept und weitere Offenheit.

(37) Starke Emotionen (Schmerz oder Freude) aktivieren den Organismus, es kommt zu einer akuten Streßreaktion: dem Organismus stehen erhöhte Energien zur Verfügung. Bei der Erfahrung von Schmerz wird er wütend (Wut als akute Aktivierung).

Angst und Ärger als Erwartung von Schmerz

(38) Wiederholt sich die schmerzliche Erfahrung, lernt der Organismus, Schmerz (Streß und Wut) zu erwarten.

(39) Erwartet der Organismus einen Schmerz (Angst als Erwartung im Unterschied zur Angst als Spannung), versucht er, ihm zu begegnen, besonders bei mangelnder emotionaler Sicherheit. Er reagiert mit Spannung, also je nach Erfahrung und Interpretation mit Angst oder Ärger (Ärger

als chronische Aktivation im Unterschied zur Wut als akuter Aktivierung).

(40) Angst und Ärger folgen aus den Erwartungen von Schmerzen, die den Organismus unter Spannung setzen und den Schmerz unterdrücken. Der Organismus meidet Offenheit, er reagiert defensiv.

(41) Spannungen (also Angst oder Ärger) werden durch die Erfahrung, daß sie den Schmerz mindern, verstärkt; der Organismus sperrt sich weiter; die Fehlanpassung wird stabilisiert.

Fehlentwicklungen

(42) Akuter Streß (Aktivierung, Wut) ist die gesunde Reaktion des Organismus auf schmerzliche Erfahrungen. Chronischer Streß (Spannungen, Angst, Ärger) ist die pathologische Reaktion auf Erwartung von bedrohlichen Erfahrungen und führt zu andauernder und erhöhter Verletzbarkeit, zu defensivem Verhalten.

(43) Spannung (Angst oder Ärger) vermindert nicht nur den Schmerz, sondern auch Freude.

(44) Schmerz/Freude einerseits und Angst/Ärger andererseits sind sich ausschließende Gefühle, wobei Gefühle der Freude und des Schmerzes zum gesunden Organismus gehören, während Angst und Ärger, sofern sie aus der Bedrohung der Selbstwertschätzung resultieren, den defensiven, also potentiell neurotischen Organismus definieren (Angst dagegen als Folge einer Bedrohung der physischen Existenz, ist anders zu beurteilen!).

(45) Indem Angst und Ärger Schmerzen reduzieren, sind sie der Widerstand, der eine Bearbeitung der Bedrohung der Selbstwertschätzung zu verhindern sucht. Angst und Ärger sind damit Wegweiser zum verletzten und bedrohten Selbst.

Dimensionen und Richtung von Gefühlen

(46) Das Erleben ist durch drei Dimensionen (vgl. *Wundt* 1910) definiert, durch die primären Gefühle Schmerz und Freude (Lust/Unlust), die daraus folgenden Gefühle Wut rsp. Angst und Ärger (Spannung/Lösung) und durch ihre Energie (Erregung/Beruhigung). Diese Energie bezeichnet die Qualität der Gefühle (Lust/Unlust, Spannung/Lösung) und besitzt eine Richtung: gegen den Organismus selbst oder nach außen.

(47) Der gesunde Organismus richtet seine Energie als spontane Aktivität nach innen als Selbstaktualisierung oder nach außen als Weltbewältigung, bei Verletzung nach außen als Wut. Der defensive Organismus richtet bei Bedrohung seine Energie zunächst ebenfalls nach außen. Interpretiert er seine Spannung als Angst, reagiert er mit Flucht, interpretiert er sie als Ärger, reagiert er mit Aggressivität.

Depression als Aggressivität

(48) Erfährt der Organismus bei dauernder Fehlanpassung auf sein Fehlverhalten und seine Aggressivität hin weitere Ablehnung, wird also das

Bedürfnis nach emotionaler Zuwendung verstärkt frustriert, wendet das Individuum Angst und Ärger gegen sich selbst, es reagiert depressiv.

(49) Das Individuum wird durch mögliche emotionale Zuwendungen (Tröstungen von anderen) in der Depression gehalten.

(50) Emotionale Zuwendung während dieser Fehlhaltungen fixiert die Depression, statt die Selbstwertschätzung zu erhöhen.

(51) Der Weg des Individuums aus der Depression zurück zur gesunden Offenheit ist nur möglich, indem es zunächst seine Energie nicht weiter nach innen, sondern nach außen richtet: Der Weg zu einer gesunden Verarbeitung von Schmerz und Wut geht über Angst und Aggressivität.

Direkte und abgeleitete Gefühle

(52) Alle Gefühle außer Lust/Unlust und Spannung/Lösung (Wut rsp. Angst und Ärger) und dem Gefühl von Energie sind entweder Mischungen untereinander (wie Depression und Aggressivität) oder solche mit Kognitionen und Wertungen (wie Beschämung, Verehrung usw.).

4 Indikationsmöglichkeiten für die Neueren Verfahren

Die aufgeführten Thesen des Modells erlauben die Ableitung von Aussagen über therapeutische Interventionen. Hier werden Aussagen versucht, die zwischen diesen Thesen und den „Neueren Verfahren" vermitteln.

Diese vorgeschlagenen Ableitungen sind noch grob und vorläufig. Sie bedürfen einer differenzierteren Ausarbeitung. Es ist allerdings vorstellbar, daß eklektisch therapeutisches Verhalten durch eine derartige Zusammenstellung von handlungsleitenden ‚Glaubenssätzen' theoretischer und empirischer Forschung zugänglich wird. Die damit verbundenen Probleme der klinischen Urteilsbildung sind jedoch im Augenblick gleichermaßen, wie Fragen etwa der Kontraindikation, ausgespart. Die Übereinstimmung der genannten Forderungen (vgl. Tab. 2) an den Therapeuten mit den zentralen Aussagen zu den einzelnen Interventionen der „Neueren „Verfahren" sind allerdings offensichtlich. Es wird hier jedoch darauf verzichtet, weitergehende Zuordnungen vorzuschlagen.

Tab. 2: Handlungsleitende Sätze eines eklektisch arbeitenden Psychotherapeuten und deren Ableitung

Aus den Thesen (S. 138 bis S. 143) im Text)	folgt für das Handeln des Psychotherapeuten, gegenüber dem Klienten (Kl), daß der Therapeut
1 u. 3	sich auf das Erleben des Kl konzentriert (= Klientenzentrierung), den Kl als einen ganzheitlichen Organismus betrachtet und auf Diskrepanzen beim Kl achtet

2	(neues) Handeln veranlaßt, um (neues) Erleben zu ermöglichen
5, 13, 15 u. 16	Interaktion mit der Außenwelt fordert und fördert
4	auf eine unvollständige Trennung und Vermischung von Innen (= Erleben) und Außen (= Wahrnehmung) achtet
6 u. 7	die Trennung von Innen und Außen unterstützt
8–10	Bewertungen fördert, um Maßstäbe für Verhalten zu ermöglichen
11 u. 24	für positive Erfahrungen sorgt
24	für unterschiedliche Erfahrungen sorgt
12–14 u. 46–48	Selbstexploration des Kl fördert (= Reflexion über eigenes Erleben und Verhalten und Klärung von Widersprüchen)
13 u. 27	dem Kl Rückmeldung über dessen Widersprüchlichkeiten gibt
15 u. 27	für Rückmeldungen durch andere Personen sorgt, um Fremdzuweisungen in Frage zu stellen
16, 17, 19, 22, 23, 25–27 u. 30	emotionale Sicherheit anbietet
29, 30 u. 43	für Entspannung sorgt
20 u. 21	Autonomie des Kl fördert (z.B. stellt er die Übertragung in Frage)
28	Möglichkeiten anbietet, um beim Kl vor dem Bewußtsein geleugnete Erfahrungen zuzulassen
31–33	Möglichkeiten dem Kl anbietet, an dessen Symptomen zu arbeiten (sie zu provozieren, ändern, steuern oder zu erfahren)
34 u. 35	Gefühle provoziert (sowohl solche der Befriedigung als auch solche der Frustration)
35 u. 36	den Kl Schmerz erleben läßt
37	den Kl Wut erfahren läßt
38–40	den Kl im Hier- und -Jetzt hält, um dessen Gefühle von den Erwartungen zu trennen
39–42	die Abwehr des Kl nach Vorteilen hinterfragt
42, 44 u. 45	Angst u. Ärger als Wegweiser zu den dahinterliegenden Problemen des Kl betrachtet
52	bei allen Gefühlen des Kl besonders auf Schmerz und Wut achtet
48 u. 51	bei depressivem Erleben und Verhalten des Kl auf aggressive Aspekte achtet
41 u. 48–50	auf pathologische ‚Teufelskreise‘ im Erleben und Verhalten des Kl achtet

Abschließend sei noch darauf verwiesen, daß es sich bei der Zusammenstellung um ein System von Sätzen handelt, das individuell auf die eigenen therapeutischen Möglichkeiten zugeschnitten ist. In der Regel beherrscht ein Therapeut nicht alle Verfahren und deren spezifische Interventionen. Damit werden individuelle Ausbildung und persönliche Einstellungen auch dort Kriterium, wo therapeutische Interventionen sich zu widersprechen scheinen und differentielles Vorgehen erforderlich ist.

5 Zur Notwendigkeit einer Methodenintegration

Die bisherigen Ausführungen machen deutlich:

– Weite Bereiche der verschiedenen Therapieformen überschneiden sich und könnten sich ersetzen.
– Keine der aufgeführten Therapieformen umfaßt die volle Vielfalt der Möglichkeiten der Persönlichkeitsentwicklung: das therapeutische Instrumentarium einer jeden Therapieform kann ergänzt werden.
– Die Betrachtung der unterschiedlichen Therapieformen unter einem einheitlichen Modell erscheint möglich.

Es ist deshalb an der Zeit, sich um Modelle zur therapeutischen Methodenintegration zu bemühen, um das volle Spektrum therapeutischer Möglichkeiten zu nutzen. Das ist um so dringlicher, da neben theoretischen Erwägungen auch empirische Untersuchungen Integrationsmöglichkeiten nahelegen (*Heinerth* 1980, 1982). Methodenintegration meint dabei die Auswahl einer spezifischen Intervention aus einer beliebigen therapeutischen Schulmethode, um dem Klienten dort, wo er in seiner Persönlichkeitsentwicklung und mit seinem derzeitigen Erleben steht, zu helfen, den nächsten Schritt auf ein definiertes Ziel hin tun zu können (Indikationsmodell der sechsten Ebene, vgl. oben). Die Orientierung am Entwicklungsziel innerhalb einer Persönlichkeitstheorie ist damit das integrierende Element, das dem Therapeuten Entscheidungskriterien für die Wahl seiner Strategien bietet und ihm zugleich die Freiheit läßt, aus einem vergrößerten Interventionsarsenal auswählen zu können. Mit der Betrachtung der Integrationsfrage auf dieser feinstrukturierten Ebene entfallen dann die Bedenken, die kürzlich gegen eine Methodenintegration geäußert wurden (*Minsel & Bente* 1979, *Biermann-Ratjen* et al. 1980).

Literatur

Alexander, G. 1974. Eutonie als Verfahren somatopsychologischer Pädagogik, Rehabilitation und Therapie. In: *Petzold,* H. (Ed.) Psychotherapie und Körperdynamik. Paderborn: Junfermann. p. 105–127. – *Bach,*

G. R. & *Bernhard*, Y. 1971. Aggression lab. Dubuque: Hunt (dtsch. Studienausgabe o.J. Hamburg: Altmann). – *Bach*, G. R. & *Deutsch*, R. M. 1970. Pairing. Düsseldorf: Diederichs. – *Bach*, G. R. & *Molter*, H. 1979. Psychoboom. Wege und Abwege moderner Therapie. Reinbek: Rowohlt. – *Bastine*, R. 1976. Ansätze zur Formulierung von Interventionsstrategien in der Psychotherapie. In: *Jankowski*, P., *Tscheulin*, D., *Fietkau*, H.-J. & *Mann*, F. (Ed.) Klientenzentrierte Psychotherapie heute. Göttingen: Hogrefe. p. 193–207. – *Bense*, W. 1977. Erleben in der Gesprächspsychotherapie. Weinheim: Beltz. – *Berne*, E. 1975. Was sagen Sie, nachdem Sie guten Tag gesagt haben? München: Kindler. – *Biermann-Ratjen*, E., *Eckert*, J. & *Schwartz*, H. J. 1979. Gesprächspsychotherapie. Stuttgart: Kohlhammer. – *Biermann-Ratjen*, E., *Eckert*, J. & *Schwartz*, H. J. 1980. Für und Wider die Methodenintegration in der Psychotherapie. In: *Schulz*, W. & *Hautzinger*, M. (Ed.) Klinische Psychologie und Psychotherapie. Bd. I: Methodenintegration, Therapeut-Klient-Beziehung, Handlungstheorie. Tübingen: DGVT/GwG. p. 37–42. – *Binder*, J., *Corriere*, R. & *Hart*, J. T. 1976. Going sane. New York: Dell. – *Brown*, M. 1973. The new body psychotherapies. Psychotherapy 10, 98–116. – *Casriel*, D. 1972. Die Wiederentdeckung des Gefühls. München: Bertelsmann. – *Corsini*, R. (Ed.) 1973. Current psychotherapies. Itasca: Peacock. – *Derbolowsky*, U. 1974. Atemtherapie. In: *Petzold*, H. (Ed.) Psychotherapie und Körperdynamik. Paderborn: Junfermann. p. 128–145. – *Downing*, G. 1973. Partner-Massage. Gütersloh: Bertelsmann. – *Dropsy*, G. & *Sheleen*, J. 1974. Maîtrise corporelle et menschliche Beziehung. In: *Petzold*, H. (Ed.) Psychotherapie und Körperdynamik. Paderborn: Junfermann. p. 39–58. – *Dürckheim*, K. 1970. Hara: Die Erdmitte des Menschen. Weilheim: Barth 1974[7]. – *Ellis*, A. 1975. Die rational-emotive Therapie. München: Pfeiffer. – *Epstein*, S. 1979. Entwurf einer Integrativen Persönlichkeitstherapie. In: *Filipp*, S.-H. (Ed.) Selbstkonzeptforschung. Stuttgart: Klett-Cotta. p. 15–45. – *Fagan*, J. & *Sheperd*, I. L. (Ed.) 1970. Gestalt therapy now. Palo Alto: Science and Behavior Books. – *Feldenkrais*, M. 1972. Awareness through movement. New York: Harper. – *Fine*, R. 1974. Psychotanz und Übungsverfahren der Psychotherapie. In: *Petzold*, H. (Ed.) Psychotherapie und Körperdynamik. Paderborn: Jungfermann. p. 79–104. – *Geba*, B.H. 1973. Das Atembuch. Berlin: v. Kretschmer. (Admiralstraße 18e). – *Gendlin*, E. T. 1962. Experiencing and the creation of meaning. New York: The Free Press of Glencoe. – *Gendlin*, E. T. 1978a. Eine Theorie der Persönlichkeitsveränderungen. In: *Bommert*, H. & *Dahlhoff*, H. D. (Ed.) Das Selbsterleben (Experiencing) in der Psychotherapie. München: Urban & Schwarzenberg. p. 1–62. – *Gendlin*, E. T. 1978b. Focusing. New York: Everest House. – *Glasser*, W. 1972. Realitätstherapie. Weinheim: Beltz. – *Harper*, R. A. 1979. Die neuen Psychotherapien. Salzburg: Müller. – *Harris*, T. A. 1973. Ich bin O.K. Du bist O.K. Reinbek: Rowohlt. – *Hart*, J. T. & *Tomlinson*, T.M. (Ed.) 1970. New directions in client-centered therapy. Boston: Mifflin. – *Heinerth*, K. 1979a. Einstellung, Verhalten und Erleben als Gegenstand der Veränderung in Psychotherapie und Erziehung. In: *Heinerth*, K. (Ed.) Einstellungs- und Verhaltensänderung. München: Reinhardt. p. 17–30. – *Heinerth*, K. (Ed.) 1979b. Einstellungs- und Verhaltensänderung. München: Reinhardt. – *Heinerth*, K. 1980. Integriertes Therapeutenverhalten im klientenzentrierten Konzept: Auswirkungen von gefühlsverbalisierendem Therapeutenverhalten (VEE) und alternativen Interventionen auf Selbstexploration und Selbsterleben (experiencing) von Klienten. GwG-Info 41, 1–12. – *Heinerth*, K. 1981. Die klientenzentrierte Gesprächspsychotherapie und die Schreitherapie von Daniel Casriel (New Identity Process). Praxis der Psychotherapie und Psychosomatik 26, 121–126. – *Heinerth*, K. 1982. Effektivität unterschiedlichen Therapeutenverhaltens: Die Auswirkungen einzelner Interventionen auf Selbstexploration und Selbsterleben (experiencing) von Klienten. In: *Howe*, J. (Ed.) Psychotherapieformen im Dialog. München: Kösel (In Vorb.). – *Hennige*, U. & *Preiser*, S. 1979. Einstellungsänderung als Systemgeschehen. In: *Heinerth*, K. (Ed.) Einstellungs- und Verhaltensänderung. München: Reinhardt. p. 101–117. – *Janov*, A. 1975. Anatomie der Neurose. Frankfurt: Fischer. – *Kamm*, J. A. 1977. Gestalttherapie und Körperarbeit. In: *Petzold*, H. (Ed.) Die neuen Körpertherapien. Paderborn: Junfermann. p. 207–217. – *Kiernan*, T. 1976. Psychotherapie: Kritischer Führer durch Theorie und Praktiken. Frankfurt: Fischer. – *Kovel*, J. 1972². Kritischer Leitfaden der Psychotherapie. Frankfurt: Campus. – *Leeds*, A. 1977. Lomi. Ein ganzheitlicher Zugang zur Bewußtheit und persönlichem Wachstum. In: *Petzold*, H. (Ed.) Die neuen Körpertherapien. Paderborn: Junfermann. p. 313–330. – *Leuner*, H. 1970. Katathymes Bildererleben. Unterstufe: Kleine Psychotherapie mit der Tagtraumtechnik. Stuttgart: Thieme. – *Leuner*, H. 1980. Katathymes Bilderleben. Bern: Huber. – *Lowen*, A. 1976. Bioenergetik – Der Körper als Retter der Seele. Bern: Scherz. – *Middendorf*, I. 1977. Atem und seine Bedeutung für die Entwicklung und das Heilsein des Menschen. In: *Petzold*, H. (Ed.) Die neuen Körpertherapien. Paderborn: Junfermann. p. 436–451. – *Minsel*, W.-R. 1974. Praxis der Gesprächspsychotherapie. Wien: Böhlau's Nachf. – *Minsel*, W.-R. & *Bente*, G. 1979. Entwicklung der Gesprächspsychotherapie und ihr neuester Stand. GwG-Sonderinfo, Anhang II. – *Naranjo*, C. 1978. Techniken der Gestalttherapie. Hamburg: Isko. – *Painter*, J. 1976. Postural Integration. Zürich: Unveröffentlichtes Manuskript (workshop-handout). – *Perls*, F. S. 1974. Gestalt-Therapie in Aktion. Stuttgart: Klett. – *Perls*, F. S. 1976. Grundlagen der Gestalt-Therapie. München: Pfeiffer. – *Perls*, F. S., *Hefferline*, R. F. & *Goodmann*, P. 1979. Gestalt-Therapie. Bd. I u. II. Stuttgart: Klett. – *Petzold*, H. 1973. Gestalttherapie und Psychodrama. Kassel: Nicol. – *Petzold*, H. (Ed.) 1974. Psychotherapie und Körperdynamik. Paderborn: Junfermann. – *Petzold*, H. (Ed.) 1977. Die neuen Körpertherapien. Paderborn: Junfermann. – *Plog*, U. & *Grawe*, K. 1976. Zur differentiellen Indikation von Gesprächspsychotherapie und Verhaltenstherapie bei Patienten mit schweren Phobien. In: *Jankowski*, P., *Tscheulin*, D., *Fietkau*, H.-J. & *Mann*, F. (Ed.) Klientenzentrierte Psychotherapie heute. Göttingen: Hogrefe. p. 225–236. – *Reich*, W. 1976. Charakteranalyse. Frankfurt: Fischer. – *Robbins*, J. & *Fischer*, D. 1972. Meditation. Stuttgart: Deutsche Verlagsanstalt. – *Rogers*, C. R. 1972. A theory of therapy, personality and interpersonal relationship as developed in client-centered framework. In: *Koch*, S. (Ed.) Psychology: A study of a science. Vol. III. New York: McGraw-Hill. p. 184–256. – *Rogers*, C. R. 1974. Encounter-Gruppen. München: Kindler. – *Rolf*, I. 1975. Structural integration. New York: McGraw-Hill. – *Rosenberg*, J. C. 1976. Orgasmus. Berlin: Verein zur Förderung der therapeutischen Selbsthilfe e. V. – *Ruitenbeek*, H. M. 1974. Die neuen Gruppentherapien. Stuttgart: Klett. – *Schoop*, T. 1974. Won't you join the dance? Mayfield: Mayfield Publishing Company. – *Schultz*, J. H. & *Luthe*, W. (Ed.) 1974. Autogenic methods. Vol. I–VI. New York: Grune & Stratton. – *Schutz*, W. C. 1971. Freude. Reinbek: Rowohlt. – *Schwäbisch*, L. & *Siems*, M. 1976. Selbsterfahrung durch Meditation. Reinbeck: Rowohlt. – *Schwieger*, C. 1977. Bio-Energetik-Praxis. Frankfurt: Flach. – *Selver*, C. 1974. Sensory awareness. In: *Petzold*, H. (Ed.) Psychotherapie und Körperdynamik. Paderborn: Junfermann. p. 59–78. – *Shah,* J. 1976. Die Sufis. Düsseldorf: Diederichs. – *Shorr,* J. E. 1972. Psycho-imagination-therapy. New York: Intercontinental Medical Books. – *Seidenstücker,* G. & *Baumann,* U. 1979. Zur Situation der Indikationsforschung. In: *Eckensberger,* L. H. (Ed.) Bericht über den 31. Kongreß der Deutschen Gesellschaft für Psychologie in Mannheim 1978. Vol. II. Göttingen: Hogrefe. p. 377–398. – *Simkin,* J. S. 1978. Gestalttherapie. Minilektion für Einzelne und für Gruppen. Wuppertal: Jugenddienst-Verlag. – *Stauss,* K. 1977. New identity group process nach D. Casriel und Körperarbeit. In: *Petzold,* H. (Ed.) Die neuen Körpertherapien. Paderborn: Junfermann. p. 388–406. – *Steiner,* R. 1966[3]. Heil-Eurythmie. Dornbach: Rudolf Steiner Nachlaßverwaltung. – *Stevens,* B. 1977. Gestalt-Körperarbeit. In: *Petzold,* H. (Ed.) Die neuen Körpertherapien. Paderborn: Junfermann. p. 218–243. – *Stevens,* J. 1975. Die Kunst der Wahrnehmung. München: Kaiser. – *Switzer,* A., *Civincione,* D. & *Karle,* W. 1977. Die Rolle des Körpers in der feeling-therapy. In: *Petzold,* H. (Ed.) Die neuen Körpertherapien. Paderborn: Junfermann. – *Watzlawick,* P., *Weakland,* J. H. & *Fisch,* R. 1970. Lösungen. Bern: Huber. – *Watzlawick,* P., *Beavin,* J. H. & *Jackson,* D. D. 1972. Menschliche Kommunikation. Bern: Huber. – *Wechsler,* D. A. & *Rice,* C. N. (Ed.) 1974. Innovation in client-centered therapy. New York: Wiley. – *Wilmar,* F. 1974. Heileurythmie. In: *Petzold,* H. (Ed.) Psychotherapie und Körperdynamik. Paderborn: Junfermann. p. 243–263. – *Wiltschko,* J. 1979. Zur Praxis des focusing. GwG-Info 37, 13–29 (GWG, 5000 Köln 1, Richard-Wagner-Straße 12). – *Wundt,* W. 1910[6]. Grundzüge der physiologischen Psychologie. Bd. II. Leipzig: Engelmann. – *Yong,* M.-S. 1976. Tai-Chi-Chuna for health and beauty. Tokio: Bunka. – *Yablonsky,* L. 1978. Psychodrama. Stuttgart: Klett-Cotta. – *Zielke,* M. 1979. Indikation zur Gesprächstherapie. Stuttgart: Kohlhammer.

Empirische Arbeiten

Vergleichende Psychotherapieforschung

KLAUS GRAWE

1 Einleitung

Nehmen wir einmal an, lieber Leser, Sie seien vor kurzem in zwei verschiedene Feinschmeckerlokale eingekehrt und sollten nun die Küchen miteinander vergleichen. Sie seien beide Male satt geworden und das Essen habe Ihnen in beiden Lokalen gut geschmeckt. Wären Sie damit einverstanden, wenn jemand daraus den Schluß zöge, es sei demnach gleich, in welches Lokal Sie in Zukunft gingen, die Wirkung sei ja doch die gleiche?
Würden Sie die Ansicht teilen, daß es somit erwiesenermaßen unnötig sei, überhaupt ein Feinschmeckerlokal aufzusuchen, da man ja auch zu Hause mit den eigenen Kochkünsten satt werden und schmackhaft essen könne?
Wäre der Schluß gerechtfertigt, daß, da ja die hauptsächlichen Ziele, Sättigung und Wohlgeschmack, in beiden Fällen erreicht worden seien, es letztlich für das Ergebnis des Kochens gleichgültig sei, welche spezifischen „Techniken" in den beiden miteinander verglichenen Küchen zum Einsatz gekommen seien, daß also die beiden Köche sich nur einbildeten, daß es ihre speziellen Kochkünste seien, die für die Qualität des Resultates entscheidend seien; in Wirklichkeit seien für die Herstellung eines sättigenden, wohlschmeckenden Essens nur einige Grundbedingungen erforderlich, die sowohl den Feinschmeckerlokalen als aus der Hausmannsküche gemeinsam seien, nämlich eine Kochstelle, Kochgeschirr und die entsprechenden Zutaten?
Ich glaube man braucht kein Meisterkoch zu sein, um einzusehen, daß diese Schlußfolgerungen unzulässig wären und daß überhaupt der Vergleich der beiden Feinschmeckerlokale, so wie er beschrieben wurde, den Besonderheiten dieses Gegenstandsbereiches in keiner Weise gerecht wird. Wie armselig wäre dieser krude Vergleich hinsichtlich Sättigung und

Wohlgeschmack angesichts des Nuancenreichtums, mit dem Gourmets sich gegenseitig das Wasser auf die Zunge treiben können!
Und doch ist unsere Karikatur kaum übertrieben, denn genauso armselig werden in der Psychotherapieforschung bisher verschiedene Therapie-methoden miteinander verglichen. Und die Schlußfolgerungen, die man-che aus vorliegenden Forschungsergebnissen ziehen, sind oft ähnlich ober-flächlich und vorschnell wie in unserem Beispiel.
Ich will den Vergleich zwischen der Kunst des Kochens und der Kunst des Psychotherapierens nicht zu weit treiben, aber die Differenziertheit der Erlebnisse und Vorgänge, die im Rahmen einer Psychotherapie aus-gelöst werden und zur Wirkung kommen, dürfte der Vielfalt im Bereich der Kochkunst wohl nicht viel nachstehen. Gewiß, genauso wie ein Essen seinen Zweck verfehlt, wenn es den Hunger nicht stillt und nicht schmeckt, disqualifiziert sich auch eine Psychotherapiemethode, wenn sie die Symptome nicht verringert und den Klienten nicht zufriedener macht.
Aber kann dies ein Grund dafür sein, den Vergleich zwischen Therapie-methoden auf diese beiden Aspekte zu beschränken? Wenn zwei Klien-ten, die mit unterschiedlichen Psychotherapiemethoden behandelt wor-den sind, am Ende ihrer Behandlung beide feststellen, daß ihre Sympto-me deutlich gebessert und daß sie recht zufrieden mit der Behandlung seien, ist es dann nicht trotzdem nur allzu wahrscheinlich, daß beide völlig unterschiedliche Erfahrungen gemacht haben können, aus ganz un-terschiedlichen Aspekten der psychotherapeutischen Situation ihren Nutzen gezogen haben, insgesamt also völlig unterschiedliche Verände-rungsprozesse durchgemacht haben?
Dem mit der Vielfalt psychotherapeutischer Methoden und ihrer diffe-renzierten Ausgestaltung vertrauten, aber in der empirischen Therapiefor-schung nicht so bewanderten Leser wird es wohl nur schwer in den Kopf gehen, daß sich die empirische vergleichende Psychotherapieforschung bisher tatsächlich auf diesem Niveau der Fragestellung bewegt hat.
Ich werde im folgenden zunächst anhand der beiden am meisten zitier-ten Übersichtsarbeiten über vergleichende Psychotherapiestudien genauer zeigen, daß die einleitend benutzte Karikatur tatsächlich weitgehend dem gegenwärtigen Stand der vergleichenden Psychotherapieforschung ent-spricht. Dann werde ich ganz kurz auf einige mögliche Ursachen dafür eingehen, um schließlich im Hauptteil der Arbeit anhand von eigenen empirischen Forschungsarbeiten Möglichkeiten der Auswertung von ver-gleichenden Therapiestudien aufzuzeigen, die über einen simplen quanti-tativen Vergleich im Sinne eines „mehr oder weniger Erfolg" hinausfüh-ren.

2 Der bisherige Stand der vergleichenden Psychotherapieforschung

Smith & Glass (1977) haben die bisher umfassendste Übersichtsarbeit über psychotherapeutische Vergleichsuntersuchungen zusammengestellt. Im Unterschied zu der Übersichtsarbeit von *Luborsky* et al. (1975), die sich auf Vergleichsuntersuchungen mit klinischen Patientengruppen beschränken und dabei nur auf etwa 40 kontrollierte Studien kamen, bezieht die Übersichtsarbeit von *Smith & Glass* auch sogenannte Analogiestudien mit ein, in denen freiwillige, eigens für den Zweck der Untersuchung rekrutierte Versuchspersonen behandelt wurden.

Smith & Glass bedienen sich für ihre Untersuchung einer etwas eigenwilligen Methode, die sie „Meta-Analyse" nennen. Es werden für alle in der jeweiligen Untersuchung mitgeteilten Erfolgsmaße die Differenzen zwischen den Mittelwerten der jeweiligen Behandlungsgruppen und der Kontrollgruppe am Ende der Behandlung gebildet und diese Differenz in Beziehung gesetzt zur Standardabweichung in der Kontrollgruppe. Damit ergibt sich ein formales Maß dafür, wie weit der durchschnittliche Patient der Behandlungsgruppe vor dem Hintergrund der Verteilung innerhalb der Kontrollgruppe nach der Behandlung als gebessert angesehen werden kann. Die Ergebnisse der Untersuchung lassen sich recht kurz zusammenfassen: Über alle untersuchten verschiedenartigen Therapiemethoden hinweggesehen, bewirkt Psychotherapie im Durchschnitt eine signifikante Besserung, es ergeben sich jedoch keine deutlichen Hinweise auf eine durchgängige Überlegenheit einer bestimmten Therapiemethode über irgendwelche anderen. *Smith & Glass* (1977, p. 760) ziehen als Ergebnis ihrer Untersuchung folgenden Schluß: „Es sind zwar ganze Bände den theoretischen Unterschieden zwischen verschiedenen Therapieschulen gewidmet, die Forschungsergebnisse zeigen jedoch nur vernachlässigenswerte Unterschiede in den Effekten der verschiedenen Therapieformen."

Die Studie von *Smith & Glass* hat, wohl wegen der Menge der darin verarbeiteten empirischen Therapievergleichsuntersuchungen, große Aufmerksamkeit auf sich gezogen. Sie wird einerseits als Beweis für die Wirksamkeit von Psychotherapie zitiert und andererseits als Argument gegen die Spezialisierung und Unterscheidung von verschiedenen Therapieformen, sowie auch als Argument dafür, daß zum gegenwärtigen Zeitpunkt noch keinerlei differentielle Indikationen für verschiedene Therapieformen existieren.

Zum Glück hat diese Untersuchung aber auch den bissigen Spott auf sich gezogen, den sie verdient (*Kazrin* et al. 1979). Natürlich kann eine Übersichtsarbeit nicht besser sein als die zugrundeliegenden Untersuchungen. Die Studie von *Smith & Glass* (1977) treibt aber mit ihrem Vorgehen genau das auf die Spitze, was vielen der zugrundeliegenden Untersuchungen als entscheidender Mangel anzukreiden ist, nämlich

— die Beschränkung des Vergleiches auf die durchschnittliche Wirkung der untersuchten Therapien in bezug auf ganz wenige Erfolgskriterien, die nur die selektive Blickweise des Untersuchers widerspiegeln (im Durchschnitt wurden pro Untersuchung 2,2 Erfolgskriterien verwandt, was unserem karikierenden Vergleich in der Einleitung mit den beiden „Erfolgskriterien" Sättigung und Wohlgeschmack schon sehr nahe kommt);

— eventuelle differentielle Effekte innerhalb der Behandlungsgruppen werden von der Betrachtung durch das methodische Vorgehen systematisch ausgeschlossen.

Insgesamt erweckt das Vorgehen von *Smith & Glass* den Eindruck, als könne eine Menge z.T. schwacher und tendenzöser Untersuchungen zusammengenommen dann doch zu validen Aussagen führen. In Wirklichkeit kumuliert das Vorgehen von *Smith & Glass* die vielen Schwächen, die den meisten zugrundeliegenden Untersuchungen anhaften und ihre interne Schlüssigkeit und Generalisierbarkeit in Frage stellen. Denn durch das methodische Vorgehen werden alle Informationen, die eine kritische Bewertung der einzelnen Ergebnisse ermöglichen würden, systematisch ausgeklammert.

Ich werde etwas weiter unten im einzelnen näher auf diejenigen Aspekte des Vergleiches von Therapiestudien eingehen, die mir für eine angemessene Bewertung der untersuchten Therapiemethoden unumgänglich notwendig erscheinen und die in der bisherigen Psychotherapieforschung, vor allem aber in der Übersichtsarbeit von *Smith & Glass* zu kurz gekommen sind. Was die inhaltlichen Aussagen anbelangt, die *Smith & Glass* aus ihrer Untersuchung ableiten, so sollte man diese möglichst schnell wieder vergessen und die Studie insgesamt als Extrem eines Irrweges betrachten, den die vergleichende Psychotherapieforschung bisher eingeschlagen hat.

Eine differenzierter bewertende Übersicht über bisher vorliegende vergleichende Psychotherapiestudien geben *Luborsky* et al. (1975). Sie beschränken sich bei ihrem Vergleich auf Studien, die an klinischen Populationen durchgeführt wurden. Insgesamt enthält ihre Übersicht etwa 40 Vergleiche zwischen verschiedenen Therapiemethoden. Im einzelnen vergleichen sie die Effekte von zeitlich begrenzter gegenüber unbegrenzter Psychotherapie, klientenzentrierter Therapie gegenüber anderen traditionellen Psychotherapieverfahren, Verhaltenstherapie gegenüber anderen Psychotherapieverfahren, Psychopharmakotherapie gegenüber Psychotherapie und Psychotherapie kombiniert mit medizinischer Behandlung gegenüber ausschließlich medizinischer Behandlung für psychosomatische Störungen. Anders als bei *Smith & Glass* (1977) beruht bei ihnen der Vergleich auf einem detaillierten Studium der einzelnen Untersuchungen, die anhand eines methodischen Kriterienkataloges sehr genau auf ihre Schlüssigkeit hin geprüft und eingeordnet werden. Für die Bewertung des Ergebnisses wird dann die interne Validität der Studie in Rechnung gestellt. Auch bei diesem sauberen Vorgehen ergibt sich jedoch kein deutlicher Unterschied zwischen den drei voneinander unterschiedenen Arten von Psychotherapie. Es liegen allerdings Hinweise dafür vor, daß Verhaltenstherapie bei isolierten Phobien besser wirkt als andere Psychotherapiemethoden.

Auch die Studie von *Luborsky* et al. (1975) leidet jedoch darunter, daß der Vergleich in den meisten Fällen auf einen Vergleich der Besserungsrate oder aber auf den durchschnittlichen Effekt in einigen wenigen Erfolgskriterien beschränkt war. Im wesentlichen ist dieser Mangel jedoch nicht den Autoren zuzuschreiben, sondern spiegelt einen charakteristischen Mangel der zugrundliegenden empirischen Untersuchung wider.

Eine der kritischen Schlußfolgerungen, die die Autoren am Ende ihrer Übersicht ziehen, läuft denn auch darauf hinaus, daß sie einen rein quantitativen Vergleich unterschiedlicher Therapiemethoden in Frage stellen und fordern, daß in stärkerem Maße auch eine mögliche unterschiedliche *Qualität* der Therapieeffekte in Rechnung gestellt und ausdrücklich geprüft werden müsse. Dieses Argument wird insbesondere auch von *Malan* (1973) geteilt. *Luborsky* et al. (1975) fanden bei ihrem genauen Studium der vorliegenden Vergleichsuntersuchungen jedoch nur wenige Studien, in denen sich Hinweise auf eine unterschiedliche Qualität der Effekte ergaben. Allerdings sind die meisten der untersuchten Studien vom Versuchsplan und der Auswertung her auch nicht so angelegt, daß derartige Unterschiede hätten sichtbar werden können.

Auch wenn die beiden zitierten Übersichtsarbeiten nicht alle vorliegenden vergleichenden Psychotherapiestudien erfaßt haben und einige Studien in Details durchaus Informationen enthalten, die über die Aussagen der beiden Übersichtsarbeiten hinausführen, vermitteln diese beiden Übersichten aber doch in einem wichtigen Punkt ein im wesentlichen zutreffendes Bild: Die bisherigen vergleichenden Therapiestudien beschränken sich weitgehend auf einen Vergleich der mittleren Effekte in einigen ganz wenigen Erfolgskriterien.

Es ist eine Frage für sich, warum wohl in der vergleichenden Therapieforschung die Fragestellungen bisher so einseitig auf den Nachweis von Effekten ausgerichtet waren und so wenig darauf, möglichst viel über die untersuchten Therapiemethoden herauszufinden. Ich bin an anderer Stelle ausführlich auf diese Frage eingegangen (*Grawe* 1978, 1980a). Hier wollen wir uns aus Platzgründen mit dem Hinweis auf wissenschaftsexterne Interessen begnügen, die nicht nur die Praxis, sondern auch die Forschung im Bereich der Psychotherapie bestimmen.

Die gleichzeitige Existenz mehrerer verschiedener Therapieschulen mit vergleichbaren Geltungsansprüchen bringt eine Konkurrenzsituation mit sich, in der es naheliegt, die eigene Position durch „wissenschaftliche" Belege zu stützen und auszubauen. Für diesen Zweck eignen sich vor allem vergleichende Therapiestudien, in denen herauskommt, daß eine bestimmte Therapiemethode effizienter ist als bestimmte andere. Viele

Vergleichsuntersuchungen sind daher von vornherein mehr oder weniger offen auf ein ganz bestimmtes Ergebnis hin angelegt.

Das Bemühen, die jeweils favorisierte Therapiemethode in einem möglichst günstigen Licht erscheinen zu lassen, verträgt sich nicht gut mit dem Bemühen, möglichst viel über die untersuchten Therapiemethoden herauszufinden. Dies könnte auch Beschränkungen der Methoden sichtbar machen und Phänomene aufzeigen, die mit der zugrundeliegenden Therapietheorie nicht erklärt werden können usw.

Obwohl verschiedene Autoren wie *Kiesler* (1969), *Paul* (1967) und andere bereits vor über zehn Jahren den Übergang zu differentiellen Fragestellungen mit der Leitfrage „Welche Therapiemethoden, durch wen angewandt, bewirken unter welchen Bedingungen welche Effekte?" forderten, wurden bis heute erst sehr wenige Therapiestudien realisiert, die sichtbar von dieser Leitfrage inspiriert sind.

Auch über die Ursachen hierfür gibt es begründete Vermutungen (vgl. *Grawe* 1980a). Forschungsstrategisch hat sich die differentielle Indikationsfrage vor allem in der Forderung nach multifaktoriellen Therapiestudien niedergeschlagen. Aus der Wechselwirkung zwischen den kontrolliert variierten Faktoren (z.B. bestimmte Therapiemethoden einerseits und bestimmte Patientenmerkmale andererseits) könnten dann Schlußfolgerungen auf eine differentielle Indikation der untersuchten Therapieformen gezogen werden.

Diese Forderung ist im Prinzip unbestritten. Es ist viel darüber geschrieben worden (vgl. vor allem *Kiesler* 1971) und es braucht daher hier nicht weiter darauf eingegangen zu werden. Zur Verwirklichung einer differentiellen Therapieforschungsstrategie reicht diese Forderung allein allerdings nicht aus. Sie muß meiner Ansicht nach ergänzt werden durch entsprechende Veränderungen und Erweiterungen in der Auswertungsmethodik. Diese Notwendigkeit ist in der bisherigen Diskussion über Probleme der Therapieforschung noch nicht mit genügender Klarheit artikuliert und entsprechend natürlich auch noch nicht in ausreichendem Maße erfüllt worden. In meinen weiteren Ausführungen möchte ich daher das Schwergewicht auf einige Forderungen legen, die unter dem Gesichtspunkt einer *differentiellen* Therapieforschung an vergleichende Therapiestudien gestellt werden müssen. Es handelt sich dabei hauptsächlich um folgende vier Forderungen:

— Ein Vergleich zwischen verschiedenen Therapiemethoden darf sich nicht auf die mittlere Auswirkung in dem jeweiligen Erfolgskriterium beschränken, sondern muß auch einen Vergleich der Verteilungen der Veränderungen innerhalb der Behandlungsgruppen, also einen Vergleich der Streuungen der Effekte beinhalten. Schon *Bergin* (1966) hat nachdrücklich darauf aufmerksam gemacht, daß Psychotherapiemethoden in aller Regel differentiell wirken und daß eventuelle differentielle Therapieeffekte sehr wichtig für die Einschätzung der untersuchten Therapiemethoden sind.

— Ein Vergleich zwischen den verschiedenen Therapiemethoden darf sich nicht auf einige wenige, die Erwartungen des Untersuchers widerspiegelnde Erfolgskriterien beschränken, sondern muß versuchen, *alle möglichen,* also auch unerwartete Wirkungen der untersuchten Therapien zu erfassen.

— Therapeutische Veränderungen ergeben sich nicht unabhängig voneinander, sondern gehen mehr oder weniger eng miteinander einher. Ein wichtiger Aspekt der Wirkung von Therapiemethoden besteht daher darin, in welchen Zusammenhängen die durch die Therapieform bewirkten Veränderungen erfolgen. Die möglicherweise unterschiedliche Art, in der die Veränderungen bei verschiedenen Therapiemethoden miteinander zusammenhängen, kann Rückschlüsse auf qualitative Unterschiede in der Wirkung der Therapiemethoden erlauben.

— Ausgehend von dem zuerst erwähnten Phänomen, daß Therapiemethoden sehr häufig bei verschiedenen Patienten unterschiedlich gut wirken, liegt es nahe, beim Vergleich unterschiedlicher Therapiemethoden auch zu prüfen, ob und wie die durch die Therapie herbeigeführten Veränderungen in unterschiedlicher Weise mit möglichen, im Versuchsplan nicht konstant gehaltenen Einflußgrößen zusammenhängen. Dafür kommen insbesondere Unterschiede in Ausgangsmerkmalen der Patienten sowie Merkmale des Therapieprozesses in Frage, die innerhalb der festgelegten Bedingungen frei variieren können. Entsprechende *post-hoc-Analysen* würden vergleichende Aussagen darüber erlauben, bei welchen Patienten eher die eine und bei welchen eher die andere Therapiemethode ihre Wirkung erzielt oder von welchen unterschiedlichen Merkmalen des Therapieprozesses bei den einen und bei der anderen Therapie das Ausmaß ihrer Wirkung abhängt. Ein solcher Vergleich würde also möglicherweise Aussagen über eine differentielle Indikation der miteinander verglichenen Therapiemethoden erlauben und auf bisher nicht kontrollierte Parameter des Vorgehens hinweisen, die für die Wirkung der Therapie mitentscheidend sind.

Im folgenden sollen diese vier Forderungen in ihrer Notwendigkeit und möglichen Bedeutung für die vergleichende Psychotherapieforschung einzeln näher begründet werden. Dazu ziehe ich vorwiegend Demonstrationsmaterial aus eigenen empirischen Forschungsuntersuchungen heran. Das bedeutet jedoch nicht, daß sich die aufgezeigten Phänomene nur in diesen Untersuchungen gezeigt hätten. Sie lassen sich vielmehr an vielen Untersuchungen in der Therapieliteratur jeweils ausschnittweise nachweisen, soweit es das mitgeteilte Datenmaterial eben erlaubt. Der Rückgriff auf eigene Forschungsergebnisse hat für unseren Darstellungszweck den Vorteil, daß in den herangezogenen Untersuchungen den Phänomenen, auf die es uns hier ankommt, von vornherein ausdrückliche Beachtung geschenkt wurde.

Das herangezogene Datenmaterial soll hier exemplarisch dazu dienen, die Notwendigkeit der ausdrücklichen Beachtung der oben aufgeführten Punkte bei der Anlage, Fragestellung und Auswertung von Psychotherapievergleichsuntersuchungen aufzuzeigen und auf die möglichen Aussagen hinzuweisen, die sich bei Beachtung dieser Gesichtspunkte ergeben können. Es wird daher das Datenmaterial aus den einzelnen Untersuchungen sehr selektiv herangezogen und auf sonstige Aspekte der Untersu-

chungen nur in soweit eingegangen, als es für den Darstellungszweck unbedingt notwendig erscheint. Der an näheren Einzelheiten interessierte
Leser sei auf die jeweils angegebene Originalliteratur verwiesen, in der
die einzelnen empirischen Untersuchungen ausführlich beschrieben sind.

3 Forderungen an die Auswertung von vergleichenden Therapiestudien

3.1 Das Varianzerweiterungsphänomen: Seine Existenz, Bedeutung und Konsequenzen für die Forschungsmethodik

Schon in den ersten kontrollierten Psychotherapiestudien ist die Beobachtung gemacht worden, daß in den jeweiligen Behandlungsgruppen die Er-
folgswerte häufig mehr streuten als in den damit verglichenen Kontrollgruppen. *Bergin* (1966) ist als erster diesem Phänomen gründlicher nach-
gegangen und hat seitdem mit Nachdruck die Auffassung vertreten, daß
eine erhöhte Streuung in der Behandlungsgruppe in gewisser Weise ebenso als Nachweis für die Wirksamkeit der untersuchten Therapiemethode
betrachtet werden könne wie ein signifikanter Mittelwertseffekt. Bergin
kam es vor allem darauf an zu zeigen, daß Psychotherapie auch negative
Effekte verursachen könne; die Streuungserhöhung in der Behandlungsgruppe sei gleichzeitig ein Hinweis auf die positiven aber auch auf die
möglichen negativen Wirkungen, die eine Therapie haben könne. Auf jeden Fall sei sie ein Beleg für die Wirksamkeit der eingesetzten Beeinflussungsmittel, sei es nun zum Guten oder zum Schlechten. In Verbindung mit Konkurrenzgefechten zwischen den verschiedenen Therapieschulen hat es um dieses Phänomen noch manche Auseinandersetzungen
gegeben. In besonderer Weise hat sich dabei *Rachman* (1973) hervorge-
tan. Über mehrere Seiten versuchte er, *Bergin* Fehler in der Auswertung
und Interpretation des zugrundeliegenden Datenmaterials nachzuweisen,
um seine Ansicht zu untermauern, daß dieser Effekt, wenn er überhaupt
bestünde, dann nur in methodischen Schwächen der von *Bergin* angeführten Untersuchungen begründet sei. *Rachman* hätte sich allerdings nur
einmal in die Ergebnistabellen einer Untersuchung, an der er selbst beteiligt war (*Gillan & Rachman* 1974) vertiefen müssen, um festzustellen,
daß dieses Phänomen offenbar auch in seinen eigenen Forschungsuntersuchungen auftritt. In fast allen gemessenen Erfolgskriterien finden sich
für fast alle in dieser Studie untersuchten Behandlungsgruppen (Psychotherapie, Pseudotherapie, Desensibilisierung mit Entspannung und Desensibilisierung ohne Entspannung) signifikante Streuungserweiterungen
vom Therapieanfang zum Therapieende (Tabellen II, III und IV auf den
Seiten 396, 398 und 399). Bemerkenswerterweise wird auf diesen Befund, der viel durchgängiger ist als die aufgefundenen mittleren Unterschiede, allerdings mit keinem Wort eingegangen.

Wir wollen es hier mit diesem einen, besonders eindrucksvollen Beispiel für den engen Zusammenhang zwischen wissenschaftsexternen Forschungsinteressen und Auswertungsmethodik in der Psychotherapieforschung bewenden lassen. Die Liste von Untersuchungen, in denen sich signifikante differentielle Effekte in einer der Behandlungsgruppen finden, ohne daß mit einem Wort darauf eingegangen wird, ließe sich fast beliebig erweitern. Sie enthält leider auch einige der besten vergleichenden Psychotherapiestudien (z.b. *Sloane* et al. 1975). Dabei besteht offenbar keineswegs immer ein unmittelbarer Zusammenhang zwischen der Nichtbeachtung des Varianzerweiterungsphänomens und ideologischen Forschungsinteressen, sondern häufig werden diese Befunde offensichtlich im Zuge der routinemäßigen varianzanalytischen Auswertung einfach übersehen oder jedenfalls in ihrer Bedeutung nicht wahrgenommen. Ein Beispiel dafür wäre etwa die Untersuchung von *Rush* et al. (1977), in der sich der kognitive Therapieansatz von *Beck* (1976) einer pharmakologischen Behandlung von ambulanten depressiven Patienten als überlegen erwies. Hierbei finden sich in der pharmakologischen Behandlungsgruppe zum Teil hochsignifikante differentielle Therapieeffekte (Tabelle 1, die unverändert dem Artikel von *Rush* et al. [1977, p. 26] entnommen wurde).

Tab. 1: Ergebnisse der Vergleichsuntersuchung für eines der hauptsächlichen Erfolgsmaße, das Beck Depression Inventory

Time of assessment		Completers only		Completers plus dropouts	
		Cognitive therapy ($N = 18$)	Pharmaco-therapy ($N = 14$)	Cognitive therapy ($N = 19$)	Pharmaco-therapy ($N = 22$)
Pre-treatment	$\bar{X}$	30.28	30.79	30.21	30.09
	SD	6.82	6.03	6.64	6.16
Post-treatment	$\bar{X}$	5.94	13.00	7.26	17.45
	SD	5.33	12.71	7.74	12.47

Anmerkung: Im Text werden die Ergebnisse einer varianz- und kovarianzanalytischen Auswertung mitgeteilt, die für die kognitive Therapie eine auf dem 5%- bzw. 1%-Niveau (für Therapiebeendiger und Dropouts) signifikant größere Reduktion der depressiven Symptomatik erbringt als bei der Pharmakotherapie. Auf die offensichtlichen Streuungsunterschiede zum Post-Zeitpunkt, die auf differentielle Therapieeffekte bei der Pharmakotherapie hinweisen, wird mit keinem Wort eingegangen. Sie sind nach eigenen Berechnungen ebenfalls auf dem 5%-Niveau (für Therapiebeendiger und Dropouts) bzw. auf dem 1%-Niveau (für Therapiebeendiger allein) signifikant.

Inhaltlich besagt dieser Befund, der sich für andere Erfolgsmaße wiederholt, daß die geprüfte Pharmakotherapie bei einigen Patienten ziemlich gute Effekte bewirkt, bei anderen aber kaum eine Wirkung zeigt. Das könnte Ausgangspunkt für weitere Untersuchungen mit dem Ziel sein, zu klären, wovon die unterschiedliche Wirkung der pharmakologischen Behandlung abhängt. Der Befund stellt den Wert von des *Beck* (1976) entwickelten Ansatzes aber in keiner Weise in Frage.

Eine Schwierigkeit, veröffentlichte Therapiestudien im Hinblick auf differentielle Therapieeffekte zu prüfen, besteht darin, daß in fast keiner Unterschung Veränderungswerte mitgeteilt werden. Die Auswertung erfolgt fast immer über einen Mittelwertsvergleich der Absolutwerte zu verschiedenen Zeitpunkten. Bei diesem Vorgehen werden möglicherweise vorhandene differentielle Therapieeffekte unter Umständen gar nicht sichtbar, nämlich dann, wenn sich die Varianzen zu den Prae- und Post-Zeitpunkten nicht signifikant unterscheiden, wohl aber die Streuung der Differenzen zwischen den Anfangs- und Endwerten in den Behandlungsgruppen. Eine direkte Prüfung auf differentielle Therapieeffekte kann nur auf der Basis der Varianzen der *Veränderungswerte* erfolgen und zwar durch einen Vergleich der jeweiligen Behandlungsbedingungen mit einer Kontrollbedingung.

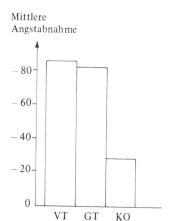

Mittlere Veränderung in den 3 Behandlungsgruppen in der Variable „*Gewichtete Angst in den Hauptphobien*"/Patienteneinschätzung

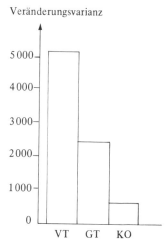

Veränderungsvarianz in der Variable „*Gewichtete Angst in den Hauptphobien*"/Patienteneinschätzung

Abb. 1: Mittlere Veränderungen und Veränderungsvarianzen für das wichtigste Erfolgsmaß in der Vergleichsuntersuchung von Grawe. Die Abbildung wurde unverändert übernommen aus *Grawe* (1976, p. 89).
VT = Verhaltenstherapie; GT = Gesprächspsychotherapie; KO = Kontrollgruppe.
Die mittlere Angstabnahme ist für beide Therapiegruppen signifikant gegenüber der Kontrollgruppe, die mittleren Unterschiede zwischen den beiden Behandlungsgruppen sind nicht bedeutsam. – Die Veränderungsvarianzen sind für beide Therapiegruppen gegenüber der Kontrollgruppe stark erhöht (VT–KO: $p < .0001$), GT–KO: $p < .005$). Der Varianzunterschied zwischen den Therapiegruppen ist fast signifikant ($p < .06$).

Abbildung 1 zeigt einen Befund aus einer eigenen vergleichenden Psychotherapiestudie (*Grawe* 1976), in dem differentielle Therapieeffekte zum Ausdruck kommen. Grundlage der Berechnungen waren hier die Differenzwerte post minus prae in den einzelnen Erfolgskriterien.
Diese Untersuchung, in der die Effekte von Verhaltenstherapie, Gesprächstherapie und einer Kontrollbedingung bei der Behandlung von psychiatrischen Patienten mit schweren Phobien miteinander verglichen wurden, lieferte ganz ähnliche Befunde für eine Vielzahl weiterer Erfolgsmaße. Insgesamt verdeutlichten die Ergebnisse, daß die untersuchten Formen der Verhaltenstherapie und Gesprächstherapie bei dieser Patientenpopulation im Mittel etwa gleiche Effekte erzielten, daß beide Behandlungsformen jedoch in starkem Maße differentiell wirkten, wobei dies für die Verhaltenstherapie in noch ausgeprägterem Maße der Fall war als für die Gesprächspsychotherapie. Die Einbeziehung des Streuungsvergleiches ergab hier also durchaus wichtige Zusatzinformationen, die für die Bewertung der untersuchten Therapien im Hinblick auf die Versorgung von phobischen Patienten von beträchtlicher Relevanz waren. Ich werde weiter unten noch auf Befunde aus derselben Untersuchung eingehen, in denen diese erhöhten Binnengruppenvarianzen noch weiter aufgeklärt wurden.
Es muß hier betont werden, daß dieses Ergebnis keineswegs ein Einzelbefund ist. In allen klinischen Therapiestudien, an denen ich selbst mitgewirkt habe, fanden sich in einer Vielzahl relevanter Erfolgskriterien hochsignifikante Streuungserweiterungen in den jeweiligen Behandlungsgruppen (z.B. *Grawe* 1976; *Dziewas* et al. 1979; *Wedel & Grawe* 1980).
Nach meiner Überzeugung kann daher das Phänomen, daß systematische therapeutische Beeinflussungen sehr häufig zu Streuungen der Veränderungswerte innerhalb der Behandlungsgruppen führen, die signifikant über das ohne Beeinflussung zu erwartende Maß hinausgehen, als eine Tatsache angesehen werden, von der die weitere Psychotherapieforschung auszugehen hat. Damit ist eine der wesentlichen inhaltlichen und methodischen Voraussetzungen der Anwendung der Varianzanalyse zur Auswertung von Psychotherapiestudien in Frage gestellt.
Ich will hier nur auf den inhaltlichen Aspekt weiter eingehen. Wenn die gemessenen Effekte in den jeweiligen Behandlungsgruppen signifikant mehr streuen als in den jeweiligen Kontrollgruppen, dann ist dies ein Hinweis darauf, daß für das Therapieergebnis noch andere Faktoren eine Rolle spielen, als die im Versuchsplan kontrolliert variierten. Diese Faktoren, die dafür verantwortlich sind, daß die experimentell eingesetzte Beeinflussungsprozedur bei den einen Patienten mehr und bei den anderen weniger wirksam ist, können methodisch als vorläufig unbekannte Moderatorvariablen angesehen werden. Inhaltlich sind es Variablen, die mit den systematisch eingesetzten Wirkfaktoren in einer funktionalen Wechselwirkung stehen. Bei signifikant erhöhter Veränderungsvarianz wissen wir zwar, *daß* eine Wechselwirkung vorhanden ist, wir wissen aber

nicht, mit welcher oder welchen Variablen diese Wechselwirkung besteht. Eine erhöhte Veränderungsvarianz besagt, daß die Wirkung der von uns untersuchten Behandlungsbedingung noch von der Ausprägung weiterer Variablen abhängig ist. Dies stellt einen ausreichenden Grund dafür dar, nach Hinweisen zu suchen, um welche Variablen es sich dabei handeln könnte. Es wird sich dabei in der Regel um Variablen handeln, deren Einfluß wir bei der Konzipierung des untersuchten Behandlungsvorgehens nicht ausreichend und systematisch berücksichtigt haben. Insofern können Hinweise auf solche Einflußfaktoren, die wir aus einer post-hoc-Analyse der Veränderungsvarianz der abhängigen Variablen gewinnen, zugleich auch als Hinweise darauf aufgefaßt werden, in welche Richtung wir unsere bisherigen Vorstellungen über die Wirkungsmechanismen der untersuchten Therapieformen erweitern müssen.

Eine Analyse der Veränderungsvarianz innerhalb von Behandlungsgruppen kann daher zwar nicht zur Bestätigung bereits bestehender Hypothesen beitragen, wohl aber systematisch zur Erweiterung unserer bisher unvollständigen Vorstellung über die Wirkungsweise von Therapien.

Daß unsere Vorstellungen darüber, wie bestimmte Therapiemethoden wirken, heute noch sehr unvollkommen sind, und daß unsere Forschungsstrategien daher vor allem auf eine Erweiterung unserer theoretischen Modelle und nicht so sehr auf Versuche zu deren Absicherung ausgerichtet sein sollten, kann am besten am Beispiel der Forschungen zur systematischen Desensibilisierung belegt werden.

Obwohl es inzwischen buchstäblich hunderte von Untersuchungen zur Wirkung und Wirkungsweise der systematischen Desensibilisierung gibt, verfügen wir heute weniger als am Anfang der Forschungen über eine allgemein akzeptierte Theorie darüber, wie diese Methode wirkt. Die vielen einander widersprechenden Ergebnisse über den Einfluß bestimmter Parameter, sind ein deutliches Zeichen dafür, daß die jeweiligen Untersuchungsergebnisse entscheidend durch Faktoren mitbeeinflußt wurden, die in den der Untersuchung zugrundeliegenden theoretischen Vorstellungen nicht ausreichend berücksichtigt worden waren. Die vielen widersprüchlichen Ergebnisse zu dieser Therapietechnik lassen sich durch folgende Tatsache erklären: Obwohl sich die mitgeteilten Untersuchungsbedingungen weitgehend gleichen, können sich die nicht mitgeteilten, weil für die theoretischen Vorstellungen des Untersuchers unbedeutenden Bedingungen von Untersuchung zu Untersuchung erheblich unterscheiden.

Da es also nach bisherigen Forschungsergebnissen unrealistisch erscheint, in Psychotherapiestudien alle bedeutsamen Einflüsse experimentell zu kontrollieren, ist für die Anlage und Auswertung von vergleichenden Therapiestudien grundsätzlich zu folgern:

— In Psychotherapiestudien ist in aller Regel nicht nur mit Mittelwertseffekten, sondern auch mit signifikant erhöhten Veränderungsvarianzen zu rechnen. Die Berücksichtigung dieser Möglichkeit erfordert die Erstellung von *Veränderungswerten* für die einzelnen Effektvariablen. Dies

bringt eine ganze Reihe methodischer Probleme mit sich (*Bereiter* 1963), auf deren Lösung — wegen der Unverzichtbarkeit von Veränderungswerten aus inhaltlichen Gründen — in Zukunft noch mehr Gewicht gelegt werden müßte (*Petermann* 1978).
— Ob eine signifikant erhöhte Veränderungsvarianz vorliegt, kann nur durch den Vergleich mit einer angemessenen Kontrollbedingung beurteilt werden. Auch für eine Forschungsstrategie, die schwerpunktmäßig auf die Suche nach bedeutsamen Zusammenhängen ausgerichtet ist, stellt daher — ebenso wie für eine auf Prüfung von Effekten und Zusammenhängen ausgerichtete Therapieforschung — eine kontrollierte Versuchsplanung die unverzichtbare Grundlage dar.

3.2 Das Veränderungsspektrum

Bisher haben sich unsere Überlegungen auf die Prüfung von Behandlungseffekten innerhalb jeweils einer abhängigen Variablen beschränkt. Wenn wir jedoch von einer geschlossenen, prüfenden Fragestellung zu einer offenen, suchenden Fragestellung übergehen wollen, wie es oben gefordert wurde, dann dürfen wie die Auswirkungen der therapeutischen Beeinflussung nicht nur in einem oder wenigen Erfolgskriterien messen, sondern müssen bei der Messung die Voraussetzungen dafür schaffen, daß sich alle nur möglichen Auswirkungen der Therapiemethoden darin niederschlagen können. Hieraus leitet sich die Forderung ab, daß in vergleichenden Therapiestudien die Effektmessung grundsätzlich in einer Vielzahl von Variablen aus möglichst unterschiedlichen Bereichen erfolgen sollte. Es kann dann anhand von mittleren Veränderungen und der Streuung der Veränderungen genauer beschrieben werden, in welchen Bereichen die untersuchten Therapien

— homogene mittlere Veränderungen,
— nur differentielle Veränderungen,
— signifikante mittlere und differentielle Veränderungen,
— oder gar keine bedeutsamen Veränderungen bewirken.

Die Gesamtheit dieser Informationen wird im folgenden als *Veränderungsspektrum* bezeichnet.
Zur Veranschaulichung der deskriptiven Möglichkeiten, die mit einer so breit angelegten Effektmessung und Auswertungsmethodik gegeben sind, ist in Abbildung 2 ein Ausschnitt aus dem Veränderungsspektrum dargestellt, das sich in einer Untersuchung von *Wedel & Grawe* (1980) ergeben hat. In dieser Untersuchung wurde nur eine einzige Behandlungsbedingung, nämlich ein Gruppen-Selbstsicherheitstraining mit einer unbehandelten Kontrollgruppe verglichen. Ich habe das Beispiel hier gewählt, weil es zeigt, wie selbst innerhalb eines einzigen Testinstrumentes alle vier oben aufgeführten Kombinationen von mittleren Veränderungen und Veränderungsvarianzen auftreten können (siehe die Legende zu Abbildung 2).

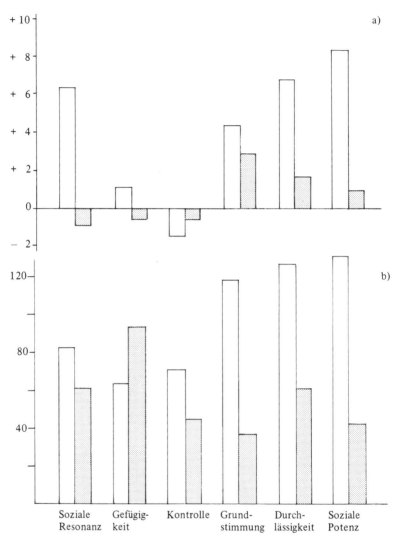

Mittlere Veränderungen (a) und Veränderungsvarianzen (b) in den Skalen des Gießen-Tests.

☐ BG   ☒ KG

Abb. 2: Veränderungsspektrum für den Gießen-Test aus der Untersuchung von *Wedel* & *Grawe* (1980). Signifikante mittlere Veränderungen ergaben sich für die Behandlungsgruppe (BG) im Vergleich zur Kontrollgruppe (KG) in den Skalen „Soziale Resonanz", „Soziale Potenz" und „Durchlässigkeit", signifikant erhöhte Veränderungsvarianzen in den Skalen „Grundstimmung", „Soziale Potenz" und „Durchlässigkeit".

Wenn man sich diesen schmalen Ausschnitt um eine Vielzahl weiterer, mit anderen Instrumenten gemessener Veränderungsbereiche erweitert vorstellt, dann wird ersichtlich, daß schon diese relativ einfache Form der Auswertung ein sehr viel differenzierteres Bild von der Wirkung der untersuchten Therapiemethoden vermittelt, als allein die Effektprüfung in einigen wenigen, vom Untersucher als relevant erachteten Erfolgsvariablen.

Wie wichtig es ist, daß in vergleichenden Psychotherapiestudien die Effekte auf breiter Ebene gemessen werden, zeigen Untersuchungen, in denen sich die untersuchten Therapien nicht hauptsächlich in denjenigen Variablen unterschieden, in denen es erwartet wurde, sondern in anderen Bereichen, für die überhaupt keine spezifischen Auswirkungen der Therapien vorausgesagt wurden. Ein Beispiel dafür ist die gut kontrollierte Vergleichsuntersuchung von *Gelder* et al. (1973). Hier unterschieden sich mit Desensibilisierung und mit Flooding behandelte Patienten nicht im Ausmaß ihrer Angstreduktion, worauf beide Therapien hauptsächlich abzielten, dafür veränderten sie sich unterschiedlich in ihrem Selbst- und Idealbild. Diese differentiellen Auswirkungen der Therapien wären nicht sichtbar geworden, wenn nicht auch Meßinstrumente zur Erfassung dieser Konstrukte herangezogen worden wären, deren Wichtigkeit für die Wirkung der untersuchten Therapien aus keiner der zugrundeliegenden Theorien begründbar gewesen wäre. Auch in Untersuchungen von *Gelder* et al. (1967), *Meichenbaum* et al. (1971), *Sloane* et al. (1975) und *Burns* (1979) unterschieden solche „Nebenwirkungen" die untersuchten Therapiemethoden mehr als diejenigen Variablen, auf die die Therapien eigentlich abzielten.

Wenn man den Gedanken ernst nimmt, daß sich verschiedene Therapiemethoden in ihrer Wirkung auch *qualitativ* unterscheiden können, ist eine Vielfalt unterschiedlicher Erfolgskriterien unverzichtbar.[1] Je weniger Variablen bei der Effektmessung berücksichtigt werden, desto mehr schrumpft die Beschaffenheit der Therapieeffekte auf ein mehr oder weniger in den jeweils eingesetzten Erfolgskriterien zusammen. Die von verhaltenstherapeutisch orientierten Forschern oft erhobene Forderung, die Messung auf die jeweils angezielten und erwarteten Effekte zu beschränken, geht von einer Laborauffassung des Experimentierens aus, deren Übertragung auf die Situation klinischer Psychotherapiestudien höchst fragwürdig ist. Bei der Komplexität der Beeinflussungsmittel und -situationen, wie sie selbst bei scheinbar ziemlich einfachen Therapiemethoden gegeben ist, muß von der Vorstellung ausgegangen werden, daß Psychotherapie immer in ein ganzes Netzwerk von Beziehungen eingreift, in denen der eigentlich angezielte Veränderungsbereich in der Regel mit

---

[1] Die Effektmessung sollte sich dabei allerdings nicht auf vorher-nachher-Messungen beschränken, sondern möglichst auch Verlaufsmaße beinhalten. Auf eine Demonstration der zusätzlichen Möglichkeiten, die damit gegeben werden, wollen wir hier aus Platzgründen allerdings nicht eingehen.

anderen psychischen Prozessen enger oder weiter funktional verbunden ist. Daher muß man in entsprechenden Forschungsuntersuchungen systematisch die Möglichkeit berücksichtigen, daß sich auch, oder sogar vor allem in anderen Bereichen als den eigentlich angezielten Veränderungen abspielen und daß Veränderungen grundsätzlich mit aller Wahrscheinlichkeit nicht unabhängig voneinander erfolgen, sondern untereinander in komplexen Zusammenhängen stehen, die selbst als Spiegel des therapeutischen Vorgehens aufgefaßt werden können.

Diese Überlegung, daß die möglichen Veränderungsbereiche, die durch eine Therapie angezielt werden, untereinander in vielfältigen Beziehungen stehen, führt unmittelbar zu einer weiteren Konsequenz für die Auswertungsmethodik, nämlich zur vergleichenden Analyse von Veränderungsmustern.

3.3 Der Vergleich von Veränderungsmustern

Alle Therapiemethoden machen mehr oder weniger ausdrücklich bestimmte Annahmen darüber, wie die Wirkungen, die sie erzielen, zustandekommen.

Psychoanalytische Therapieformen nehmen zum Beispiel an, daß unter anderem das Gewinnen von Einsichten kausal mit Symptomveränderungen und sonstigen klinisch relevanten Veränderungen zusammenhängt. Die klientenzentrierte Therapie nach *Rogers* (1973) nimmt an, daß eine Annäherung von Selbst- und Idealbild eine wichtige Rolle im Veränderungsprozeß spielt. Die Anwendung von Assertive-Training und anderen Methoden des Sozialtrainings bei klinischen Patientenpopulationen geht davon aus, daß die klinische Symptomatik der Patienten zusammenhängt mit einem Defizit im Sozialverhalten und ein Ausgleich dieses Defizites zu einer Besserung der Symptomatik führen wird (*Hersen* et al. 1973). All diese Annahmen lassen sich prinzipiell in empirisch prüfbare Hypothesen umformulieren. Wenn etwa die Annahme stimmte, daß die klinische Symptomatik funktional zusammenhängt mit sozialen Verhaltensdefiziten, dann sollte sich empirisch ein Zusammenhang zwischen dem Ausmaß, in dem es in der Therapie gelingt, soziale Verhaltensdefizite auszugleichen, und der Veränderung der klinischen Symptomatik feststellen lassen. Zur Prüfung dieser Annahme brauchen wir nur die Veränderungswerte der entsprechenden Variablen miteinander zu korrelieren und zu prüfen, ob tatsächlich ein Zusammenhang zwischen den Veränderungen besteht. Das gleiche würde natürlich auch für die anderen als Beispiele aufgeführten Annahmen über funktionale Zusammenhänge zwischen bestimmten Veränderungsbereichen gelten. Prüfbasis für die Annahmen wären jeweils die empirisch gefundenen Korrelationen zwischen den Variablen, für die ein Zusammenhang vorausgesagt wurde.

Auf diese Weise könnten wir auch verschiedene Therapiemethoden miteinander vergleichen. Es würde sich dann zeigen, ob die von der Therapietheorie angenommenen Wirkungsmechanismen — im Rahmen der sonstigen, im Versuchsplan festgelegten Bedingungen — tatsächlich entscheidend für die Wirkung dieser Therapieform sind, ob sie auch für andere Therapiemethoden eine Rolle spielen oder ob im Gegenteil ganz andere als die angenommenen Wirkungsmechanismen durch die empirischen Korrelationen nahegelegt werden. Wir können bei diesem Vorgehen natürlich allein aus dem Vorhandensein einer Korrelation noch nicht auf einen kausalen Wirkungsmechanismus schließen. Aber wenn von der betreffenden Theorie ein solcher kausaler Zusammenhang ausdrücklich angenommen wird, dann ergibt sich doch eine gewisse Berechtigung dafür, einen entsprechenden korrelativen Zusammenhang in diesem Sinne zu interpretieren.

In der bisher entworfenen Form des Vergleiches kommt dem Korrelationskoeffizienten gleiche Dignität zur Prüfung unserer Annahme zu, wie etwa dem Mittelwert oder der Streuung. Er stellt den angemessenen statistischen Kennwert zur Prüfung unserer Hypothese dar. Nun haben wir weiter oben bereits ausführlich begründet, weshalb es beim gegenwärtigen Stand der vergleichenden Psychotherapieforschung wenig förderlich ist, den Vergleich der Effekte verschiedener Therapiemethoden auf wenige, ausdrücklich erwartete Unterschiede zu beschränken. Wir haben vielmehr eine suchende Ausrichtung der Fragestellungen gefordert, um zunächst einmal angemessen komplexe Vorstellungen über die Wirkung von Psychotherapiemethoden zu entwickeln. Aus diesem Grund sollte, wie oben ausgeführt, immer eine große Anzahl von Veränderungsvariablen in die Betrachtung einbezogen werden. Dies gilt nun auch für die korrelative Analyse der Zusammenhänge zwischen den einzelnen Veränderungen.

Dies bringt eine Anzahl methodischer Schwierigkeiten mit sich, für die bislang noch keine endgültig zufriedenstellenden Lösungen gefunden wurden. Wenn wir einmal annehmen, daß die Effekte in dreißig einzelnen Veränderungsvariablen gemessen wurden und wir nun alle Veränderungen miteinander korrelieren, so ergibt sich eine Korrelationsmatrix mit 435 Korrelationskoeffizienten. Es ist klar, daß sich unter so vielen statistischen Zusammenhängen eine ganze Reihe befinden, die keine inhaltlichen Zusammenhänge widerspiegeln, sondern auf korrelierte Meßfehler zurückgehen. Damit besteht für jede einzelne Korrelation, auch wenn sie ihrer Höhe nach die konventionellen Signifikanzgrenzen überschreitet, Unsicherheit darüber, ob man genau diese Korrelation nun auch als inhaltlich bedeutsam betrachten darf. Über den Grad der Unsicherheit lassen sich darüber hinaus keine genauen Aussagen machen. Je größer daher die Korrelationsmatrizen sind, die man im Rahmen vergleichender Psychotherapiestudien auf bedeutsame Unterschiede prüfen will, um so fragwürdiger wird ein quantitativer Vergleich der einander jeweils entsprechenden Korrelationskoeffizienten.

Wir haben in unseren eigenen Untersuchungen daher auf einen Vergleich einzelner Korrelationskoeffizienten ganz verzichtet und unsere Vergleiche

statt dessen auf die Häufigkeiten gegründet, mit der statistisch signifikante Korrelationen in der gesamten oder in Teilen der Korrelationsmatrix
auftreten. Jede signifikante Korrelation wird dabei als „Ereignis" betrachtet und die Matrizen werden daraufhin verglichen, in welchen Teilen der Matrix sich solche „Ereignisse" häufen. Auf diese Weise läßt sich
etwa die Aussage, daß bei einer bestimmten Therapieform die Veränderungen signifikant enger miteinander zusammenhängen, statistisch über einen
Chi-Quadrat-Test absichern. Dieser Test setzt allerdings eigentlich die Unabhängigkeit der einzelnen Ereignisse voraus, die wir wegen der Möglichkeit korrelierter Meßfehler und der Abhängigkeit der Messungen nicht
ohne weiteres annehmen können. Beim Vergleich der Veränderungsmuster verschiedener Behandlungsgruppen fällt dieser Verstoß jedoch deswegen nicht so sehr ins Gewicht, weil kein Grund zu der Annahme besteht,
daß sich die Abhängigkeit der Messungen zwischen den Behandlungsgruppen systematisch unterscheidet.
Ob solche Veränderungszusammenhänge für bestimmte inhaltlich abge-
grenzte Bereiche, die bestimmten Ausschnitten der Korrelationsmatrix
entsprechen, für eine Therapieform enger sind als für eine andere, kann
auf diese Weise jedoch nur dann getestet werden, wenn von vornherein
eine bestimmte Hypothese darüber formuliert wurde. Häufig ist es jedoch so, daß man erst durch eine Inspektion der Veränderungsmuster
(Veränderungsmuster = Muster der bedeutsamen „Ereignisse" in der Korrelationsmatrix) auf bestimmte Zusammenhänge aufmerksam wird, die
man nicht vorausgesehen hatte, die einem aber nachträglich sehr plausibel und für die Beurteilung der untersuchten Therapiemethoden auf-
schlußreich zu sein scheinen. Solche nachträglich aufgefundenen Zusammenhänge haben aussagelogisch vorerst nur den Charakter von Hinweisen, die später einer angemessenen Überprüfung unterzogen werden
müssen.
Trotz dieser Einschränkung hinsichtlich der aussagelogischen Qualität der
möglichen Ergebnisse ist zumindest ein deskriptiver Vergleich der Veränderungsmuster ein potentiell sehr fruchtbarer Auswertungsschritt in vergleichenden Psychotherapiestudien. Dies soll im folgenden an einem Beispiel demonstriert werden.
In einer Unterschung von *Dziewas* et al. (1979) wurde eine bestimmte
verhaltenstherapeutische Gruppentherapieform, das interaktionelle Pro-
blemlösungsvorgehen, in stationärer und ambulanter Form miteinander
und mit einer Kontrollgruppe verglichen. Die Behandlungen umfaßten
jeweils 40—45 eineinhalbstündige Gruppensitzungen, in der stationären
Form auf zehn Wochen mit vier Sitzungen pro Woche verteilt, in der ambulanten Form auf zwanzig Wochen mit zwei Sitzungen pro Woche. Der
kontrollierte Vergleich ergab in einer Vielzahl von Erfolgsvariablen eine
signifikante Überlegenheit beider Therapiebedingungen über die Kontrollgruppe. Untereinander unterschieden sich die beiden Behandlungsbedingungen im Mittel jedoch nur geringfügig. Bei der ambulanten Therapie

schieden mehr Patienten vorzeitig aus der Therapie aus und in einigen Maßen hatte die stationäre Behandlung eine etwas größere Auswirkung. Dies galt insbesondere für das allgemeine psychosomatische Befinden. Darüber hinaus zeigte sich, daß die stationäre Behandlung stärker differentiell wirkte als die ambulante. Außer dem Vergleich der Mittelwerte und Veränderungsvarianzen wurde in dieser Untersuchung aber auch ein systematischer Vergleich der Veränderungsmuster im oben genannten Sinne unternommen. In den Abbildungen 3a, 3b und 3c sind die drei Veränderungsmuster für die Kontrollgruppe, die stationäre Gruppe und die ambulante Gruppe dargestellt.

Unter Veränderungsmuster wird hier die Verteilung signifikanter Korrelationen in der Korrelationsmatrix verstanden. Wenn wir die absoluten Häufigkeiten und die Verteilung der Häufigkeiten in verschiedenen Teilen der Matrix betrachten, so fallen auf den ersten Blick einige deutliche Unterschiede auf:

In der Kontrollgruppe finden sich insgesamt viel weniger bedeutsame Zusammenhänge zwischen den Veränderungsvariablen als in der stationären Gruppe. Die ambulante Gruppe liegt der Anzahl signifikanter Korrelationen nach zwischen diesen beiden Bedingungen. Inhaltlich bedeutet dies, daß besonders in der stationären Therapie die Veränderungen insgesamt sehr viel enger miteinander zusammenhängen, als dies ohne systematische Beeinflussung zu erwarten ist. Die Zusammenhänge in der Kontrollgruppe können wir als Angabe darüber betrachten, inwieweit die Veränderungen „natürlicherweise", d.h. ohne systematische Beeinflussung miteinander zusammenhängen. Der Vergleich der Veränderungsmuster zeigt, daß die untersuchten Therapien über die natürlichen Zusammenhänge zwischen den Veränderungen hinaus Zusammenhänge zwischen verschiedenen Bereichen psychischen Funktionierens herstellen und daß sich in dieser Hinsicht nicht nur deutliche Unterschiede zwischen beiden Behandlungsgruppen und der Kontrollgruppe, sondern auch zwischen den Behandlungsgruppen untereinander finden. Am auffälligsten ist der Unterschied, daß bei der stationären Behandlung der psychosomatische Bereich – gemessen mit der FBL von *Fahrenberg* (1975) – viel enger mit den übrigen, direkt durch die Therapie angestrebten Veränderungen, wie insbesondere Veränderungen im Bereich der sozialen Unsicherheit, zusammenhängt als in der ambulanten Gruppe. Bedeutsam für die Bewertung dieses Befundes ist die Tatsache, daß bei der ambulanten Therapie im Bereich sozialer Unsicherheit im Mittel durchaus vergleichbare Effekte wie in der stationären Behandlung erzielt wurden. Der Unterschied besteht also hauptsächlich darin, inwieweit der psychosomatische Bereich in den Veränderungsprozeß einbezogen wird. Offenbar gelingt es in der stationären Behandlung wesentlich besser, einen funktionalen Zusammenhang zwischen Störungen des psychosomatischen Befindens und den in der Therapie direkt bearbeiteten Problemen im sozialen Zusammenleben herzustellen als in der ambulanten Therapie. Dies ist ein sehr

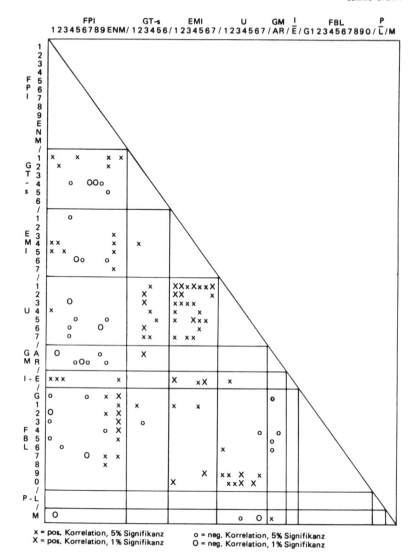

x = pos. Korrelation, 5% Signifikanz   o = neg. Korrelation, 5% Signifikanz
X = pos. Korrelation, 1% Signifikanz   O = neg. Korrelation, 1% Signifikanz

Erläuterungen zu den Abbildungen 3a–3c und 4a–4c:

FPI	– Freiburger Persönlichkeitsinventar	I-E	– I-E-Skala (*Rotter* 1966)
GT	– Gießen-Test	FBL	– Freiburger Beschwerdeliste
EMI	– Emotionalitätsinventar	P-L	– Problemliste
U	– Unsicherheitsfragebogen	M	– Veränderungsfragebogen (*Zielke &*
GM	– Gelder-Marks-Skalen		*Kopf-Mehnert*)

Die unter den Test-Abkürzungen aufgeführten Zahlen bzw. Buchstaben geben die jeweiligen Test-Skalen an.

Abb. 3a: Veränderungsmuster aus der Vergleichsuntersuchung von *Dziewas* et al.
für die *Kontrollgruppe* (aus *Dziewas* et al. 1979, p. 21).

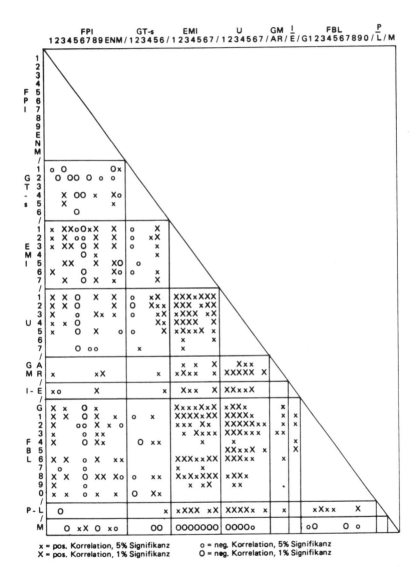

x = pos. Korrelation, 5% Signifikanz   o = neg. Korrelation, 5% Signifikanz
X = pos. Korrelation, 1% Signifikanz   O = neg. Korrelation, 1% Signifikanz

Abb. 3b: Veränderungsmuster aus der Vergleichsuntersuchung von *Dziewas* et al.
für die *stationäre Gruppe* (aus *Dziewas* et al. 1979, p. 20). – Nähere Erläuterungen
finden sich bei Abb. 3a.

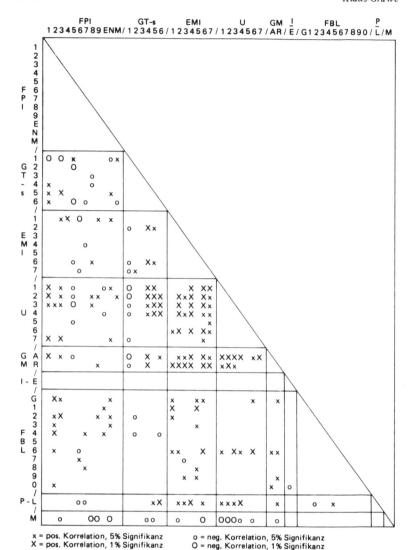

x = pos. Korrelation, 5% Signifikanz   o = neg. Korrelation, 5% Signifikanz
X = pos. Korrelation, 1% Signifikanz   O = neg. Korrelation, 1% Signifikanz

Abb. 3c: Veränderungsmuster aus der Vergleichsuntersuchung von *Dziewas* et al. für die *ambulante Gruppe* (aus *Dziewas* et al. 1979, p. 22). − Nähere Erläuterungen bei Abb. 3a.

bedeutsamer inhaltlicher Befund, der viel über die besonderen Eigenarten der stationären und ambulanten Behandlung aussagt. Bei einer Beschränkung der Auswertung auf einen Mittelwertsvergleich wäre dieser Befund, auch unter Einbeziehung aller gemessenen Erfolgskriterien, nicht sichtbar geworden.

Ich will auf weitere interessante Unterschiede in den Veränderungensmuster hier nicht näher eingehen, sondern möchte dafür auf die Arbeit von *Dziewas* (1980) verweisen. Es kam mir hier nur darauf an, die zusätzlichen inhaltlichen Aussagen, die ein Vergleich der Veränderungsmuster ermöglichen kann, an einem besonders eindrucksvollen Beispiel aufzuzeigen. Die Stiftung unterschiedlicher Zusammenhänge zwischen therapeutisch induzierten Veränderungen bei verschiedenen Therapieformen ist keineswegs ein flüchtiges oder auf diese eine Untersuchung beschränktes Phänomen. In einer Untersuchung von *Garthoff* (1980) zeigte sich, daß auch für die Veränderungen im Zeitraum von zwei Jahren nach der Therapie, die im Mittel sehr viel geringer waren, dieselben unterschiedlichen Zusammenhänge fortbestanden wie für die Veränderungen während der Therapiezeit selbst. Die untersuchten Therapien stellen also durchaus längerfristig wirksame unterschiedliche funktionale Zusammenhänge zwischen verschiedenen Bereichen psychischen Funktionierens her, sie vermitteln langfristig wirksame differentielle Sicht- und Erlebensweisen.

Daß der an dieser Untersuchung aufgezeigte Effekt bezüglich der Veränderungsmuster keine „Eintagsfliege" ist, kann als sehr wahrscheinlich gelten. Es fehlen zwar in veröffentlichten Therapiestudien durchweg die Angaben, die notwendig wären, um unterschiedliche Zusammenhänge zwischen den Veränderungen erkennen zu können. In den weiter oben erwähnten Vergleichsuntersuchungen an Phobikern, also bei einer ganz anderen Patientenpopulation und im Vergleich ganz anderer Behandlungstechniken, hatte sich aber ein ebenso deutlicher Unterschied zwischen den untersuchten Behandlungsformen in den Veränderungsmustern gezeigt (*Grawe* 1976). In dieser Untersuchung waren Verhaltenstherapie, Gesprächspsychotherapie und eine Kontrollbedingung bei der Behandlung phobischer Patienten miteinander verglichen worden. Während auch hier Verhaltenstherapie und Gesprächspsychotherapie im Mittel fast gleich wirkten, zeigten sich in den Veränderungsmustern deutliche Unterschiede. In der Verhaltenstherapie hingen allgemeine Besserungen im Gesamtzustand der Patienten eng zusammen mit einer Verringerung ihrer phobischen Symptomatik. Das heißt, die Patienten erlebten ihre Behandlung nur dann als erfolgreich, wenn ihre phobischen Symptome erheblich reduziert wurden. Für die gesprächspsychotherapeutisch behandelten Patienten bestand dieser Zusammenhang überhaupt nicht. Sie erlebten Veränderungen ihrer phobischen Symptomatik und sonstige positive Veränderungen als ganz unabhängig voneinander. Es ergaben sich dafür Zusammenhänge zwischen einer Reihe ganz anderer Ver-

änderungsvariablen, während in der Kontrollgruppe all diese Zusammenhänge überhaupt nicht bestanden.
Die inhaltlich hochrelevanten Befunde, die in diesen beiden Untersuchungen, in denen ausdrücklich ein Vergleich von Veränderungsmustern
vorgenommen wurde, durch einen solchen Vergleich gewonnen werden
konnten, zeigen Möglichkeiten auf, wie man in vergleichenden Therapiestudien nicht nur etwas über die Wirksamkeit der untersuchten Therapien,
sondern auch über ihre *Wirkungsweise* herausfinden kann. Der Vergleich
von Veränderungsmustern kann damit zu einem besseren Verständnis dessen beitragen, *wie* verschiedene Therapiemethoden wirken und damit
auch zu einem tieferen Verständnis dessen, was wir als Ergebnis der Therapie erwarten können und bei wem wir sie anwenden sollten und bei
wem nicht. Für die Beurteilung dieser letzten Frage, die sich auf die differentielle Indikation der miteinander verglichenen Therapiemethoden
bezieht, erweist sich noch ein weiterer Auswertungsschritt als nützlich,
den wir weiter oben schon angedeutet hatten.

3.4 Die vergleichende post-hoc-Analyse der Binnengruppenvarianz

Wir haben weiter oben detailliert ausgeführt, daß und weshalb in klinischen Psychotherapiestudien oft mit differentiellen Therapieeffekten in
den jeweiligen Behandlungsgruppen gerechnet werden muß. Wenn die
Effekte in den Behandlungsgruppen bei verschiedenen Patienten signifikant unterschiedlicher sind als in der Kontrollgruppe, so müssen hierfür
irgendwelche überzufällig einwirkenden Einflußgrößen verantwortlich
sein. Dies können definitionsgemäß nicht diejenigen Variablen sein, die
im Versuchsplan kontrolliert variiert oder konstant gehalten wurden,
sondern es müssen solche Bedingungen sein, die innerhalb der experimentell kontrollierten Festlegungen noch frei variieren konnten.
Hierfür kommen sehr viele Variablengruppen in Betracht: Auch wenn versucht wurde, die Patientengruppe hinsichtlich bestimmter Merkmale so
weit wie möglich homogen zu halten, so wird es doch immer eine große
Anzahl weiterer Merkmale geben, hinsichtlich derer sich die Patienten
doch deutlich unterscheiden. Gleiches trifft auch für andere Bedingungen
zu, die Einfluß auf das Therapieergebnis nehmen können, wie z.B. nicht
durch die Therapie bedingte Einflüsse während der Behandlungszeit,
Merkmale des Therapeuten und des Therapeutenverhaltens, Merkmale
des therapeutischen Vorgehens und der Therapiesituation, soweit sie
eben nicht im Versuchsplan konstant gehalten werden konnten. Aufgrund
der Fülle möglicher Einflußfaktoren auf das Therapieergebnis ist es in
Psychotherapiestudien von vornherein klar, daß außer den kontrolliert
variierten Einflußgrößen immer auch weitere Variablen auf das endgültige
Therapieergebnis Einfluß nahmen. Wenn man den Einfluß dieser Variablen schon nicht ausschalten kann, so sollten doch möglichst viele davon

durch eine gezielte Datenerhebung erfaßt werden, um wenigstens nachträglich Hinweise darauf zu erhalten, welche der in Frage kommenden Variablen mit welchen Wirkungen der Therapie in Wechselwirkung getreten sind.

Diese Überlegung führt zu der Forderung, in vergleichenden Psychotherapiestudien möglichst viele der nicht kontrollierten, frei variierenden potentiellen Einflußfaktoren auf das Therapieergebnis durch eine systematische, von vornherein geplante Datenerhebung zu erfassen, um post-hoc die während der Therapie eingetretenen Veränderngen auf Zusammenhänge mit diesen Variablen untersuchen zu können.

Nun ist dieser Gedanke durchaus nicht neu. Es gibt in der Psychotherapieforschung sehr viele Versuche, Erfolg und Mißerfolg von Psychotherapien mit bestimmten Gruppen möglicher Einflußfaktoren in Zusammenhang zu bringen. *Garfield* (1971) gibt z.B. eine Übersicht über Zusammenhänge mit Persönlichkeitsmerkmalen des Patienten, bei *Truax & Mitchell* (1971) finden sich die wichtigsten Ergebnisse über Zusammenhänge mit Merkmalen des Therapeuten. Insgesamt sind diese Übersichten nicht gerade ermutigend. Die enttäuschenden Resultate bisheriger Forschungsarbeit können jedoch nicht als Gründe gegen eine post-hoc-Analyse der Binnengruppenvarianz, wie sie hier verstanden wird, angeführt werden, denn in den meisten der bisherigen Forschungsarbeiten sind einige der notwendigen Voraussetzungen dieses Forschungsansatzes grob vernachlässigt worden.

Es wurde z.B. nicht geprüft, ob die Varianz im Erfolgskriterium in der Behandlungsgruppe tatsächlich gegenüber der ohne Beeinflussung zu erwartenden Varianz erhöht ist, weil in den meisten Untersuchungen gar keine Kontrollgruppe vorhanden war. So konnte nicht geprüft werden, ob es überhaupt etwas mit der Behandlung Zusammenhängendes aufzuklären gab.

Die Zusammenhänge, die sich eventuell in einer Behandlungsgruppe zwischen Erfolgskriterium und irgendwelchen Einflußgrößen ergaben, wurden nicht mit den entsprechenden Zusammenhängen in einer Kontrollgruppe verglichen. So blieb ungeklärt, ob die eventuell gefundenen Zusammenhänge überhaupt durch die Behandlung bedingt waren.

Es wurden in der Regel nur Zusammenhänge mit einem globalen Erfolgskriterium untersucht. Damit wurde gegen das Postulat verstoßen, den Therapieerfolg mehrdimensional, in allen nur möglichen Veränderungsbereichen zu erfassen, um untersuchen zu können, welche Einflußgrößen sich auf welche Veränderungen auswirken.

Schließlich wurde erst recht kein kontrollierter Vergleich zu einer oder mehreren anderen Behandlungsbedingungen hergestellt, so daß nicht untersucht werden konnte, inwieweit die gefundenen Zusammenhänge mit den jeweiligen spezifischen Behandlungsbedingungen einer bestimmten Therapieform zusammenhängen.

Es ist ein häufig anzutreffendes Mißverständnis, daß korrelative und experimentelle Therapieforschung Gegensätze darstellen. Eine ihrem Wesen nach korrelative post-hoc-Analyse der Binnengruppenvarianz, wie sie hier gefordert wird, ist jedoch nur sinnvoll in Verbindung mit einer sauberen experimentellen Versuchsplanung, auch wenn sie in ihren Zielen und möglichen Ergebnissen über die eines Prüfexperimentes hinausgeht. Bei Einhaltung der oben genannten methodischen Voraussetzungen stellt gerade die Kombination zwischen faktorieller Versuchsplanung und einer vergleichenden korrelativen Analyse der Binnengruppenvarianz eine der fruchtbarsten Forschungsstrategien der differentiellen Therapieforschung dar.

Dies soll im folgenden an zwei Beispielen demonstriert werden. Wir wollen dazu Daten aus den beiden Untersuchungen, die bereits zur Demonstration des Vergleiches von Veränderungsmustern herangezogen wurden, benutzen.

In der oben bereits beschriebenen Vergleichsuntersuchung von *Dziewas* et al. (1979), in der eine verhaltenstherapeutische Gruppentherapie in ambulanter und stationärer Form miteinander und mit einer Kontrollgruppe verglichen wurden, ergaben sich folgende Muster von Zusammenhängen zwischen Ausgangsmerkmalen der Patienten, die hier als unkontrollierte, frei variierende unabhängige Variablen angesehen werden können, und den abhängigen Variablen, den Differenzwerten in einer Vielzahl vor und nach der Therapie erhobener Testskalen (siehe die Abbildungen 4a, 4b und 4c).

Die Korrelationen in der Kontrollgruppe (Abbildung 4a) können als Maß für die natürlicherweise, d.h. ohne systematische Beeinflussung bestehenden Zusammenhänge zwischen Ausgangsmerkmalen und Veränderungswerten angesehen werden. In ihnen sind u.a. natürliche und statistische Regressionseffekte enthalten.

Abbildung 4b zeigt zum Vergleich das Korrelationsmuster für die Gruppe der stationär behandelten Patienten. Schon eine relativ flüchtige Betrachtung zeigt, daß sich dort weit mehr bedeutsame Zusammenhänge zwischen Ausgangsmerkmalen und Veränderungswerten ergaben.

Das bedeutet, daß die Therapieeffekte bei den stationär behandelten Patienten in überzufälliger Weise systematisch zusammenhängen mit Ausgangsmerkmalen der Patienten. Eine der Hauptaussagen, die sich aus dem Vergleich der Korrelationsmuster ableiten läßt, ist daher die, daß die Patienten vor allem in denjenigen Bereichen, in denen sie besonders stark vom Gruppenmittelwert abwichen, die stärkste Veränderung erfahren (ganz überwiegend negative Korrelationen). Die Therapie macht also in ausgeprägter Weise das, was sie soll: sie verändert die Patienten vor allem gerade in den Bereichen, die ihr individuelles „Abweichen" besonders kennzeichnen. Dieser Effekt geht weit über das durch natürliche und statistische Regression zu erwartende Maß hinaus.

Die Aussage, daß Patienten mit den stärksten Störungen auch die größten Veränderungen erfahren, stellt einen ebenso schlüssigen Nachweis

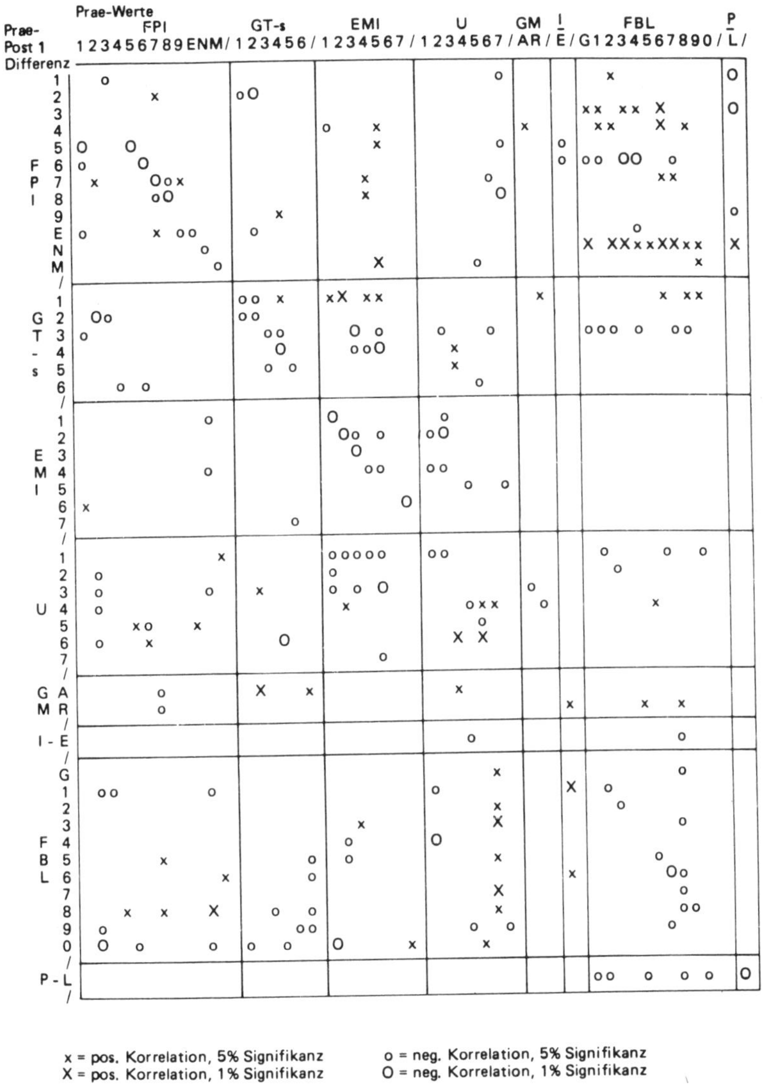

Prae-Werte

Prae- Post 1 Differenz	FPI 1 2 3 4 5 6 7 8 9 ENM /	GT-s 1 2 3 4 5 6 /	EMI 1 2 3 4 5 6 7 /	U 1 2 3 4 5 6 7 /	GM AR / E /	FBL G 1 2 3 4 5 6 7 8 9 0 /	P L /

x = pos. Korrelation, 5% Signifikanz o = neg. Korrelation, 5% Signifikanz
X = pos. Korrelation, 1% Signifikanz O = neg. Korrelation, 1% Signifikanz

Abb. 4a: Ausgangswerte-Veränderungswerte-Korrelationsmuster aus der Vergleichs-untersuchung von Dziewas et al. für die *Kontrollgruppe* (aus *Dziewas* et al. 1979, p. 29). Bei der Bildung der Differenzwerte wurden die Prae-Werte von den Post-Werten abgezogen, so daß ein negativer Differenzwert eine Verringerung in dem gemessenen Merkmal bedeutet. Negative Korrelationen bedeuten also inhaltlich, daß ein hoher Ausgangswert mit einer starken Verringerung in dem Merkmal einhergeht und umgekehrt. – Nähere Erläuterungen zu den Testmaßen finden sich bei Abb. 3a.

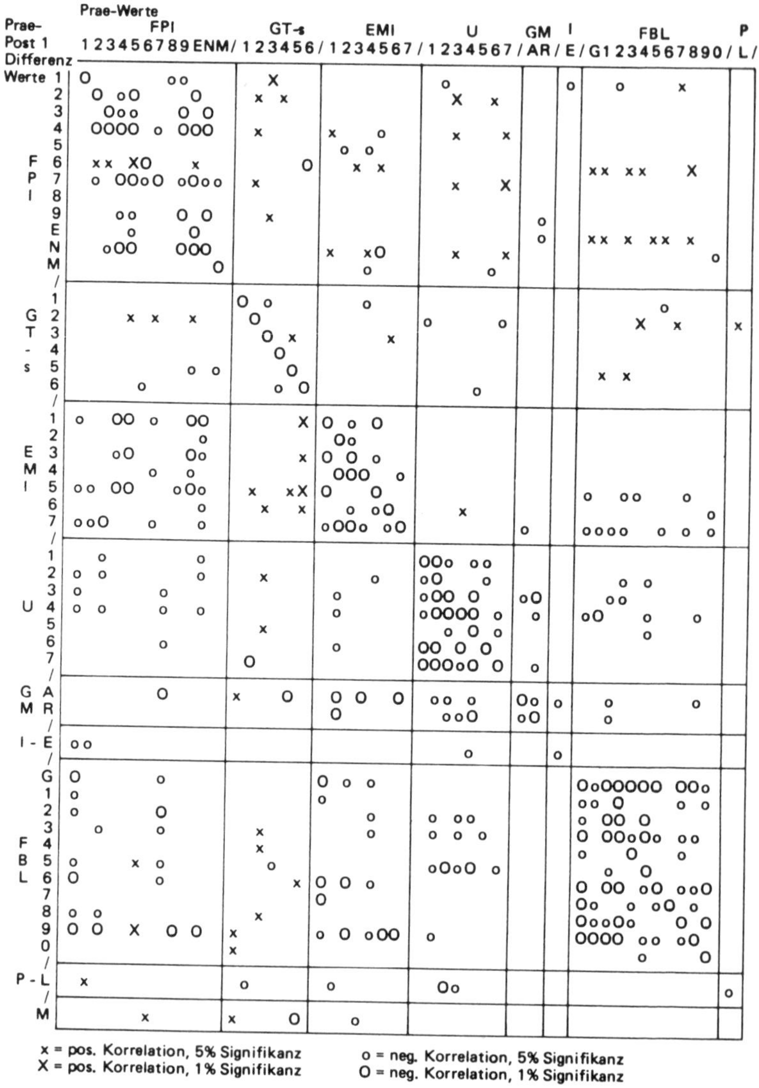

Prae- Post 1 Differenz	Prae-Werte FPI 1 2 3 4 5 6 7 8 9 E N M	GT-s / 1 2 3 4 5 6	EMI / 1 2 3 4 5 6 7	U / 1 2 3 4 5 6 7	GM I / A R / E / G	FBL 1 2 3 4 5 6 7 8 9 0	P / L /

Werte 1–M:

F P I:
1 O   o o
2 O o O   O
3 O o o   O O
4 O O O O o O O O
5
6 x x X O   x
7 o O O o O o O o o
8
9   o o   O O
E   o   O
N o o O   O O O
M   O

GT-s:
1
2 x x x
3
4
5   o o
6   o

EMI:
1 o O O o O O
2   o
3 o O   O o
4   o   o
5 o o O O   o O o
6
7 o o O   o   o

U:
1 o   o
2 o o   o
3   o
4 o o   o o
5
6   o
7

GM/AR:
O x O

I-E:
o o

FBL/G:
1 O   o
2 o   O
3   o   o
4
5 o x o
6 O   o
7
8 o o
9 O O X O O
0

P-L:
x

M:
x

x = pos. Korrelation, 5% Signifikanz   o = neg. Korrelation, 5% Signifikanz
X = pos. Korrelation, 1% Signifikanz   O = neg. Korrelation, 1% Signifikanz

Abb. 4b: Ausgangswerte-Veränderungswerte-Korrelationsmuster aus der Vergleichsuntersuchung von *Dziewas* et al. für die *stationäre Gruppe* (aus *Dziewas* et al. 1979, p. 31). – Nähere Erläuterungen bei Abb. 3a und 4a.

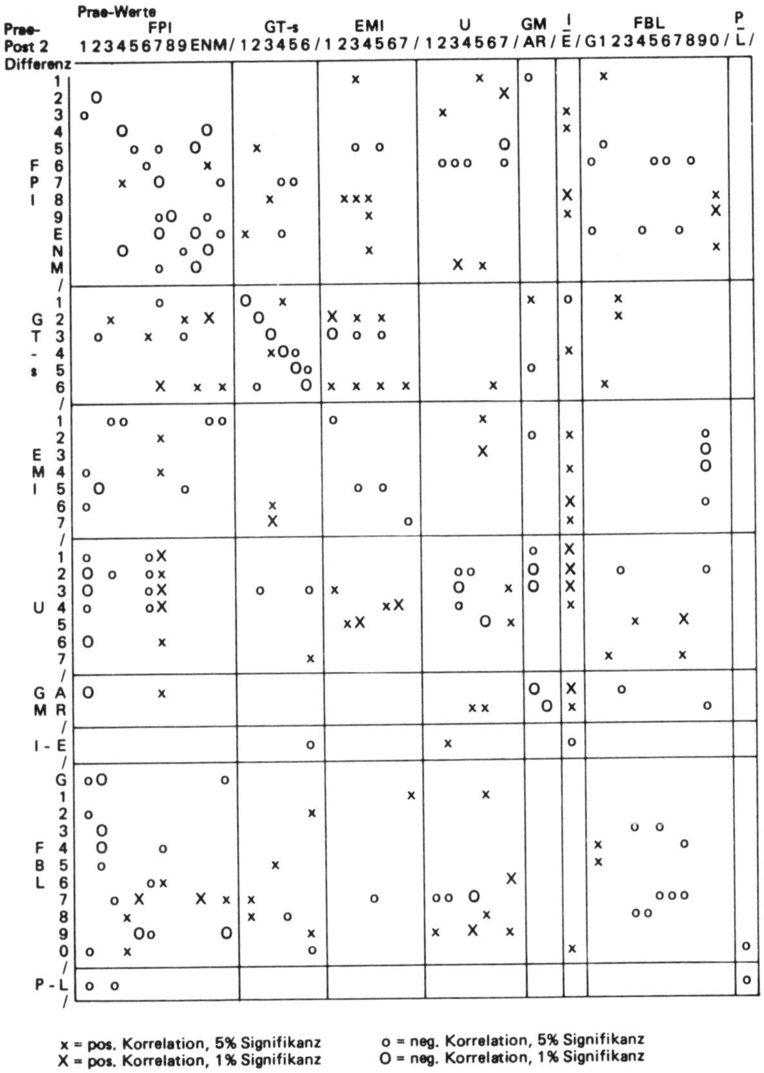

Prae- Post 2 Differenz	Prae-Werte FPI 1 2 3 4 5 6 7 8 9 ENM	GT-s / 1 2 3 4 5 6	EMI / 1 2 3 4 5 6 7	U / 1 2 3 4 5 6 7	GM / AR	I / E	FBL / G 1 2 3 4 5 6 7 8 9 0	P / L /

x = pos. Korrelation, 5% Signifikanz   o = neg. Korrelation, 5% Signifikanz
X = pos. Korrelation, 1% Signifikanz   O = neg. Korrelation, 1% Signifikanz

Abb. 4c: Ausgangswerte-Veränderungswerte-Korrelationsmuster aus der Vergleichsuntersuchung von *Dziewas* et al. für die *ambulante Gruppe* (aus *Dziewas* et al. 1979,
p. 30). − Nähere Erläuterungen bei Abb. 3a und 4a.

der Wirksamkeit der Behandlung dar, wie ein signifikanter Mittelwertseffekt. Es gibt daher keinen rationalen Grund dafür, weshalb nicht in jeder Therapiestudie der Mittelwertsvergleich zwischen Behandlungsbedingungen und Kontrollgruppe durch einen Vergleich der Ausgangswerte-
Veränderungswerte-Korrelationen ergänzt werden sollte. Die Behandlung
kann sich dabei sogar in solchen Variablen als wirksam erweisen, in denen
kein mittlerer Effekt zu beobachten war. In unserem Beispiel trifft das
besonders für den Bereich psychosomatischer Veränderungen zu. Hier ist
gar nicht zu erwarten, daß jeder Patient in jeder der zehn Unterskalen
der Freiburger Beschwerdenliste (*Fahrenberg* 1975) erhöhte Ausgangswerte hat, und daher kann man in diesen Skalen auch keinen starken
mittleren Effekt erwarten. Die starke Abhängigkeit der Veränderungswerte von den Ausgangswerten in der stationären Gruppe zeigt aber nun,
daß trotz fehlenden mittleren Effekts die Behandlung auch im Bereich
psychosomatischer Beschwerden wirksam war, denn sie veränderte psychosomatische Störungen bei denjenigen Patienten, die in diesem speziellen Bereich tatsächlich Störungen hatten, in überfälligem Ausmaß.
Gerade wenn man die untersuchte Stichprobe nicht bezüglich aller relevanter Erfolgskriterien homogenisieren kann – und das ist für klinische
Studien mit breit angelegter Effektmessung praktisch immer der Fall –
besteht daher die Gefahr, daß die Wirksamkeit der Behandlung bei nur auf
Mittelwertseffekte beschränkter Auswertung systematisch unterschätzt
wird. Für klinische Studien ist die Ergänzung der Auswertung durch Ausgangswerte-Veränderungswerte-Korrelationsmuster daher notwendig, um
ein vollständiges Abbild von der Wirksamkeit der untersuchten Behandlungen zu gewinnen.
Über den bisher beschriebenen Anwendungszweck hinaus können diese
Korrelationsmuster aber auch für den Vergleich verschiedener Therapiemethoden verwendet und damit für die Frage der differentiellen Indikation nutzbar gemacht werden. Abbildung 4c zeigt das entsprechende
Korrelationsmuster für die ambulante Behandlungsgruppe. Obwohl die
ambulante Behandlung im Mittelwertsvergleich fast gleich wirksam war
wie die stationäre, entspricht die Anzahl der Korrelationen darin mehr
der für die Kontrollgruppe als für die stationäre Gruppe. Dies unterstreicht noch einmal, daß Mittelwertsvergleiche und der Vergleich von
Korrelationsmustern unterschiedliche Informationen liefern und keineswegs redundant sind.
Inhaltlich läßt sich das Ergebnis des Vergleiches zwischen den beiden Behandlungsbedingungen zu folgenden Aussagen zusammenfassen:
In der ambulanten Therapie werden offenbar bei der ganz überwiegenden Mehrzahl der Patienten mittlere Veränderungen erreicht, unabhängig von den Ausgangswerten in irgendwelchen Persönlichkeitsmerkmalen. Auf eine Ausnahme wird etwas weiter unten näher eingegangen.
In der stationären Therapie werden dagegen bei den einen Patienten sehr
ausgeprägte, bei den anderen aber schwache, keine oder sogar negative

Effekte bewirkt, je nach den Ausgangswerten in bestimmten Persönlichkeitsmerkmalen. Die stationäre Therapie scheint sich demnach auf die gemessenen Veränderungsbereiche spezifischer auszuwirken als die im Mittel fast gleich wirksame ambulante Therapie.

Wir wollen hier aus Platzgründen nicht auf einzelne Zusammenhänge inhaltlich näher eingehen, da es uns hier nicht so sehr auf die inhaltlichen Ergebnisse dieser Untersuchung, sondern auf die Demonstration der Möglichkeiten eines bestimmten methodischen Vorgehens ankommt.

Nur auf einen, besonders auffälligen Unterschied in den Korrelationsmustern soll hier noch ausdrücklich aufmerksam gemacht werden. Er verdeutlicht markant, wie eine vergleichende Korrelationsanalyse zur differentiellen Indikation beitragen kann.

Für die ambulante Gruppe besteht ein durchgängiger starker Zusammenhang zwischen wünschenswerten therapeutischen Veränderungen und einem hohen Ausgangswert in „internaler Kontrolle", gemessen mit der Kontrollskala von *Rotter* (1966). Dieser Zusammenhang findet sich weder für die stationäre Gruppe noch für die Kontrollgruppe. Die untersuchte ambulante Therapie ist demnach besonders indiziert für Patienten, die ein relativ hohes Ausmaß an internaler Kontrolle mit in die Therapie hineinbringen und eher kontraindiziert für Patienten ohne diese Voraussetzungen. In der stationären Therapie dagegen ist diese Voraussetzung nicht notwendig. Patienten mit hohen Werten in externaler Kontrolle sollten daher nach diesen Ergebnissen auf jeden Fall eher stationär behandelt werden. Selbstverständlich gilt für derartige Befunde, wie für alle korrelativen Aussagen, die Forderung nach einer Kreuzvalidierung an einer unabhängigen Stichprobe. Dies ändert jedoch nichts daran, daß die vergleichende Analyse von Korrelationsmustern ein potentiell bedeutsames Mittel zur Erarbeitung von Hinweisen für eine differentielle Indikation darstellt. Solche Hinweise können im übrigen noch untermauert werden durch parallel dazu vorgenommene Prozeßanalysen. In der Untersuchung von *Dziewas* et al. (1979) fand sich z.B. in detaillierten Prozeßanalysen noch eine ganze Reihe von Hinweisen, die den soeben aufgeführten Befund und seine Interpretation unterstützten.

Auch für die soeben beschriebene vergleichende post-hoc-Analyse der Binnengruppenvarianz kann – ebenso wie für den vorher beschriebenen Vergleich von Veränderungsmustern – als sehr wahrscheinlich angenommen werden, daß sie ganz allgemein für vergleichende Therapiestudien von Nutzen sein könnte, auch wenn es bisher erst sehr wenige Untersuchungen gibt, die das konkret belegen.

Ein weiterer Beleg für die Nützlichkeit des beschriebenen Vorgehens sind Ergebnisse aus der ebenfalls bereits erwähnten Vergleichsuntersuchung an phobischen Patienten von *Grawe* (1976). Hier hatte sich auch schon der Vergleich der Veränderungsmuster als sehr fruchtbar erwiesen (siehe oben). Beim Vergleich der Ausgangswerte – Veränderungswerte – Korrelationsmuster zeigte sich in dieser Untersuchung eine klare differentielle

Indikation von Verhaltenstherapie und Gesprächspsychotherapie bei der behandelten Patientenpopulation. Die in dieser Studie untersuchte Form der Verhaltenstherapie wirkte am besten bei Patienten mit besonders ausgeprägtem phobischen Leidensdruck, während für gesprächspsychotherapeutisch behandelte Phobiker überhaupt kein Zusammenhang zwischen irgendwelchen Behandlungseffekten und der Ausgangsstärke der phobischen Symptomatik bestand.

Betrachtet man die Befunde aus dem Vergleich der Veränderungsmuster und der vergleichenden post-hoc-Analyse der Binnengruppenvarianz zusammen, so ergab sich in dieser Untersuchung ein recht schlüssiges und einheitliches Bild von der differentiellen Wirkungsweise und Indikation der beiden miteinander verglichenen Therapiemethoden, während der Mittelwertsvergleich allein nur die dürftige Aussage erbrachte, daß beide Therapien im Mittel etwa gleich wirksam waren.

Wir haben uns bei unseren Demonstrationsbeispielen für die Nützlichkeit einer vergleichenden post-hoc-Analyse der Binnengruppenvarianz auf solche Daten beschränkt, die nur die Zusammenhänge der Therapieeffekte mit Persönlichkeitsmerkmalen der Patienten erfassen. Wir haben oben jedoch bereits darauf hingewiesen, daß noch andere Merkmalsgruppen als potentielle Einflußfaktoren auf das Therapieergebnis in Frage kommen, die ebenso wie die Ausgangsmerkmale der Patienten in eine vergleichende post-hoc-Analyse einbezogen werden könnten. Wir wollen auf eine Demonstration dieser Möglichkeiten hier aus Platzgründen verzichten. Eine ausführliche Realisierung der Möglichkeiten dieses Vorgehens findet sich bei *Dziewas* (1980). Die Arbeit von *Dziewas* ist auch ein sehr schönes Beispiel dafür, daß die hier beschriebenen Auswertungsmethoden für vergleichende Psychotherapiestudien ihren vollen Nutzen erst dann entfalten, wenn sie alle zusammen verwirklicht werden. Sie ergänzen sich dann gegenseitig und ergeben zusammengenommen ein sehr differenziertes und doch in sich schlüssiges Bild der untersuchten Therapiemethoden, bei dem das Vertrauen in manche Befunde dadurch gestärkt wird, daß sie sich aus verschiedenen Blickwinkeln mit unterschiedlichen Datenquellen und Auswertungsmethoden immer wieder in inhaltlich ähnlicher Weise ergeben.

4 Resümee

Unsere vorangegangenen Ausführungen können als ein Plädoyer dafür aufgefaßt werden, der Auswertung vergleichender Psychotherapiestudien mehr Aufmerksamkeit zu schenken und Aufwand zu widmen. *Köhnken* et al. (1979) haben kürzlich einen ausführlichen Kriterienkatalog vorgelegt, mit dessen Hilfe vergleichende Psychotherapiestudien hinsichtlich ihrer internen und externen Validität beurteilt werden können. Dieser Katalog sollte meines Erachtens ergänzt werden durch die hier in ihrer Bedeutung begründeten Forderungen hinsichtlich der Auswertungsmethodik. Während *Köhnken* et al. sich in ihrer Argumentation mehr an methodischen Gesichtspunkten orientierten, um die Schlüssigkeit der Untersuchungsergebnisse zu gewährleisten, sind unsere Forderungen hinsichtlich der Auswertungsmethodik mehr aus inhaltlichen Überlegungen abgeleitet.

Ein Verstoß gegen die hier aufgeführten Forderungen führt allerdings — ebenso wie Verstöße gegen die bei *Köhnken* et al. aufgeführten Kriterien — zu schwerwiegenden Einbußen hinsichtlich der Schlüsse, die man aus den eventuellen Ergebnissen der Untersuchung ziehen kann. Eine nur auf Mittelwertsvergleiche angelegte Psychotherapiestudie wird in aller Regel nicht nur ein unvollständiges, sondern auch ein systematisch verzerrtes Bild von den tatsächlichen Wirkungen der untersuchten Therapien vermitteln. Insofern sind die Schlüsse, die aus vielen, gerade auch den ansonsten methodisch besseren Psychotherapiestudien gezogen wurden, inhaltlich durchaus anfechtbar. Für die Bewertung von Psychotherapiestudien sind daher die hier inhaltlich abgeleiteten Forderungen hinsichtlich der Auswertungsmethodik meiner Ansicht nach ebenso unverzichtbar wie bestimmte Forderungen hinsichtlich der Versuchsplanung.

Der Pessimismus hinsichtlich gruppenstatistischer Versuchspläne und Auswertungsmethoden in der Psychotherapieforschung, der immer mehr um sich greift und in die Forderung nach kontrollierten Einzelfallstudien als *der* zukunftsträchtigeren Forschungsstrategie für die Psychotherapie einmündet, beruht meiner Ansicht nach zu einem erheblichen Teil auf den hier geschilderten Mängeln der bisher verwandten Auswertungsmethodik. Der positive Sinn, eine Vielzahl von Fällen zu untersuchen, liegt meiner Ansicht nach nicht hauptsächlich in der größeren Generalisierbarkeit der Ergebnisse, sondern in erster Linie in der Möglichkeit, die immer mitgegebenen Unterschiede zwischen den einzelnen Fällen, also die Variation innerhalb der Behandlungsgruppen, zum ausdrücklichen Gegenstand eines systematischen Studiums zu machen. Viele der gegen den gruppenstatistischen Ansatz vorgebrachten Argumente (*Hersen & Barlow* 1976) verlieren an Kraft, wenn man nicht den Nachweischarakter, sondern die eigentliche Stärke dieses Ansatzes, die Möglichkeiten zur repräsentativen Darstellung und systematischen Analyse von Unterschieden im menschlichen Verhalten in den Vordergrund stellt. Erst dann kann man berechtigterweise von einer im eigentlichen Sinne *„differentiellen Therapieforschung"* sprechen.

Unsere hier aufgeführten Auswertungsprinzipien können als Schritte in diese Richtung und als Teil einer Forschungsstrategie aufgefaßt werden, deren Möglichkeiten sicher bei weitem noch nicht ausgeschöpft sind. Eine naheliegende Fortsetzung dieses Weges wären z.B. Kombinationen zwischen einer experimentellen gruppenstatistischen Versuchsplanung und einer Methodik der deskriptiven Einzelfallanalyse, wie ich sie an-

dernorts ausführlicher vorgeschlagen habe (*Grawe* 1980b). Erst wenn uns
all diese Wege auch weiterhin, trotz intensiver Forschungen, keine Unterschiede in der Wirkung, Wirkungsweise und Indikation verschiedener
Therapiemethoden aufzeigten, erschiene es mir gerechtfertigt, derart weit-
reichende kritische Schlußfolgerungen hinsichtlich des Wertes und der
Nützlichkeit der heute existierenden Psychotherapiemethoden zu ziehen,
wie sie inzwischen schon – in meinen Augen voreilig – manchmal gezogen werden.

Literatur

Beck, A. T. 1976. Cognitive therapy and the emotional disorders. New
York: International Universities Press. – *Bereiter*, C. 1963. Some persist-
ing dilemmas in the measurement of change. In: *Harris*, C. W. (Ed.) Problems in measuring change. Madison: The University of Wisconsin Press.
p. 3–20. – *Bergin*, A. E. 1966. Some implications of psychotherapy research for therapeutic practice. Journal of Abnormal Psychology 71,
235–246. – *Burns*, L. E. 1979. An investigation into the additive effects
of behavioral techniques in the treatment of agoraphobia. Vortrag: 9.
Kongreß der EABT in Paris. – *Dziewas*, H. 1980. Das interaktionelle Pro-
blemlösungsvorgehen in ambulanten und stationären Gruppen. Hamburg:
Universität Hamburg (Habilitationsschrift). – *Dziewas*, H., *Grawe*, K.,
Wedel, S., *Singmann*, M., *Tönsing*, J. & *Wegner*, J. 1979. Verhaltenstherapeutische Gruppentherapie unter stationären und ambulanten Bedingungen. In: *DGVT* (Ed.) Klinische Psychologie – Fortschritte in Diagnostik und Therapie – Kongreßbericht II – Hamburg 1978. Sonderheft II/
1979 der „Mitteilungen der DGVT". p. 9–35. – *Fahrenberg*, J. 1975.
Die Freiburger Beschwerdenliste FBL. Zeitschrift für Klinische Psychologie 4, 79–100. – *Garfield*, S. L. 1971. Research on client variables in
psychotherapy. In: *Bergin*, A. E. & *Garfield*, S. L. (Ed.) Handbook of
psychotherapy and behavior change: An empirical analysis. New York:
Wiley. p. 271–298. – *Garthoff*, P. 1980. Das „Interaktionelle Problem-
lösungsvorgehen" – Ein langzeitorientierter Vergleich stationärer und
ambulanter Therapiegruppen mit einer Betrachtung zu den Möglichkeiten einer Therapieerfolgsprognose. Hamburg: Universität Hamburg
(Diplomarbeit). – *Gelder*, M. G., *Marks*, I. M. & *Wolff*, H. H. 1967. Desensitization and psychotherapy in the treatment of phobic states: A
controlled inquiry. British Journal of Psychiatry 113, 53–73. – *Gelder*,
M. G., *Bancroft*, J. H., *Gath*, D. H., *Johnston*, D. W., *Mathews*, A. M. &
Shaw, P. M. 1973. Specific and non-specific factors in behaviour therapy.
British Journal of Psychiatry 123, 445–462. – *Gillan*, P. & *Rachman*,
S. J. 1974. An experimental investigation of desensitization in phobic
patients. British Journal of Psychiatry 124, 392–401. – *Grawe*, K. 1976.
Differentielle Psychotherapie I. Indikation und spezifische Wirkung von
Verhaltenstherapie und Gesprächspsychotherapie. Eine Untersuchung
an phobischen Patienten. Bern: Huber. – *Grawe*, K. 1978. Indikation in
der Psychotherapie. In: *Pongratz*, L. J. (Ed.) Klinische Psychologie (=
Gottschaldt, K., *Lersch*, P., *Sander*, F. & *Thomae*, H. [Ed.] Handbuch der
Psychologie in 12 Bänden, Bd. VIII/2) Göttingen: Hogrefe. p. 1849–1883.
– *Grawe*, K. 1980 (a). Der gegenwärtige Stand der Indikationsfrage in

der Psychotherapie. Vortrag: Kongreß für Klinische Psychologie und Psychotherapie in Berlin. – *Grawe, K.* 1980 (b). Überlegungen zu alternativen Forschungsstrategien für indikationsrelevante Therapiestudien. In: *Baumann,* U. (Ed.) Indikation zur Therapie psychischer Störungen. München: Urban & Schwarzenberg (Im Druck). – *Grawe, K., Fedrowitz,* A. & *Lipinski,* D. 1976. Die „indirekte" Behandlung psychiatrischer Patienten. Partnerberatung 13, 3–22. – *Hersen,* M. & *Barlow,* D. H. 1976. Single-case experimental designs: Strategies for studying behavior change. New York: Pergamon Press. – *Hersen,* M., *Eisler,* R. M. & *Miller,* P. M. 1973. Development of assertive responses: Clinical measurement and research considerations. Behaviour Research and Therapy 11, 505–521. – *Kazrin,* A., *Durac,* J. & *Agteros,* T. 1979. Meta-meta analysis: A new method for evaluating therapy outcome. Behaviour Research and Therapy 17, 397–399. – *Kiesler,* D. J. 1969. A grid model for theory and research in the psychotherapies. In: *Eron,* L. D. & *Callahan,* R. (Ed.) The relationship of theory to practice in psychotherapy. Chicago: Aldine. p. 115–145. – *Kiesler,* D. J. 1971. Experimental designs in psychotherapy research. In: *Bergin,* A. E. & *Garfield,* S. L. (Ed.) Handbook of psychotherapy and behavior change: An empirical analysis. New York: Wiley. p. 36–74. – *Köhnken,* G., *Seidenstücker,* G. & *Baumann,* U. 1979. Zur Systematisierung von Methodenkriterien für Psychotherapiestudien. In: *Baumann,* U., *Berbalk,* H. & *Seidenstücker,* G. (Ed.) Klinische Psychologie. Trends in Forschung und Praxis 2. Bern: Huber. p. 72–128. – *Luborsky,* L., *Singer,* B. & *Luborsky,* L. 1975. Comparative studies of psychotherapies: Is it true that „everyone has won and all must have prizes"? Archives of General Psychiatry 32, 995–1008. – *Malan,* D. H. 1973. The outcome problem in psychotherapy research: A historical review. Archives of General Psychiatry 29, 719–729. – *Meichenbaum,* D. H., *Gilmore,* J. B. & *Fedoravicius,* A. 1971. Group insight versus group desensitization in treating speech anxiety. Journal of Consulting and Clinical Psychology 36, 410–421. – *Paul,* G. L. 1967. Strategy of outcome research in psychotherapy. Journal of Consulting Psychology 31, 109–118. – *Petermann,* F. 1978. Veränderungsmessung. Stuttgart: Kohlhammer. – *Rachman,* S. J. 1973[2]. The effects of psychological treatment. In: *Eysenck,* H. J. (Ed.) Handbook of abnormal psychology. London: Pitman. p. 805–861. – *Rogers,* C. R. 1973. Die klient-bezogene Gesprächstherapie. München: Kindler. – *Rotter,* J. B. 1966. Generalized expectancies for internal versus external control of reinforcement. Psychological Monographs 80 (1, Whole No. 609). – *Rush,* A. J., *Beck,* A. T., *Kovacs,* M. & *Hollon,* S. 1977. Comparative efficacy of cognitive therapy and pharmacotherapy in the treatment of depressed outpatients. Cognitive Therapy and Research 1, 17–37. – *Sloane,* R. B., *Staples,* F. R., *Cristol,* A. H., *Yorkston,* N. J. & *Whipple,* K. 1975. Psychotherapy versus behavior therapy. Cambridge: Harvard University Press. – *Smith,* M. L. & *Glass,* G. V. 1977. Meta-analysis of psychotherapy outcome studies. American Psychologist 32, 752–760. – *Truax,* C. B. & *Mitchell,* K. M. 1971. Research on certain therapist interpersonal skills in relation to process and outcome. In: *Bergin,* A. E. & *Garfield,* S. L. (Ed.) Handbook of psychotherapy and behavior change: An empirical analysis. New York: Wiley. p. 299–344. – *Wedel,* S. & Grawe, K. 1980. Die differentiellen Effekte eines standardisierten Assertiveness-Trainings in Gruppen bei gehemmten psychiatrischen Patienten. In: *Ullrich,* R., *Ullrich de Muynck,* R., *Grawe,* K. & *Zimmer,* D. (Ed.) Soziale Kompetenz. Bd. 2. Experimentelle Ergebnisse zum ATP: Klinische Effektivität und Wirkungsfaktoren. München: Pfeiffer (Im Druck).

Klassifikation und Indikation in der Gesprächspsychotherapie

WOLFGANG SCHULZ

Die Klärung der Indikationsfrage wird heute als die dringlichste Aufgabe der Psychotherapieforschung betrachtet. Während über diesen Problembereich in den letzten Jahren in zunehmendem Maße diskutiert wird, stellen emprische Untersuchungen immer noch eine Seltenheit dar. Die Forschung ist heute noch weit davon entfernt, eine befriedigende Antwort auf diese Frage zu geben.

Ziel dieser Arbeit ist es, einen Beitrag zur Indikationsfrage zu leisten. Am Beispiel der klientenzentrierten Gesprächspsychotherapie (GT) wird ein Untersuchungsparadigma vorgestellt, das zwei wesentliche Bereiche der Klinischen Psychologie, die sich weitgehend unabhängig voneinander entwickelt haben und relativ unverbunden nebeneinander stehen, „Klassifikation" und „Indikation", miteinander verbindet. Die beiden zentralen Fragen der Untersuchung lauten:

(1) Hinsichtlich welcher relevanten klinisch-psychologischen Merkmale lassen sich Gruppen von Klienten unterscheiden? (2) Bei welchen Klientengruppen erzielt die Gesprächspsychotherapie welche Therapieeffekte?[1]

1 Problemstellung

Ausgangspunkt dieser Untersuchung ist eine grundsätzliche Kritik an der bisherigen Psychotherapieforschung: Die meisten theoretischen Erklärungsansätze und empirischen Untersuchungen lassen sich dadurch charakterisieren, daß sie individuelle Unterschiede fast vollständig vernachlässigen. Die Person des Klienten, das therapeutische Handeln und die Wirkung der Therapie werden als weitgehend homogen betrachtet.

Dieser Forschungsansatz wurde zum ersten Mal umfassend von *Kiesler* (1966) kritisiert. Er sprach vom sogenannten „Uniformitätsmythos" in der Psychotherapie. Seitdem wurde immer wieder die Forderung nach stärkerer Berücksichtigung individueller Differenzen erhoben (z.B. *Kiesler* 1969, 1971; *Bastine* 1970, 1976; *Bayer* 1974; *Grawe* 1976). Heute geht man in zunehmendem Maße davon aus, daß für Klienten mit verschiedenen Persönlichkeitsmerkmalen und verschiedenen Störungsformen unterschiedliche therapeutische Techniken erforderlich sind. An die

---

[1] Die hier berichtete Untersuchung ist ausführlich dargestellt in *Schulz* (1978)

empirische Forschung wird entsprechend die Forderung gestellt, die genannten Merkmale zu variieren.

Die vorliegende Untersuchung hat den Anspruch, einen Beitrag zu einem differentiellen Therapieansatz zu leisten. Da die traditionellen Forschungskonzepte (z.B. *Truax & Carkhuff* 1964; *Tausch* 1973) dazu kaum die Möglichkeit bieten, stellt sich die Frage nach einem Forschungsparadigma, das empirische Befunde und methodische Überlegungen sinnvoll verbindet und den Rahmen für diese Untersuchung absteckt.

Zur Untersuchung differentieller Therapieeffekte hat *Kiesler* (1969, 1971) ein entsprechendes *Forschungsprogramm* aufgestellt. Dieses läßt sich gleichsam als Forderung an die vorliegende Untersuchung auffassen. In seinem Gittermodell hat er versucht, die wichtigsten Variablenkomplexe, die in Psychotherapieuntersuchungen berücksichtigt werden müssen, zu veranschaulichen. Aus diesem Modell leitet er dann sein Forschungsprogramm ab, das sich in drei Schritte aufteilen läßt (vgl. *Kiesler* 1971):

— Die erste und wichtigste Aufgabe der Therapieforschung besteht darin, Gruppen von Klienten zu finden, die bezüglich wesentlicher Merkmale homogen sind. Damit ist die Notwendigkeit von Klientenklassifikationen für die Therapieforschung angesprochen.
— Solche homogenen Klientengruppen sollen dann in einem zweiten Schritt Therapeuten zugeordnet werden, die sich sowohl hinsichtlich bestimmter Persönlichkeitsmerkmale als auch in ihrer spezifischen Therapietechnik unterscheiden.
— Als abhängige Variablen dienen Veränderungsmaße, die spezifisch abgestimmt sein müssen auf die jweils behandelte Klientengruppe.

Dieses anspruchsvolle Forschungskonzept läßt sich aber in seiner Vollständigkeit empirisch kaum realisieren. Es bietet jedoch wesentliche Hilfen bei der Strukturierung und Einordnung von empirischen Untersuchungen.

Ein vergleichbares und für die Therapieforschung ebenfalls brauchbares Forschungskonzept haben *Kasielke & Frohburg* (1974) aufgestellt. Bei ihnen steht die Entwicklung einer Klassifikation neurotischer Störungen im Vordergrund. Beiden Ansätzen gemeinsam ist der differentielle Ansatz und die Überzeugung, daß die Güte einer Klassifikation nur im Zusammenhang mit Prozeß- und Effektivitätsvariablen entschieden werden kann.

Im deutschsprachigen Raum gibt es bisher nur eine empirische Untersuchung, die von einem differentiellen Therapieansatz ausgeht. *Grawe* (1976) und *Plog* (1976) verglichen die Wirkung von Gesprächspsychotherapie und Verhaltenstherapie bei Phobikern. Sie kamen zu dem Ergebnis, daß diese beiden Therapieformen sich im wesentlichen nicht dadurch unterscheiden, „daß die eine Therapie erfolgreicher ist als die andere, sondern dadurch, daß sie unterschiedliche Effekte bei unterschiedlichen Klienten bewirken" (*Grawe* 1976, p. 166). Die Verhaltenstherapie ist indiziert bei Klienten mit hohem, die Gesprächspsychotherapie bei Klienten mit niedrigem phobischen Leidensdruck. Die vorliegende Arbeit geht ebenfalls von einem differentiellen Therapieansatz aus. Während *Grawe* (1976) und *Plog* (1976) die Wirkung von zwei Therapieformen (Verhaltenstherapie und Gesprächspsychotherapie) bei einer Klientengruppe (Phobikern) untersuchten, werden hier die Effekte *einer Therapieform* (Gesprächspsychotherapie) bei *mehreren Klientengruppen* (Gruppen neurotischer Klienten) bestimmt.

Entsprechend der Forderung von *Kiesler* (1971), wonach die erste und wichtigste Aufgabe der Therapieforschung darin besteht, homogene Gruppen von Klienten zu finden, soll hier als erstes eine empirisch begründete Klassifikation neurotischer Klienten erstellt werden. Die *erste* zentrale Frage der Untersuchung lautet:

Hinsichtlich welcher relevanten klinisch-psychologischen Merkmale lassen sich Gruppen von Klienten unterscheiden?

Auf eine der klassischen psychiatrischen oder psychoanalytischen Klassifikationen soll hier nicht zurückgegriffen werden, da sie aus der Sicht der modernen Psychiatrie und Psychologie erhebliche Mängel aufweisen (vgl. *Zubin* 1967; *Cohen* 1968; *Wewetzer* 1968; *Kasielke & Frohburg* 1974; *Pongratz* 1975). Der heutige Forschungsstand verlangt von einer Klassifikation, daß sie eine *empirische* Grundlage hat und mit Hilfe *objektiver* Methoden gewonnen wird.

Von dieser Klassifikation ausgehend werden dann der gesprächspsychotherapeutische Prozeß und die Therapieeffekte untersucht. Da eine Klassifikation neurotischer Klienten nur dann sinnvoll ist, wenn sie auf Behandlungsmöglichkeiten hinweist, und da die GT nicht grundsätzlich universell, sondern differentiell anwendbar ist, lautet die *zweite* zentrale Frage der Untersuchung:

Bei welchen Klientengruppen erzielt die Gesprächspsychotherapie welche Therapieeffekte?

Nachdem die globale Zielsetzung der Untersuchung erläutert wurde, werden im folgenden die einzelnen Untersuchungsschritte dargestellt und kurz begründet.

Als erstes muß geklärt werden, welche Merkmale das Klassifikationssystem konstituieren sollen, und mit welchen Verfahren diese Merkmale zu erfassen sind. Aus der Vielzahl beschriebener Merkmale wurden die folgenden grundlegenden Persönlichkeitsmerkmale ausgewählt: Neurotizismus, Extraversion und Aggressivität. Zur Erfassung dieser Persönlichkeitsmerkmale soll das Freiburger Persönlichkeitsinventar (FPI) (*Fahrenberg* et al. 1973) verwandt werden. Auf dieser Grundlage kann dann die Klassifikation der neurotischen Klienten erfolgen. Im Gegensatz zu den klassischen Klassifikationen, denen das Prinzip der Verstehbarkeit zugrunde liegt, soll die Klassifikation hier auf objektiv-statistischem Wege gewonnen werden. Es wird die nichthierarchische

Clusteranalyse, ein multivariates Gruppierungsverfahren, zum Einsatz gelangen (*Anderberg* 1973). Dieses Verfahren impliziert nicht so viele Voraussetzungen wie die auf Individuen angewandte Faktorenanalyse (*Überla* 1968) und kann mehr Merkmale gleichzeitig berücksichtigen als die Konfigurationsfrequenzanalyse (*Krauth* & *Lienert* 1973). Hinweise für die Hypothesenformulierung lassen sich aus den Untersuchungen von *Steinmeyer* (1976) und *Wolfram* & *Moltz* (1974) gewinnen, in denen mit Hilfe clusteranalytischer Methoden und auf der Basis des FPI Gruppen von Klienten gebildet wurden. Die Ergebnisse beider Untersuchungen stimmen in vielen Punkten überein: Als erstes ist festzuhalten, daß sich in beiden Untersuchungen deutlich voneinander unterscheidbare Gruppen von Klienten ergaben. *Steinmeyer* (1976) konnte seine Klienten insgesamt vier, *Wolfram* & *Moltz* (1974) insgesamt fünf Clustern zuordnen. In beiden Untersuchungen stellten sich vergleichbare Klientengruppen heraus. Die sog. „dysthymischen Neurosen" haben mit 32% bzw. 30% jeweils den größten Anteil. Die sog. „soziopathischen Neurosen" machen 26% bzw. 20% der Klienten aus. Ausgeprägte psychosomatische Beschwerden weisen 23% bzw. 20% der Klienten auf. 19% bzw. 20% der Klienten zeigen keine Auffälligkeiten und können als testnormale Klienten bezeichnet werden. In der Untersuchung von *Wolfram* & *Moltz* (1974) zeigten noch 10% der Klienten das Profil einer stabilen und selbstsicheren Persönlichkeit. Die Ergebnisse beider Untersuchungen lassen vermuten, daß sich die Klienten in der vorliegenden Untersuchung ebenfalls sinnvoll gruppieren lassen. Die erste Hypothese lautet daher:

Hypothese 01: Die Klienten lassen sich zu Gruppen zusammenfassen, die sich hinsichtlich der grundlegenden Persönlichkeitsbereiche Neurotizismus, Extraversion und Aggressivität signifikant voneinander unterscheiden.

Eine weitergehende ausführliche Charakterisierung der Klientengruppen ist unbedingt notwendig. Unterscheiden sich die Klientengruppen auch hinsichtlich anderer, der Klassifikation nicht unmittelbar zugrundeliegender psychologischer Merkmale? Die Beantwortung dieser Frage gibt gleichzeitig Auskunft darüber, ob sich die Ergebnisse mit anderen Variablensätzen reproduzieren lassen. Es werden die folgenden Merkmale bzw. Merkmalsbereiche herangezogen: Ängstlichkeit (*Spreen* 1961), Furcht (*Taj al Deen* et al. 1974), Angstabwehr (*Krohne* 1974), körperliche Beschwerden (*Kasielke* et al. 1974) und soziale Potenz (*Beckmann* & *Richter* 1972). Die zweite Hypothese lautet daher:

Hypothese 02: Die einzelnen Klientengruppen zeigen unterschiedliche Ausprägungen in den Merkmalen Ängstlichkeit, Furcht, Angstabwehr, körperliche Beschwerden und soziale Potenz.

Nachdem das Klassifikationssystem erstellt ist und die einzelnen Klientengruppen beschrieben sind, kann auf dieser Grundlage die Indikationsfrage in Angriff genommen werden. Als erstes wird ein Vergleich der

Klientengruppen nach Merkmalen des Therapieprozesses vorgenommen. Hier wird zwischen dem Therapeutenverhalten, dem Klientenverhalten und der Therapeut-Klient-Beziehung unterschieden. Als Merkmale des Therapeutenverhaltens werden solche Merkmale herangezogen, die geeignet sind, eine weitgehend angstfreie, entlastende Atmosphäre zu schaffen, konstruktive Änderungen beim Klienten einzuleiten und die sich in Forschung und Praxis als bedeutsam erwiesen haben. Es handelt sich hier um die Merkmale verstehende Einfühlung, emotionale Zuwendung, innere Beteiligung, Selbsteinbringung und Unbestimmtheit der Sprechweise (*Schwartz* 1975). Als Merkmal des Klientenverhaltens wird die Variable Selbstexploration herangezogen. Dabei wird hier zwischen dem kognitiven Aspekt, der Problemlösefähigkeit (*Rogers* et al. 1967) und dem emotionalen Aspekt, der emotionalen Beteiligung (*Schwartz* 1975), unterschieden. Da das Ergebnis einer Therapie entscheidend durch die Qualität der Beziehung zwischen Therapeut und Klient bestimmt wird, soll hier noch die Güte des emotionalen Beziehungsverhältnisses zwischen Therapeut und Klient erhoben werden (*Babel* 1972).

Als erstes soll untersucht werden, ob die Therapeuten bei allen Klientengruppen gleiches Verhalten zeigen oder ob sie auf verschiedene Klientengruppen mit unterschiedlichem Verhalten reagieren. Nach dem klassischen Ansatz der GT sind keine Unterschiede zu erwarten, da die Güte des Therapeutenverhaltens in erster Linie von der Einstellung und der Therapieerfahrung des Therapeuten abhängt. Allerdings können sie das Therapeutenverhalten nicht vollständig vorhersagen. Es müssen also noch andere Faktoren das Therapeutenverhalten beeinflussen. Die praktische therapeutische Erfahrung zeigt, daß auch die Klienten mit ihren Strategien das Verhalten der Therapeuten bestimmen. Derselbe Therapeut kann bei einem Klienten gutes, bei einem anderen Klienten schlechtes Basisverhalten zeigen. Die dritte Hypothese lautet nun:

Hypothese 03: Die Therapeuten realisieren bei den einzelnen Klientengruppen ein unterschiedliches Ausmaß an Einfühlung, Zuwendung, Beteiligung, Selbsteinbringung und Unbestimmtheit der Sprechweise.

Das Ausmaß der Selbstexploration eines Klienten wird nicht nur durch das Verhalten des Therapeuten bestimmt, sondern hängt auch noch von anderen Faktoren ab. Dafür kommen vor allem Merkmale der Klienten selbst in Frage. Hier soll untersucht werden, welche Klientengruppen ein hohes Ausmaß und welche Klientengruppen ein niedriges Ausmaß an Selbstexploration zeigen. Die vierte Hypothese lautet nun:

Hypothese 04: Die einzelnen Klientengruppen zeigen unterschiedliche Ausprägungen im kognitiven und emotionalen Bereich der Selbstexploration.

Weiterhin soll untersucht werden, ob das Beziehungsverhältnis zwischen Therapeut und Klient bei den einzelnen Klientengruppen unterschiedlich ist. In Therapien stellt man immer wieder fest, daß sich zu bestimmten Klienten *kein* emotionales Beziehungsverhältnis aufbauen läßt. Die fünfte Hypothese lautet daher:

Hypothese 05: Die Güte des emotionalen Beziehungsverhältnisses zwischen Therapeut und Klient ist bei den einzelnen Klientengruppen unterschiedlich ausgeprägt.

Die entscheidende Frage ist jetzt, bei welchen Klientengruppen die GT welche Therapieeffekte bewirkt. Indem hier verschiedene Merkmale aus den Bereichen allgemeine Persönlichkeitsveränderung und Selbsteinschätzung der Klienten (Leidensdruck nach Abschluß der Therapie und Zufriedenheit mit der Behandlung) herangezogen werden, ergibt sich die Möglichkeit, Therapieeffekte differenziert zu erfassen. Da einige empirische Untersuchungen nachweisen konnten, daß der Therapieerfolg nicht eindimensional ist, sondern mehrere voneinander unabhängige Dimensionen enthält (z.B. *Lewinsohn & Nichols* 1967; *Farnsworth* et al. 1971), muß auch hier mit einem differentiellen Effekt gerechnet werden. Die Therapieeffekte werden sich bei den einzelnen Klientengruppen nicht nur im Sinne eines „*Mehr*" oder „*Weniger*" voneinander unterscheiden, sondern auch qualitative Unterschiede aufweisen. Entsprechend der Unterscheidung in allgemeine Persönlichkeitsveränderung und Selbsteinschätzung der Klienten lassen sich folgende Hypothesen formulieren:

Hypothese 06: In den allgemeinen Persönlichkeitsmerkmalen zeigen die einzelnen Klientengruppen ein unterschiedliches Ausmaß an Veränderungen.

Hypothese 07: Der Leidensdruck nach Abschluß der Therapie und die Zufriedenheit mit der Behandlung wird von den einzelnen Klientengruppen unterschiedlich eingeschätzt.

2 Methode

Untersuchungsdurchführung: Alle Klienten, die sich in der Zeit von April bis August 1975 bei der Beratungsstelle des Instituts für Psychologie der TU Berlin für eine Therapie anmeldeten, wurden zur Vordiagnostik eingeladen. Die Vordiagnostik erfolgte als Gruppensitzung und dauerte etwa zweieinhalb bis drei Stunden. Die Klienten füllten mehrere Fragebogen aus und wurden über Ziel und Ablauf der Therapie informiert. Per Zufall wurden sie darauf einem Therapeuten zugewiesen. Dieser führte dann meist wöchentlich ein Gespräch von etwa 45 Minuten Dauer. Die Gespräche wurden auf Tonband oder Kassette aufgenommen. Außerdem erfolgte nach jeder Therapiestunde eine Begleitdiagnostik. Zwischen dem fünften und siebten Kontakt wurde eine Zwischendiagnostik, nach Abschluß der Therapie eine Nachdiagnostik durchgeführt.

Tab. 1: Überblick über die benutzten Meßinstrumente

Merkmalsbereiche	Merkmale	Abkürzungen	Meßinstrumente	Autoren
1. Merkmale der Klienten				
Neurotizismus, Extraversion und Aggressivität	– 9 Standardskalen – 3 Zusatzskalen	FPI 01 bis FPI 12	Freiburger Persönlichkeitsinventar (FPI), Form A	*Fahrenberg* et al. (1973)
Ängstlichkeit	– Ängstlichkeitsskala – Korrekturskala – Lügenskala	Ä-Wert K-Wert L-Wert	Saarbrücker Liste	*Spreen* (1961)
Furcht	– Soziale Ängste – Klassische Phobien – Angst vor Tod/Krankheit – Tierphobien	FFBFAC 1 FFBFAC 2 FFBFAC 3 FFBFAC 4	Furchtfragebogen	
Angstabwehr	– Angstabwehr	RSFAC	Repression-Sensitization-Skala	*Krohne* (1974)
Körperliche Beschwerden	– Verdauungs- und Schlafstörungen – Neurasthenie/Psychasthenie – Soziale Hemmungen – Atem- und Herz-Kreislauf-Beschwerden	BSFFAC 1 BSFFAC 2 BSFFAC 3 BSFFAC 4	Beschwerdenerfassungsbogen	*Kasielke* et al. (1974)
Soziale Potenz	– 6 Standardskalen – 2 Zusatzskalen	GTS 1 bis GTS E	Gießen-Test, Selbstbild	*Beckmann & Richter* (1972)
2. Merkmale des Therapieprozesses				
Therapeutenverhalten	– Verstehende Einfühlung – Emotionale Zuwendung – Innere Beteiligung – Selbsteinbringung – Unbestimmtheit der Sprechweise	TV 1 TV 2 TV 3 TV 4 TV 5	5-stufige Ratingskalen; jeweils 2 Ausschnitte aus dem 2. und 5. Kontakt von jeweils 2 Minuten Dauer; 5 Rater	*Schwartz* (1975)

Klientenverhalten			
– Problemlösefähigkeit (kognitive Aspekte der Selbstexploration)	KV 1	5-stufige Ratingskalen; jeweils 2 Ausschnitte aus dem 2. und 5. Kontakt	*Rogers* et al. (1967)
– Emotionale Beteiligung (emotionale Aspekte der Selbstexploration)	KV 2	von jeweils 2 Minuten Dauer; 5 Rater	*Schwartz* (1975)
Therapeut-Klient-Beziehung			
– Emotionales Beziehungsverhältnis	BZV	5-stufige Ratingskala	*Babel* (1972)
3. *Merkmale des Therapieerfolgs*			
Allgemeine Persönlichkeitsveränderungen			
– 6 Standardskalen	GTS 1 bis GTSE	Gießen-Test, Selbstbild aus der Vor- und Nachdiagnostik	*Beckmann & Richter* (1972)
Selbsteinschätzungen der Klienten			
– Zufriedenheit mit der Therapie	STFAC 1	Modifizierter Struppfragebogen	*Tausch* (1973)
– Leidensdruck nach Abschluß der Therapie	STFAC 2		
– Erlebte psychische Veränderungen	VASUMME	Veränderungsfragebogen	*Schulz* (1978)

Klienten- und Therapeutenstichprobe: Von etwa 130 Klienten, die sich
für eine Therapie angemeldet hatten, erschienen 120 zur Vordiagnostik. Davon konnten *113 Klienten* in die Untersuchungsstichprobe aufgenommen werden. Die Klienten kamen mit den verschiedenartigsten
Störungen und zeigten alle ein mehr oder weniger deutlich überhöhtes
Ausmaß an psychischen Beeinträchtigungen. Die Werte im FPI machen
deutlich, daß es sich bei diesen Klienten um eine gemischte Neurotiker-
stichprobe handelt. Die Klientenstichprobe besteht aus 45 (40%) Männern und 68 (60%) Frauen; ihr Alter beträgt im Durchschnitt 29 Jahre.
26 (23%) Klienten hatten einen Hauptschulabschluß, 34 (30%) die Mittlere Reife, 49 (43%) das Abitur und vier (4%) keinen Abschluß. Die
Klienten waren zum großen Teil Studenten und Angehörige „sozialer
Berufe", wie z.B. Krankenschwestern, Erzieher, Lehrer oder Sozialarbeiter.
Für die Mitarbeit an diesem Projekt konnten insgesamt *83 Therapeuten*
gewonnen werden. Es handelt sich um 34 (41%) Männer und 49 (59%)
Frauen; ihr Alter beträgt im Durchschnitt 30 Jahre. Fast die Hälfte der
Therapeuten (38) waren zu Beginn der Datenerhebung Studenten der
Psychologie kurz vor dem Examen, die anderen Diplompsychologen (35),
Ärzte (7) und Sozialarbeiter (3). Ein Viertel der Therapeuten kann als
erfahrene Therapeuten angesehen werden.
Erhebung der Merkmale: In Tabelle 1 sind die verwandten Meßinstru-
mente zusammengestellt. Weiterhin ist der Tabelle zu entnehmen, welche
Variablen in die Auswertung eingehen.
Auswertung: Der Ablauf der Auswertung ist dem Auswertungsplan in
Abbildung 1 zu entnehmen. Dabei handelt es sich um den vollständigen
Auswertungsplan der Untersuchung. Hier können jedoch nur die wichtig-
sten Auswertungsschritte und Ergebnisse berichtet werden; eine ausführ-
liche Darstellung der Untersuchungsmethode gibt *Schulz* (1978).

3 Ergebnisse

3.1 Ergebnisse zur Klassifikation neurotischer Klienten

Clusteranalyse: Da bei der Berechnung einer nichthierarchischen Clusteranalyse die Anzahl der zu isolierenden Cluster vorab anzugeben ist,
wurde von einer maximalen Clusterzahl von zehn ausgegangen. Die Auswahl der besten Clusterlösung erfolgte nach dem Varianzkriterium (vgl.
Anderberg 1973). Danach ist die Fünf-Clusterlösung als die beste anzusehen. Sie klärt 43% der Gesamtvarianz auf. Die Klienten verteilen sich
auf die fünf Gruppen wie folgt:

Cluster 1: 26 (23,0%) Klienten   Cluster 4: 12 (10,7%) Klienten
Cluster 2: 13 (11,5%) Klienten   Cluster 5: 31 (27,4%) Klienten
Cluster 3: 31 (27,4%) Klienten

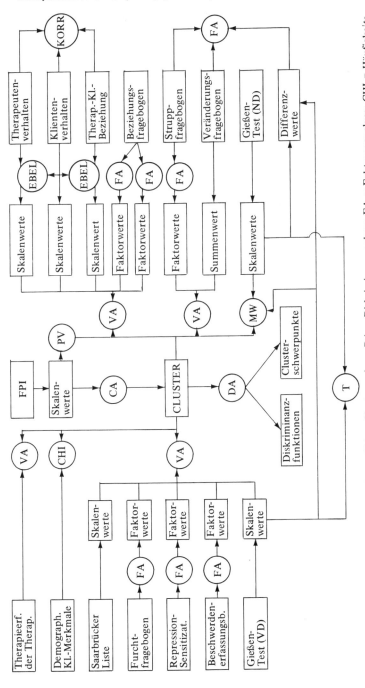

Abb. 1: Auswertungsplan der Untersuchung (CA = Clusteranalyse; DA = Diskriminanzanalyse; CHI = Häufigkeitsanalyse; VA = Varianzanalyse; MW = Varianzanalyse mit Meßwiederholung; CORR = Korrelation; PV = Gruppenprofilvergleich; EBEL = Ebel-Reliabilität und T = t-Test)

Beschreibung der Clusterprofile: In einem ersten Überblick erfolgt die Beschreibung der fünf Cluster anhand ihrer Durchschnittsprofile (vgl. Tabelle 2). Die Klienten des *ersten Clusters* zeigen keine Auffälligkeiten. Ihre Durchschnittswerte liegen fast alle im Normalbereich. Sie können daher als

Tab. 2: Vergleich der Cluster nach Merkmalen der Klienten: Mittelwerte der Cluster und Ergebnisse univariater Varianzanalysen[1]

Merkmale	CL 1	CL 2	CL 3	CL 4	CL 5	F
FPI 01	4.81	6.54	7.16	6.25	7.10	12.99***
FPI 02	4.42	6.77	4.55	3.08	6.90	24.60***
FPI 03	5.23	7.54	7.45	5.67	8.29	32.99***
FPI 04	4.54	6.77	5.32	3.33	7.61	22.69***
FPI 05	4.85	6.08	2.03	1.42	2.78	24.55***
FPI 06	3.92	3.08	2.58	3.33	1.97	8.87***
FPI 07	3.88	5.92	3.32	2.58	4.94	11.03***
FPI 08	4.12	4.69	6.87	5.00	7.10	15.23***
FPI 09	4.35	6.23	5.23	4.25	6.61	12.02***
FPI 10	5.12	6.77	2.81	1.58	3.71	37.81***
FPI 11	4.92	7.15	6.39	4.58	8.29	41.20***
FPI 12	4.92	4.08	2.52	3.58	2.68	16.60***
Ä-Wert*	28.88	39.00	44.71	35.58	45.35	27.82***
K-Wert	13.27	9.69	9.84	12.83	8.71	12.15***
L-Wert	4.62	3.15	3.71	4.83	3.10	3.20*
FFBFAC 1*	−.75	−.05	.31	−.22	.42	21.61***
FFBFAC 2	−.19	−.24	−.01	−.02	.28	1.03
FFBFAC 3	−.13	.55	.33	−.23	−.36	3.41*
FFBFAC 4	−.44	−.28	.21	.22	.19	2.41
RSFAC	−1.11	−.01	.41	−.55	.73	28.67***
BSFFAC 1	−.39	.33	.35	−.73	.12	4.51**
BSFFAC 2	−.34	−.10	.16	.03	.15	1.21
BSFFAC 3*	−.69	−.60	.38	.09	.42	24.34***
BSFFAC 4	−.18	−.08	−.09	−.20	.36	1.42
GTS 1	25.62	25.54	21.06	22.75	20.35	5.44***
GTS 2*	24.58	20.08	25.71	26.33	19.94	29.88***
GTS 3	24.38	20.77	24.16	27.17	23.81	2.81*
GTS 4	26.65	30.85	34.35	31.08	32.55	11.75***
GTS 5*	22.31	21.54	28.06	29.92	27.00	18.88***
GTS 6	20.00	19.92	24.26	26.08	24.23	5.16***
GTS M*	8.54	6.00	6.07	12.42	6.52	8.30
GTS E	5.42	11.23	9.29	5.00	8.19	3.18*
*** p < .001; ** p < .01; * p < .05						

[1] Bei den mit einem „*" versehenen Merkmalen sind die Varianzen nicht homogen. Es wurde daher der H-Test verwandt. In der letzten Spalte sind statt der F-Werte Chi^2-Werte angegeben.

testnormale Klienten bezeichnet werden. Das *zweite Cluster* zeigt das Profil einer erheblich gestörten Persönlichkeit. Die hohen Werte auf den Skalen Depressivität, emotionale Labilität und Nervosität in Verbindung mit hohen Werten auf den Skalen Aggressivität, Erregbarkeit und Extraversion weisen auf eine Störungsform hin, die den soziopathischen Neurosen (*Eysenck* 1970) sehr ähnlich ist. Das *dritte Cluster* unterscheidet sich vom zweiten Cluster vor allem durch erheblich niedrigere Werte auf den Skalen Geselligkeit, Extraversion, Dominanzstreben, Aggressivität sowie einen höheren Wert auf der Skala Gehemmtheit. Die einzelnen Skalenwerte zeigen, daß es sich hier um ein typisches neurotisches Profil handelt. Hohe Werte auf den Neurotizismusskalen sind gepaart mit niedrigen Werten auf den Extraversionsskalen. Dieses Persönlichkeitsprofil weist deutliche Parallelen zu den dysthymischen Neurosen (*Eysenck* 1970) auf. Das *vierte Cluster* zeigt das Bild des sehr introvertierten und aggressiv gehemmten Klienten. Dafür sprechen die niedrigen Werte auf den Skalen Geselligkeit, Extraversion, Dominanzstreben und Aggressivität. Die Werte auf den anderen Skalen liegen weitgehend im Normalbereich. Von Cluster 2 unterscheiden sich diese Klienten durch niedrigere Neurotizismuswerte und erheblich höhere Introversionswerte, von Cluster 3 ebenfalls durch niedrigere Neurotisizismuswerte und etwas höhere Introversionswerte. Dem *fünften Cluster* gehören sehr schwer gestörte Klienten an. Sie sind erheblich depressiv, emotional labil, leicht erregbar und psychosomatisch gestört. Nur ein Skalenwert liegt im Normalbereich. Die deutlichsten Abweichungen findet man in bezug auf die Skalen Depressivität, emotionale Labilität und Gelassenheit. Dieses Cluster unterscheidet sich von den anderen Clustern insbesondere durch höhere Werte auf den Neurotizismusskalen.

Überprüfung der Clusterlösung: Die beschriebene Clusterlösung ist aber nur dann sinnvoll, wenn sich die einzelnen Cluster auch statistisch bedeutsam voneinander unterscheiden. Um dies zu prüfen, wurden Gruppenprofilvergleiche durchgeführt. Sie sind alle auf dem 1‰-Niveau signifikant. Es handelt sich also um deutlich voneinander abgrenzbare Gruppen. Nachfolgend durchgeführte Varianzanalysen zeigen, daß alle Merkmale des FPI klassifikatorische Relevanz besitzen: Alle F-Werte sind auf dem 1‰-Niveau signifikant (vgl. Tabelle 2). Eine Diskriminanzanalyse bestätigt ebenfalls die gefundene Clusterlösung: 98,2% der Klienten konnten mit Hilfe der Diskriminanzfunktionen richtig klassifiziert werden. All diese Ergebnisse belegen, daß es sich hier um eine sinnvolle Gruppierung handelt. Die Klientengruppen unterscheiden sich hinsichtlich der grundlegenden Persönlichkeitsbereiche Neurotizismus, Extraversion und Aggresivität signifikant voneinander. Hypothese 01 kann danach als eindeutig *bestätigt* gelten.

Vergleich der Klientengruppen nach weiteren klinisch-psychologischen Merkmalen: In Hypothese 02 wurde behauptet, daß die einzelnen Klientengruppen unterschiedliche Ausprägungen in den Merkmalen

Ängstlichkeit, Furcht, Angstabwehr, körperliche Beschwerden und soziale Potenz zeigen. Um dies zu untersuchen, wurden einfaktorielle Varianzanalysen mit den Skalen der Saarbrücker Liste, den Faktoren des Furchtfragebogens, dem Faktor der Repression-Sensitization-Skala, den Faktoren des Beschwerdenerfassungsbogens sowie den Skalen des Gießen-Tests als abhängige Variablen gerechnet. Die Mittelwerte der Cluster in bezug auf die einzelnen Merkmale und die Ergebnisse der Varianzanalysen sind ebenfalls der Tabelle 2 zu entnehmen.

Von den 20 untersuchten Merkmalen brachten zehn mit $p < .001$, ein weiteres mit $p < .01$, vier weitere mit $p < .05$ und zwei weitere mit $p < .10$ signifikante Unterschiede zwischen den Clustern. Die Unterschiede sind dabei um so bedeutsamer, je deutlicher der soziale Bezug des Merkmals ist. Die Ergebnisse dieser der Klassifikation nicht unmittelbar zugrunde liegenden klinisch-psychologischen Merkmale stehen in deutlicher Übereinstimmung mit denen der clusterkonstituierenden FPI-Merkmale. Sie unterstützen das Klassifikationsergebnis und sprechen für die Stabilität der Clusterlösung. Hypothese 02 kann daher ebenfalls als *bestätigt* gelten. Diese Ergebnisse können hier nicht im einzelnen dargestellt werden, sie werden allerdings in der zusammenfassenden Beschreibung der Klientengruppen berücksichtigt.

Hier sei noch berichtet, daß zwischen der Clusterzugehörigkeit und den demographischen Merkmalen der Klienten *kein* signifikanter Zusammenhang besteht. Das heißt, daß es sich bei den beschriebenen Clustern um Gruppierungen klinisch-psychologischer Art handelt. Sie lassen sich nicht durch die leicht objektivierbaren demographischen Merkmale bestimmen.

3.2 Ergebnisse zur Indikation der klientenzentrierten Gesprächspsychotherapie

Vergleich der Klientengruppen nach Merkmalen des Therapieprozesses:
In den Hypothesen 03 und 05 wurde behauptet, daß die einzelnen Cluster unterschiedliche Ausprägungen in bezug auf die Merkmale des Therapieprozesses zeigen. Um dies zu prüfen, wurden einfaktorielle Varianzanalysen gerechnet. Abhängige Variablen sind die fünf Therapeutenprozeßmerkmale, die zwei Aspekte der Selbstexploration und die Güte der Therapeut-Klient-Beziehung. Die Mittelwerte der Cluster in bezug auf die einzelnen Merkmale und die Ergebnisse der Varianzanalysen sind der Tabelle 3 zu entnehmen.

Therapeutenverhalten: Die fünf Cluster unterscheiden sich in bezug auf vier der fünf Therapeutenprozeßmerkmale bedeutsam voneinander. Bei den Merkmalen Einfühlung, Zuwendung und Beteiligung sind die Unterschiede auf dem 1%-Niveau, bei der Unbestimmtheit der Sprechweise auf dem 10%-Niveau signifikant. Die Selbsteinbringung der Therapeuten differenziert demgegenüber nicht zwischen den Clustern. Während die

Tab. 3: Vergleich der Cluster nach Merkmalen des Therapieprozesses und der Selbsteinschätzungen der Klienten: Mittelwerte der Cluster und Ergebnisse univariater Varianzanalysen

Merkmale	CL 1	CL 2	CL 3	CL 4	CL 5	F
TV 1	2.74	3.34	3.28	3.30	2.89	3.88***
TV 2	2.86	3.39	3.39	3.47	2.98	4.86***
TV 3	2.85	3.30	3.33	3.43	3.02	3.73***
TV 4	1.99	2.38	2.01	2.22	2.17	.96
TV 5	3.05	3.35	3.25	3.25	3.03	2.23*
KV 1	2.63	2.84	2.72	2.67	2.59	.45
KV 2	3.04	3.25	3.15	3.03	3.10	.34
BZV	2.97	3.47	3.22	3.26	2.84	3.42**
STFAC 1	−.29	−.32	.52	.07	−.19	2.53**
STFAC 2	−.16	−.21	.54	.07	−.34	2.48**
VASUMME	4.50	3.00	7.40	4.55	4.56	2.64**

*** p < .01;   ** p < .05;   * p < .10

Therapeuten bei den Klienten des zweiten, dritten und vierten Clusters günstiges therapeutisches Basisverhalten zeigen, realisieren sie bei den beiden anderen Klientengruppen ein wesentlich geringeres Maß an Einfühlung, Zuwendung und Beteiligung. Hypothese 03 kann danach für die Merkmale Einfühlung, Zuwendung, Beteiligung und Unbestimmtheit der Sprechweise als *bestätigt* angesehen werden. Die Therapeuten zeigen nicht bei allen Klientengruppen gleiches Verhalten, wie es nach dem klassischen Ansatz der GT zu erwarten gewesen wäre, sondern reagieren differentiell auf die einzelnen Klientengruppen.

Klientenverhalten: Im Gegensatz zu den Therapeutenprozeßmerkmalen unterscheiden sich die fünf Cluster in keinem der beiden Aspekte der Selbstexploration signifikant voneinander. Tendenziell sind die Verhältnisse aber ähnlich wie bei den Therapeutenprozeßmerkmalen. Die Klienten des zweiten Clusters zeigen das höchste, die des ersten und fünften Clusters das geringste Ausmaß an Problemlösefähigkeit. Am stärksten innerlich beteiligt sind die Klienten des zweiten Clusters, am schwächsten die des ersten und vierten Clusters. Hypothese 04 muß aber trotz der tendenziellen Unterschiede *zurückgewiesen* werden.

Therapeut-Klient-Beziehung: Hinsichtlich der Güte des emotionalen Beziehungsverhältnisses zwischen Therapeut und Klient sind die Unterschiede zwischen den fünf Clustern statistisch bedeutsam. Das emotionale Beziehungsverhältnis ist bei den Klienten des fünften Clusters am schlechtesten. Sie sind so stark gestört, daß es sehr schwierig ist, eine gute Beziehung aufzubauen. Etwas besser ist das Beziehungsverhältnis bei den Klienten des ersten Clusters. Obwohl diese Klienten vergleichsweise psychisch stabil sind, gelingt es auch hier nicht, eine sehr gute Beziehung herzustellen. Die Klienten des dritten und vierten Clusters haben eine gute, die des zweiten Clusters eine sehr gute Beziehung zu ihren Therapeuten. Hypothese 05 kann als *bestätigt* angesehen werden.

Zusammenfassend kann gesagt werden, daß von den acht untersuchten Merkmalen des Therapieprozesses drei mit $p < .01$, ein viertes mit $p < .05$ und ein fünftes mit $p < .10$ signifikante Unterschiede zwischen den Clustern brachten. Danach scheint die GT vor allem für die Klienten des zweiten Clusters, aber auch für die des dritten und vierten Clusters indiziert zu sein. Für die Klienten der anderen beiden Cluster ist die GT wahrscheinlich weniger geeignet.

Vergleich der Klientengruppen nach Merkmalen des Therapieeffektes: Hier wurde zwischen allgemeinen Persönlichkeitsveränderungen einerseits und den Selbsteinschätzungen der Klienten andererseits unterschieden.

Allgemeine Persönlichkeitsveränderungen: In Hypothese 06 wurde behauptet, daß die einzelnen Klientengruppen ein unterschiedliches Ausmaß an allgemeinen Persönlichkeitsveränderungen zeigen. Diese Veränderungen wurden hier mit Hilfe des Gießen-Tests vor Beginn und nach Abschluß der Therapie erfaßt. Zur Prüfung dieser Hypothese wurden zur Abschätzung der globalen Unterschiedlichkeit der Veränderungen zweifaktorielle Varianzanalysen mit Meßwiederholung und – um auch Aussagen über die Veränderungen innerhalb der einzelnen Cluster machen zu können – t-Tests für abhängige Stichproben gerechnet. Die Mittelwerte der Cluster in bezug auf die Variablen des *Gießen-Tests* und die Ergebnisse der t-Tests sind der Tabelle 4 zu entnehmen.

Die Ergebnisse lassen sich wie folgt zusammenfassen: Die Unterschiede zwischen den fünf Clustern hinsichtlich ihrer Veränderungen sind relativ gering. Von den acht Interaktionen sind nur zwei, eine auf dem 5%-Niveau und eine auf dem 10%-Niveau, signifikant. Die Ergebnisse der t-Tests lassen allerdings deutliche Veränderungen in einzelnen Clustern erkennen. Die Klienten des dritten Clusters haben sich in bezug auf fünf der acht Skalen des Gießen-Tests signifikant verändert. Nach Abschluß der Therapie schätzen sie ihre soziale Resonanz positiver ein, fühlen sich weniger depressiv und geben sich offener im Umgang mit anderen Menschen. Weiterhin zeigen sie weniger Extrem-Ankreuzungen und mehr Mitten-Ankreuzungen. Bei den Klienten des zweiten Clusters konnten in bezug auf drei der acht Skalen positive Veränderungen festgestellt werden. Sie verfügen nach Abschluß der Therapie über mehr Kontrolle, sind weniger depressiv und geben weniger Extrem-Ankreuzungen. Die Klienten des fünften Clusters haben sich nur in den Skalen soziale Resonanz und soziale Potenz etwas positiv verändert. Bei den Klienten des ersten und vierten Clusters sind demgegenüber zum Teil sogar negative Veränderungen festzustellen. Diese Ergebnisse weisen darauf hin, daß die GT differentiell wirkt, allerdings nicht in dem vorhergesagten Ausmaß. Hypothese 06 kann daher nur *mit Einschränkung als bestätigt* angesehen werden.

Selbsteinschätzungen der Klienten: In Hypothese 07 wurde behauptet, daß die einzelnen Klientengruppen die Wirkung der Therapie unterschied-

Tab. 4: Allgemeine Persönlichkeitsveränderungen: Mittelwerte aus der Vor- und Nachdiagnostik und Ergebnisse der t-Tests

Merkmale	VD	CL 1 ND	t	VD	CL 2 ND	t	VD	CL 3 ND	t
GTS 1	25.3	24.3	.96	25.7	27.4	-1.14	20.7	24.2	-4.26***
GTS 2	24.4	23.7	.96	20.5	21.3	-.56	25.6	24.9	.86
GTS 3	25.5	25.6	-.14	20.6	23.5	-2.24**	24.1	24.3	-.23
GTS 4	26.9	27.6	-.48	30.9	28.8	1.50*	34.2	31.5	2.41**
GTS 5	23.0	22.7	.21	20.7	20.4	.22	28.1	25.4	2.35**
GTS 6	20.7	21.6	-.84	18.8	17.6	.73	24.8	24.0	.74
GTS M	8.6	6.9	1.18	5.4	6.4	-.66	6.2	8.8	-1.99**
GTS E	6.3	4.1	2.26**	11.7	6.9	1.74*	9.3	5.3	3.54***

Merkmale	VD	CL 4 ND	t	VD	CL 5 ND	t
GTS 1	22.5	22.8	-.27	20.4	21.9	-1.57*
GTS 2	26.5	28.3	-1.41*	20.6	20.0	.87
GTS 3	27.6	28.1	-.69	23.9	24.2	-.31
GTS 4	31.5	31.6	-.17	32.8	31.9	.89
GTS 5	30.6	30.1	.37	26.8	26.6	.28
GTS 6	26.2	24.6	1.03	24.1	23.0	1.24*
GTS M	11.3	6.4	1.41*	6.4	6.5	-.12
GTS E	5.1	4.7	.31	8.2	7.7	.76

*** p < .01;   ** p < .05;   * p < .10

VD = Vordiagnostik   ND = Nachdiagnostik

lich einschätzen. Zur Prüfung dieser Hypothese wurden einfaktorielle Varianzanalysen mit den zwei Faktoren des Struppfragebogens und dem Summenwert aus dem Veränderungsfragebogen als abhängige Variablen gerechnet. Die Mittelwerte der Cluster und die Ergebnisse der Varianzanalysen sind der Tabelle 3 zu entnehmen.

In allen Merkmalen unterscheiden sich die fünf Cluster bedeutsam voneinander. Nach diesen Ergebnissen schätzen die Klienten des dritten Clusters die Effekte der Therapie mit Abstand am besten ein. Die Klienten des ersten, vierten und fünften Clusters schätzen den Erfolg der Therapie in bezug auf die drei Merkmale weder positiv noch negativ ein. Cluster 4 gibt tendenziell etwas bessere, Cluster 1 und Cluster 5 etwas schlechtere Einschätzungen. Am ungünstigsten bewerten die Klienten des zweiten Clusters den Ausgang der Therapie. Betrachtet man die Selbsteinschätzungen der Klienten, so scheint die GT insbesondere für die Klienten des dritten Clusters indiziert zu sein. Auch diese Ergebnisse weisen darauf hin, daß die GT differentiell wirkt. Da die Unterschiede zwischen den Clustern bei allen drei Merkmalen bedeutsam sind, kann Hypothese 07 als *bestätigt* angesehen werden.

Ein Vergleich der Ergebnisse der allgemeinen Persönlichkeitsveränderungen und der Selbsteinschätzungen der Klienten unterstreicht die Notwendigkeit, nicht global vom Therapieerfolg zu sprechen, sondern bestimmte Bereiche auszugliedern und zu untersuchen. Die fünf Klientengruppen unterscheiden sich nicht nur im Sinne eines „Mehr" oder „Weniger" voneinander, sondern weisen auch qualitative Unterschiede auf. Die GT zielt bei den einzelnen Klientengruppen jeweils auf unterschiedliche Bereiche.

3.3 Zusammenfassende Charakterisierung der einzelnen Klientengruppen

Zum *ersten Cluster* gehören 23% der Klienten. Sie wurden als testnormal bezeichnet. Ihr FPI-Profil zeigt keine Auffälligkeiten, die Werte liegen fast ausnahmslos im Normalbereich. Diese Klienten scheinen allerdings sehr stark dazu zu neigen, ihre psychischen Probleme und Schwierigkeiten zu verdrängen. Es handelt sich danach vermutlich weniger um vergleichsweise psychisch stabile und ausgeglichene Klienten als um Klienten mit einer starken Abwehrhaltung. Eine derartige Interpretation bietet sich an, da diese „testnormalen" Klienten ja um eine Therapie nachsuchten.

Bei diesen Klienten realisieren die Therapeuten nur ein geringes Maß an Einfühlung, Zuwendung und Beteiligung. Es gelang auch nicht, eine tragfähige Beziehung zwischen Therapeut und Klient aufzubauen. Die Effekte der Therapie sind bei diesen Klienten sogar als eher negativ anzusehen. Der Richtung nach schätzen sie ihre soziale Resonanz nach Abschluß der Therapie negativer ein, fühlen sich etwas depressiver und weniger sozial potent. Mit dem Ergebnis der Therapie sind sie eher unzufrieden. Nach diesen Ergebnissen scheint die GT bei diesen Klienten *nicht indiziert* zu sein.

Die Klienten des *zweiten Clusters* wurden als „Soziopathen" bezeichnet. Sie machen 11,5% der Klienten aus und zeigen das Profil einer erheblich gestörten Persönlichkeit. Bei diesen Klienten ist Depressivität und Labilität mit Extraversion und Aggressivität gepaart. Ihnen fehlt es an innerer Kontrolle, sie sind eher triebgesteuert. Im sozialen Bereich scheinen sie demgegenüber kaum Probleme zu haben. Sie zeigen nur geringe soziale Hemmungen, schätzen ihre soziale Resonanz sehr positiv ein, sind kontaktfreudig und erleben sich als offen und potent in sozialen Beziehungen.

Die Therapeuten verwirklichen bei diesen Klienten ein hohes Ausmaß an Einfühlung, Zuwendung und Beteiligung. Das emotionale Beziehungsverhältnis zwischen Therapeut und Klient ist sehr gut. Es herrscht eine durch Vertrauen, Offenheit und Nähe gekennzeichnete Gesprächssituation vor. Die Klienten zeigen auch ein vergleichsweise hohes Ausmaß an Problemlösefähigkeit und innerer Beteiligung. Obwohl die therapeutischen Gespräche an den Kriterien des klassischen Ansatzes der GT gemessen fast optimal verliefen, sind die Effekte nicht entsprechend günstig. Sie verfügen zwar über mehr innere Kontrolle und fühlen sich weniger depressiv, schätzen aber den Erfolg der Therapie eher negativ ein. Sie sind mit dem Ergebnis ihrer therapeutischen Gespräche unzufrieden, fühlen sich eher labil und geben nur sehr wenig konkrete Änderungen an. Die GT scheint nach diesen Ergebnissen bei Klienten mit soziopathischer Neurose nur *bedingt indiziert* zu sein. Die GT müßte durch weitere Interventionsstrategien ergänzt werden.

Zum *dritten Cluster* gehören 27,4% der Klienten. Sie besitzen ein typisch neurotisches Profil und wurden *Dysthymiker* genannt. Hohe Neurotizismuswerte sind mit niedrigen Extraversionswerten gepaart. Diese Klienten nennen eine Reihe ganz konkreter Ängste und Beschwerden. Vor allem im psycho-sozialen Bereich sind sie ängstlich und gehemmt. Ihre Wirkung auf die Umgebung schätzen sie eher negativ ein und im Umgang mit anderen Menschen erleben sie sich als wenig offen und wenig sozial potent.

Bei diesen typisch neurotischen Klienten bewirkt GT Veränderungen im positiven Sinn. Die Therapeuten realisieren günstiges therapeutisches Basisverhalten. Das emotionale Beziehungsverhältnis zwischen Therapeut und Klient kann als gut bezeichnet werden. Obwohl die therapeutischen Gespräche nicht ganz so günstig verliefen wie bei den Klienten des zweiten Clusters, sind die Effekte enorm. Die Klienten schätzen ihre soziale Resonanz nach Abschluß der Therapie positiver ein, fühlen sich weniger depressiv, sind offener und kontaktfreudiger geworden. Darüber hinaus sind sie mit dem Ausgang der Therapie sehr zufrieden, fühlen sich nach Abschluß der Gespräche relativ stabil und zählen mit Abstand die meisten konkreten Änderungen auf. Nach diesen Ergebnissen dürfte die GT bei Klienten mit dysthymischer Neurose *uneingeschränkt indiziert* sein.

Dem *vierten Cluster* sind die wenigsten Klienten zugeordnet. Nur 10,7%
der Klienten gehören diesem Cluster an. Sie zeigen das Bild einer extrem
introvertierten und aggressiv gehemmten Persönlichkeit. Die Neurotizismuswerte liegen weitgehend im Normalbereich. Die vergleichsweise hohen Lügenwerte weisen aber darauf hin, daß bei diesen Klienten Dissi-
mulationstendenzen ziemlich wahrscheinlich sind. Weiterhin zeigen sie
ein hohes Maß an Selbstkontrolle. Eventuell kann man hier sogar von
Zwangsneurotikern sprechen. In sozialen Kontakten erleben sie sich als
sehr verschlossen und impotent.

Bei diesen Klienten ist die Situation nicht so eindeutig wie bei denen des
dritten Clusters. Die Therapeuten verwirklichen ein hohes Ausmaß an
Einfühlung, Zuwendung und Beteiligung und die Beziehung zwischen
Therapeut und Klient ist ebenfalls zufriedenstellend. Obwohl die therapeutischen Gespräche nach den genannten Kriterien relativ gut verlaufen
sind, zeigen sie bei diesen Klienten keine Wirkung. Für die allgemeinen
Persönlichkeitsmerkmale ergaben sich überwiegend keine Veränderungen. Allerdings wurden auch tendenziell negative Veränderungen festgestellt. Das Ergebnis ihrer Therapie schätzen sie eher etwas positiv ein.
Hier gilt in etwa das gleiche wie für das zweite Cluster. Die GT scheint
nur *sehr bedingt* für extrem introvertierte und aggressiv gehemmte Klienten *indiziert* zu sein. Es müßten weitere therapeutische Maßnahmen hin-
zugezogen werden.

Das *fünfte Cluster* umfaßt wie Cluster 3 27,4% der Klienten. Es handelt
sich dabei um psychisch schwer gestörte Klienten. Sie unterscheiden sich
von den Klienten der anderen Cluster durch ein höheres Ausmaß an
Depressivität, Erregbarkeit, Labilität, allgemeiner Ängstlichkeit, sozialen
Ängsten und Hemmungen. Darüber hinaus schätzen sie ihre soziale Resonanz sehr negativ ein. Sie verfügen über keine geeigneten Abwehrmechanismen mehr.

Bei diesen Klienten realisieren die Therapeuten ein vergleichsweise geringes Maß an Einfühlung, Zuwendung und Beteiligung. Ihr Verhalten ist
aber etwas günstiger als gegenüber den Klienten des ersten Clusters. Die
Beziehung zwischen Therapeut und Klient ist bei diesen Klienten am
schlechtesten. Den Therapeuten gelingt es nicht, eine spannungsfreie,
tragfähige Beziehung aufzubauen. Die Klienten zeigen auch nur ein geringes Maß an Problemlösefähigkeit. Die Effekte der Therapie sind entsprechend gering. Ihre soziale Resonanz und soziale Potenz schätzen sie nach
Abschluß der Therapie zwar etwas positiver ein, aber das Ergebnis ihrer
Therapie beurteilen sie doch eher negativ. Sie sind mit dem Ausgang ihrer
therapeutischen Gespräche eher unzufrieden, fühlen sich nach Abschluß
der Therapie noch sehr labil und geben auch nur wenig konkrete Änderungen an. Der klassische Ansatz scheint nach diesen Ergebnissen *kaum
indiziert* zu sein.

4 Diskussion

Im Rahmen eines differentiellen Therapieansatzes besteht die erste und wichtigste Aufgabe der Psychotherapieforschung darin, homogene Gruppen von Klienten zu finden (*Kiesler* 1971; *Kasielke* & *Frohburg* 1974). Daher wurde zuerst versucht, eine Klassifikation neurotischer Klienten zu erstellen. Auf eine der klassischen psychiatrischen oder psychoanalytischen Klassifikationen sollte hier nicht zurückgegriffen werden, da sie entscheidende Mängel aufweisen. Der heutige Forschungsstand verlangt von einer Klientenklassifikation, daß sie eine *empirische Grundlage* hat und mit Hilfe *statistischer Methoden* gewonnen wird. Durch den Einsatz des FPI und der nichthierarchischen Clusteranalyse wurde dieser Forderung entsprochen.

Die 113 Klienten wurden anhand ihrer Werte auf den zwölf FPI-Skalen mit Hilfe der nichthierarchischen Clusteranalyse gruppiert. Eine Aufteilung in *fünf Gruppen* stellte sich als sinnvoll heraus. Im folgenden soll über die *Güte der Klassifikation* diskutiert werden. Dabei wird zwischen methodischen und inhaltlichen Gesichtspunkten unterschieden.

Unter methodischem Aspekt muß gesichert sein, daß es sich bei den beschriebenen Klientengruppen um deutlich voneinander unterscheidbare Gruppen handelt. Die dazu durchgeführten Gruppenprofilvergleiche bestätigen dies. Auch nachfolgend durchgeführte Varianz- und Diskriminanzanalysen belegen, daß es sich hier um eine sinnvolle Gruppierung handelt. Es konnten aber nicht alle theoretisch denkbaren Clustermöglichkeiten geprüft werden. Dazu reicht selbst die Kapazität der heutigen Großrechenanlagen noch nicht aus. Es kann daher nicht entschieden werden, ob die vorliegende Clusterlösung die optimale Lösung darstellt. Die Unsicherheit kann nur reduziert werden, wenn sich die Ergebnisse in weiteren Untersuchungen reproduzieren lassen.

Unter inhaltlichem Aspekt wurde das Klassifikationsergebnis anhand weiterer klinisch-psychologischer Merkmale noch einmal überprüft. Von den 20 untersuchten Merkmalen differenzieren 15 statistisch bedeutsam zwischen den Klientengruppen. Die Beschreibung der Klientengruppen anhand dieser Merkmale steht in deutlicher Übereinstimmung mit der Charakterisierung durch die Merkmale des FPI und untersützt damit ebenfalls das Klassifikationsergebnis.

Abschließend kann gesagt werden, daß die erhaltene Klassifikation den Anforderungen der heutigen Forschung weitgehend entspricht. Vor allem in methodischer Hinsicht ist sie den klassischen Klassifikationen überlegen. Sie hat eine empirische Grundlage, zeichnet sich durch Eindeutigkeit, Ausschließlichkeit und Vollständigkeit aus und ist objektiv und reliabel im Sinne der klassischen Testtheorie. Insgesamt muß aber bedacht werden, daß sich in den klassischen Klassifikationen eine über 100jährige psychiatrische Erfahrung widerspiegelt, die nicht geleugnet werden kann und soll.

Ausgehend von der Klientenklassifikation wurden die Klientengruppen hinsichtlich ihrer Unterschiede in den einzelnen Prozeß- und Erfolgsmerkmalen untersucht. Faßt man die Ergebnisse der Untersuchung zusammen, so läßt sich folgendes *Hauptergebnis* festhalten. Bei den Klienten mit einem „mittleren Ausmaß" an psychischer Störung (zweites, drittes und viertes Cluster) scheint die GT mehr, bei den leicht und schwer gestörten Klienten (erstes und fünftes Cluster) hingegen weniger indiziert zu sein. Hier zeigt sich die Überlegenheit des clusteranalytischen Vorgehens gegenüber dem korrelationsstatistischen Ansatz, der den meisten Untersuchungen zugrunde liegt. Zwischen den Persönlichkeitsmerkmalen der Klienten und den Prozeß- und Erfolgsmerkmalen besteht eben kein linearer Zusammenhang, sondern ein Zusammenhang höherer Ordnung. Dieses globale Ergebnis soll im folgenden etwas differenzierter betrachtet werden; außerdem gilt es, mögliche Konsequenzen für die Praxis aufzuzeigen.

Bei den als *testnormal* bezeichneten und durch eine *starke Abwehrhaltung* charakterisierten Klienten des ersten Clusters scheint eine GT nicht indiziert zu sein. Die Therapeuten realisieren nur ein geringes Maß an Einfühlung, Zuwendung und Beteiligung, das emotionale Beziehungsverhältnis läßt zu wünschen übrig und die Effekte der Therapie sind sogar als eher negativ anzusehen. Bei diesen Klienten ist eine wesentliche Voraussetzung für eine GT nicht gegeben: Sie können nicht offen über ihre Probleme sprechen und neigen dazu, ihre Ängste zu verdrängen. Dieses Verhalten scheint vom Therapeuten negativ bewertet zu werden – besonders dann, wenn sich der Klient als stabil und ausgeglichen darstellt – und führt zu ungünstigem Therapeutenverhalten. Aufgabe des Therapeuten wäre es zunächst einmal, die starke Abwehrhaltung seines Klienten abzubauen. Um dies zu erreichen, sollte der Therapeut ein mittleres Ausmaß an Zuwendung zeigen, möglichst dauerhaft und nicht systematisch auf bestimmte Äußerungen verteilt. Da es für den Klienten eine große Anforderung darstellt, offen über sich und seine Probleme zu sprechen, sollte der Therapeut zumindest in den ersten Therapiestunden Themen meiden, die für den Klienten besonders belastend sind.

Bei den Klienten mit *soziopathischen Neurosen* scheint eine klassische GT nur bedingt indiziert zu sein. Sie müßte durch weitere Maßnahmen ergänzt werden. Obwohl die Therapeuten günstiges Basisverhalten zeigen und die Beziehung zwischen Therapeut und Klient sehr gut ist, sind die Effekte der Therapie nicht entsprechend günstig. Diese Klienten verfügen zwar nach Abschluß der Therapie über mehr innere Kontrolle und fühlen sich weniger depressiv, sind aber mit dem Ergebnis ihrer therapeutischen Gespräche nicht zufrieden. Da diese Klienten dazu neigen, die „Flucht in die Aktivität" anzutreten, deutet ihre Unzufriedenheit darauf hin, daß entscheidende Probleme und Konflikte nicht bearbeitet worden sind. Die Therapeuten lassen sich von der Aktivität täuschen und interpretieren diese als Therapiefortschritt. Aufgabe des Therapeuten wäre es, die

„Flucht in die Aktivität" zu verhindern. Er sollte seinen Klienten stärker belasten, ihn seine Angst erleben lassen, häufiger feed-back geben und ihn mit seinen Widersprüchen konfrontieren. Der Therapeut sollte darüber hinaus stärker auf versteckte Kritik des Klienten achten und gegebenenfalls ansprechen.

Bei den *typisch neurotischen Klienten* des dritten Clusters scheint die GT uneingeschränkt indiziert zu sein. Den Therapeuten gelingt es, günstiges Basisverhalten zu realisieren und eine tragfähige Beziehung aufzubauen. Wahrscheinlich trägt die leichte Konditionierbarkeit dieser Klienten dazu bei, daß sie sich auf den klientenzentrierten Gesprächsstil so schnell einstellen können. Im Vergleich zu anderen Klientengruppen hat die Therapie bei diesen Klienten zu deutlichen Veränderungen geführt. Die Therapeuten sollten nur die Basisvariablen „Verbalisierung emotionaler Erlebnisinhalte", „Positive Wertschätzung und emotionale Wärme" und „Echtheit" verwirklichen, wie sie beispielsweise von *Rogers* (1951) oder *Tausch* (1973) beschrieben wurden. Eine Kombination mit anderen therapeutischen Strategien scheint bei Klienten mit dysthymischen Neurosen nicht notwendig zu sein.

Bei den *introvertierten* und *aggressiv gehemmten Klienten* des vierten Clusters ist die GT nur bedingt indiziert und müßte durch weitere therapeutische Maßnahmen ergänzt werden. Obwohl die Therapeuten günstiges Basisverhalten zeigen und die Beziehung zwischen Therapeut und Klient zufriedenstellend ist, ergeben sich überwiegend keine Veränderungen. Aufgabe der Therapeuten wäre es, ihren Klienten Aktivität zu ermöglichen. Die negativen Selbsteinschätzungen dieser Klienten lassen sich vermutlich nur dadurch verändern, daß sie konkret tätig werden. Eine Kombination mit Elementen aus anderen eher direktiven Therapieformen wie der Gestalt- und Verhaltenstherapie scheint daher günstig zu sein. Da diese Klienten vor allem im sozialen Bereich ängstlich und gehemmt sind, kommt auch eine Gruppentherapie in Frage. In der Gesprächssituation sollte der Therapeut selektiv die positiven Selbstbewertungen der Klienten verstärken und gegebenenfalls auch von sich aus ansprechen, wenn er sie beim Klienten feststellt.

Bei den *schwer gestörten* Klienten des fünften Clusters gelingt es den Therapeuten nicht, günstiges therapeutisches Basisverhalten zu zeigen und eine spannungsfreie, konstruktive Beziehung herzustellen. Die Effekte der Therapie sind entsprechend gering. Das liegt vermutlich daran, daß die Klienten überfordert werden. Sie sind nicht in der Lage, auf die verbalen und emotionalen Angebote der Therapeuten einzugehen. Die Therapeuten ihrerseits sind enttäuscht und ziehen sich langsam zurück. Das Repertoire der GT scheint bei diesen Klienten nicht auszureichen. Zunächst einmal muß der Therapeut davon ausgehen, daß die Therapie bei diesen Klienten vergleichsweise lange dauern wird. Er darf sich nicht durch momentane Besserungen täuschen lassen und muß mit Rückfällen rechnen. Bei diesen Klienten muß auch damit gerechnet werden, daß eine

Gesprächssituation wie die in der GT nicht ausreicht, sie zu stabilisieren, da ihr soziales Umfeld eine Veränderung erheblich erschwert oder sogar unmöglich macht. Der Therapeut sollte daher die sozialen Bedingungen, unter denen der Klient lebt, etwas genauer analysieren. Da die psychischen Störungen bei diesen Klienten wahrscheinlich schon sehr lange andauern, wäre es unter Umständen auch sinnvoll, sich stärker mit der Vergangenheit des Klienten zu befassen. Diese Klienten verlangen vom Therapeuten ein hohes Maß an persönlicher und fachlicher Qualifikation.

Die Ergebnisse dieser Untersuchung zeigen, daß die GT bei verschiedenen Klientengruppen zu quantitativ und qualitativ unterschiedlichen Effekten führt und unterstreichen damit die Notwendigkeit, auch in künftigen Untersuchungen von einem differentiellen Therapieansatz auszugehen.

Literatur

Anderberg, M. R. 1973. Cluster analysis for applications. New York: Academic Press. − *Babel*, M. 1972. Verschiedene Aspekte der Interaktion in alternierender Gesprächspsychotherapie im Zusammenhang mit anderen Variablen. Hamburg: Universität Hamburg (Diplomarbeit). − *Bastine*, R. 1970[2]. Forschungsmethoden in der Klinischen Psychologie. In: *Schraml*, W. J. (Ed.) Klinische Psychologie. Bern: Huber. p. 523−559. − *Bastine*, R. 1976. Ansätze zur Formulierung von Interventionsstrategien in der Psychotherapie. In: *Jankowski*, P., *Tscheulin*, D., *Fietkau*, H.-J. & *Mann*, F. (Ed.) Klientenzentrierte Psychotherapie heute. Bericht über den I. Europäischen Kongreß für Gesprächspsychotherapie in Würzburg 28.9.−4.10.1974. Göttingen: Hogrefe. p. 193−207. − *Bayer*, G. 1974[2]. Methodische Probleme der Verhaltenstherapieforschung. In: *Kraiker*, C. (Ed.) Handbuch der Verhaltenstherapie. München: Kindler. p. 151−173. − *Beckmann*, D. & *Richter*, H.-E. 1972. Gießen-Test (GT). Ein Test für Individual- und Gruppendiagnostik. Bern: Huber. − *Cohen*, R. 1968. Zum Problem der Systematik psychogener Störungen aus lern- und denkpsychologischer Sicht. In: *Förster*, E. & *Wewetzer*, K.-H. (Ed.) Systematik der psychogenen Störungen. Bern: Huber. p. 24−38. − *Eysenck*, H. J. 1970[3]. The structure of human personality. London: Methuen. − *Fahrenberg*, J., *Selg*, H. & *Hampel*, R. 1973[2]. Das Freiburger Persönlichkeitsinventar (FPI). Göttingen: Hogrefe. − *Farnsworth*, K. E., *Lewis*, E. C. & *Walsh*, J. A. 1971. Counseling outcome criteria and the question of dimensionality. Journal of Clinical Psychology 27, 143−145. − *Grawe*, K. 1976. Differentielle Psychotherapie I. Indikation und spezifische Wirkung von Verhaltenstherapie und Gesprächspsychotherapie. Eine Untersuchung an phobischen Patienten. Bern: Huber. − *Kasielke*, E. & *Frohburg*, I. 1974[2]. Erkundungsuntersuchung zum Problem der Klassifikation neurotischer Störungen als Grundlage von Veränderungsmessungen in der Psychotherapie. In: *Helm*, J. (Ed.) Psychotherapieforschung. Berlin: Deutscher Verlag der Wissenschaften. p. 92−103. − *Kasielke*, E., *Möbius*, S. & *Scholze*, C. 1974. Der Beschwerdenerfassungsbogen als neurosendiagnostisches Verfahren. In: *Helm*, J., *Kasielke*, E. & *Mehl*, J. (Ed.) Neurosendiagnostik. Beiträge zur Entwicklung klinisch-pschologischer Methoden. Berlin: Deutscher Verlag der Wissenschaften. p. 198−227. −

Kiesler, D.J. 1966. Some myths of psychotherapy research and the search for a paradigm. Psychological Bulletin 65, 110–136. – *Kiesler*, D.J. 1969. A grid model for theory and research in the psychotherapies. In: *Eron*, L.D. & *Callahan*, R. (Ed.) The relationship of theory to practice in psychotherapy. Chicago: Aldine. p. 115–145. – *Kiesler*, D.J. 1971. Experimental designs in psychotherapy research. In: *Bergin*, A.E. & *Garfield*, S.L. (Ed.) Handbook of psychotherapy and behavior change: An empirical analysis. New York: Wiley. p. 36–74. – *Krauth*, J. & *Lienert*, G.A. 1973. Die Konfigurationsfrequenzanalyse (KFA) und ihre Anwendung in Psychologie und Medizin. Freiburg: Alber. – *Krohne*, H.W. 1974. Untersuchungen mit einer deutschen Form der Repression-Sensitization-Skala. Zeitschrift für Klinische Psychologie 3, 238–260. – *Lewinsohn*, P.M. & *Nichols*, R.C. 1967. Dimensions of change in mental hospital patients. Journal of Clinical Psychology 23, 498–503. – *Plog*, U. 1976. Differentielle Psychotherapie II. Der Zusammenhang von Lebensbedingungen und spezifischen Therapieeffekten im Vergleich von Gesprächspsychotherapie und Verhaltenstherapie. Bern: Huber. – *Pongratz*, L.J. 1975². Lehrbuch der Klinischen Psychologie. Göttingen: Hogrefe. – *Rogers*, C.R. 1951. Client-centered therapy. Its current practice, implications, and theory. Boston: Houghton Mifflin. – *Rogers*, C.R., *Gendlin*, E.T., *Kiesler*, D.J. & *Truax*, C.B. 1967. The therapeutic relationship and its impact: A study of psychotherapy with schizophrenics. Madison: University of Wisconsin Press. – *Schulz*, W. 1978. Untersuchung zur Klassifikation neurotischer Klienten und Zusammenhänge zu Prozeß- und Effektvariablen in der klientenzentrierten Gesprächspsychotherapie. Ein Beitrag zur Indikationsfrage. Berlin: Technische Universität (Dissertation). – *Schwartz*, H.-J. 1975. Zur Prozeßforschung in der klientenzentrierten Gesprächspsychotherapie. Bedingungen des Behandlungseffektes in Anfangsgesprächen. Hamburg: Universität Hamburg (Dissertation). – *Spreen*, O. 1961. Konstruktion einer Skala zur Messung der manifesten Angst in experimentellen Untersuchungen. Psychologische Forschung 26, 205–223. – *Steinmeyer*, E.M. 1976. Untersuchung zur automatischen Taxonomie (Clusteranalyse) von FPI-Testwerten im psychiatrischen Feld. Zeitschrift für Experimentelle und Angewandte Psychologie 23, 140–150. – *Taj al Deen*, H., *Mehl*, J. & *Wolfram*, H. 1974. Die Validierung eines Furchtfragebogens für Neurotiker. In: *Helm*, J., *Kasielke*, E. & *Mehl*, J. (Ed.) Neurosendiagnostik. Beiträge zur Entwicklung klinisch-psychologischer Methoden. Berlin: Deutscher Verlag der Wissenschaften. p. 131–152. – *Tausch*, R. 1973⁵. Gesprächspsychotherapie. Göttingen: Hogrefe. – *Truax*, C.B. & *Carkhuff*, R.R. 1964. Significant developments in psychotherapy research. In: *Abt*, L.E. & *Riess*, B.F. (Ed.) Progress in clinical psychology. New York: Grune & Stratton. p. 124–155. – *Überla*, K. 1968. Faktorenanalyse. Berlin: Springer. – *Wewetzer*, K.-H. 1968. Zum Problem der Systematik psychogener Störungen aus persönlichkeitspsychologischer Sicht. In: *Förster*, E. & *Wewetzer*, K.-H. (Ed.) Systematik der psychogenen Störungen. Bern: Huber. p. 39–53. – *Wolfram*, H. & *Moltz*, A. 1974. Zur Brauchbarkeit des Freiburger Persönlichkeitsinventars (FPI) für die Neurosendiagnostik. In: *Helm*, J., *Kasielke*, E. & *Mehl*, J. (Ed.) Neurosendiagnostik. Beiträge zur Entwicklung klinisch-psychologischer Methoden. Berlin: Deutscher Verlag der Wissenschaften. p. 75–107. – *Zubin*, J. 1967. Classification of the behavior disorders. Annual Review of Psychology 18, 373–406.

Forschungskritische Arbeit

Modelle psychosozialer Versorgung

INGO GRUMILLER/HANS STROTZKA

1 Vorbemerkungen

Wie auch immer wir die Entwicklung psychiatrischer oder jetzt auch psychosozialer Versorgung in den vergangenen Jahren sehen, die evolutionäre Entwicklung führt uns in die Nähe eines alten „Anfangs" zurück. Im vorigen Jahrhundert hatten die Politiker und Psychiater diskutiert, wie eine Fachrichtung Psychiatrie in der Medizin zu installieren wäre. Danach schien als einzig möglicher und therapeutisch erfolgreichster Weg der Bau großer psychiatrischer Heil- und Pflegeanstalten. Die Ausgliederung der psychisch Kranken aus der Gemeinde wurde mit großem organisatorischen Aufwand vollzogen. Stolz wurde auf die neuen Baulichkeiten verwiesen. Das Problem der Versorgung psychisch Kranker schien für immer gelöst. Doch der Fortschritt, und das gilt für uns heute sicherlich genau wie damals, war nur halb so groß, wie er anfangs erschien. Heute beschäftigen uns, d.h. Experten gleichwie Politiker, Probleme, die durch eben diese Anstalten entstanden sind. Sie haben durch Isolierung und Passivierung der Patienten zu negativen Institutionalisierungseffekten geführt, die zu neuen Reformen zwangen. Vieles läßt uns annehmen, daß auch heute anstehende Entscheidungen wiederum zwischen Politikern und Experten getroffen werden. Die Betroffenen, das sind unsere Patienten, deren Familien und Nachbarn, also die Einwohner einer Gemeinde, werden an Entscheidungsprozessen nicht direkt teilnehmen. Experten und Politiker ließen eine Unmündigkeit entstehen, auf die sie sich dann bei ihren Entscheidungen berufen.

In dem von uns behandelten Bereich menschlichen Lebens heißt diese Unmündigkeit: das „Vorurteil" der Bevölkerung gegen die psychisch Kranken.

Es wurde schon viel über die negativen Auswirkungen der custodialen Psychiatrie geschrieben. Letztlich waren diese dann der Motor für einsetzende Reformen. Erschütternd wurde berichtet, welche historische Tradition auf der gegenwärtigen Praxis der Psychiatrie lastet (*Goffman* 1972, *Finzen* 1974). Sozialpsychiatrische Reformversuche, die die Mitarbeit der Bevölkerung zur Voraussetzung hatten, scheitern oft an den sogenannten „ungerechtfertigten Vorurteilen" der Bevölkerung gegenüber den Geisteskranken.

Stumme (1975) hat sich in einer ausgezeichneten Monographie mit diesem „*Vorurteil*" beschäftigt. Er meint, daß sich die Bevölkerung in ihrem Urteil an der gängigen psychiatrischen Praxis orientiert. Danach gibt es keine nennenswerte Differenz zwischen den verbalen Äußerungen der Laien über psychisch kranke Patienten und der praktizierten Diskriminierung dieser Patienten durch Experten in vielen psychiatrischen Institutionen. Diese komplizierte Verflechtung zwischen dem Urteil der psychiatrischen Wissenschaft und den Vorstellungen, die in der Bevölkerung bestehen, führte zur Ausgliederung der psychisch Kranken und beraubte die Mitmenschen dieser Patienten der Möglichkeit, korrigierende Erfahrungen des Zusammenlebens mit den einmal psychiatrisch Hospitalisierten zu machen.

Ein medizinisches Handlungsmodell wurde übernommen und prägt nun schon über Generationen die Einstellung zu den psychisch Kranken. Niemanden sollte es daher verwundern, wenn sich heute eine allgemeine Verunsicherung breitmacht. Das gilt gleichermaßen in der Bevölkerung und in einem viel stärkeren Maße noch für die Experten.

Ein gewohntes therapeutisches Handeln wird in seiner Effektivität bezweifelt. Es wird ihm sogar iatrogene Schädlichkeit zugeschrieben. Ein neues therapeutisches Handeln ist noch nicht erlernt und scheint sich auch nicht anzubieten. Die führende Rolle der Medizin scheint ins Wanken zu kommen.

Es gibt eine moralische Verantwortung gegenüber den Unterprivilegierten. Aus dieser Verantwortung heraus gibt es tatsächlich nur die Alternative: aus den Anstalten entweder kleine Paradiese zu machen, in denen ein freies, gegen die Welt draußen geschütztes Leben möglich ist; oder die psychisch Kranken den Kranken in den anderen medizinischen Bereichen gleichzusetzen und sie nach dem Stand der psychiatrischen Wissenschaft, und die ist längst eine interdisziplinäre, medizinisch-soziale und psychologische Wissenschaft, zu behandeln.

In kaum einem medizinischen Fachbereich ist das Wissen um eine Praxis so sehr von der tatsächlichen Praxis unterschieden. Das mag mit dem wissenschaftlichen Grenzbereich zusammenhängen, in dem die Psychiatrie angesiedelt ist. Naturwissenschaftlich orientierte Psychiater hatten ihre Praxis; psychotherapeutisch orientierte hatten die ihre; die sozialwissenschaftlich orientierten bemühen sich um Integration. Ein österreichischer Kommunalpolitiker legitimierte über einige Zeit sein Nichtstun in Sachen „Elend in der Psychiatrie" mit dem Ausspruch: „Ja, wenn sich die Psychiater selbst nicht einig sind, dann . . .!". Es schaut so aus, als ob die So-

zialwissenschaften die Synthese zwischen medizinisch- und psychologisch-
psychotherapeutisch orientierter Psychiatrie schaffen können. Es ist
wichtig, daß dies auf wissenschaftlicher Ebene gelingt. Denn ohne Wissenschaft werden heute keine Reformen mehr begonnen, nicht einmal die
banalsten (wie z.b. die Beschaffung eines Nachtkästchens). Sozialpsychia-
trie ist im besten Sinne dieses Satzes eine Sammlung solcher banaler
Ideen.
Im weiteren möchten wir als erstes aus dem gegenwärtigen Ist-Zustand
der psychiatrischen Versorgung die therapeutische Kette *„niedergelassener Nervenarzt — psychiatrische Krankenhäuser"* modellhaft herausgrei-
fen und in ihren wesentlichen Zügen beschreiben. Analog dazu hat sich
ein *psychotherapeutisches Versorgungssystem* entwickelt: der niedergelassene Psychotherapeut und parallel dazu mehr oder weniger koordiniert
die stationäre Psychotherapie. Es ist uns klar, daß es vielleicht nicht ganz
zulässig ist, diese beiden Bereiche modellhaft zu beschreiben, da möglicherweise die Hauptlast psychiatrischer Versorgung von den Allgemein-
praktikern geleistet wird. Im zweiten Abschnitt werden wir Einrichtungen beschreiben, wie sie von einem staatlichen Gesundheitsdienst geplant
werden können und welche Vielfalt von Einrichtungen innerhalb der Gemeinde in Ergänzung zum klassischen medizinischen Versorgungsmodell
bereits entstanden ist. Im dritten Abschnitt sollen die gegenwärtigen Re-
formvorstellungen diskutiert und Bemühungen um die Konzipierung eines
integralen Modells dargestellt werden. Die Vielfalt bestehender therapeutischer Einflußnahmen und auch die Vielfalt der zu erreichenden Ziele
machen das Modell in der Realität so schwer überschaubar. Aber dies ist
eine eher erfreuliche Entwicklung. Es zeigt, wie komplex psychiatrisch-
therapeutisches Handeln sein könnte.

2 Die Anstalten und die privaten Praxen

2.1 Die psychiatrischen Krankenhäuser

Das Erbe der letzten Reform in der Psychiatrie sind die großen psychiatrischen Anstalten. Ein Erbe, das heute nur mit größten Anstrengungen
überwunden werden kann. Dieses Problem gilt für fast alle Länder dieser
Erde. Die Regierungen der Länder gehen mit unterschiedlicher Radikali-
tät daran, das Problem zu lösen.
In Italien wurde 1978 ein Gesetzt erlassen, in dem es heißt, daß alle psychiatrischen Anstalten aufzulösen seien und psychiatrische Patienten nur
mehr in allgemeinen Krankenhäusern aufgenommen werden sollten. Die
Gemeinden wurden angehalten, schnellstmöglich eigene psychiatrische
Abteilungen an den allgemeinen Krankenhäusern zu errichten. Das Chaos
war beträchtlich und ist es wohl auch heute noch.

Für die Anstalten der Nachkriegszeit wurde in Amerika der Ausdruck „*Schlangengrube*" geprägt. Die unmenschlichen Zustände in den Anstalten (*Basaglia* 1971; *Kluge* 1974; *Kluge & Finzen* 1974) brachten in vielen Ländern große Reformbestrebungen in Gang, denn die Kritik an den Anstalten ist implizit eine Kritik am Versorgungssystem insgesamt. Wie anfangs schon erwähnt, schuf die lethargische Anstaltsatmosphäre, gepaart mit ihrer Inhumanität, eine eigene Problematik. Die Defektsymptomatik stellt sich als *Hospitalisierungsschaden* heraus. Das, was als naturgemäßer Krankheitsverlauf angesehen wurde, war abhängig von den besonderen Lebensbedingungen in den Anstalten. Diese Erkenntnis wurde zum Tor für die Sozialwissenschaften. Psychiatrische Krankheitsverläufe waren nicht mehr „Naturgeschichte" alleine, sondern „Sozialgeschichte". Daß sie auch „Lebensgeschichte" (wie es psychoanalytischer Auffassung entspricht) waren, hatte in den deutschen und österreichischen Anstalten kaum eine Rolle gespielt.

Möglicherweise war es der Faschismus, der die Tradition von *Simon* (1929), der schon in den zwanziger Jahren versuchte, die Lethargie in den Anstalten durch Arbeitstherapie aufzuheben, lange Jahre vergessen ließ. *Simon* bestand darauf, daß der Krankheitsaufenthalt dazu genutzt werde, dem Patienten soziale Fertigkeiten zu vermitteln und diese als Vorbereitung für die Entlassung zu nutzen.

Im weiteren wollen wir aber diese kritische Position verlassen und uns die besonderen Bedingungen der ehemaligen Heil- und Pflegeanstalten ansehen. Wie sonst in keinem Fall der Medizin gibt es in der Psychiatrie einen qualitativen Unterschied zwischen der an den Universitäten betriebenen und der in den Landeskrankenhäusern möglichen Praxis (*Rose & Bauer* 1975). Die Ausbildung der Ärzte erfolgt anhand eines Krankheitsbegriffes, der analog zur Körpermedizin geprägt wurde. Die nosologische Einheit von spezifischer Ursache, körperlichem (pathologisch-anatomischem) Substrat und eigentümlicher Symptomatik prägt den Umgang mit den Patienten. Ganz ohne Zweifel verhindert dieser Umgangsstil für viele das Finden eines Zugangs zum Patienten. Dies wäre möglicherweise leichter, würden wir Krankheit, in Anlehnung an *Virchow*, auch als ‚Leben unter besonderen Bedingungen' sehen. *Dörner* (1974, p. 125) meint, „der entscheidende Unterschied zwischen *Universitäts- und Anstaltspsychiatrie* besteht darin, daß die in den Anstalten entstehende und entwickelte Psychiatrie zwar das medizinische Modell benutzt, sich jedoch nie vollständig darauf gründet. Vielmehr werde in der Anstaltspsychiatrie die Auseinandersetzung zwischen dem medizinischen Modell und einem alternativen, pädagogisch-psychologischen Modell immer offen gehalten." Das verhindert aber nicht, daß unter dem Druck der wissenschaftlichen Macht, wie er zwangsläufig von einer universitären Psychiatrie ausgeht, sich gleichzeitig auch ein *therapeutischer Nihilismus* ausbreitete.

Im Laufe der Zeit begannen sich die Schizophrenen, die keine Hoffnung auf Entlassung hatten, in den Anstalten anzusammeln. Die Krankenhausaufenthalte waren bis zu einem gewissen Grade von Haus aus eher lebenslang geplant. Die heutige Situation ist so, daß ungefähr drei Viertel aller Patienten in fast allen Anstalten chronisch Kranke sind. Die Mehrheit unter ihnen sind Schizophrene und Schwachsinnige.

Mit den dadurch entstandenen Problemen, und dies gilt auch heute noch, war die wissenschaftliche Psychiatrie in den Universitäten kaum konfrontiert. Mit 3507 Betten waren die 23 psychiatrischen Universitätskliniken (*Deutscher Bundestag* 1975, p. 87; österreichische Daten dazu: *Katschnig* et al. 1975a) im Gegensatz zu den 130 Fachkrankenhäusern für Psychiatrie mit 98.757 Betten auch kaum an dem Versorgungsproblem beteiligt. Durch die Einführung der Psychopharmaka, aber möglicherweise auch durch andere Faktoren, wie die beginnende Einsicht in die inhumane Situation in den Anstalten und die Erkenntnis, daß die Anstalten selbst sich die Probleme der inaktiven chronischen Patienten schafften, oder auch durch veränderte versicherungsrechtliche Bestimmungen, wurden die Patienten viel rascher entlassen. Aber sie wurden wegen mangelnder nachsorgender Betreuung allerdings auch bald wieder aufgenommen. Es entwickelte sich die *Drehtürpsychiatrie.*

53% aller Aufnahmen sind Erstaufnahmen, der Rest wiederholte (*Deutscher Bundestag* 1975, p. 104); in den Universitätskliniken sogar nur 29,4%. Von diesen Erstaufnahmen sind nach sechs Monaten bereits 80% und nach zwölf Monaten 91% wieder entlassen (*Deutscher Bundestag* 1975, p. 62). Die durchschnittliche Aufenthaltsdauer, so problematisch sie in ihrer Aussage auch ist, zeigt noch einmal recht deutlich den Unterschied zwischen Klinik und Anstalt (vgl. Abb. 1).

Zweckbestimmung	Verweildauer	in Tagen
Fachkrankenhäuser für Psychiatrie und Psychiatrie/Neurologie		
bis 100 Betten		87,8
101 bis 500 Betten		155,6
501 bis 1000 Betten		230,7
1001 und mehr Betten		230,2
Fachabteilungen für Psychiatrie und Psychiatrie/Neurologie		35,4
Psychiatrische Universitätskliniken		32,1

Quelle: Erhebung der Sachverständigen-Kommission (30.5.1973)

Abb. 1: Fachkrankenhäuser für Psychiatrie und Psychiatrie/Neurologie. Fachabteilungen für Psychiatrie und Psychiatrie/Neurologie und psychiatrische Universitätskliniken; durchschnittliche Verweildauer 1972 in Tagen.
(entnommen: *Deutscher Bundestag* 1975. Bericht über die Lage der Psychiatrie in der BRD. – Zur psychiatrischen und psychotherapeutisch-psychosomatischen Versorgung der Bevölkerung. Bonn: Verlag Dr. H. Heger (7. Wahlperiode, Drucksache 7–4200), p. 119).

In dieselbe Richtung weist der Schlüssel für Pflegepersonal, Psychologe, Sozialarbeiter, Beschäftigungstherapeut, Arzt und andere pro Bett. Viel deutlicher als durch die finanzielle Vernachlässigung durch die Kostenträger kann die Verelendung nicht gezeigt werden. Dem gegenüber steht der Luxus, der Kliniken zur Verfügung steht (vgl. *Deutscher Bundestag* 1975, Kap. A. 2.2.3, p. 120–135).

Immer wieder wird in der Reformdiskussion von der Gefahr einer Zwei-Klassen-Psychiatrie gesprochen: Die Abteilungen an den Allgemeinkrankenhäusern sollen nur eine bestimmte Größe haben, das psychotherapeutische Versorgungsmodell darf in der Qualität nicht weit über das psychiatrische hinausgehen. Dabei wird übersehen, daß sich sowieso bereits eine Zwei-Klassen-Psychiatrie etabliert hat. Gleichzeitig wird die Frage vermieden, ob in den Universitätskliniken, von einzelnen Ausnahmen abgesehen (wie Hannover, Mannheim u.a.; *Pörksen* 1974, *Bauer* 1977), eine beispielgebende Therapie praktiziert und gelehrt wird.

An den psychiatrischen Universitätskliniken werden jene Patienten nicht gesehen, die in der psychiatrischen Versorgung die wesentlichen Schwierigkeiten bereiten. In diesen Ausbildungsstätten sieht der Arzt Mittelstandspatienten und psychiatrische Raritäten (*Rose & Bauer* 1975). Der Schwerpunkt der Aufgaben in den meisten universitären Kliniken liegt eben nicht in der Versorgung. Da zudem die Freiheit der Wissenschaft nicht angetastet werden darf, sind sie auch nicht für Versorgungsaufgaben eingerichtet. Die Interessen der meisten, die an den Kliniken arbeiten, betreffen nicht die Auseinandersetzung mit der Lage in den Anstalten. Die Ausbildung der Allgemeinärzte in psychiatrischen Fragen ist dementsprechend insuffizient. Wir bezweifeln, ob die Allgemeinärzte mit der Art der psychiatrischen Information, wie sie sie derzeit bei uns in Österreich und auch in der BRD an den Kliniken bekommen, dem Problem, das sich ihnen in ihren Ordinationen stellt, gerecht werden können. Aber möglicherweise ist es nicht nur mit psychiatrischen Fragen so.

Die gegenwärtige psychiatrische Versorgung ist zentriert auf den stationären Bereich. Hier sind es im wesentlichen zwei Probleme, die die Dysfunktionalität des gegenwärtigen Versorgungssystems in den Anstalten aufzeigen: das eine, die chronischen Patienten, das andere die „Drehtürpsychiatrie". Folgende Ursachen können dafür angegeben werden:

— Die psychiatrischen Einrichtungen sind zum großen Teil überaltert. Sie stammen baulich meist aus der Zeit vor 1925. Bemerkenswert ist, daß sie damals für eine wesentlich geringere Anzahl von Patienten geplant wurden, als sie heute aufnehmen müssen. In den ersten zwanzig Jahren nach dem zweiten Weltkrieg vervierfachten sich in Deutschland die Aufnahmen in den Anstalten.
— Dazu kommt die ghettohafte Absonderung in ländlich entlegene Gebiete und der erschreckende Personalmangel, bedingt durch unattraktive Arbeitsbedingungen.
— In den Anstalten kann in bezug auf Behandlung und Unterbringung nicht differenziert genug auf die unterschiedlichen Störungen und Behinderungen der Patienten eingegangen werden.
— Von den Anstalten aus kann keine Kontinuität der Betreuung geleistet werden. Der therapeutische Kontakt wird von vielen Patienten nach der Entlassung unterbrochen. Es mangelt an Rehabilitationsketten.

– Auf gesundheitspolitischer Ebene herrscht ein „Dickicht der Zuständigkeit" für die Versorgung.
– Die psychiatrische Behandlung erfolgt in der überwiegenden Mehrzahl zwangsweise (für Österreich: *Katschnig* et al. 1975b). Doch ist dies kein „Naturgesetz". Es ist sicher abhängig von den unattraktiven Bedingungen und inhumanen Zuständen in den Anstalten.

Dadurch erklären sich die Zustände, an denen heute die Patienten zusätzlich leiden. Daran ändert auch die Umbenennung der Heil- und Pflegeanstalten in „Fachkrankenhäuser der Psychiatrie" nichts. Es hielt sich in ihnen der Geist der custodialen Psychiatrie. Pädagogische Traditionen aus der Zeit vor der Jahrhundertwende waren vergessen.

2.2 Die niedergelassenen Ärzte

Die Hauptlast der ambulanten psychiatrischen Versorgung, die Spitze des Eisbergs psychischen Elends, die in das medizinisch-psychiatrische Versorgungssystem ragt, liegt bei den niedergelassenen Ärzten.
In Deutschland waren 1972 an der kassenärztlichen Versorgung 903 Nervenärzte beteiligt. Ungefähr weitere 300 waren privat niedergelassen. Diese 903 Nervenärzte sind zu 60% in Städten mit über 100 000 Einwohnern, dort leben 33% der Gesamtbevölkerung, niedergelassen (*Deutscher Bundestag* 1975). In 36% aller Kreise der BRD gibt es keinen Nervenarzt. In einer nervenärztlichen Praxis sieht der Arzt zu 60% psychisch Kranke. In 40% der Fälle ist er mit neurologisch Kranken beschäftigt. Von den 60% psychisch Kranken sind ungefähr die Hälfte neurotisch und psychosomatisch Kranke (*Dilling & Weyerer* 1978). Diese Kranken sind im Klientel des Nervenarztes eindeutig überrepräsentiert, wenn man seines an dem der psychiatrischen Anstalten orientiert. Dort sind schizophrene Patienten, Alkoholiker und geistig Behinderte vorrangig. Es gibt also berechtigten Grund zur Annahme, daß die aus der Anstalt Entlassenen nur zum kleinsten Teil vom Nervenarzt weiter betreut werden. Desweiteren wurde gefunden, daß nur 5.1% der in einem bestimmten Zeitraum vom Nervenarzt behandelten Patienten in den Aufnahme- und Entlassungskarteien des zugeordneten psychiatrischen Krankenhauses erschienen. 15.3% der entlassenen Patienten besuchen innerhalb von drei Monaten mindestens einmal den Nervenarzt. Schränkt man ein auf die Patienten, die sich im Vierteljahr nach der Entlassung mindestens zweimal beim Nervenarzt meldeten, so reduziert sich die Zahl der Nachbehandelten im eigentlichen Sinn auf 10% der Entlassenen. Der Bedarf, wenn er von den globalen Diagnosen ausgehend geschätzt wird, läge bei einer Nachbetreuungsrate von 75%. *Die Kontinuität einer Betreuung* und auch die einer nachgehenden Fürsorge ist, das kann man aus der Studie von *Dilling &* *Weyerer* (1978) schließen, über die Praxen niedergelassener Nervenärzte nicht gewährleistet. Die entlassenen Patienten verlieren sich wieder und

wahrscheinlich findet sich ein Großteil von ihnen beim Hausarzt in Nach-
betreuung. Es ist sicher gültig, daß der praktische Arzt die eigentliche
Hauptlast der Behandlung psychisch Kranker trägt. Dies gilt im ländlichen
Bereich (*Leitner* 1979) noch stärker als in der Stadt.

2.3 Die niedergelassenen Psychotherapeuten und die stationäre Psychotherapie

Der Beitrag, den der niedergelassene Psychotherapeut in seiner Ordina-
tion an der Versorgung psychisch Kranker leistet, ist von der Patien-
tenzahl her gesehen eher gering. Der Großteil der Therapeuten leistet
durch seine Beteiligung in anderen therapeutischen Einrichtungen, wie
den psychiatrischen Krankenhäusern, Kliniken, Ambulanzen, Gesund-
heitsdiensten und anderen Beratungsstellen, wesentlich mehr (etwa als
Konsiliarius, Supervisor, usw.).
Wir wollen die Problematik der psychotherapeutischen Versorgung bei
den niedergelassenen Psychotherapeuten und in der stationären Psychotherapie getrennt vor der allgemeinen psychiatrischen beschreiben, da
beide nicht nur wegen der oft unterschiedlichen Vorstellung über Krankheit, sondern auch wegen der mangelnden Überweisungspraxis wenig ge-
mein haben. Nach unserer Erfahrung überweisen die niedergelassenen
Ärzte ihre Patienten, wenn sie überhaupt Psychotherapie verschreiben,
dann in die Ambulatorien, soweit sie existieren. Wir gehen dabei von unserer Situation in Wien aus. Im ländlichen Raum kann es oft anders sein,
falls sich dort überhaupt ein Psychotherapeut oder ein Nervenarzt, der
auch Psychotherapie betreibt, niedergelassen hat. Der persönliche Kontakt, der dann entsteht, führt zu einer intensiveren Überweisung.
Diese getrennte Praxis ist aus der Enquête (*Deutscher Bundestag* 1975)
sehr deutlich zu ersehen. Der psychiatrische und der psychotherapeutische Versorgungsbereich werden sowohl in der Beschreibung des Ist-Zustandes als auch im Forderungskatalog getrennt angeführt. Für die Ver-
sorgungssituation bedeutsam könnte eine solche Verknüpfung auch nur
werden, wenn gleichzeitig viele mit ambulantem Behandlungsrecht aus-
gestattete Polikliniken installiert werden, und diese in einem engen auch
räumlichen Konnex mit psychiatrischen Behandlungszentren verbunden
wären. Wir möchten auch zu bedenken geben, ob nicht die kassenrechtliche Regelung, die in den vergangenen zehn Jahren in der BRD getroffen wurde, die Mängel des psychotherapeutischen Versorgungssystem
noch fixiert hat. Es scheint sich auch hier um einen Fortschritt zu handeln, der nicht ganz das gebracht hatte, was man sich zuerst erhoffte.
Es muß aber bei aller Kritik gesagt werden, daß wir in Österreich noch
weit von solch einer Regelung, wie sie in der BRD seit 1967 (die RVO
Kassen) und 1971 (der Ersatzkassen und die Bundesversicherungsan-
stalt für Angestellte) getroffen wurde, entfernt sind. So wurden psycho-

analytische Behandlungsverfahren in den *Leistungskatalog der genann-ten Krankenkassen* aufgenommen. Seit damals ruhte die Diskussion um diese Regelungen nicht mehr. Die erste Kritik kam aus den ärztlichen Reihen selbst (*Stolze* 1972). Es fühlte sich der Großteil der Mitglieder des AÄGP (Allgemeine Ärztliche Gesellschaft für Psychotherapie), die die geforderte Qualifikation erbracht hätten, ausgeschlossen. Diese Ärzte, zum Großteil im Rahmen der Lindauer Psychotherapiewochen und damit in Zusammenhang stehenden Veranstaltungen ausgebildet, führten in ihren Praxen „allgemeine pragmatische Therapie" (unter anderem übende und suggestive Verfahren) durch und trugen einen großen Teil zu der psychotherapeutischen Versorgung bei. Unberücksichtigt blieben auch Psychologen und Laien (*Freud* 1972).

Es ist entschieden leichter, die Anzahl der in die kassenrechtliche Versorgung eingebundenen Psychotherapeuten zu bestimmen, als die *Größe des Versorgungsproblems* selbst. Es wird daher immer über den Nachholbedarf in der psychotherapeutischen Versorgung, zumindest solange die Ressourcen knapp sind, gestritten werden. Wir haben in einer eigenen Untersuchung (*Strotzka* 1979) ungefähr 50% des Klientels mehrerer Allgemeinpraxen und Krankenstationen im städtischen und ländlichen Bereich als ‚psychisch-mitbeteiligt' krank gefunden. Wenn man an diesen Anteil einen strengen Maßstab psychotherapeutischer Behandlungsbedürftigkeit legt, kommt man der Größenordnung sehr nahe, die üblicherweise von den epidemiologischen Untersuchungen in Allgemeinpraxen gefunden wird. Diese Angaben liegen zwischen 10 und 20% des dortigen Klientels (*Katschnig* & *Strotzka* 1977). Zudem ist Psychotherapie ganz allgemein mit einer steigenden Tendenz der Nachfrage nach psychotherapeutischer Behandlung konfrontiert.

Ob dies an der stärkeren Belastung von seiten Beruf und Umwelt und den dadurch stark belasteten Familienstrukturen oder an sonstigen sozialen Zusammenhängen liegt oder auf ein Bedürfnis nach mehr „Lebensqualität", das mit Hilfe der Psychotherapie erreicht werden soll, zurückzuführen ist, wird wohl offen bleiben (vgl. *Michaelis* in diesem Band). Es tragen zum Teil auch psychotherapeutische Randbewegungen mit „Heilversprechungen", die dann „Heilerwartungen" produzieren, bei.

Es gilt als gesichert, daß das derzeitige Angebot psychotherapeutischer Versorgung zu gering ist, auch wenn bei den geschätzten sechs Millionen Einwohnern in der BRD, die als psychotherapeutisch behandlungsbedürftig gelten, nicht immer psychotherapeutisch angehbare Probleme vorhanden sind, und diese Zahl daher geringer anzunehmen ist (*Katschnig* 1978).

Der Stand an Ärzten und Psychologen, die an der kassenärztlichen psychotherapeutischen Versorgung beteiligt sind, beträgt ungefähr 1000, von den in der Enquête (*Deutscher Bundestag* 1975) angegebenen N = 1263 sind einige nur in der Ausbildung oder privat in ihren Ordinationen tätig. Ungefähr N = 700 waren zu diesem Zeitpunkt noch in Ausbildung. Von diesen angegebenen Psychotherapeuten sind ungefähr 70% Ärzte, davon 50% Fachärzte für Psychiatrie mit dem Zusatztitel „Psychotherapie" und 30% Psychologen, die über das Delegationsverfahren an der Versorgung beteiligt sind. Von diesen Psychotherapeuten, so eine Schätzung aus dem Jahre 1972 (*Bauer* 1976), werden jährlich 15000—20000 Patienten gesehen, davon sind ungefähr 8453 (eine Zahl aus dem Jahre 1973) von den Kassen genehmigte Anträge. Der überwiegende Teil der Patienten wird in den Polikliniken und Ambulanzen und nur ein verschwindender Anteil in den Privatordinationen behandelt.

Die Frage, wohin der nicht angesprochene Rest der sechs Millionen prospektiven Patienten geht, blieb lange Zeit unklar, bis im Jahre 1979 die Ergebnisse einer Studie über *psychotherapeutische Versorgung* durch *nichtärztliche* Berufsgruppen in der BRD, die vom Bundesministerium für Jugend, Familie und Gesundheit in Auftrag gegeben worden war, bekannt wurden. Seit dieser Untersuchung kann man nicht mehr von einem ‚schwarzen Markt‘ in der Psychotherapie sprechen. Sondern es ist zu berücksichtigen, daß neben den oben erwähnten analytisch ausgebildeten Ärzten und Psychologen noch etwa 9000 beratend und psychotherapeutisch Tätige vorhanden sind, die zum großen Teil in einem der beiden Vereine für Verhaltenstherapie und Gesprächstherapie ihre Ausbildung bekamen. Knapp 72% davon sind Psychologen, 12% Sozialarbeiter und 16% verteilen sich auf Lehrer und die verschiedensten Berufsgruppen. Bisher wurde diesen Berufsgruppen der Zugang zur Therapie überhaupt verwehrt. Wir hoffen aber, daß die Diskussion der nächsten Zeit gerade auf diesem Gebiet Veränderungen bringen wird (vgl. *Wittchen & Fichter* 1980).

Es gilt aber, die Mängel des derzeitigen psychotherapeutischen Versorgungssystems zu beachten. So ist mit Gewißheit anzunehmen, daß eine reine Fortschreibung der gegenwärtigen psychotherapeutischen Praxis einem Großteil der Betroffenen nichts bringen wird, da sie auch durch ein größeres Angebot niedergelassener Psychotherapeuten nicht erreicht werden können. Denn von der oben angegebenen Zahl arbeitet nur ein Fünftel in einer freiberuflichen, andere in stationären psychiatrischen Einrichtungen und ein Großteil, ungefähr ein Drittel, in ambulanten Beratungsstellen. Wir haben den Eindruck, daß nur in einem Netz ambulanter psychosozialer Beratungsstellen mit den verschiedensten Problemschwerpunkten die derzeit nur inoffiziell Betreuten erreicht werden können. Anders herum gesprochen bedeutet dieses, daß eine fortschreibende Regelung die vielen nicht erreichten Patienten weiter mit ihren Hoffnungen alleine lassen würde, daß das soziale Gefüge, in dem sie leben, zu anerkannter psychosozialer Hilfe nicht imstande ist.

Die Enquête (*Deutscher Bundestag* 1975) spricht von einer *Ungleichheit der Versorgung* in zwei Fällen:

— Die *regionale Verteilung* ist bei den Psychotherapeuten ähnlich wie bei den Nervenärzten. Sie sind noch deutlicher in den größeren Städten und in der Nähe bestehender psychotherapeutischer Ausbildungszentren konzentriert (*Enke* 1973). Dieses Problem könnte sich allmählich etwas erleichtern, wenn die Therapeuten in den Städten sich auf „die Zehen zu steigen" beginnen und zwangsläufig auf ländliche Regionen hinaus müssen.

— Es sind nur *bestimmte Bevölkerungsgruppen* an der Versorgung beteiligt. Fast alle psychotherapeutischen Einrichtungen versorgen überproportional Mittelschichtpatienten unterer und mittlerer Altersgruppen. Das Bild hat sich trotz der Möglichkeiten der Finanzierung durch die Krankenkassen nicht wesentlich geändert. Auch weiterhin werden vorwiegend Mittelstandspatienten betreut. *Bauer* (1976) belegt diese Behauptung in der BRD durch eine Untersuchung der Anträge bei den Krankenversicherungen. Wie sehr dieses Problem auch an die Organisationsform psychotherapeutischer Versorgung mit ihren Einzelpraxen gebunden ist, zeigen andere Institutionen sehr deutlich (*Dührssen* 1972). So gibt es in den psychotherapeutischen Ambulatorien der Krankenkassen ebenfalls einen Überhang der Angestellten, doch ist dieser wesentlich geringer als jener in den privaten Praxen. Interessanterweise fand *Strotzka* 1955 noch ein Verhältnis von 36% Arbeitern zu 28% Angestellten im Ambulatorium der Wiener Gebietskrankenkassa. Dieses Verhältnis hat sich dann bei einer Nachuntersuchung 1965 sehr zu ungunsten der Arbeiter verschoben (*Strotzka* 1966). Leider gibt es keine Unterlagen über derartige Relationen in Einrichtungen, in denen nichtärztliche Psychotherapeuten arbeiten.

In der Enquête (*Deutscher Bundestag* 1975) werden die bei einer Reform psychotherapeutischer Versorgung zu berücksichtigenden Faktoren der sozialen Ungleichheit ausführlich genannt:

(1) Bei psychisch Kranken ist das „*arzt-averse*" (*Moeller* 1972) *Verhalten* höher ausgeprägt als bei anderen Kranken. Bei Angehörigen der niedrigen Schichten ist es noch deutlicher. Diese Patienten kommen dann häufig erst in einem chronischen Stadium. Wir fanden jedoch bei einem Vergleich der Patienten eines Krankenkassenambulatoriums für Psychotherapie mit denen privater Praxen, daß die Chronizität in den privaten Praxen höher war (*Strotzka* 1973). Die Zuweisung der praktischen Ärzte führte die Patienten rascher zur Behandlung ins Ambulatorium, als es bei einer selbstbezahlten Psychotherapie in der Praxis der Fall war.

(2) Psychotherapeuten suchen sich ihre Patienten aus (*Heising & Beckmann* 1971). Dieses Prinzip der Selektion wirkt in den privaten Praxen noch stärker, ist aber in Einrichtungen, die eine Versorgungspflicht haben, ebenfalls nachweisbar. Die Psychotherapeuten gehen den Weg des geringeren Widerstandes und versorgen die motivierten Patienten. Kommunikative Barrieren werden dadurch in ihrer Wirkung nicht aufgehoben. Die Patienten müssen sich einer Methode anpassen.

(3) Von Einrichtungen mit Versorgungspflicht geht der Impuls zur *Entwicklung sozial wirksamer Behandlungsformen aus*. Das hat man in England und den dortigen psychotherapeutischen Einrichtungen deutlich gesehen (*Bellak & Small* 1972, *Malan* 1972). Dort hat der Prozeß, die überwiegend an einem Klientel der gehobenen Mittelschicht bewährten Therapieformen für eine Anwendung in anderen sozialen Feldern weiter zu

entwickeln, schon nach dem Krieg begonnen. Die von der kassenrechtlichen Regelung her vorgegebene Begrenzung der Therapiesitzungen wurde zum Vorteil des Patienten genutzt. In der BRD mit der hier gültigen kassenrechtlichen Regelung wird man sich sicher ebenfalls mit diesem Problem fruchtbringend auseinandersetzen (Cremerius 1981).

2.4 Die stationäre Psychotherapie

„Ohne Betten gibt es keine Facharztausbildung"! „In der die Psychotherapie eher ablehnenden Psychiatrie ringen die Psychotherapeuten verstärkt um Anerkennung". „Druck erzeugt Gegendruck".

In diesem Spannungsfeld steht die stationäre Psychotherapie. Der gegenwärtige Stand an psychotherapeutisch-psychosomatischen Krankenhäusern ist nicht groß. In vierzig Einrichtungen (zwanzig davon sind Abteilungen an anderen Krankenhäusern oder Kliniken) sind 2.253 Betten. Die Aufenthaltsdauer liegt bei drei Viertel der Einrichtung zwischen sechs und zwölf Wochen. In allen anderen Einrichtungen sind es bis zu zwanzig Wochen und mehr. International, das war ein Ergebnis der Enquête-Diskussion im Jahr 1978 (*Kulenkampff* & *Picard* 1979), ist man der Meinung, Psychotherapie ist ein ambulantes Geschäft. Die manchmal notwendigen Aufnahmen können entweder rein psychiatrisch oder in entsprechenden Kriseneinrichtungen durchgeführt werden. Daneben existiert eine Tendenz, die eine fortschreibende Planung vertritt. Danach ist das Erstellen einer Reihe von neuen stationären Einrichtungen vorgesehen. Nach internationalen Schätzungen liegt aber kein derartiger Bedarf für neurotisch und psychosomatisch Kranke in diesem Ausmaß vor, so daß die Entwicklung einer Zwei-Klassen-Psychiatrie befürchtet werden muß (vgl. oben).

Problematisch in der ganzen Diskussion ist, daß man von den meisten stationären Einrichtungen, sowohl den psychiatrischen als auch den psychotherapeutischen, keine Effektivitätsuntersuchungen kennt und schon gar keine Vergleichsuntersuchungen zur ambulanten Therapie. Von manchen derartigen stationären Einrichtungen gingen jedoch recht fruchtbringende Impulse zur Organisation von Krankenstationen aus (therapeutische Gemeinschaften). Meist wird gerade in diesen Einrichtungen ein sehr intensives Therapieprogramm angeboten, wodurch ein Herausnehmen der Patienten aus dem Alltag gerechtfertigt erscheint (*Beese* 1978). Andererseits gilt aber die Kritik, daß die stationäre Behandlung eher zur Regression und Passivität verführt. Der Transfer des dort Gelernten in den Alltag scheint trotz der langen Aufenthaltsdauer schwierig zu sein. Deshalb gilt es zu überlegen, ob nicht Therapieformen, die im sozialen oder familiären Kontext angreifen, indiziert wären. Heute spricht man etwa bei den besonderen Indikationen für den stationären Aufenthalt davon, daß *Familientherapie* eine Methode der Wahl wäre (bei Anorexia nervosa, Colitis ulcerosa, Phobien, usw.; vgl. *Selvini-Palazzoli* et al. 1978).

Eine endgültige Einschätzung ist noch nicht möglich. Alles ist in Bewegung.

Es ist verständlich, daß die Psychotherapeuten, hier vor allem die Analytiker, in ihrem Fachbereich, der Medizin, um Anerkennung ringen, wenn sich außerhalb der Medizin bereits Fachtherapeuten zu etablieren beginnen (vgl. die Problematik der nichtärztlichen psychotherapeutischen Versorgung). Auch ist es verständlich und eine wünschenswerte Veränderung, daß die Psychiater jetzt nach einer psychotherapeutischen Ausbildung ‚schreien‘, um die Psychiatrie nicht der Psychotherapie zu entkleiden. Die Entwicklung geht nur in Widersprüchen, in Konflikten vor sich. Ein Facharzt für Psychotherapie, bzw. ein Facharzt für Psychoanalyse ist an psychotherapeutische Stationen gebunden. Die gesellschaftlichen Ressourcen aber sind knapp. Standespolitische Überlegungen werden deshalb bei den Lösungsvorschlägen im Vordergrund stehen.

3 Staatliche und Kommunale Einrichtungen

3.1 Ausländische Modelle psychiatrischer Versorgung mit Überwiegen staatlicher Planung

Wir können annehmen, daß in allen Ländern in der Versorgung psychisch Kranker trotz unterschiedlicher Organisationsstrukturen ähnliche Probleme auftreten. Es ist von großem Interesse zu sehen, wie unterschiedlich in den verschiedenen Ländern diese Probleme verwaltet werden. Vorauszuschicken ist noch, daß eine zentralisierte Verwaltung leicht aufgrund regionaler Daten umfassend planen kann. Es scheint evident und eine Eigenschaft bürokratischer Strukturen zu sein, wenn sich örtliche Initiative nur langsam entwickelt. Umgekehrt können sich in dezentralisierten Verwaltungen leicht hervorragende gemeindenahe Einrichtungen entwickeln, die sich oft im nationalen Rahmen wegen mangelnder Verwaltungs- und Koordinationseinrichtungen nicht verwirklichen lassen (*May* 1975).

3.1.1 Die UdSSR

Als Exponent staatlicher Gesundheitsplanung gilt die Sowjetunion und ihr Dispensairmodell, in dem Gesundheitsversorgung ohne niedergelassenen Arzt, wie wir ihn kennen, praktiziert wird (*Kabanov* 1974; *von Zerssen* 1975; *Lauterbach* 1978). Die medizinische Primärversorgung wird durch allgemeine Polikliniken, die einem Einzugsbereich von ca. 40.000 Einwohner entsprechen, gewährleistet. Von dort erfolgt die Zuweisung zu den psychoneurologischen „Dispensairen", das sind auf die psychiatrische Versorgung spezialisierte Polikliniken (Einzugsbereich 300.000–500.000 Einwohner). Mehrere solcher Dispensairen sind einem psychiatrischen Krankenhaus angegliedert oder allein einer psychiatrischen Abteilung an einem allgemeinen Krankenhaus. Die Veranlassung zur stationären Aufnahme und die ambulante Betreuung nach der Entlassung liegen in der Kompetenz der Dispensairen, ebenso ein vielfältiges Rehabilitationsprogramm, in dem auch industrielle Rehabilitation in Zusammenarbeit mit den Betriebsärzten miteingeschlossen wird.

Neben den genannten stationären Einrichtungen gibt es noch Sanatorien, in denen Psychotherapie betrieben wird (*Lauterbach* 1978). Wie weit es sich hier um ein Phänomen der Zwei-Klassen-Psychiatrie handelt, kann nach den geringen Informationen nicht beurteilt werden. Aus den veröffentlichten Daten über psychiatrische Versorgung geht hervor, daß die Stadtbevölkerung ein dichteres Angebot an Dispensairen hat, als dies auf dem Land der Fall ist. Ein Gefälle, das wir in fast allen Ländern der Erde finden. In einer vollausgebauten neuropsychiatrischen Dispensair sollten mehrere Psychiater, ein Neuropathologe, ein Psychotherapeut, ein Narkologe (eigene Fachrichtung für Suchtkranke), ein Psychoneurologe für Kinder und Jugendliche, ein Logopäde, Abteilungen für Labormedizin, Physiotherapie, Röntgenologie, eine Station für Kriseninterventionsfälle, eine Werkstätte, eine Tages- und Nachtklinik sowie eine organisatorische und methodologische Abteilung (Rechtsfragen) vorhanden sein.

In einer durch *von Zerssen* (1975) besuchten Dispensair, die einer Region von 400.000 Einwohnern zugeordnet war, gibt es 180 Personalstellen, davon 27 Ärzte, 44 Krankenschwestern und „auch der größte Teil der übrigen Bediensteten hat unmittelbar mit der Krankenversorgung zu tun" (*von Zerssen* 1975, p. 1008). Die Tagesklinik hat 45–80 Plätze. Fast 400 Werkstättenplätze stehen im Dispensair zur Verfügung. Hier werden auch viele geistig Behinderte betreut. Interessant ist zudem, daß die Dispensair für sich einen von Patienten erarbeiteten Gewinn behält, der vom Staat nicht besteuert und dem Etat der Dispensairen zugeschlagen wird. Über die Höhe der Bezahlung der Patienten in den Werkstätten gibt es keine Information.

Wenig Berichte liegen über die Art der Zusammenarbeit der verschiedenen Berufsgruppen in einer Dispensair mit so verschiedenartigen Aufgaben vor, die von der Betreuung der Patienten in den Krisenbetten, im Patientenclub, der industriellen Rehabilitation über das Wahrnehmen sozialfürsorgerischer Aufgaben und Konsiliardienste bis hin zur Lösung von Vormundschaftsreichen (*Kabanov* 1974).

Die Aufgaben einer Dispensair werden von *Zenevic* (entnommen *Lauterbach* 1978) folgendermaßen beschrieben:

– Die psycho-neurologische Dispensair ist für eine bestimmte *Region* zuständig, registriert die psychisch Kranken und hat aufgrund epidemiologischer Studien zu psychiatrisch relevanten Fragen einen Überblick über die Region.

– Die Behandlung der Kranken erfolgt mit allen verfügbaren Maßnahmen, die entweder in den Dispensairen bereit stehen oder von dort aus
organisiert werden.
– Es wird ein ständiger Kontakt zu den Ärzten und Institutionen der
Gesundheitsfürsorge aufrecht erhalten, vom Bezirksarzt bis zu den allgemeinen Krankenhäusern, um Früherkennung psychischer Störungen im
allgemeinen und als Begleiterscheinungen bei somatischen Erkrankungen
zu ermöglichen.
– Die Behandlung ist „*komplex*". Sie umfaßt medikamentöse Behandlung, Physiotherapie und Psychotherapie, sowie therapeutische Eingriffe
in die Lebens- und Arbeitsumstände des Patienten. (Auf dem letzten
Punkt scheint der Schwerpunkt der Behandlung zu liegen. Das geht auch
aus der Betonung des nächsten Punktes hervor, – Bemerkung der Autoren.)
– Es wird Kontakt mit der Öffentlichkeit gehalten, um die unmittelbare
Umgebung des Patienten kennenzulernen, seine Interessen vertreten und
prophylaktische und psychohygienische Arbeit leisten zu können.
– Auf die aktive *Prophylaxe* und Aufklärung in Zusammenarbeit mit
Ärzten in Dispensairen anderer Fachrichtungen, Arbeitskollektiven, Schulen, Hochschulen, Unternehmensinstitutionen, militärischen Musterkom-
missionen wird großer Wert gelegt.

Eine zentral verwaltete Organisation und eine zentral verwaltete Ausbildung kann diese Aufgabe gut und rasch verwirklichen, vor allem die psychiatrische Aufklärung innerhalb des medizinischen Systems selbst gut
und effektiv vorantreiben. In der UdSSR mag dabei eine Rolle spielen,
daß Fortbildung selbst sehr gefragt ist, da sie mit besseren Karrieremög-
lichkeiten und damit finanzieller Besserstellung verbunden ist. Das führt
dazu, daß die Nachfrage größer ist als das Fortbildungsangebot selbst.

3.1.2 Die USA

Um staatliche Eingriffe in ein weitgehend unkoordiniertes, frei gewach-
senes medizinisches Betreuungssystem zu veranschaulichen, möchten wir
hier das amerikanische Beispiel anführen. Wenn auch in der Ausgangssi-
tuation zwischen den USA und der BRD vielfältige Unterschiede sind
(*Häfner* 1979), so ist gerade diese Reform wegen vieler Parallelen und
eines Erfahrungsvorsprunges für deutsche und auch österreichische psychiatrische Verhältnisse wichtig. Die Initiative begann 1955. Es wurde
ein Gesetz erlassen zur Erforschung des psychiatrischen Ist-Zustandes.
Ein Bericht lag 1961 vor. Dessen Ergebnisse führten zwei Jahre später
zum Erlassen eines Gesetzes zur Förderung der Psychiatrie, dem „Community Mental Health Center Act".
Bemerkenswert ist, daß im Vergleich zur amerikanischen Entwicklung,
wo zwei Jahre nach Vorliegen des Endberichtes bereits ein Gesetz formuliert wurde, der Endbericht der BRD nunmehr fünf Jahre vorliegt und bisher weder auf Bundes- noch Landesebene gesetzesmäßige Konsequenzen
gezogen wurden.

Die ambulante und stationäre psychiatrische Betreuung lag mit Ausnahme der großen staatlichen Anstalten vorwiegend in privaten Händen. Mit Hilfe massiver finanzieller Unterstützungen sollten regionalisierte Einrichtungen, in denen festgelegte Dienste vorhanden waren, gefördert werden. Bis 1978 gab es ungefähr 600 solcher recht unterschiedlicher Zentren, deren Aufgaben und Prinzipien *Redlich* (1979) folgend beschreibt:

– *Das Community Mental Health Center* hat die Aufgabe, Patienten mit psychischen Krankheiten und Störungen zu finden, zu diagnostizieren, zu behandeln und solche Störungen zu verhindern. Das Aufspüren der Fälle und die Vorbeugung differenzieren das Community Mental Health Center von traditionellen Institutionen. Das Hauptziel ist die *Erhaltung psychischer Gesundheit* und nicht nur die Behandlung psychischer Störungen. Community Mental Health Center nützen die Einrichtungen der Gemeinde aus, um diese Aufgaben zu erfüllen. Sie sollen Institutionen der Gemeinde ändern, verbessern oder abschaffen, falls diese Institutionen psychische Störungen fördern oder nicht verhindern. Das bedeutet natürlich eine grundlegende Erweiterung der Funktionen traditioneller psychiatrischer Anstalten und Kliniken. Die Wichtigkeit sozialer Faktoren, wie Armut und Rassismus, wird zudem betont.

– Community Mental Health Center haben die Aufgabe, 70.000–200.000 Personen in einem gegebenen Einzugsgebiet zu versorgen. Die Behörden und Institutionen in einem solchen Revier sind verpflichtet, untereinander und speziell mit dem Community Mental Health Center als System zusammenzuarbeiten. Das Konzept des Systems ist ein fundamentaler Begriff für das Community Mental Health Center. Das Community Mental Health Center wird von der Bundesregierung und mit zunehmenden Beiträgen von den Landesregierungen und Gemeinden finanziert.

– Das Community Mental Health Center bietet direkte und indirekte Dienste an. Die direkten Dienste sind stationäre und ambulante Behandlung. Tag- und Nachtbehandlung, Krisenintervention, Übergangsdienste, Rehabilitationsdienste und unkonventionelle Dienste wie ,store front psychiatry' oder Behandlung durch nichtprofessionelles, ansässiges Personal oder freiwillige Hilfskräfte. Die indirekten Dienste umfassen Konsultation und Unterrichtung von Therapeuten, Patienten und potentiellen Patienten, Dauerkonsultation, usw.

In allen Institutionen wird zu dem Forschung empfohlen, aber relativ selten durchgeführt. Die Notwendigkeit von Evaluation wird betont, und deren Kosten sind im Budget vorgesehen.

Bedeutsam ist, welche Anteilnahme die Bevölkerung an der Entwicklung dieser Centren genommen hat. Konsumentenvertreter *Nader* allerdings kritisierte an diesen Einrichtungen (entnommen *Redlich* 1979), daß ein Mangel an Verantwortung gegenüber der Gemeinde und der zentralen Behörde (National Institute of Mental Health) besteht. Zudem kam es immer häufiger zu Prozessen, in denen Patienten unter Berufung auf die *Menschenrechte* und die amerikanische Verfassung die medizinischen und verfassungsmäßigen Minimalstandards für angemessene Unterstützung und Behandlung einklagten (*Kunze* 1976).

Fast alle Konflikte, Mißverständnisse, Ängste und nicht zuletzt standespolitische Auseinandersetzungen, die heute die psychiatrische Szene in der BRD bestimmen, traten vor nunmehr 20 Jahren in Amerika auf. Wenn von einer „dritten Revolution" in der Psychiatrie gesprochen wird, so spiegelt diese Bezeichnung die Heftigkeit der Interessen wider, die da aufeinander prallen. Nicht zuletzt war dies bedingt durch die Betonung der primären Prävention psychiatrischer Erkrankungen, die von den Centren aus hätte betrieben werden sollen. Im Konkreten meinte man durch Verbesserung der sozialen Situation in den Slum-Gebieten die Raten psychiatrischer Erkrankungen zu senken. Ob dies möglich sein könnte, ist ein schon lange bestehender Streitpunkt in der Psychiatrie. *Redlich* (1979) meint rückblickend auf die bisherige Entwicklung, daß das Problem der chronisch-psychisch Kranken noch nicht gelöst werden konnte.

Die Belegzahlen der Anstalten wurden zwar reduziert, doch wurde der Großteil der chronisch Kranken in Pflegeheime entlassen, die nicht unter der Kontrolle der psychischen Gesundheitssysteme standen und die gleichen elenden Bedingungen boten, wie vorher die Anstalten. Oft kam es auch zu raschen Entlassungen aus den Anstalten, bevor noch in den Gemeinden entsprechende Einrichtungen vorhanden waren. Dadurch wurde die Kritik laut, daß es ungesichert ist, ob die Anstalt oder die Betreuungslosigkeit in der Gemeinde schädigender sei (*Mechanic* 1975). Zudem blieben die psychotherapeutischen Methoden für die Armen und sozial Benachteiligten weiterhin nicht erreichbar. Man kann auch sagen, daß diese Methoden nicht an die besonderen Bedingungen dieser Bevölkerungsgruppe angepaßt wurden. Andererseits ist aber zu sehen, daß gerade in Amerika *Familientherapie* und Netzwerktherapie in den verschiedensten Konzepten entwickelt wurde. Die Centren haben also diesen Konflikt der psychotherapeutischen Versorgung deutlich werden lassen. Er konnte zum Teil fruchtbar gemacht werden. Zur Entwicklung solcher Therapiekonzepte gehört präventionsbezogenes Denken und die Überzeugung, daß starke, für die Betreuung und Behandlung hilfreiche Bereiche im sozialen Gefüge und in der Familie der Patienten zu finden sind.
In den Centren wurden zwei weitere wichtige Probleme aktualisiert, die *Redlich* (1979) als *äußere und innere Grenze* der psychischen Gesundheitsdienste zusammenfaßt. Er meint damit die Abgrenzung psychiatrischer Probleme von allgemein menschlichen einerseits und die Problematik der inneren Grenze andererseits, einer Unklarheit, die sich aus der Diffusion der Berufsrollen im psychischen Grenzbereich ergibt. Zentrale Fragen sind die der Zuständigkeit, Kompetenz, Macht und der hierarchischen Stellung einzelner Berufszweige, die am Arbeitsplatz durch Kooperation aufeinander angewiesen sind.
Bemerkenswert und eminent wichtig sind außerdem die *Selbsthilfegruppen* und die Mitarbeit von Freiwilligen in der Betreuung psychisch Kranker. „Gemeindenähe" wird auf dieser untersten Ebene erreicht. Durch die Institution der Bürgerbeiträge (*Greenblatt* 1975) gelingt das auch auf der administrativen Ebene.

Entlastend muß man aber auch sagen, daß die meisten Probleme, die in den Community Mental Health Centers auftraten, solche sind, wie sie auch viele andere Einrichtungen der psychiatrischen Versorgung kennzeichnen. Eine Kommission, die im Auftrag Präsident Carters die psychiatrische Versorgung untersuchte, empfahl deshalb dem Präsidenten, weitere dreihundertfünfzig Millionen Dollar auszugeben, in der Hoffnung, „daß jene Gruppen der Bevölkerung, deren Bedürfnisse nach besseren psychischen Gesundheitsmaßnahmen am größten sind, davon maximal profitieren werden" (*Redlich* 1979, p. 111).

3.1.3 Großbritannien

Seit dem Jahre 1948 gibt es in Großbritannien einen *nationalen Gesundheitsdienst*, in dem auch fast alle Nervenärzte angestellt sind. 95% der Bevölkerung hat sich beim Allgemeinpraktiker registrieren lassen. Dieser Allgemeinpraktiker hat in allen Gesundheitsfragen, so auch in psychiatrischen, die zentrale Position. Wie wichtig seine Rolle in der psychiatrischen, psychotherapeutischen Versorgung ist, hat *Balint* (1965) schon früh erkannt und dementsprechend ein psychotherapeutisches Fortbildungskonzept für Ärzte (Balintgruppen) entwickelt.

Viele Impulse der Anpassung der Psychiatrie an die Patienten des praktischen Arztes und an Patienten, die an eine Poliklinik kommen, gehen von den besonderen Bedingungen aus, wie sie im nationalen Gesundheitsdienst vorzufinden sind. Es gibt in Großbritannien kaum einen niedergelassenen Nervenarzt und kaum einen niedergelassenen Psychotherapeuten. Fast alle arbeiten in Polikliniken oder sonstigen psychiatrischen Anstalten. Viele Überlegungen zielen daher darauf ab, die Effizienz der psychiatrischen Maßnahmen des praktischen Arztes zu erhöhen.

Da es in England auch eine lange Tradition der Sozialfürsorge, die schon immer in enger Kooperation mit der Gesundheitsversorung gestanden ist, gibt, liegt es nahe, ‚ein Team für Gesundheits- und Sozialfürsorge der ersten Linie' (vgl. *Wing* 1975) zu installieren. In diesem Team arbeitet der praktische Arzt mit der Krankenschwester und einem Sozialarbeiter zusammen.

Das medizinische Modell kooperiert an vorderster Front mit dem sozialen. Insgesamt scheint auf sozialer Einflußnahme mehr Augenmerk zu liegen als in anderen Versorgungsmodellen, die bisher beschrieben wurden. Man ist bemüht, aus den besonderen Lebenssituationen heraus, z.B. bei chronisch Kranken, die Einrichtung „Krankenhaus" besonders flexibel und attraktiv zu machen, um so die Patienten in kontinuierliche Behandlung zu bekommen.

Auch in der Forschung ist England beispielhaft. Viele Einrichtungsinnovationen unterwarfen sich begleitender Forschung, um ihre Effektivität zu ermitteln. Die psychiatrische Epidemiologie (*Cooper & Morgan* 1977) und insbesondere die Forschung auf dem Gebiet der ‚life-events'

(*Katschnig* 1980) brachten eine Vielfalt von Ergebnissen, die zu einer *Einstellungsänderung* in der psychiatrischen Versorgung geführt haben mag. *Birley* (1979) beschreibt dies mit einem Bild. Die alte psychiatrische wissenschaftliche Tradition des *natürlichen Verlaufs* einer Krankheit, der mit einer Systematik, ähnlich wie in der Botanik erfaßt wurde, ist gültig, doch sollte berücksichtigt werden, daß das Gedeihen einer Pflanze sehr von dem empfindlichen Gleichgewicht von Umweltfaktoren abhängig ist, und diese Umweltfaktoren sind nicht für jede Blume dieselben. Psychiatrische Hilfe muß daher diese besonderen Bedingungen kennen und ihnen gerecht werden. Die folgenden vier Prinzipien liegen der Organisation des nationalen Gesundheitsdienstes zugrunde:

– Die Behörden des nationalen Gesundheitsdienstes sind für ein bestimmtes geographisches Gebiet zuständig *(Region)*, d.h. die Dienste sollen gut erreichbar sein.
– Die Gesundheitsdienste sollten vielfältig sein (stationäre und teilstationäre Einrichtungen, Polikliniken, ein Notfalldienst, eine Vielfalt von Beratungsmöglichkeiten, darunter auch häusliche. Sie sollten integriert sein und eine Kooperation aller, die mit psychisch Kranken befaßt sind, ermöglichen.
– Die Gesundheitsdienste sollen eine einheitliche Betreuung garantieren.
– Das Hauptziel des Gesundheitsdienstes ist es, Morbidität zu senken und Prävention in allen drei Stufen zu verwirklichen.

3.2 Inländische modellhafte Einrichtungen der Gemeinden und Versicherungsträger

Die Grenzen krankhaften psychischen Leidens zum normalen menschlichen Leiden sind fließend. Es hat sich daher auch eine kommunale nicht-medizinische Zuständigkeit ergeben. Eine große Anzahl verschiedener Beratungsstellen sind dem medizinischen Bereich vorgelagert. Es entstand ein Versorgungsnetz von großer gesundheitlicher Bedeutung. In vielen dieser Einrichtungen findet man Menschen, die nach dem Maß ihrer Beeinträchtigung als schwer gestört betrachtet werden müssen, die selbst aber nie in psychiatrische Einrichtungen kämen. Das heißt, daß diese *Beratungsstellen* für viele der schwerer Gestörten auch leichter erreichbar sind als psychiatrische Institutionen. Die Jugend- und Sozialämter nehmen eine zentrale Stellung ein, ebenso wie Ehe- und Familienberatungsstellen der kirchlichen und öffentlichen Träger, Lebensmüdenberatungen, Telefonfürsorge und Behindertenberatungsstellen. Wir finden hier eine bunte Palette aller möglichen Einrichtungen, die sicher örtlich unterschiedlich, aber meist ohne Zusammenhang untereinander und meist ohne Verbindung zum psychiatrisch-psychotherapeutischen Versorgungssystem stehen. Die verschiedenen Träger sind recht flexibel in der Gründung solcher Stellen. In dieser Vielfalt erweist sich der ganze Vorteil nichtzentralistischer Planung. Ein Drittel aller nichtärztlichen Psychotherapeuten arbeitet in solchen Beratungsstellen. Deutlicher kann die Bedeutung dieser Beratungsstellen nicht hervorgehoben werden. Dasselbe gilt auch umgekehrt. Es macht die Wichtigkeit der ärztlichen Psychotherapeuten aus, daß sie in den Beratungsstellen arbeiten und nur zu einem Fünftel in privaten Praxen.

Ein anders Modell möchten wir hier noch ganz besonders erwähnen, eine *psychotherapeutische Poliklinik* der AOK: das Zentralinstitut für psychogene Erkrankungen in Berlin. Der Versicherungsträger hat hier seine Verantwortung, auch für die psychotherapeutische Behandlung seiner Versicherten zuständig zu sein, voll übernommen und gründete eine eigene Poliklinik. In dieser Größe ist dieses Modell, das von *Schultz-Hencke* und *Kemper* nach dem Krieg gegründet wurde und derzeit von *Dührssen* (1972) geleitet wird, einzigartig. Nicht nur, weil die Kassen damit ein psychotherapeutisches Angebot den Primärärzten zur Überweisung an die Seite gestellt hatten, sondern auch, weil Psychoanalytiker unterschiedlicher Schulen eine gemeinsame Empirie gefunden haben. Sicher ist dieses Modell abhängig von der örtlichen und historischen Gegebenheit in Berlin. Doch es zeigt, was positiv entstehen kann, wenn die Kassen ihre Verantwortung, eine Versorgung zu garantieren, übernehmen.

4 Ein integriertes Modell psychosozialer Versorgung

Der Endbericht der Psychiatrie-Enquête (*Deutscher Bundestag* 1975) vermittelt den Eindruck, als ob zwei Versorgungssysteme, das psychiatrische und das psychotherapeutisch-psychosomatische, um die gesellschaftlichen Ressourcen rivalisieren. Jede der beiden Gruppen möchte die bedrückende Unterversorgung auf seinem Gebiet gebessert und verändert wissen. Auf der einen Seite sind es die chronisch-psychiatrischen Kranken, die geistig Behinderten und Alten, die im gegenwärtigen System sehr benachteiligt sind und denen mit der Neukonstruktion eines Versorgungsmodells entsprochen werden soll. Auf der anderen Seite sind es die schweren Charakterstörungen und Neurosen bei Personen aller sozialer Schichten, für die es kaum ein Behandlungsangebot außerhalb der niedergelassenen Praxen gibt. Innerhalb und zwischen beiden Gruppierungen gibt es massive Interessenkonflikte, die so leicht nicht abzubauen sind. Geht es doch um die Verfestigung einer einmal erreichten Position, z.B. bei dem Problem der nichtärztlichen Psychotherapie in der BRD. Beschränkte gesellschaftliche Mittel verschärfen die Interessenkonflikte.

In den letzten Jahren ist allerdings auf psychiatrischem Gebiet viel in Bewegung gekommen. So ist Vorarbeit mit der Enquête geleistet worden. *Grundsätze einer Neuordnung der Versorgung psychisch Kranker und Behinderter* wurden erarbeitet, *Leitlinien* ausformuliert. Man kennt die internationalen Trends. Viele internationale Erfahrungen können berücksichtigt werden und sind auf die besondere Situation der psychiatrischen Versorgung in Deutschland übertragbar.

Es ist abzusehen, daß es zu einer Integration der *Versorgungskette: „niedergelassener Nervenarzt – Psychotherapie – psychiatrisches Krankenhaus – stationäre Psychotherapie"* und den vom Staat oder Land getragenen kommunalen Einrichtungen kommen wird.

Wahrscheinlich ist auch, daß die Krankenkassen sich von ihrer gewohnten Art der Finanzierung „Bett" oder „Patient pro Besuch" lösen werden. Sie werden entweder Ambulanzen nach Einzugsgröße mitfinanzieren oder selbst ein Netz von Polikliniken installieren. Vielleicht werden noch weitere zehn Jahre vergehen. Aber alle diese Maßnahmen werden sich an den *Leitlinien der Enquête orientieren.*

(1) Das Prinzip der gemeindenahen Versorgung

– *Erreichbarkeit:* Den berechtigten Bedürfnissen der Bevölkerung entspricht es, wenn alle benötigten Dienste verkehrstechnisch erreichbar sind.

– *Überschaubarkeit, räumliche Beziehung zur Gemeinde:* Mit der Erreichbarkeit ergibt sich ein überschaubarer geographischer Bereich mit einer begrenzten Bevölkerungszahl (*Standardversorgungsgebiet* 150.000–350.000). Nur so kann die soziale Infrastruktur, die bei den vollzogenen Reformen neue Belastungen erfährt (*Katschnig & Berner* 1979), einbezogen werden. Die Familien der Kranken und die Umgebung brauchen sicherlich Unterstützung. Zusammenarbeit mit den ortsansässigen niedergelassenen Ärzten muß erst gewonnen werden. Die halb-stationären Dienste sind nur dann brauchbar, wenn sie in der Nähe der natürlichen Umgebung der Patienten liegen (*Finzen* 1977).

– *Die kooperative und konsiliarische Verknüpfung* mit den medizinischen und sozialen Einrichtungen der Nachbarschaft ist nur möglich, wenn sie Zusammenarbeit im persönlichen Kontakt in der angegebenen, überschaubaren Region garantieren kann.

– *Offene Psychiatrie:* Die Psychiatrie kann aus ihrer Isolation herauskommen, wenn sie beispielhaft den veränderten Umgang mit den Patienten zeigt und sich so als ein neues Modell anbietet. Dabei sind die offen zugänglichen diagnostisch-therapeutischen und beratend-betreuenden Dienste, die in ihrer Kompetenz erkennbar sind und auch als echte Hilfsangebote erlebt werden, für die Veränderung dessen, was wir als Vorurteil gegenüber den psychisch Kranken heute kennen, von zentraler Bedeutung.

(2) Das Prinzip der bedarfsgerechten und umfassenden Versorgung aller psychisch Kranken und Behinderten

Damit ist gemeint, daß das regional gegliederte Versorgungssystem die notwendige Anzahl ausreichend differenzierter, miteinander verknüpfter Dienste für alle Kategorien von Hilfsbedürftigen zur Verfügung stellt. Um auch eine Kontinuität der Behandlung zu gewährleisten, müssen diese Dienste flexibel in ein Gesamtsystem integriert sein. Zwischen den Institutionen muß die Möglichkeit der Zusammenarbeit hergestellt sein.

Angebote in einem Standardversorgungsgebiet

Das Vorfeld psychiatrischer und psychotherapeutisch/psychosomatischer sowie rehabilitativer Dienste		
Allgemeine professionelle und nicht-professionelle Beratung in den Bereichen: Erziehung, Seelsorge, Rechtspflege, Gesundheitsämter, Arbeitsverwaltung und Sozialversicherung, Sozialarbeit	Beratungsstellen praktische Ärzte und für Allgemeinmedizin	psychosoziale Kontaktstellen Fachärzte anderer Disziplinen

Ambulante Dienste	
niedergelassene Nervenärzte niedergelassene ärztliche und nicht-ärztliche Fachspychotherapeuten Beratungsstellen für Kinder, Jugendliche und Eltern	niedergelassene Psychagogen (Kinder- und Jugendlichenpsychotherapeuten) psychosoziale Versorgungseinrichtungen (in unterversorgten Gebieten)

Ambulante Dienste an Krankenhauseinrichtungen	*Halbstationäre Dienste*	*Stationäre Dienste*	*Komplementäre Dienste*	*Spezielle rehabilitative Dienste*	*Dienste für Behinderte*
ambulante Dienste an psychiatrischen Behandlungszentren psychotherapeutisch/psychosomatische Polikliniken Fachambulanzen	Tageskliniken und Nachtkliniken Tageskliniken und Nachtkliniken für besondere Patientengruppen	psychiatrische Abteilungen an Allgemeinkrankenhäusern psychotherapeutisch/psychosomatische Abteilungen an psychiatrischen Krankenhäusern und Allgemeinkrangerontopsychiatrische Abteilung Assess-Unit für psychisch kranke alte Menschen	Übergangsheime Wohnheime und Wohnheime für besondere Patientengruppen Beschützende Wohngruppen und Wohnungen Familienpflege Tagesstätten Patientenclubs Einrichtungen für Schwerst- und Mehrfachbehinderte	Werkstätten für Behinderte Beschützende Arbeitsplätze	Einrichtung zur Früherkennung, Frühdiagnose und Frühbehandlung Sonderkindergärten Sonderschulen Sonderklassen Wohnangebote Bildungs-, Freizeit- und Erholungsstätten

```
                        Psychosozialer Ausschuß
└── Koordination ──     Kooperation der Träger     ── Planung ──┘
                     Psychosoziale Arbeitsgemeinschaft
```

Abb. 2: Angebote in einem Standardversorgungsgebiet.
(Entnommen: *Deutscher Bundestag* 1975. Bericht über die Lage der Psychiatrie in der BRD. – Zur psychiatrischen und psychotherapeutisch-psychosomatischen Versorgung der Bevölkerung. Bonn: Verlag Dr. H. Heger (7. Wahlperiode, Drucksache 7-4200), p. 310).

(3) Das Prinzip der bedarfsgerechten Koordination aller Versorgungs-dienste

Das integrierte Zusammenwirken und Ineinandergreifen der an der Beratung, Vorsorge, Diagnose, Therapie, Nachsorge, Betreuung, Pflege und Rehabilitation mitwirkenden Dienste findet in den *psychosozialen Arbeitsgemeinschaften* statt (*Zumpe* 1977, *Scheer-Wiedmann & Wirth* 1978, *Richter* 1980). Diese psychosozialen Arbeitsgemeinschaften sind von Beginn an voller Widersprüche. Sie sollen initiativ sein. Doch sie haben weder Kompetenz noch finanzielle Mittel über die sie frei verfügen. Trotzdem bleiben sie der Bereich, in dem persönlichem Engagement in einer Region ‚Tür und Tor' offensteht (*Dörner* 1976).

(4) Das Prinzip der Gleichstellung psychisch Kranker mit körperlich Kranken

Die Psychiatrie als medizinischer Arbeitsbereich führt im Gesamtsystem der Gesundheitsfürsorge ein Schattendasein. Mit der geforderten Gleichstellung wird auch eine finanzielle Besserstellung erwartet. Es gibt kein vertretbares Argument, warum die Psychiatrie nicht an den allgemeinmedizinischen Standard angeglichen werden soll. Dem psychisch Kranken muß prinzipiell mit den gleichen Rechten und auf dem gleichen Wege wie dem körperlichen Kranken optimale Hilfe unter Anwendung aller Möglichkeiten ärztlichen, psychologischen und nicht zuletzt sozialen Wissens gewährleistet werden. Diese Gleichstellung hat sich auf alle Ebenen medizinischer Betreuung zu beziehen, auf die Akutkrankenhäuser, die niedergelassenen Fachärzte und die Allgemeinpraktiker. Auf all diesen Ebenen sind Konsequenzen für die Weiterbildung zu ziehen. Das darf aber nicht heißen, daß es deshalb zu einem Verlust dessen kommt, was die Psychiatrie u.a. von seiten der Sozialwissenschaften, der Sozialarbeit oder Psychologie angereichert hat. Es ist ganz eindeutig, daß psychologisches Wissen und das weite Spektrum psychotherapeutischer und soziotherapeutischer Hilfsmöglichkeiten erst die vergangene Entwicklung der Psychiatrie möglich gemacht hat. Die Psychiatrie mußte und muß sich immer für interdisziplinäre Anregungen offen halten, da sie mit dem medizinischen Inventar alleine den anstehenden Problemen nicht gerecht werden kann (*Kittel* 1979). Die medizinischen Grenzen müssen demnach zwangsläufig durchlässig sein. Das gilt auch dann, wenn damit die Zuständigkeit der Krankenversicherung immer weiter in den Bereich sozialtherapeutischer Hilfe vorangetrieben wird (*Kisker* 1974).

Die Dienste, die in einem Standardversorgungsgebiet (Region, Sektor) vorhanden sein sollten sowie die Möglichkeit der umfassenden Koordination dieser Dienste mit Hilfe der psychosozialen Arbeitsgemeinschaften, sind in Abb. 2 (Deutscher Bundestag 1975) dargestellt.

In Abb. 3 („curativer Teil") möchten wir die Integration der verschiedenen Behandlungsformen in der Psychiatrie, bezogen auf bestimmte Störungsgruppen, zeigen.

Das auf der Spitze stehende Dreieck in der Mitte der Abb. 3 meint die Risikopopulation, mit der psychiatrische Versorgung konfrontiert ist (15–20% der Bevölkerung). Darauf projiziert sind die aufgezeigten Behandlungsmöglichkeiten in ihrer graphischen Darstellung zu denken. Als Indikationsbereich vorzustellen ist die Fläche, die abgedeckt wird, wenn

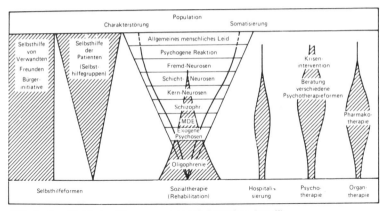

Abb. 3: Psychiatrisches Versorgungsmodell (curativer Anteil).
(Entnommen: *Strotzka*, H. 1980. Die Arbeit mit Institutionen im Rahmen einer Gesamtversorgung psychosozialer Störungen. In: *Strotzka*, H. (Ed.) Psychotherapie im Spannungsfeld der Institutionen. München: Urban & Schwarzenberg. p. 12).

man sich Einflußnahme und Risikopopulation übereinander vorstellt. *Selbsthilfe* der Patienten und ihrer Umwelt (*Moeller* 1978) sollte in allen Indikationsbereichen gefördert und entwickelt werden. Dieses Selbsthilfepotential kann ganz sicher noch entscheidend gefördert werden. Die Hospitalisierung dagegen hat einen vergleichsweise kleinen Indikationsbereich, auch wenn sie uns zur Zeit sehr beschäftigt. Mit Psychotherapie ist kein Methoden-„Fetischismus" gemeint, sondern die Vielfalt der Schulen in ihren *differentiellen Indikationsstellungen*. Derzeit sind die Methoden aus berufspolitischen Gründen sehr um Abgrenzung bemüht. Doch ist in Zukunft Integration zu leisten (*Strotzka* 1978a, b; *Rhode* 1979). ‚Somatisierung‘ und ‚Charakterstörung‘ sind nicht nur auf die Kategorie der Neurosen beschränkt. Sie treten als marginale Phänomene überall auf. Das ist wichtig, da es viele Phänomene verstehen läßt, bei denen die herkömmliche Nosologie versagt, wie z.B. im Falle von „Sonderlingen" und „verschiedenen" Randgruppen einerseits und „therapieresistenten Psychosomatosen ohne nachweisbare Psychosomatik" andererseits.

Eine Reformbewegung in der Psychiatrie sollte nicht im Curativen stehen bleiben. Heilung kommt immer zu spät, ist oft nicht effizient und immer kostspielig. Unser ganzes Denken ist aber curativ ausgerichtet, nicht nur das professionelle, therapeutische, sondern auch das Alltagsdenken. Wir laufen immer hinter Auswirkungen her. Es richtet sich Hoffnung auf Prävention, auch wenn wir damit (vgl. oben, die Erfahrungen in den USA) den eigentlichen Boden der Psychiatrie verlassen.

Wir meinen, daß im *präventiven* Bereich Politik Vorrang hat, Politik verstanden als öffentliches Handeln, das sich in Gesetzen und Verordnun-

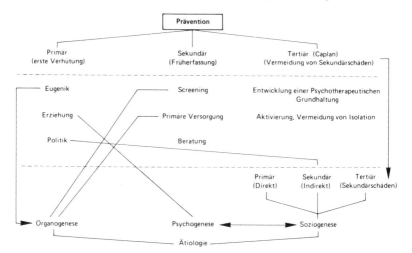

Abb. 4: Die Prävention von seelischen Schäden.
(Entnommen: *Strotzka*, H. 1980. Die Arbeit mit Institutionen im Rahmen einer Gesamtversorgung psychosozialer Störungen. In: *Strotzka*, H. (Ed.) Der Psychotherapeut im Spannungsfeld der Institutionen. München: Urban & Schwarzenberg. p. 13).

gen niederschlägt. Die Psychiatrie-Enquête und deren Umsetzung ist in ihrem bisherigen Verlauf ein gutes Beispiel dafür. Denn selbst die Reform des curativen Anteils der Psychiatrie ist nicht ohne politische Resonanz möglich. Die Verantwortlichen der Länder, Gemeinden und die Träger der psychiatrischen Versorgung können oft nur über den Zwang von Gesetzen und Verordnungen zu Reformen gebracht werden (*Kulenkampff & Picard* 1979).

Wir denken, um österreichische Verhältnisse zu zitieren, an: den ein- bis zweijährigen Karenzurlaub für junge Mütter; die obligaten Untersuchungen des Mutter-Kind-Paßes, die die Voraussetzung für die Auszahlung einer Prämie sind; die Schaffung von Beratungsstellen, die neben Familienplanung auch Ehe- und Familienberatung in interdisziplinärer Teamarbeit anbieten; die Anerkennung des Alkoholismus als Krankheit (als Voraussetzung für Leistungen der Krankenkasse); die Entkriminalisierung der Homosexualität; die Einschränkung der Haftstrafen gegenüber anderen Maßnahmen, wodurch die Rehabilitierung Straffälliger erleichtert werden soll; die Ausdehnung der Bewährungshilfe auf Erwachsene; die Bindung der Gewährung einer Bundeshilfe an die Errichtung von neuropsychiatrischen Abteilungen in Schwerpunktkrankenhäusern gemäß dem Krankenanstaltenplan. – Natürlich sind auch alle anderen präventiven Einrichtungen von großer Bedeutung.

Sicher gibt es kein allgemein funktionierendes Kurzrezept für eine optimale Erziehung. Aber allein das Wissen um die Bedeutung der frühen

Kindheitsjahre und die „*psychotherapeutische Grundhaltung*" (wert-freies Akzeptieren, Empathie, indirektive Beratung und Echtheit) bei Ärzten und Lehrern würde viel bringen. Eine Reduzierung der Klassengrößen wäre des weiteren eine extrem wichtige schulpolitische Entscheidung.

Ebenso können „*Einstellungsänderungen*", wie sie beispielsweise durch Ergebnisse der Sozialwissenschaften (*Katschnig* 1977) oder die Familientherapie (*Haley* 1978, *Minuchin* 1978) nahegelegt werden, viel zur Effektivität therapeutischen Handelns beitragen. Diese Einstellungsänderung besteht im Wissen, daß lebensverändernde Ereignisse für die Ätiologie psychischer Störungen wichtig sind und oftmals Rückfälle provozieren können. Die Berücksichtigung solcher Ereignisse im Sinne präventiven Denkens machen Therapie und Rehabilitation effektiver (*Birley* 1979).

Schließlich ist die heutige Zeit durch eine zunehmende Macht der Institutionen charakterisiert. Die Entfremdung als pathogener Mechanismus hängt wahrscheinlich entscheidend damit zusammen. Abb. 5 gibt einen Hinweis, welche Institutionen gemeint sind. Sie weist auch einige Probleme und Maßnahmen zu deren Lösung aus. Viele der Lösungsmaßnahmen – wie etwa Mitbestimmung und Dezentralisierung – sind eminent politische Fragen.

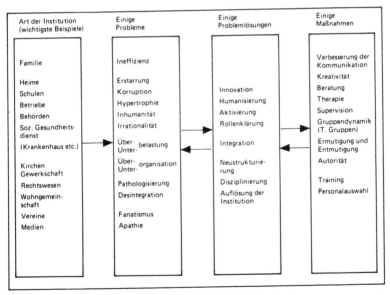

Abb. 5: Die Arbeit mit Institutionen.
(Entnommen: *Strotzka*, H. 1980. Die Arbeit mit Institutionen im Rahmen einer Gesamtversorgung psychosozialer Störungen. In: *Strotzka*, H. (Ed.) Der Psychotherapeut im Spannungsfeld der Institutionen. München: Urban & Schwarzenberg. p. 14).

Die Institutionenarbeit (jetzt bezogen auf den Einzelpatienten) ist einerseits Prävention, andererseits Tätigkeit im Vorfeld der Therapie. Letztlich
handelt es sich aber um ein neues Paradigma (*Strotzka* 1980).
Über die notwendige Zusammenarbeit der Medizin mit den Sozialdiensten orientiert Abb. 6. In dieser Hinsicht ist die Medizin zumindest in
Zentraleuropa noch lange nicht auf einem vertretbaren Niveau. Vielen
Ärzten sind Teamkonzepte noch relativ fremd. Die Möglichkeiten moderner Sozialarbeit werden nicht genützt.

Abb. 6: Kooperation zwischen Gesundheits- und Sozialdiensten.
(Entnommen: *Strotzka*, H. 1980. Die Arbeit mit Institutionen im Rahmen einer
Gesamtversorgung psychosozialer Störungen. In: *Strotzka*, H. (Ed.) Der Psychotherapeut im Spannungsfeld der Institutionen. München: Urban & Schwarzenberg.
p. 15).
(Gestrichelte Verbindungen deuten gestörte oder unvollständige Kommunikationen
oder Verbindungen an.) Die hier verzeichneten Patienten-(Klienten-)karrieren ver-
einfachen natürlich sehr. Es soll nur deutlich gemacht werden, daß in den meisten
Gesellschaften eine optimale Zusammenarbeit, vor allem zwischen medizinischen
und Sozialdiensten, noch nicht gegeben ist.

Literatur

Balint, M. 1965³. Der Arzt, sein Patient und die Krankheit. Stuttgart: Klett. — *Basaglia*, F. (Ed.) 1971. Die negierte Institution oder die Gemeinschaft der Ausgeschlossenen. Ein Experiment der psychiatrischen Klinik in Görz. Frankfurt: Suhrkamp. — *Bauer*, M. 1976. Psychotherapeutische Versorgung. In: *Blohmke, M., von Ferber*, C. & *Kisker*, K.P. (Ed.) Handbuch der Sozialmedizin. Bd.III: Sozialmedizin in der Praxis. Stuttgart: Enke. p. 275—316. — *Bauer*, M. 1977. Sektorisierte Psychiatrie im Rahmen einer Universitätsklinik. Anspruch, Wirklichkeit und praktische Erfahrung. Stuttgart: Enke. — *Beese*, F. (Ed.) 1979. Stationäre Psychotherapie. Modifiziertes psychoanalytisches Behandlungsverfahren und therapeutisch nutzbares Großgruppengeschehen. Göttingen: Verlag für Medizinische Psychologie. — *Bellak*, L. & *Small*, L. 1972. Kurzpsychotherapie und Notfallpsychotherapie. Frankfurt: Suhrkamp. — *Birley*, J.L.T. 1979. Psychiatrische Dienste und Einrichtungen im Lichte der Ergebnisse der Life-event-Forschung. In: *Katschnig*, H. (Ed.): Sozialer Streß und psychische Erkrankung. München: Urban & Schwarzenberg. p. 336—343. — *Cooper*, B. & *Morgan*, H.G. 1977. Epidemiologische Psychiatrie. München: Urban & Schwarzenberg. — *Cremerius*, J. 1981. Zur Krankenkassenfinanzierung von Psychoanalyse. Psyche 25, 1—41. — *Deutscher Bundestag* 1975. Bericht über die Lage der Psychiatrie in der BRD. — Zur psychiatrischen und psychotherapeutisch-psychosomatischen Versorgung der Bevölkerung. — Drucksache 7—4200. Bonn: Dr. H. Heger. — *Dilling*, H. & *Weyerer*, S. 1975. Zur Behandlungsinzidenz und Prävalenz in drei Kreisen Oberbayerns. In: *Deutscher Bundestag*: Anhang zum Bericht über die Lage der Psychiatrie in der BRD. — Zur psychiatrischen und psychotherapeutisch-psychosomatischen Versorgung der Bevölkerung. — Drucksache 7—4201. Bonn: Dr. H. Heger. — *Dilling*, H. & *Weyerer*, S. 1978. Epidemiologie psychischer Störungen und psychiatrische Versorgung. München: Urban & Schwarzenberg. — *Dörner*, K. 1974. Wohin wollen wir den Krankheitsbegriff in der Psychiatrie entwickeln? Psychiatrische Praxis 1, 123—129. — *Dörner*, K. 1976. Wie sehen wir die Enquête und was machen wir damit? Sozial Psychiatrische Informationen 36, 4—13. — *Dührssen*, A. 1972. Analytische Psychotherapie in Theorie, Praxis und Ergebnissen. Göttingen: Vandenhoeck & Ruprecht. — *Enke*, H. 1973. Möglichkeiten und Grenzen der Psychotherapie in der Industriegesellschaft. In: *Döhner*, O. (Ed.) Arzt und Patient in der Industriegesellschaft. Frankfurt: Suhrkamp. p. 124—140. — *Finzen*, A. (Ed.) 1974. Hospitalisierungsschäden in psychiatrischen Krankenhäusern. München: Piper. — *Finzen*, A. 1977. Die Tagesklinik. Psychiatrie als Lebensschule. München: Piper. — *Freud*, S. 1972⁵. Zur Frage der Laienanalyse. In: *Freud*, A., *Bibring*, E., *Hoffer*, W., *Kris*, E. & *Isakower*, O. (Ed.) Freud, S. Gesammelte Werke. Bd. IX. Frankfurt: Fischer. p. 207—296. — *Goffman*, E. 1972. Asyle. Über die soziale Situation psychiatrischer Patienten und anderer Insassen. Frankfurt: Suhrkamp. — *Greenblatt*, M. 1975. Planung und Durchführung psychiatrischer Dienste in den USA. In: *Deutscher Bundestag*: Anhang zum Bericht über die Lage der Psychiatrie in der BRD. — Zur psychiatrischen und psychotherapeutisch-psychosomatischen Versorgung der Bevölkerung. — Drucksache 7—4200. Bonn: Dr. H. Heger. — *Häfner*, H. 1979. Koreferat zum Vortrag von F. Redlich. In: *Kulenkampff*, V. & *Picard*, W. (Ed.) Die Psychiatrie-Enquête in internationaler Sicht. Köln: Rheinland-Verlag. p. 118—124. — *Haley*, J. 1978. Direktive Familientherapie. München: Pfeiffer. — *Heising*, G. & *Beckmann*, D. 1971. Gegenübertragungsreaktionen bei Diagnose- und Indikationsstellung. Zeitschrift für Psychotherapie und medizinische Psychologie 21, 2–8. – *Kabanov*, M.M. (Ed.) 1974. IV. Internationales Symposium für Rehabilitation psychisch Kranker. Leningrad: Psychoneurologisches W.M. Bechterew-Forschungsinstitut. – *Katschnig*, H. (Ed.) 1977. Die andere Seite der Schizophrenie. Patienten zu Hause. München: Urban & Schwarzenberg. – *Katschnig*, H. 1978. Psychotherapiebedarf. In: *Strotzka*, H. (Ed.) Psychotherapie: Grundlagen, Verfahren, Indikationen. München: Urban & Schwarzenberg. p. 129–136. – *Katschnig*, H. (Ed.) 1980. Sozialer Streß und psychiatrische Erkrankung. Lebensverändernde Ereignisse als Ursache seelischer Störungen? München: Urban & Schwarzenberg. – *Katschnig*, H. & *Berner*, W. 1979. Von der geschlossenen Anstalt zur gemeindenahen Psychiatrie. Aspekte der Psychiatriereform. Österreichische Krankenhauszeitung 20, 253–278. – *Katschnig*, H. & *Strotzka*, H. 1977. Epidemiologie der Neurosen und psychosomatischen Störungen. In: *Blohmke*, M., *von Ferber*, C., *Kisker*, K.P. & *Schaefer*, H. (Ed.) Handbuch der Sozialmedizin. Bd. II: Epidemiologie und präventive Medizin. Stuttgart: Enke. p. 272–310. – *Katschnig*, H., *Grumiller*, I. & *Strobl*, R. 1975 a. Daten zur stationären psychiatrischen Versorgung in Österreich. Teil 1: Inzidenz. Wien: Österreichisches Bundesinstitut für das Gesundheitswesen. (1010 Wien, Stubenring 6). – *Katschnig*, H., *Grumiller*, I. & *Strobl*, R. 1975 b. Daten zur stationären psychiatrischen Versorgung in Österreich. Teil 2: Prävalenz. Wien: Österreichisches Bundesinstitut für das Gesundheitswesen. (1010 Wien, Stubenring 6). – *Kisker*, K.P. 1974. Ausverkauf der Psychiatrie. Ein Kommentar zur Reform-Studie von W.L. Weiland, H.P. Holviset und E. Grobe und zur Reformbasis Psychiatrie 1972 „des Berufsverbandes deutscher Nervenärzte". Psychiatrische Praxis 1, 107–116. – *Kittel*, W. 1979. Weiter wie bisher? oder: Psychiater in der Entscheidung. Psychiatrische Praxis 6, 129–142. – *Kluge*, E. 1974. Besitz- und Vermögensverhältnisse von Langzeitpatienten in psychiatrischen Krankenhäusern der BRD. Psychiatrische Praxis 1, 133–135. – *Kluge*, E. & *Finzen*, A. 1974. Die Mißachtung elementarer Grundbedürfnisse psychiatrischer Krankenhauspatienten. Psychiatrische Praxis 1, 130–132. – *Kulenkampff*, D. & *Picard*, W. (Ed.) 1979. Die Psychiatrie-Enquête in internationaler Sicht. Köln: Rheinland-Verlag. – *Kunze*, H. 1976. Bürgerrechte psychiatrischer Patienten in den USA – Medizinische und verfassungsmäßige Minimalstandards für angemessene Behandlung. Psychiatrische Praxis 3, 77–86. – *Lauterbach*, W. 1978. Psychotherapie in der Sowjetunion. München: Urban & Schwarzenberg. – *Leitner*, J. 1979. Der psychisch kranke Patient in der Allgemeinpraxis. In: *Becker*, A.M. & *Reiter*, L. (Ed.) Psychotherapie als Denken und Handeln. München: Kindler. p. 93–102. – *Malan*, D.H. 1972. Psychoanalytische Kurztherapie: Eine kritische Untersuchung. Reinbek: Rowohlt. – *May*, A.R. 1975. Überblick über die europäischen Gesundheitsdienste in Europa. In: *Deutscher Bundestag*: Anhang zum Bericht über die Lage der Psychiatrie in der BRD. – Zur psychiatrischen und psychotherapeutisch-psychosomatischen Versorgung der Bevölkerung. Bonn: Dr. H. Heger. p. 575. – *Mechanic*, D. 1975. Psychiatrische Versorgung und Sozialpolitik. München: Urban & Schwarzenberg. – *Minuchin*, S. 1978. Familie und Familientherapie. Theorie und Praxis struktureller Familientherapie. Freiburg: Lambertus. – *Moeller*, M.L. 1972. Krankheitsverhalten bei psychischen Störungen und die Organisation psychotherapeutischer Versorgung. Nervenarzt 43, 351–360. – *Moeller*, M.L. 1978. Selbsthilfegruppen. Reinbek: Rowohlt. – *Pörksen*, N. 1974. Kommunale Psychiatrie. Das Mannheimer Modell. Reinbek: Rowohlt. – *Redlich*, F. 1979. Community Mental Health Centers in den Vereinigten Staaten. In: *Kulen-*

kampff, C. & *Picard*, W. (Ed.): Die Psychotherapie-Enquête in internationaler Sicht. Köln: Rheinland-Verlag. p. 100–117. – *Richter*, H. E. 1980. Rivalität und Kooperation in der psychosozialen Therapie. Praxis der Psychotherapie und Psychosomatik 25, 69–79. – *Rhode*, J. J. 1979. Die zukünftige Rolle der Psychotherapie in der medizinischen Versorgung aus medizinisch-soziologischer Sicht. Psychiatrische Praxis 6, 82–90. – *Rose*, H. K. & *Bauer*, M. 1975. Regionalisierte Psychiatrie als Möglichkeit zur Überwindung der Schranke zwischen Universitäts- und Landeskrankenhaus-Psychiatrie. Psychiatrische Praxis 2, 233–243. – *Scheer-Wiedmann*, G. & *Wirth*, H.-J. 1978. Kooperation statt Verzettelung der Verantwortung. Psychosoziale Dienste einer Region überwinden Zersplitterung und Isolation in einer psychosozialen Arbeitsgemeinschaft. psychosozial 1, 114–129. – *Selvini-Palazzoli*, M., *Boscolo*, L., *Cecchin*, G. & *Prata*, G. 1978. Paradoxon und Gegenparadoxon. Ein neues Therapiemodell für die Familie mit schizophrener Störung. Stuttgart: Klett. – *Simon*, H. 1929. Aktivere Krankenhausbehandlung in der Irrenanstalt. Berlin: de Gruyter. – *Stolze*, H. 1972. Psychotherapeutische Weiterbildung. Zeitschrift für Psychotherapie und medizinische Psychologie 22, 95–103. – *Strotzka*, H. 1966. Psychotherapie und soziale Sicherheit. Bern: Huber. – *Strotzka*, H. 1973. Soziologische Kategorien psychoanalytischer Patienten. In: *Strotzka*, H. (Ed.) Neurosen, Charakter, soziale Umwelt. München: Kindler. p. 179–194. – *Strotzka*, H. (Ed.) 1978a. Fallstudien zur Psychotherapie. München: Urban & Schwarzenberg. – *Strotzka*, H. 1978[2]b. Psychotherapie: Grundlagen, Verfahren, Indikationen. München: Urban & Schwarzenberg. – *Strotzka*, H. 1979. Zum Abschnitt Psychotherapie/ Psychosomatik der Psychiatrie-Enquête des Deutschen Bundestages. Versuch einer Würdigung. In: *Kulenkampff*, C. & *Picard*, W. (Ed.) Die Psychiatrie-Enquête in internationaler Sicht. Köln: Rheinland-Verlag. p. 131–139. – *Strotzka*, H. (Ed.) 1980. Psychotherapie in Institutionen. München: Urban & Schwarzenberg. – *Stumme*, W. 1975. Psychische Erkrankungen im Urteil der Bevölkerung: Eine Kritik der Vorurteilsforschung. München: Urban & Schwarzenberg. – *von Zerssen*, D. 1975. Informationsreise nach Moskau und Leningrad (Oktober 1973). In: *Deutscher Bundestag*: Anhang zum Bericht über die Lage der Psychiatrie in der BRD. – Zur psychiatrischen und psychotherapeutisch-psychosomatischen Versorgung der Bevölkerung. Bonn: Dr. H. Heger. p. 1002. – *Wing*, J. K. 1975. Die psychiatrischen Gesundheitsdienste in Großbritannien und Nordirland. In: *Deutscher Bundestag*: Anhang zum Bericht zur Lage der Psychiatrie in der BRD. – Zur psychiatrischen und psychotherapeutisch-psychosomatischen Versorgung der Bevölkerung. Bonn: Dr. H. Heger. p. 623–653. – *Wittchen*, H. U. & *Fichter*, M. M. 1980. Psychotherapie in der Bundesrepublik. Materialien und Analysen zur psychosozialen und psychotherapeutischen Versorgung. Weinheim: Beltz. – *Zumpe*, V. 1977. Die psychosoziale Arbeitsgemeinschaft. Ein Beitrag zur Innovation und Organisation sowie Problematik in Regionen ohne gemeindenahe psychiatrische Versorgung. Psychiatrische Praxis 4, 26–37.

Verzeichnis der Herausgeber
und Mitarbeiter

Gary Bente, Dipl.-Psych., Fach Pädagogik im Fachbereich I der Universität Trier, Tarforst, D-5500 Trier.

Heinz Berbalk, Dr., Institut für Psychologie der Universität Kiel, Olshausenstraße 40/60, Neue Universität, Haus N 30, D-2300 Kiel.

Ernst E. Boesch, Prof. Dr., Fachrichtung Psychologie im Fachbereich 6 der Universität des Saarlandes, Universität Bau I, D-6600 Saarbrücken.

Klaus Grawe, Prof. Dr., Psychologisches Institut der Universität Bern, Gesellschaftsstraße 49, CH-3012 Bern.

Ingo Grumiller, Dr., Institut für Tiefenpsychologie und Psychotherapie der Universität Wien, Lazarettgasse 14, A-1090 Wien.

Klaus Heinerth, Prof. Dr., Institut für Pädagogische Psychologie der Universität Frankfurt, Senckenberganlage 15, D-6000 Frankfurt/Main.

Nicolas Hoffmann, Dr., Orberstraße 18, D-1000 Berlin 33.

Wolfgang Michaelis, Prof. Dr., Philosophische Fakultät I der Universität Augsburg, Alter Postweg 120, D-8900 Augsburg.

Wolf-Rüdiger Minsel, Prof. Dr., Fach Pädagogik im Fachbereich I der Universität Trier, Tarforst, D-5500 Trier.

Reinhold Scheller, Prof. Dr., Fach Psychologie im Fachbereich I der Universität Trier, Schneidershof, D-5500 Trier.

Wolfgang Schulz, Dr., Institut für Psychologie der Technischen Universität Berlin, Dovestraße 1–5, D-1000 Berlin.

Hans Strotzka, Prof. Dr., Institut für Tiefenpsychologie und Psychotherapie der Universität Wien, Lazarettgasse 14, A-1090 Wien.

Personenregister

Das Personenregister umfaßt alle Namen, die im laufenden Text vorkommen und in Verbindung mit einer Jahreszahl stehen. Nicht verwiesen wird auf die jeweiligen Namensnennungen im Literaturverzeichnis.

Rachman, S.J. 156
Rapaport, D. 92
Rapoport, A. 94
Razran, G. 41, 44, 45
Redl, F. 91
Redlich, F. 223, 224, 225
Redlich, F.C. 104
Regier, D.A. 98
Reich, W. 127
Reimer, F. 93
Reisman, J.M. 80, 92, 97, 98,
  107, 111, 115
Reiter, L. 84, 87, 90, 94, 99,
  104, 110
Rezin, V. 45
Rhode, J.J. 231
Ribes, E. 92, 93
Rice, C.N. 129
Richter, H.-E. 187, 190, 191,
  230
Rie, H.E. 100
Rimm, D.C. 45
Robbins, J. 127
Robinson, D.N. 88, 93, 115
Rogers, C.R. 88, 106, 128, 138,
  164, 188, 191, 205
Rolf, I. 127
Rose, H.K. 211, 213
Rosenberg, J.C. 127
Rosenhan, D. 89, 99, 103
Rotter, J.B. 168, 179
Rubenstein, E.R. 92
Ruitenbeek, H.M. 129
Rush, A.J. 157
Ryle, A. 96

Saslow, G. 74
Schachter, S. 53, 54
Scheer-Wiedmann, G. 230
Schilpp, P.A. 89
Schoop, T. 127
Schröder, G. 83, 92, 94, 97, 101
Schultz, J.H. 127
Schulz, W. 184, 191, 192
Schutz, W.C. 128, 133
Schwab, R. 107
Schwäbisch, L. 127
Schwartz, H.-J. 188, 190, 191
Schwieger, C. 127
Seidel, R. 59, 66
Seidenstücker, G. 134
Selg, H. 19
Selver, C. 127
Selvini-Palazzoli, M. 220

Shah, J. 129
Shapiro, A.K. 97
Shaw, P. 95
Sheleen, J. 127
Sheperd, I.L. 127
Shorr, J.E. 128
Siems, M. 127
Simkin, J.S. 127
Simon, H. 211
Singer, J.E. 53, 54
Singer, J.L. 23
Skinner, B.F. 47, 85
Sloane, R.B. 95, 100, 101,
  157, 163
Small, L. 218
Smith, M.B. 85, 86, 108, 115
Smith, M.L. 95, 151, 152
Snyder, C.R. 107
Spotnitz, H. 74, 96, 97
Spreen, O. 187, 190
Srole, L. 103, 104
Stauss, K. 128
Stedeford, A. 110
Stegmüller, W. 84
Steiner, R. 127
Steinmeyer, E.M. 187
Steller, M. 101
Stevens, B. 127
Stevens, J. 127
Stollak, G.E. 59
Stolze, H. 216
Stricker, G. 109
Strotzka, H. 93, 98, 114, 216,
  218, 231, 232, 233, 234
Strupp, H.H. 76, 94, 95, 96, 100,
  102, 106
Stumme, W. 209
Süss, H.J. 95
Suinn, R.M. 100, 101
Switzer, A. 128
Szapocznik, J. 109
Szasz, T.Z. 76, 113, 114

Taj al Deen, H. 187
Tambiah, S.J. 21
Tarrier, N. 114, 115
Tausch, A. 96
Tausch, R. 96, 185, 191, 205
Teasdale, J.D. 45
Toman, W. 74
Tomlinson, T.M. 129
Torrey, E.F. 84, 90, 111
Tourney, G. 96
Trautt, G.M. 96

Sachregister

Das Sachregister beschränkt sich auf die charakteristischen Begriffe der einzelnen Beiträge. Begriffe werden in der Regel nur dann aufgenommen, wenn sie im Rahmen der jeweiligen Beiträge ausführlicher thematisiert und nicht nur erwähnt sind. Eine Seitenangabe schließt nicht aus, daß der in Frage stehende Begriff auch auf den jeweils nachfolgenden Seiten von Bedeutung ist, selbst wenn er dort nicht explizit genannt wird.

Brennpunkte der Klinischen Psychologie
Band II

Prävention

223 Seiten. Kartoniert

In der gegenwärtigen Krise des Gesundheitswesens rückt das Thema „Prävention" in den Mittelpunkt des Interesses vor allem bei Psychologen und Medizinern. An wissenschaftlichen Bestandsaufnahmen sowie an Literatur für Studium und Praxis fehlt es jedoch, trotz dringenden Bedarfs, bisher noch weitgehend.

Dieser Band informiert in sieben Beiträgen kompetenter Autoren über wichtige Schwerpunkte in theoretischer und praktischer Hinsicht. Sein zentrales Anliegen besteht darin, die Bedeutung des Präventionsaspekts anhand konkreter Inhalte zu veranschaulichen und dadurch das Denken und Handeln, vor allem es Klinischen Psychologen stärker als bisher auf diesen Sektor auszurichten.

Inhalt

Übersichtsarbeiten:
Psychische Krankheit – Ein Konstrukt für die Klinische Psychologie)
(Eibe-Rudolf **Rey**, Mannheim)
Neuere psychologische Ätiologietheorien der Depression und Angst (Peter **Becker**, Trier)
Epidemiologie in der Klinischen Psychologie: Exemplarische Inhaltsbereiche sowie Forschungsprobleme und Perspektiven präventiver Intervention (Karl Heinz **Wiedl**, Mainz)

Trendarbeit:
Handlungstheoretische Perspektiven primärer Prävention (Detlev **Kommer**, Heidelberg/Bernd **Röhrle**, Tübingen)

Empirische Arbeiten:
Herzinfarktprophylaxe (Michael **Myrtek**, Freiburg)
Kompensatorische Erziehung als Prävention (Gerd **Iben**, Frankfurt)

Forschungskritische Arbeit:
Zur Kompetenz des Klinischen Psychologen für Prävention und Präventionsforschung (Wilfried **Belschner**/Peter **Gottwald**/Peter **Kaiser**, Oldenburg)

Kösel